厚德博学
经济匡时

谨以此书献给中华人民共和国成立七十周年

票据研究三部曲·之三

中国票据市场创新研究

肖小和等 著

上海财经大学出版社

图书在版编目(CIP)数据

中国票据市场创新研究/肖小和等著 . 一上海:上海财经大学出版社,2019.9
(票据研究三部曲之三)
ISBN 978-7-5642-3333-4/F·3333

Ⅰ.①中… Ⅱ.①肖… Ⅲ.①票据市场-研究-中国 Ⅳ.①F833.5

中国版本图书馆 CIP 数据核字(2019)第 157032 号

□ 策划编辑　王永长
□ 责任编辑　季羽洁
□ 封面设计　张克瑶

中国票据市场创新研究

肖小和 等著

上海财经大学出版社出版发行
(上海市中山北一路 369 号　邮编 200083)
网　　址:http://www.sufep.com
电子邮箱:webmaster@sufep.com
全国新华书店经销
上海华教印务有限公司印刷装订
2019 年 9 月第 1 版　2019 年 11 月第 3 次印刷

787mm×1092mm　1/16　25.5 印张(插页:1)　514 千字
定价:76.00 元

编委会

编委会主任：

肖小和　江西财经大学九银票据研究院执行院长兼学术委员会主任、上海市金融学会票据专业委员会首任会长、江西省金融学会票据专业委员会首席专家、中国工商银行票据营业部原副总经理

编委会成员（按姓氏笔画）：

万　恺　王　亮　李　洁　李　鹰　肖小伟　肖淑华　张　雯　张　毅
陈　飞　范志欣　金　睿　周之锋　胡　军　秦书卷　曹文峰　潘　明

前 言

商业汇票(简称票据)是指由出票人签发的,委托付款人在见票时或者在指定日期无条件支付确定的金额给收款人或者持票人的票据。受益于改革开放,票据市场自20世纪70年代末被批准签发业务、80年代初开展贴现业务以来,迄今已有四十年的发展历史,已经发展成为金融市场的重要组成部分,在我国经济金融建设中发挥着愈来愈重要的作用。一是票据作为经济贸易往来的一种主要支付结算工具,特别是银行承兑汇票兼具信用增级、延期支付和背书转让三大优点,为加快商品流通和资金周转提供了极大便利和支持。2018年票据承兑余额和承兑发生量分别为9.4万亿元和18.3万亿元,分别比2001年增长了17.4倍和13.3倍,企业签发的银行承兑汇票主要集中在制造业、批发和零售业。2018年企业使用电子商业汇票支付的总金额为56.56万亿元,比上年增加21.77万亿元,增长62.59%,相当于当年电子商业汇票签发量的3.25倍。二是票据业务可以为实体经济特别是中小企业提供便捷融资渠道和低成本资金,降低企业融资成本,有效扶持企业发展壮大。票据贴现与普通贷款相比其融资成本往往较低,且流程简单、获得资金周期短,特别是对于信用等级相对较低的中小企业,银行承兑汇票所具有的银行信用、放款速度快等特点,对解决我国中小企业融资难问题具有得天独厚的优势和作用。2018年票据贴现余额和贴现量分别达到5.8万亿元和34.4万亿元,分别比2001年增长了16倍和17.8倍,其中由中小企业申请的贴现业务量约占2/3,票据业务已成为中小企业获得金融支持的重要渠道。三是票据业务也是银行业优化资产负债结构、加强流动性管理、提高收益的一个重要手段。票据资产兼具资金和信贷属性,且具有较好流动性,成为银行信贷规模调节和流动性管理的主要工具之一。票据承兑业务和贴现业务可以为银行带来承兑保证金存款和贴现资金留存,为银行主动增加存款提供抓手。票据业务还可以给银行带来承兑手续费中间业务收入、贴现利息收入、转贴现利差收入、回购利率收入以及再贴现低成本资金,为银行扩盈增效、调整收入结构开辟新路径。四是票据资产逐渐成为投资和交易的重要标的。由于票据资产风险相对较低、收益可观,逐渐成为理财产品和资管产品重要的基础资产,从而银行、信托、基金、证券公司、财务公司以及企业、个人均直接或间接的参与到了票据资产投资链条。未来,票据在支付、融资功能基础上作为投资产品的功能将会越来越强。随着票据市场的深化发展和多元化参与主体的参与,票据资产的交易功能不断增强,票据经营模式也从持有生息为主向持有与交易投资获利转变,市场流动性进一步提高,票据交易也逐渐成为货币市场重要的交易类型。2018 年票据交易量达到 41.75 万亿元,证券、资管产品等非银金融机构已直接参与票据交易。五是票据的调控功能进一步深化。票据再贴现业务是央行传统的三大货币政策工具之一,兼具数量型和价格型双重优势,可以调控市场资金面、调节信贷投向、引导市场预期,也是定向支持小微、绿色、创新等国家鼓励性领域,促进实体经济发展最直接、最有效的途径。随着我国经济从高速增长向高质量增长转变,货币政策对精准有效的要求不断提高,票据再贴现的调控功能和传导货币政策功能将进一步深化。

票据市场的发展与创新密不可分。1979 年国家提出发展票据信用,1995 年颁布《中华人民共和国票据法》,2000 年国内第一家票据专营机构——中国工商银行票据营业部在上海成立,2003 年第一个票据官方报价平台——中国票据网启用,2009 年标志电子化时代的电子商业汇票系统(ECDS)投产应用,2016 年全国统一的票据市场基础设施——上海票据交易所成立,同时票据市场参与主体不断丰富多元、经营和管理模式与日俱进、产品创新日新月异等,这些创新都显著提高了市场流动性和运作效率,降低交易成本,增加市场多样性,推动市场跨越式发展。未来只有继续创新才会有更好发展,所以,笔者带领一支有素质、有专业、有情怀、有担当、愿奉献的团队在这些年推出《中国票据市场发展研究》《中国票据市场框架体系研究》两本书的基础上近一年多来又围绕票据市场创新发展系列课题不断深入研究,形成本书《中国票据市场创新研究》(票据研究三部曲之三),现将成果正式出版。

《中国票据市场创新研究》内容深入而不失全面、系统不乏丰富,全书共分五章。第一章"票据创新",阐述了票交所时代票据创新的思考,并对票据业务服务实体经济特别是解决中小企业融资问题、推动绿色票据发展等方面进行了深入探讨。第二章"票据市场平台建设",从央企票据、中小金融机构、城市金融、农村金融、财务公司以及建设上海票据交易所等多角度探索票据平台的建设和完善,推动票据市场高质量发展。第三章"票据市场四十周年专题",系列分析改革开放四十年票据市场在发展、制度、信用、风险、应用研究等方面的发展历程,就存在的若干问题进行全面概括和深入思考。第四章"票据指数与预测",重新构建票据发展指数和价格指数,对近两年来票据市场总体情况进行总结并展望。第五章"发言与采访",是笔者近年来参加票据活动的发言材料或特殊时点所发表的思想观点,具有市场热点针对性、思考前瞻性、应用与理论相结合等特点。

《中国票据市场创新研究》一书旨在拓展读者视野、提高业务素质和理论素养,同时引导社会各界共同推进我国票据市场的创新、高质量发展,进一步发挥票据服务经济金融的功能作用。本书适用对象主要是票据监管者、金融机构票据条线管理层及从业人员、企业财务人员、研究人员,也可供其他读者学习使用。本书如有不足之处,敬请读者朋友批评指正。

本书撰写过程中,得到了许多媒体的关心和大力支持,同时,江西财经大学九银票据研究院、钢钢网及上海财经大学出版社也给予了大力支持,在此一并表示感谢!

肖小和

2019 年 8 月

目 录

前言/1

第一章 票据创新/1

新时代票据业务发展与创新思考/3

票据业务创新发展研究/12

发展高质量票据市场　推动商业银行转型创新/26

推动电子商业承兑汇票业务　更好服务实体经济发展/36

加快电票创新　服务经济高质量发展/50

发展商业电子承兑汇票　破解中小企业融资难和贵/62

积极发展绿色票据　努力服务绿色经济高质量发展/72

资管新规下我国票据资产证券化业务探讨/79

票据业务或将成为商业银行布局小微企业的最好选择/95

坚持票据融资业务　服务实体经济

　　——工商银行江西省分行健全完善票据融资机制/100

发展融资性银行承兑汇票　积极支持中小微及民营企业发展/108

第二章 票据市场平台建设/117

推动央企票据发展　更好服务实体经济的思考/119

建设中小金融机构票据平台　推进票据市场有序发展/129

建设城市金融票据平台　推进票据市场深入发展/140

打造农村金融票据平台　推动票据市场持续发展/152

建设财务公司票据平台　完善票据市场体系/161

以科技为抓手　建设上海国际票据交易中心/170

第三章　票据市场四十周年专题/227

中国票据市场四十周年回顾与展望/229

健全和完善票据制度　更有效推动票据市场高质量发展/242

改革开放四十年中国票据信用发展和思考/258

四十年中国票据业务风险管理的实践与再思考/270

我国票据制度四十年的实践与未来完善设想/283

中国票据市场四十年若干问题研究综述/292

第四章　票据指数与预测/313

2017年票据市场企稳　中国票据发展指数回升至12 207点
　　——中国票据市场发展指数的构建与应用分析/315

2017年票据价格指数逐渐回升至常态区间/329

票据市场2017年回顾与2018年展望/339

2018年票据市场恢复增长　中国票据发展指数达到13 699点
　　——中国票据市场发展指数的构建与应用分析/346

票据市场2018年回顾与2019年展望/360

第五章　发言与采访/367

上海票交所已经发挥关键、基础和引领作用/369

业界期待上海票交所在产品创新等方面再创佳绩/371

在中国票据论坛成立大会上的发言/373

在金融硕士(票据经营与管理方向)首届研究生开班暨"九江银行杯"奖学金颁发仪式上的发言/375

中国中小银行票据协同发展联盟成立大会发言/377

在金融机构票据业务经营与管理首届高级票据研修班上的发言/380

目 录

就上海票交所票据交易系统项目接受记者采访/382

发展商业汇票可解决中小微企业融资难题/385

专家建议建立中小银行票据平台服务中小企业/386

在《票据基础理论与业务创新》新书发布会上的发言/387

在上海市金融学会票据专业委员会成立大会上的发言/390

专家建议推动金融机构通过票据融资加大服务民企力度/393

在国内首家票链发布会上的发言/394

第一章　票据创新

新时代票据业务发展与创新思考

肖小和　李　鹰　万　恺　陈　飞　王　亮

票据业务经过几十年的发展,取得了一定的成效。进入中国社会主义特色新时代,如何通过改革与发展,增强票据服务实体经济的能力,防范和化解风险。笔者认为应从以下方面进行探索和实践。

一、明确票据业务改革与发展的定位和目标

习近平总书记在第五次金融工作会议上指出,"金融要把为实体经济服务作为出发点和落脚点"。在中共十九大报告中又指出,"要深化金融体制改革,增强金融服务实体经济能力,提高直接融资比重,促进多层次资本市场健康发展"。票据是金融的一部分,也是企业支付、结算、信用、融资的重要工具,因此需要明确票据回归本源,更好服务实体经济发展的定位。

票据业务改革与发展目标:健全票据市场框架体系,完善票据市场、丰富参与主体、打造票据产品体系,促进融资便利化、降低实体经济成本、服务实体经济,提高资源配置效率、保障风险可控。

二、进一步发挥票据业务服务实体经济的功能

(一)发挥票据承兑、直贴、再贴现服务实体经济作用

一是发展承兑业务为实体经济支付结算提供便利。票据本身作为一种支付结算工具,特别是经银行承兑后的票据具有信用增级、延期支付和背书转让等优势,成功满足了供销企业间的短期资金支付需求。对于卖方而言,接受票据支付货款,既可以增加销售额,提高市场竞争力,也能获得购销金额一定比例的商业折扣等优惠条件,同时持有的票据也可以转让支付或者贴现获得融资。对于买方,通过使用票据支付货款,减少对营运资金的占用,相对于贷款融资可以降低财务费用。因此,票据承兑业务既可以加快市场上的资金周转和商品流通,又可有效促进企业之间的贸易往来。

二是发展贴现业务为实体经济提供便捷融资渠道和低成本资金。相对于普通贷款,银行承兑汇票贴现具有低风险业务特征,银行办理业务流程短、环节少、时间快、所需业务资料少、审批通过率高等便捷性,可以帮助企业通过票据贴现来快速实现短

期融资需要。由于票据贴现利率一般低于同期贷款费率,也在一定程度上降低了企业融资成本。

三是发展再贴现业务有效促进央行对实体经济进行"滴灌"。再贴现是央行三大传统货币政策工具之一,对传导货币政策、支持实体经济发展、市场利率形成机制具有重要作用。1999年,央行下发《关于改进和完善再贴现业务管理的通知》,提出要选择并重点支持一些资信情况良好、产供销关系比较稳定的企业签发、使用商业承兑汇票,支持企业扩大票据融资,促进商业银行信用票据化,适当增加基础货币投放,合理引导信贷资金流向,支持商业银行扩大票据业务,发展票据市场。相对于其他货币政策工具,再贴现可以选择国家鼓励发展的行业、类型等标识进行精准投放,也可以选择投量、结构、比例和利率,增强货币政策工具的灵活性、针对性、有效性和主动性,增强货币政策实施效果、促进信贷机构调整、引导和扩大中小企业融资范围等方面发挥重要的作用。要提高再贴现在贴现中的比重,力争达到30%左右。

(二)促进中小企业、"一带一路"、"三农"、普惠、绿色金融等发展

一是票据业务是解决中小企业融资难问题的重要渠道。中小企业融资的特点是:融资金额小、频率高、时间急、周期短;中小企业往往资信普遍不高,信息透明度低,财务信息审查难度大,银行对中小企业贷款的管理成本相对较高。银行承兑汇票所具有的银行信用、放款速度快等特点,对解决我国中小企业融资难问题有着得天独厚的优势和作用。货币政策报告显示,由中小型企业签发的银行承兑汇票约占2/3,票据已然成为中小企业获取银行资金和信用支持的重要渠道。应该加快推进中小企业流动资金贷款票据化和应收账款票据化,可有效盘活中小企业存量资产,提高中小企业融资效率,降低中小企业融资成本。

二是服务"一带一路"贸易往来。"一带一路"倡议促使沿线国家和我国经济贸易往来更加密切,在大量的经贸往来中将产生大量的物流、资金流,需要便捷的支付结算和融资工具予以支撑。随着人民币国际化的深入推进,以人民币记价的票据也将逐步走向国际化,无论在生产、销售、贸易还是在流通、融资等环节都将发挥其积极作用,为"一带一路"沿线国家的基础设施建设、企业生产经营、物流贸易带来极大便利。

三是落实和促进"三农"金融、普惠金融、绿色金融等发展。票据市场是一个"下接地气,上可通天"的跨市场业务,一端直接作用于实体经济,一端连接央行。央行可以通过再贴现业务引导金融机构将更多信贷资源配置到"三农"、普惠、绿色等国民经济重点领域和薄弱环节。

(三)发挥供应链、产业链、贸易链票据融资作用

供应链是指围绕核心企业,通过对商流、信息流、物流、资金流的控制,从采购原材料开始到制成中间产品及最终产品、最后由销售网络把产品送到消费者手中的一个由供应商、制造商、分销商、零售商直到最终用户所连成的整体功能网链结构。产业链是以供应链为基础,贸易链是供应链的细化和补充。对大中型生产制造企业和

商贸批发企业而言,围绕其经营的上下游客户一般会在几十户至上百户;而对于大型集团客户来说,其客户可能多达几百户,其支付结算业务量相对较大,通过票据结算一方面更便捷、接受度高,可以加速资金流转,促进贸易往来,减少对现金流的依赖;另一方面可通过相互授信和共识,利用商票的流转减少融资成本,促进关联企业间的往来,进而为经济下行期的制造业寻求更多出路,并以此服务带动经济转型发展。

三、发挥电子商业承兑汇票作用

(一)电子商业承兑汇票结算功能不断增强

通过票交所发布的《2017年第三季度票据市场运行情况分析》可以看出如下特点:一是2017年电子商业承兑汇票(简称电子商票)呈现逐季增长态势,第三季度电子商票承兑4 668.59亿元,比二季度增长12.49%,比一季度增长17.5%。电子商票在电票承兑发生额中占比为13.79%,电子商票在承兑环节的占比一直处于较高水平,说明商业信用在支付环节的接受度有所提升。二是电票承兑业务笔数增加,单张票面金额趋小,结算功能增强。第三季度电票承兑笔数198.8万笔,比上季度增长47.39%,比去年同期大幅增长210.56%;承兑平均面额170.25万元,比上季度下降22.85%,比去年同期下降51.83%。电票结算功能有所增强,支持实体经济发展的效能进一步提升。

2017年前三季度电票承兑业务开展情况,如图1-1所示。

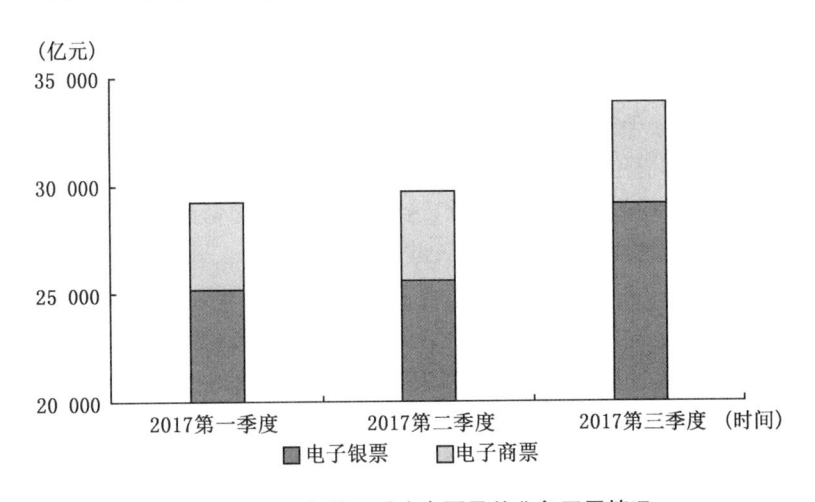

图1-1 2017年前三季度电票承兑业务开展情况

(二)电子商业承兑汇票在对企业发展、银行经营、市场流通、经济繁荣以及社会信用发展等方面具有重要的促进作用

从企业角度,电子商票是建立在商业信用基础上的信用支付工具,不仅手续简

便,能有效缓解企业间货款拖欠,提升市场活力,提高效率,还能降低企业资金使用成本,节约资金运输与使用的费用,避免资金的积压。从银行角度,电子商票可以改善对银行信用过度依赖的现状,特别是在经济增速下行银行信用收紧的当下,既能减轻商业银行风险的过分集中,也可以优化票据市场结构,同时银行也可通过对电子商票进行贴现和托收等获取高于银行承兑汇票的利息收入和中间业务收入,2017年的三季度电票贴现业务开展情况见图1-2。从宏观政策角度,电子商票直接作用于实体经济,央行通过再贴现调控信贷投向,并有效促进社会信用体系的完善和发展。

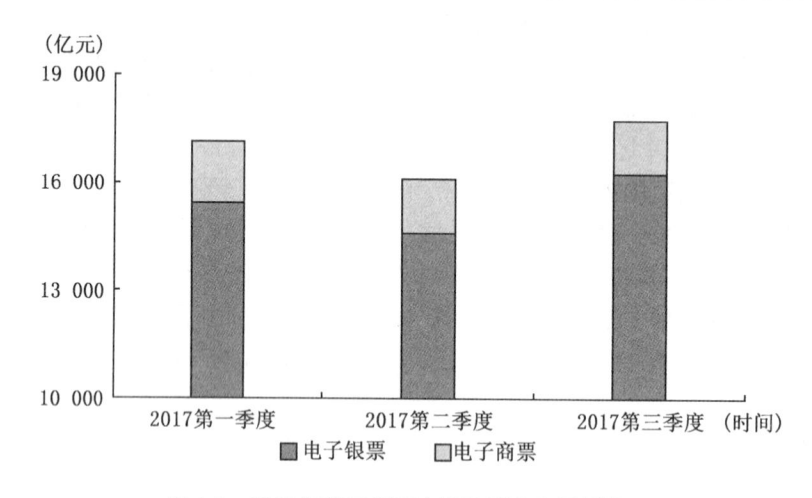

图1-2 2017年前三季度电票贴现业务开展情况

(三)积极推动电子商业承兑汇票业务发展

一是政府推进,搭建企业信息信用平台。商业信用缺失是导致商票业务难以发展的关键因素,可以通过政府搭建公开、透明、可信度高的企业信息信用平台,并建立有效的奖惩机制,推动商票业务的全面、健康、稳步发展。二是推行标准化,建立健全企业信用评级和增信制度。成立统一、规范、权威的企业信用评估机构,建立健全适合商票的评级评估指标体系,实行企业信用定期考评制度,推行商票担保支付机制,建立商票保险制度,为商票在全国范围内的流通创造条件。三是因地制宜,明确商票发展重点。可以先在京津冀、长三角、珠三角等经济发达地区进行试点和推广,这些地区商业信用基础好,票据使用较多;可以"一带一路"、雄安经济建设为契机,充分发挥商票的融资结算功能;发挥央企、财务公司、国企等大型企业核心作用,带动集团内部以及供应链上下企业积极使用电子商票,既可以节约资金成本,提高周转效率,也能促进商业信誉的培养和知名度的提升。四是提高商业银行积极性,加大银行商业承兑汇票贴现规模及人民银行商票再贴现力度,引导金融资源积极介入,为扩大商票流通创造良好的条件和宽松的金融环境。五是建立商票企业准入制度和商票贴现准入制度,建立商业承兑汇票签发使用风险监测和分析制度以及风险处置化解机制,建立商业承兑汇票担保基金制度,通过风险防范措施保障商业承兑汇票业务健康发展。

四、深化改革创新,推进深化发展

(一)加快推进票据相关法律的修订工作,完善无因性、电票合法性、风险计提等法规

随着国家经济、金融的改革发展以及科学技术手段的进步,《票据法》部分条款如今已限制了票据市场的发展空间,应加快推进对《票据法》相关条款的再次修订。一是对我国票据法中关于票据基础关系的规定予以修改,充分发挥票据的流通功能。要遵循票据无因性原则,修改对真实贸易背景的有关规定,增加票据关系的效力不以基础交易关系的真实有效为条件,票据债务人不得以交易关系和债权债务关系真实有效与否为由对抗善意第三人的规定。二是对票据法中有关票据行为的书面形式作出修改,把电子票据签发、承兑、背书转让等票据行为的电子流程纳入票据基础法律规范。当前票据电子化已大势所趋,上海票交所成立加快了这一进程,同时也对传统纸票背书追索的要求进行了改进,这些都需要《票据法》予以明确。另外,要修订《商业银行资本管理办法》票据风险资产计提的相关规定,当前票据承兑行需要计提100%,卖断行需计提20%或25%,由于现在票据流转较快,风险资产重复计提严重,限制了票据交易的合理发展,也一定程度上阻碍了票据资产的流转性。

(二)扩大市场参与主体,发展票据专业化中介机构

积极鼓励更多的中小企业、民营企业熟悉和运用票据融资;扩大基层商业银行、县域村镇银行和信用社等其他金融机构参与票据市场的经营权限;探索个人投资者参与交易;鼓励更多的机构投资者,包括证券公司、资产管理公司、信托公司、基金管理公司、保险公司、期货公司等金融机构进入票据市场,不仅可以拓宽票据交易的广度,避免原来商业银行操作同质性、同向性导致的市场剧烈波动,更能挖掘市场深度。积极发展专业化票据经纪市场,提供票据鉴证、咨询、撮合、报价等经纪服务。建立第三方票据评级评估机构,对票据承兑主体、贴现主体等信用主体进行多层次、系统性、动态化的信用评价与管控。推动担保、保险等信用服务机构,完善票据市场参与者格局,搭建多元化、专业化、交叉互补的市场参与者体系。

(三)完善票交所平台功能,提高市场交易效率

进一步完善票据交易所系统功能,尽快实现电票线上交易功能以及会员全覆盖,建立鼓励金融机构统一报价的机制,进一步增加信息共享功能,促进票据市场的透明度和公平竞争,提高票据市场有效性和规范性。一是加快直联模式开发进程和纸电融合进度,实现票据交易市场的统一。二是实现所有交易品种的报价、询价、议价等功能,通过信息的发布、展示和整合,对报价的真实性和有效性做跟踪审核,确保市场情况的真实反映,同时对撮合交易清单有严格的规定和分级加密保护措施,既避免了

恶意挂单,也保护了客户的隐私。三是实现交易的撮合,通过对票据交易各要素的标准化建模、交易倾向的罗列分析、客户业务管理限制的筛选等,完成对市场交易撮合信息的匹配,进而实现业务的达成。四是与产品功能的互通,对每一个产品都可以实现业务的操作和数据资源的共享,从而使得平台上的产品不单单只具有展示功能,还能直接提供给客户使用。五是发挥再贴现作用,力保再贴现占贴现比例达30%。六是发挥电票系统信息功能,挖掘有效信息,提供优质产品服务,指导会员做好直贴和承兑业务。

(四)建立以央行、票交所为主导,以地方、行业、财务,农村金融、地方城市金融、规范民间票据平台为补充的交易市场体系

加快建设票据交易市场体系,有利于推进票据市场标准化、一体化进程,提高市场运行效率,降低企业融资成本,构筑统一、完善的风险防线,促进集中监管,合规发展票据业务,净化市场环境,丰富与完善票据业务参与主体,活跃市场氛围。一是建议由央行统筹规划票据交易体系的顶层设计,设立票据市场相关管理组织或委员会,统筹票据交易体系建设,制定票据交易体系的发展规划、发展战略及长短期目标,组织实施票据交易体系的相关措施,制订相关主体的自律守则,以规范票据市场的发展。二是发挥上海票据交易所在票据交易体系中的中心地位,打造"标准化"的交易产品,打通票据市场与其他货币子市场之间的通道,完善票据资产与资金市场的流通渠道。三是发挥地方、行业、财务票据交易平台区域性和行业性作用,主要面向票据贴现市场,成为上海票据交易所在票据贴现领域的延伸,主要承担向区域内及行业用票企业推广票据贴现业务及承兑的职责。四是发挥农村金融、地方城市金融、规范民间票据平台的自身专业和资金优势,成为票据交易体系的补充。最终发展成为以央行、上海票交所为主导,地方、行业、财务票据交易平台以及票据经纪公司为共同延伸服务的前端票据基础设施,形成统一制度、统一标准、统一系统、统一管理及集中、整体服务票据市场的票据交易体系。

(五)探索科技金融应用票据领域

一是鼓励互联网金融为符合国家产业导向领域的中小微企业和家庭居民提供多样、灵活的票据融资,票据理财等金融服务,支持互联网金融与电子商务、现代物流、信息服务、跨境贸易等加强票据融资业务领域的融合发展,以提供更有效率票据融资服务的方式促进相关行业转型升级。二是人工智能在Web服务和大数据领域的应用促使票据市场的智能化程度将更加提升,未来依托互联网的票据业务模式将占据主流。三是物联网技术的快速发展给纸制票据的电子化提供了新的探索渠道,可通过实物虚拟化的方式,改善现有的单纯将纸制票据信息手工录入IT系统的机械模拟方式。四是要加快基于VR、AI等技术的票据相关应用建设,更贴近人们生活和工作依赖的重心。

(六)探索票据评级评估及经纪管理新路子

一是逐步推出票据评级评估机制,建立统一的信用评级、资信评估、增信保险制度,推行信用评价机制,成立统一、规范、权威的信用评估机构,健全适合票据业务的评级评估指标体系,实行信用定期考评制度,推行票据担保支付机制和保险制度,逐步推进社会信用生态环境建设。二是发展专业化、规范化票据经纪市场,对于票据经纪行业设立统一的准入门槛和业务标准,明确相应的监管机构,积极发展票据鉴证、咨询、撮合、报价等经纪服务,鼓励和培育部分票据经纪量大、业务发展规范、风险防控机制健全和市场认同度高的票据经纪机构进一步发展壮大,以推动票据市场规范化、专业化发展。

(七)加快全国统一规范的票据信息平台建设

一是建设标准化、覆盖面广的信息采集录入平台。信息采集录入平台应来源广泛,实现各数据源平台数据的接入汇总,并拥有海量相关非结构化信息,可按"科学规划、统一标准、规范流程"原则,统一采集归口、利用数据信息技术建立索引,实现信息资料管理的科学化、规范化,实现信息集中管理,并建立数据质量控制机制,提高分类数据的准确性。二是打造模型化、手段先进的信息分析预测平台。运用科学模型建立宏观经济预警、区域监测评价等系统,从而对票据信息数据进行多角度、多层次、精细化、准确系统的分析,并展示出区域市场主体的发展情况。同时,能对机构交易行为和合规信息进行动态分析,并提供个性化、可定制的直观展示功能。三是实现智能化、实效性强的信息资讯发布平台。信息资讯发布自平台要实现智能分类、科学发布,高效共享,建立业务库、案例库、营销库、经验库、文化库、知识库,实现集中展现各类报表、信息功能。

(八)探索建立票据创新机制

充分借助票据交易所上线促进票据创新发展,适时引进信托、证券、基金、保险、资产管理公司以及企业、个人以合适的方式进入票据市场,丰富市场经营主体。引入票据做市商制度,整合当前所有市场主体的资源和自身优势,自主经营、自负盈亏、自求发展,适应市场发展需要,提升经营管理效率,走专业化、集约化、规范化发展之路,实行集约经营和集控管理。加大跨业、跨界创新的力度,探索与货币子市场、保险投资资管市场、信托证券资管市场、票据ABS市场创新力度,促进票据市场不断涌现更多的跨专业和跨产品的组合产品以及资产业务与中间业务相融合的综合服务产品。加快票据资管业务和票据证券化发展步伐,推进商票发展和电票发展进程,推动远期票据、票据期权、票据利率互换等多元化票据衍生品发展和试点。

(九)发挥理论研究的智库功能

理论源于实践又高于实践,任何的实践和操作都离不开前期大量前瞻性的理论研究、思考和推理演绎。要建立形式多样的票据研究机构,要在结合票据理论与实践、国内与国际、历史和现实的基础上研究我国票据市场,指导票据市场规范、有序发展,推进票据与实体经济的融合;要加强对票据业务风险的研究,引导金融机构建立更科学合理的体制机制来管控票据业务风险,促进票据市场长期、健康发展;还要加强对票据创新产品的研究,引领票据市场创新发展,充分发挥票据智库的作用。

五、防范票据业务发展创新风险

(一)探索"一行三会"票据协调机制

习近平总书记在第五次全国金融工作会议上强调,"要加强金融监管协调、补齐监管短板。坚持问题导向,针对突出问题加强协调,强化综合监管,突出功能监管和行为监管"。随着票据市场不断创新发展,银行、财务公司、证券、信托、保险等金融机构均将参与到市场,而这些参与主体分别接受人民银行、银监会、证监会、保监会的多头监管,监管主体的不统一,将造成不同机构办理相同业务的监管标准和政策尺度不同,不同监管主体和监管政策之间的不同步性可能导致票据业务存在制度障碍和政策壁垒,对票据市场的发展带来诸多不确定性。一是建立符合票据全新特征的监管体系,构建一行三会票据市场监管协调机制,加强货币政策部门、监管部门、票交所和金融机构的监管协作,结合票据市场创新发展实际和未来趋势,消除不同部门法规制定实施中的抵触和矛盾现象,使票据市场在更为合理完善的监管法律框架下健康发展。二是票交所应及时了解票据市场状况与创新需求,充当货币政策部门、监管部门和市场参与者的沟通桥梁,推进相关票据市场监管规则的修订完善,促进票据业务有序开展。三是为市场参与主体提供更多主动适应监管要求变化的机会,借鉴发达国家金融监管的"沙盒机制",对新型的创新技术和产品进行试验,一旦证明有效,监管可随之进行调整,避免监管要求和业务发展节奏不一致的情形。

(二)完善各行票据内控风险体系

一是牢固树立风险意识。一直以来我国经济增速保持在高速增长阶段,经济金融环境保持向好,加上票据业务一直被认为是低风险业务,风险防控意识相应有所弱化。随着经济下行和各类风险因素交织,资产质量出现一定程度下滑,票据风险逐步暴露,因此银行需要高度重视票据业务风险,坚持审慎经营理念,增强全面风险意识。同时,建立科学的考核机制,结合自身特点和实际情况确定票据业务发展的目标和规划,不盲目追求发展速度和规模扩张。二是建立健全适应票交所时代特点的票据风险防控体系和制度。要从大处着眼、从细节入手,强化票据风险集约化经营管理,建立从票据风险识别、提示、预警到风险监测、分析、评价、化解等全面风险管理框架,实现对票据业务全面风险管理;健全从事前风险审查与评估、事中风险审核与控制、事后风险检查与跟踪等全方位、全流程管理,对票交所时代交易员流程化操作管理至关重要。特别要注意防范道德风险。

(三)建立票据风险处置新机制

票据业务金额往往较大,一旦产生风险对商业银行乃至金融市场都将产生较大影响,因此票据市场的管理层和参与者都需要建立监测和应急预案,防范票据风险在金融市场上相互渗透和传染。一是建立中国票据风险指标,可从票据承兑垫款率、票据贴现逾期率、票据案件发生率、票据资金损失率等维度进行评估,定期发布和监测票据市场总体风险情况。二是建立监管机构与市场主体之间的信息共享和良性互动机制,完善审慎监管、机构内控和市场约束三位一体的票据业务风险管理模式,促进票据市场可持续发展。三是建立相关应急处置机制和业务应变措施,积极应对各种非预期因素,一旦出现异常情况及时采取措施,将损失和不良影响降到最低,同时进行总结并汲取经验,避免类似风险再次发生。

(四)发挥票交所监测管理职责

票交所具备全面、实时的海量数据,需要对这些交易数据进行监测,制定应急预案,一旦出现异常情况及时采取措施,维护市场稳健运行,服务实体经济发展。一是搜集整合票据风险信息,包括公示催告、挂失止付、风险票据、票据案件或事件以及可能产生票据风险的其他信息,也要建立黑白名单制度,对具有欺诈、恶意拖欠票款等票据不良行为的客户进行黑名单管理,而对信誉良好、交易活跃、推动票据市场创新发展的客户予以升级,鼓励商业信用发展。二是票交所可以通过市场变动趋势和客户的风险偏好,借助数据模型建立以情景分析、压力测试为手段的前瞻性风险管理模式,合理的为客户推荐产品,匹配其风险收益,并可以通过专业队伍的打造,加强对业务和产品模块中各个环节的风险管理和控制,促进客户提高合规经营意识,推动监管要求在整个市场的传导。三是借助大数据分析完善风险计量和内控评价模型,不断地推动风险的量化管理体系,通过嵌入至业务和产品模块推动量化监测风险的尝试,并对合规操作和管理进行全方位分析,提升会员的风险防范水平和合规管理能力。四是提供应对票据风险场景和具体问题的咨询,处置票据风险资产的介绍、案例和相关办法等功能。

票据业务创新发展研究

肖小和　李　鹰　万　恺　陈　飞　王　亮

一、票据创新概念

美国熊彼特在1912年出版的《经济发展理论》首次提出创新的定义，所谓创新就是要"建立一种新的生产函数"，就是要把一种新的生产要素和生产条件的"新组合"引入生产体系。他提出创新包括五种情况：引入一种新的产品；采用一种新的方法；开辟一个新的市场；获得一种新的原材料或半成品的供应来源；实现一种新的工业组织材料。

杨远锋在此基础上提出了新的理解，他认为创新是指以现有的思维模式提出有别于常规或常人思路的见解为导向，利用现有的知识和物质，在特定的环境中，本着理想化需要或为满足社会需求，而改进或创造新的事物、方法、元素、路径、环境，并能获得一定有益效果的行为。

因此，票据创新是指在现有基础上为满足市场发展需要而产生的新的理念、体系、制度、管理、模式、机制、业务和产品。它至少应该涵盖以下六种情况：(1)票据市场体系、票据制度出现新的突破。(2)引入新的市场参与主体。(3)交易方式、模式、介质等发生实质性改进。(4)在传统业务或产品基础上进行的重组、改良或变更。(5)与其他产品、其他市场、其他行业等进行融合。(6)票据管理模式、票据经营理念等发生质的改变。

二、票据创新的种类及内容

(一)票据市场框架体系创新

票据框架体系是指涵盖票据市场交易关系整体组织、结构的总称。它基本包括了票据市场体系、票据交易体系、票据市场参与主体体系、票据市场组织体系、票据制度体系、票据服务体系、票据信息体系、票据IT体系等部分。因此票据框架体系创新是宏观层面和理论层面创新，不拘泥于局部和现实，旨在探讨整个票据市场发展方向和规划的规范性研究。

（二）票据市场体系创新

票据市场体系是指票据市场按照功能定位进行划分，由票据承兑市场、票据贴现市场、票据转贴现市场、票据再贴现市场、票据创新市场、票据经纪市场、票据评级市场7个子市场组成。票据市场体系创新涵盖了票据的全生命周期，是以当前票据市场的业务功能属性为基础进行的再创造，旨在提高票据市场运行效率，推动票据子市场的协调发展。

（三）票据交易体系创新

票据交易体系既包含了承兑、贴现、转贴现、再贴现等传统产品交易行为，也包含了票据资管、票据证券化、票据理财、区块链票据、产业链票据、衍生票据等创新产品交易行为，还包含了在票交所模式下所有交易行为的规则演化和更新。票据交易体系创新就是通过改善原有票据产品或创造新的产品，从而丰富交易品种，更好满足市场需求。

（四）票据市场参与主体体系创新

票据市场参与主体体系分为直接参与主体和间接参与主体，前者包括企业、商业银行和财务公司、央行（再贴现）等可直接参与交易的主体；后者包括票交所、区域或行业票据中心、证券公司、保理公司、评级公司、担保公司等服务主体，保险公司、基金公司、信托公司、个人等投资主体，央行、银监会等监管主体。票据市场参与主体体系创新就是通过引入新的市场参与主体促进市场多元化发展，同时也进一步完善和深化市场功能。

（五）票据市场组织体系创新

票据市场组织体系是指票据市场的管理结构和行政手段，在组织层级上包括从央行到商业银行的自上而下模式，在实际的参与方商业银行内部，也包含由总行—分行—支行的层层下达的上下模式或者总行管理—分行经营的扁平化模式。票据市场组织体系创新是在原有的经营管理和监督管理组织结构基础上结合市场发展趋势进行新的调整和改变，从而使票据管理更有效、票据流程更顺畅、票据经营更具活力、票据活动更趋规范的创新。

（六）票据制度体系创新

票据制度体系包括四个层面：一是法律法规、司法解释等层面，包括《中华人民共和国票据法》《最高院关于审理票据纠纷案件若干问题的规定》等。二是监管层面的有关规定，包括支付清算管理办法、商业汇票承兑贴现与再贴现管理办法、电子商业汇票系统（简称ECDS）管理办法等。三是票据行业自律文件，包括中国银行业票据业务规范、中国支付清算协会票据行业自律公约等。四是票交所成立后的有关规定，包括以票据交易管理办法为核心的一系列配套制度。票据制度体系创新就是随着市场的不断发展，需要摒弃那些与市场发展趋势不相适应的旧制度，建立顺应市场发展规律、促进市场发展潮流的新规则，从而引导规范票据市场发展。

(七)票据服务体系创新

票据市场服务体系包括票交所提供集中报价交易、托管清算等服务,第三方机构提供市场评级、增信、保险等服务,票据中介提供撮合、配对和信息等服务,律师事务所提供法律咨询和帮助等服务。票据服务体系创新就是在原有的服务基础上改进服务或新增服务,从而满足票据市场新的发展需要。

(八)票据信息科技体系创新

票据信息科技体系分为信息和科技,前者侧重于数据的获取、搜集和保管,后者则侧重于在票据市场发展中所有借助 IT 技术实现的信息系统,二者不直接产生交易,却与交易息息相关。票据信息科技体系创新就是通过对数据挖掘利用以及金融科技的融合运用,促进票据市场更好更快发展。

三、票据创新的意义与作用

票据业务作为一种直接服务企业、商业银行运作、联通央行的支付结算、信用交易和投融资工具,其创新发展对经济金融以及票据市场本身发展都有极大的推动作用。

(一)票据创新推动了票据市场的跨越式发展

自 20 世纪 80 年代初期恢复办理票据业务至今已近四十年,票据市场以票据创新为标志经历了以下五个阶段:(1)1979 年中国人民银行开始批准部分企业签发商业承兑票据。1981 年 2 月和 11 月,第一笔同城商业承兑汇票贴现业务和第一笔跨省市银行承兑汇票贴现业务成功办理,意味着票据市场开始萌芽。(2)以 1995 年颁布的《中华人民共和国票据法》为标志,初步建立并逐步完善了有关票据业务的法规和制度,标志我国的票据市场开始步入法制化的轨道。(3)2000 年中国工商银行票据营业部在上海成立,以及 2003 年中国银行间市场建成"中国票据网"并正式启用,标志着中国票据业务进入专营化、专业化、规模化阶段,市场参与主体迅速扩大,业务总量成倍增长。(4)2009 年 ECDS 正式投产应用,中国票据市场进入电子化发展阶段。(5)2016 年 12 月 8 日,由国务院决策部署、中国人民银行批准设立的票据市场基础设施——上海票据交易所正式成立,标志着票据市场迈入全国统一、信息透明、以电子化方式进行业务处理的新时代。自 2010 年以来,票据市场还陆续出现了票据理财、互联网票据、票据资产管理、票据证券化等创新产品,提高了票据市场活跃度、参与度以及标准化。这些票据创新都显著提高了市场流动性和运作效率,降低交易成本,增加市场多样性,推动市场跨越式发展。

2001—2017 年商业汇票市场统计数据,如图 1-3 所示。

(二)票据创新提升了票据市场支持实体经济的能力

票据业务自身兼具支付结算和投融资等功能,既为加快商品流通和资金周转提供了极大便利和支持,也为实体经济提供了便捷融资渠道和低成本资金。票据创新

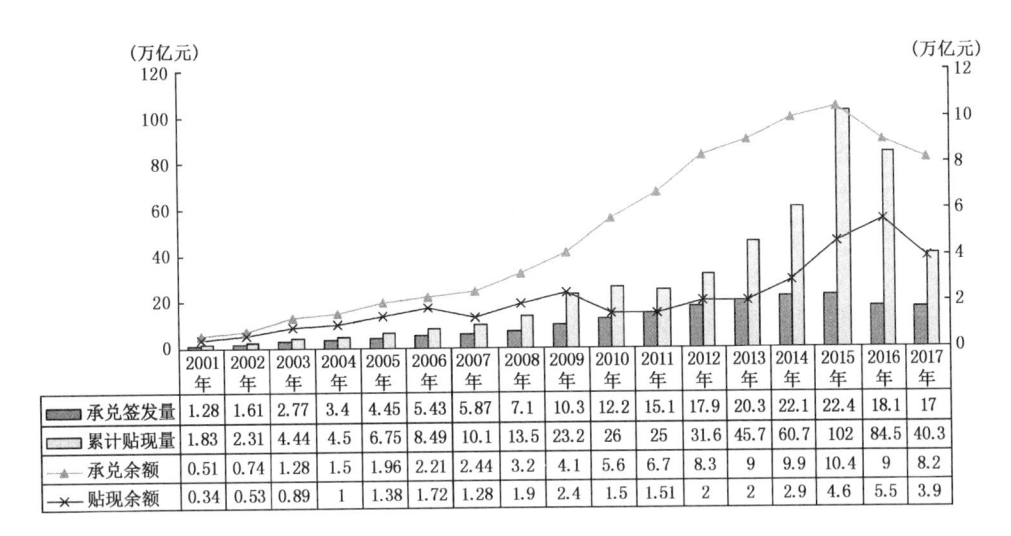

	2001年	2002年	2003年	2004年	2005年	2006年	2007年	2008年	2009年	2010年	2011年	2012年	2013年	2014年	2015年	2016年	2017年
承兑签发量	1.28	1.61	2.77	3.4	4.45	5.43	5.87	7.1	10.3	12.2	15.1	17.9	20.3	22.1	22.4	18.1	17
累计贴现量	1.83	2.31	4.44	4.5	6.75	8.49	10.1	13.5	23.2	26	25	31.6	45.7	60.7	102	84.5	40.3
承兑余额	0.51	0.74	1.28	1.5	1.96	2.21	2.44	3.2	4.1	5.6	6.7	8.3	9	9.9	10.4	9	8.2
贴现余额	0.34	0.53	0.89	1	1.38	1.72	1.28	1.9	2.4	1.5	1.51	2	2	2.9	4.6	5.5	3.9

图 1-3 2001—2017年商业汇票市场统计数据

提高了市场效率,进而提升了支持实体经济的能力:(1)拓宽了票据市场服务实体经济发展的广度和深度。比如互联网票据直接对接资金供需的投资者个人和融资企业,为票据投融资双方构建了直接融资平台,实现了实体经济与资金来源的直接对接,大幅降低了信息不对称和经营成本,尤其是对于票面金额较小、融资难和融资贵的中小微企业群体,有效破解了小额票据贴现过程中遇到的成本和技术瓶颈,拓宽了中小微型企业融资渠道,并且扩展了票据服务覆盖面,更注重客户体验,业务流程更为快捷便利,提升了票据投融资服务实体经济的效率。比如票据池业务可以有效地帮助集团客户管理票据资产,实现企业资金与资产的合理配置;供应链票据产品综合服务结合上下游企业支付结算、资金融资和资产管理等票据服务和产品链中企业资金流、物流和信息流基础上,为龙头企业及其上下游企业提供全方位票据服务,发挥票据业务和贸易融资相互促进发展。(2)提升支持和保障实体经济健康发展的金融服务功能。比如票据理财和票据资产证券化通过有效盘活存量票据资产,将优质票据资产推向资本市场,促进票据经营领域由融资业务范畴向投融资和资产证券化领域延伸,提高票据资产的流动性,吸纳充裕的社会资金真正进入实体经济,进一步提升票据市场支持和保障实体经济健康发展的金融服务功能。比如票据电子化、统一化、规范化可以打破割裂的票据交易市场,透明化票据融资报价、快速精准匹配交易双方、提升交易效率,有助于票据市场的价格发现及去中介化,提高全社会票据资源整体配置效率,更好地服务实体经济发展。

(三)票据创新促进了金融市场改革步伐

票据市场是金融市场的重要组成,票据市场的创新发展推动了金融创新的发展。(1)激发金融市场创新活力。票据市场创新促进参与主体更趋多元化,非银行金融机构对票据创新业务和产品的参与力度和深度不断加大,跨界、跨市场、跨区域的发展趋势愈发显著,企业、银行、信托、基金、证券公司、财务公司以及个人均已或多或少的参与到了票据市场,参与者的丰富有效地促进了金融市场的完善和发展。(2)促进利率市场化进程。票据创新促进市场充分竞争,其利率基本由供求关系决定,是我国价格发现功能最完善的金融子市场之一,实证研究表明票据转贴现卖出利率在我国更具有基准利率特征,票据贴现利率市场化进程在一定程度上带动了存贷款利率的市场化进程。(3)丰富金融市场内涵。近几年,票据市场创新步伐明显加快,票据理财、票据资产管理、票据托管、票据证券化、票据增值服务、票据代理等新产品不断涌现,票据交易模式正在发生深刻变革,票据远期、票据期权、票据互换等衍生金融产品也已提上日程,票据产品的多样化发展极大丰富了金融市场内涵。(4)助推商业银行转型发展。票据业务是银行业优化资产负债结构、加强流动性管理、提高收益的一个重要手段,不仅能为银行主动增加存款提供抓手,也可以提高银行盈利水平。票据创新发展不仅可以丰富商业银行调节手段,增加收入特别是中间业务收入,还可以降低资本占用,提高存量资产使用效率,提升风险管控能力,增加综合竞争力,在助推商业银行金融改革和转型发展中发挥了重要作用。随着票据交易所的建成和交易主体的扩大,票据也必将成为其他金融企业创新发展的重要工具。

四、票据创新的原则

(一)市场性原则

从哲学角度看,创新是对事物和发现的利用和再创造,特别是对物质世界矛盾的利用和再创造。因此,票据创新也必须是根据市场需求及其变化需要,在充分考虑当前要素条件基础上创造出来的,离开了市场环境的票据创新是没有任何意义的。也就是说,票据创新需要适销对路,要契合市场的需求以及其未来发展方向,能够解决当前票据市场供需矛盾关系,同时也需要市场的检验和再创造。

(二)效益性原则

杨远锋在定义"创新"时就强调"能获得一定有益效果",票据创造也必须要求能提高票据市场的收益和效率。创新都是有成本,无论是设计成本还是推广成本,如果没有相应的效益性,票据创新将不可持续,从而也就难以维续而退出市场。

(三)公平性原则

这里的公平性不是指绝对公平,而是相对公平,也即每一个市场参与主体都可以公平的进行票据创新,也都可以从相应票据创新中获得收益,甚至获得专利和知识产权。随着票据市场多元化发展,不同市场和类型的参与主体其需求也不尽相同,因此需要一个公平的票据创新环境。

(四)防险性原则

票据创新的目的有很多,比如降低成本、提高效率、提高收益、防范风险等,其中防范风险是票据创新的主要目的之一。市场中许多票据创新都是因为防范风险孕育而生的,比如电子商业汇票、票据衍生产品等,刚刚成立的上海票据交易所就是应风险而生,为安全和规范而立。

(五)合规性原则

合规性是指票据创新要与法律法规、监管规则和准则相一致。创新与监管是一种相互矛盾又相互促进的关系,创新是为了更好更快的发展,监管是为了稳健发展,二者总体目标是一样的,因此票据创新必须要合规。此前有一些创新是为了突破监管而创新,比如"绕规模"、消减资本占用等违规创新,这些都不是真正的票据创新。

(六)可推广性原则

可推广性要求票据创新必须具有普遍性和实际意义,如果票据创新仅停留在理论层面或者仅适用极少数人,那就失去了创新的意义。当然也不是所有票据创新都是针对全体市场参与者,票据创新也要有自身特性和一定范围适用性,但这与可推广性原则并不冲突。

五、票据创新发展思路

(一)票据市场框架体系创新

推动票据市场框架体系研究和创新发展,可以为票据市场顶层设计以及未来发展规划提供坚实基础,从全局出发明确票据市场各子体系的功能定位,发挥各子体系的比较优势,突破地域性、行业性以及各子市场的限制,协同发展,形成合力,从而建立全国统一、协同的票据市场体系。有助于探索形成票据行业统一标准,提升业务办理的标准化水平和整个市场透明度,促使票据市场效率提高和健康有序规范发展。宏观层面创新可以激发市场整体创新活力,引领和带动中观及微观领域的创新发展,市场参与主体更趋多元化,票据产品种类、票据交易模式、票据交易主体也会随之发生深刻变革,跨界、跨市场、跨区域的发展趋势将愈发显著,非银行金融机构对票据创新业务和产品的参与力度和深度不断加大,企业、银行、信托、基金、证券公司、财务公司以及个人也将参与到票据市场的创新发展中。

1. 可由央行统筹规划票据市场的顶层设计

组织研究票据市场框架体系的创新发展,统筹票据交易市场基础设施建设,从宏观层面制定票据市场的发展规划、发展战略及长短期目标,为票据市场规范发展提供理论指引。

2. 可设立票据市场相关管理组织或委员会

统筹票据市场框架体系落实工作,组织研究实施各票据子市场之间的协同发展,建立负责票据交易、登记、清算的交易所组织,维护票据市场的长期、稳定运营;建立相关行业公会,制订行业自律守则,以规范行业发展。

3. 可充分发挥市场参与者的研究分析作用

可以采用课题、征文、评刊、入选公开出版增刊、出版精选集等多种形式，在公开刊物、高层研讨会、高层营销会等平台上加强宣传、推广力度，提高市场参与者参与票据市场框架体系的创新发展研究积极性，从实践和操作层面开展前瞻性的理论研究、思考和推导。加强与高校、研究机构联系，组织高层学术会议，逐步建立票据业务研究专家库，重点研讨影响票据市场宏观发展的理论性问题，为票据市场框架体系创新发展提供理论指导和信息支持。

(二) 市场体系创新

票据市场体系中的7个子市场既互相联系又相对独立，推进票据市场体系创新发展，能够改变当前票据业务参与者因为各自机构设置和业务管理要求的不同而导致业务间完全割裂，打造票据业务链统筹管理和分散营销理念，提高参与者经营管理效率，推动票据市场全面、协调、健康发展。

1. 加快商票发展步伐

商业承兑汇票是建立在商业信用基础上的信用支付工具，不仅手续简便，能有效缓解企业间货款拖欠，提升市场活力，提高效率，还能降低企业资金使用成本，节约资金运输与使用的费用，避免资金的积压。商业承兑汇票可以改善对银行信用过度依赖的现状，特别是在经济增速下行银行信用收紧的当下，既能减轻商业银行风险的过分集中，又可以优化票据市场结构，同时银行也可通过对商业承兑汇票进行贴现和托收等获取高于银行承兑汇票的利息收入和中间业务收入。商票直接作用于实体经济，央行通过再贴现调控信贷投向，有效促进社会信用体系的完善和发展。商业信用缺失是导致商业承兑汇票业务难以发展的关键因素，可以通过政府搭建公开、透明、可信度高的企业信息信用平台，并建立有效的奖惩机制，推动商业承兑汇票业务的全面、健康、稳步发展。推行企业信用评价制度，成立统一、规范、权威的企业信用评估机构，建立健全适合商业承兑汇票的评级评估指标体系，实行企业信用定期考评制度，推行商业承兑汇票担保支付机制，建立商业承兑汇票保险制度，为商业承兑汇票在全国范围内的流通创造条件。同时提高商业银行积极性，加大银行商业承兑汇票贴现规模及人民银行商票再贴现力度，引导金融资源积极介入，为扩大商票流通创造良好的条件和宽松的金融环境。建立商票企业准入制度和商票贴现准入制度，建立商业承兑汇票签发使用风险监测和分析制度以及风险处置化解机制，建立商业承兑汇票担保基金制度，通过风险防范措施保障商业承兑汇票业务健康发展。

2. 推动承兑业务创新发展

票据承兑满足了企业之间的短期资金支付需求，通过签发票据获得了交易的延期支付，减少了对营运资金的占用，相对于贷款融资可以有效降低财务费用，加快了企业的周转速度和商品流通效率。票据承兑业务提供便捷的融资渠道和低成本资金，尤其适合满足中小企业的融资需求，根据央行统计报告显示，目前中小企业作为出票人已占票据融资余额的 2/3 以上,有助于推动中小企业的发展。票据承兑成为银行优化资产结构的重要工具,不仅可以带来手续费,还通过企业缴纳承兑保证金增加流动性存款等。一是分类施策,区别对待,积极调整票据承兑的整体规划和业务布局。根据各地区经济总量、当地企业金融意识强弱、各地金融环境等来制定区域票据承兑发展目标;针对不同的产业模式,有针对性地开展票据承兑,支持农、林、牧、渔等第一产业发展,支持工业振兴、科技强国等第二产业发展,支持模式创新、消费升级等第三产业发展;商业银行根据自身信贷发展战略、信贷业务结构、信贷风险偏好、信贷客户数量、信贷客户结构等实际情况制定自身的承兑业务发展规划。二是积极调整,主动筛选,有针对性地选择票据承兑的业务结构和客户类别。推动票据承兑支持实体经济转型升级,支持企业走产出高效、产品安全、资源节约、环境友好的现代化发展道路,做大做强经济总量和票据承兑业务总量。围绕国家十三五规划,紧跟"一带一路"、长江中下游经济带、京津冀协同发展经济带"三大支撑带"和自贸试验区改革创新、东北老工业基地振兴等国家重大经济发展战略,有序推进战略新兴产业、先进装备制造业、工业强基工程、现代服务业、文化产业等新经济新市场的票据业务结构布局,通过承兑业务推动大众创业、万众创新,配合释放新需求、创造新供给,推动新技术、新产业、新业态蓬勃发展。三是坚持创新,不断探索,积极推动票据承兑发展新战略和新模式。票据承兑业务要将推动实体经济供给侧结构性改革与自身发展转型有机结合,根据经济结构调整和产业创新升级进程,优化票据承兑业务发展战略、管理机制和业务模式,注重业务操作的规范性,利用信息化和大数据提升风险监测水平,增强票据承兑服务实体经济的能力。四是注重合规,审慎经营,有效防范票据承兑在支持实体经济发展中的操作风险和合规风险。五是依法监管,力求完善,有效规避票据承兑在支持实体经济中的法律风险和监管风险。为推动电子商业票据、"互联网+票据"、融资性票据、全国性票据交易所的创新性发展,必须加快推进对《票据法》相关条款的再次修订。

3. 推动贴现业务创新发展

票据贴现与普通贷款相比其融资成本往往较低,且流程简单、获得资金周期短,特别是对于信用等级相对较低的中小企业,银行承兑汇票所具有的银行信用、放款速度快等特点,对解决我国中小企业融资难问题具有得天独厚的优势和作用。相对银行而言,票据风险较低、流动性好、收益相对较好,是银行流动性管理和信贷调节的重要工具。一是持续发挥央行窗口指导作用,引导信贷资金流向实体经济。鼓励票据贴现业务符合国家宏观经济政策需要,支持国家产业结构调整及实体经济转型发展。通过政策规定对重点行业、重点企业、重点产品的票据优先办理直贴业务,引导信贷资金向符合国家产业政策的方向倾斜。二是提高自贴比例,防止"票据空转"。商业银行在签发商业汇票前,会根据企业风险状况评定信用等级,核定授信额度,交纳一定比例的保证金,同时对交易合同、发票等贸易背景的真实性进行审核,重点在于防范融资性票据的风险。因此,各家商业银行要在发展票据直贴业务的同时,提高本行承兑汇票贴现归行率,一方面有利于票据贴现资金回流实体经济,另一方面可以防止票据在同业金融市场中空转,回归票据贴现持续服务实体经济的本质要求。三是积极向"互联网+票据"平台方向发展。随着"互联网+"思维在票据领域的渗透,"互联网+票据"平台呈现多元化。一方面促进商业银行提供"互联网+票据贴现",提高票据贴现标准化和操作效率,方便实体经济贴现融资。另一方面加快票交所建设,尽快将票据贴现环节实现统一报价和线上操作,同时鼓励票据中介成为票据贴现市场的合格参与者。

4. 促进转贴现快速发展

票据转贴现可以发挥规模调节、平衡资产负债的作用,实现快速灵活调控信贷资产规模和结构。同时,银行通过转贴现可实现收入多元化,包括持有到期赚取利息收入,或者通过短期买卖赚取价差收入,还可以通过理财产品实现中间业务收入,有利于商业银行增加资金运作的渠道、提高资产收益。一是积极推动票据转贴现发展新战略和新模式。随着银行存贷比指标的取消,银行利用转贴现业务作为"通道"调减信贷规模的动机大幅降低,转贴现业务逐步回归到其本源,逐步成为资金融通及获利投资的方式,成为货币市场的重要补充形式。二是未来随着电子商业汇票的普及,电票以其方便、安全、线上的属性,以及便于查询查复、审核、交易、流转的特点,给未来票据转贴现业务创新提供了良好的交易方式及手段。三是由于票据交易所潜在的跨界属性,未来将可能进一步促进转贴现业务在跨界、跨业、线上加大创新的力度,比如探索货币子市场、保险投资资管市场、信托证券资管市场、票据资产证券化,资本市场中远期、掉期、期权等衍生品的力度,彻底激活存量票据资产,推动转贴现交易的活跃度和规模,更好地实现对实体经济的支持。

5. 重构再贴现业务功能

再贴现作为央行控制货币供应量的三大传统政策手段之一,再贴现利率作为央行基准利率之一,其调整起到了告示市场、引导预期的重要作用。再贴现利率的或升或降,预示着货币当局政策走向的或紧或松,与公开市场操作利率、存贷款基准利率的调整一起,互相强化引导公众预期和调节资金供求的政策效果,影响金融市场参与者的经济行为,并直接调节货币供应量。再贴现是为数不多具有结构性调整功能的货币政策工具,可以引导信贷资金流向,促进产业结构调整;按照国家产业政策要求,有选择地对不同种类的票据进行融资,促进经济结构调整,近年来主要是支持中小企业的发展,极大地缓解了中小企业融资难、融资贵的问题。一是持续培育票据市场,营造良好的再贴现业务环境。二是加大对再贴现的投放力度,完善货币政策调控手段。三是提高再贴现信贷调控能力。运用再贴现工具引导金融机构将更多信贷资源配置到小微企业、"三农"和棚户区改造等国民经济重点领域和薄弱环节。四是探索再贴现与其他相关政策的联动,如探索再贴现政策与支农贷款政策、与小微企业政策、与"大众创业、万众创新"政策、与存款准备金政策之间的联动效应,以进一步发挥政策合力。同时,要加大再贴现对电票的支持力度,特别要加大再贴现对商业承兑汇票的支持力度,有利于推进商业信用的发展,从而也能更突出再贴现的功能作用。五是建立市场化、差别化的再贴现利率形成机制。研究建立以市场化为导向动态调整的再贴现利率形成机制,探索依据再贴现的期限、产业、企业类型、办理方式等不同情况,实施差别化、多层次的再贴现利率体系,如对重点支持的中小企业领域,实行较低的利率予以引导,针对买断式再贴现和回购式再贴现实行有差别的再贴现利率。

(三)交易体系创新

票据交易体系是票据市场体系的重要组成部分,在票据市场体系中以产品为依托串联了各票据子市场,加快了票据流转速度,提升了票据流转效率,推动了票据创新深入开展,引导了票据市场自律与风险体系建设,促进了票据市场体系的协调有序发展。

1. 重新认定票据的产品定位

随着票交所的发展,票据将趋近于债券等标准化产品,其融资属性和资金化属性将进一步扩展,一方面持票人可以以货币的形式直接转让支付,从而降低整个融资链的成本,另一方面要充实票据资产交易经营内涵,提高资金的运作效率和回报,再一方面也要打通同业投资渠道,打造新型理财产品和工具、吸引客户投资以获得更加广泛资金来源。

2. 升级产品创新的内涵

一方面可以实现票据与信用证(银行保理等)的组合国际结算业务和"1+N"商业承兑汇票贸易融资组合业务,提高票据的应用领域,并可以贴现电子票据集合资产为依托,设立特殊目的机构(SPV)发行资产支持商业票据(ABCP),扩大银行票据融通资金来源。另一方面推动多元化票据衍生品发展和试点,包括远期票据贴现和转贴现、票据贴现期权和转贴现期权、票据转贴现利率互换和转贴现期限互换(掉期)等,还可根通过银行业金融机构集约化管理已贴现票据,实现票据资产证券化等创新。

3. 加大与互联网金融的跨界融合

一方面规范互联网创新票据业务的应用,鼓励互联网金融为符合国家产业导向领域的中小微企业和家庭居民提供多样、灵活的票据融资、票据理财等金融服务,支持互联网金融与电子商务、现代物流、信息服务、跨境贸易等票据融资业务领域的融合发展,以提供更有效率票据融资服务的方式促进相关行业转型升级。另一方面与互联网金融的跨界融合将有望实现突破,随着互联网金融的深入发展,使得互联网企业掌握越来越多的金融经营权,并获得了相对宽松的监管空间,以系统的信息共享和快速传播来加快实现资产负债与客户需求的双对接,实现票据资产管理业务的落脚点由让客户"看的见"向"看的清"转变,推进票据资产类业务的转型和在全市场的接受度。

(四)票据市场参与主体体系创新

票据参与主体体系创新应该由央行负责统一规划指导,短期目标可建设以上海票据交易所为核心,地方、行业票据交易所作为两翼、票据经纪公司为补充、商业银行为主体、其他金融机构共同参与的多元化票据参与者体系;最终目标应发展成为以上海票据交易所为主导,地方、行业票据交易所以及票据经纪公司为共同延伸服务的前端票据基础设施,商业银行为交易主体、其他金融机构作为补充、企业和个人共同参与的多元化交易主体,形成统一、集中、多元参与的票据市场。

1. 央行

央行主要负责制定货币政策和票据市场的各类管理办法,对票据市场进行宏观规划与指导,并通过再贴现等交易手段对票据市场进行调控。

2. 上海票据交易所

上海票据交易所在票据市场中居于中心地位,一方面需要接受央行在货币政策和票据管理办法方面的指导,另一方面需要制定票据贴现、转贴现、回购、再贴现等交易业务规则,开发票据交易、托管及清算平台,引导各类市场交易主体入市。

3. 地方及行业票据交易所

地方及行业票据交易所按照上海票据交易所制定的各类票据贴现业务规则开展业务,成为上海票据交易所在票据贴现领域的延伸,其交易系统、交易数据作为票据交易子市场大数据的组成部分,主要承担向区域内及行业用票企业推广票据贴现业务的职责。

4. 票据经纪公司

票据经纪公司在票据交易市场中主要承担撮合商业银行与企业之间的贴现交易职责,但不得直接办理票据贴现及票据二级市场交易。

5. 商业银行

商业银行是票据市场最主要的参与者,直接对接企业贴现提供资金融通,也是二级市场最为活跃的金融机构,同时也通过再贴现对接央行,是票据市场最主要的规模和资金提供方。

6. 信托公司、券商、基金公司、保险公司、期货公司、资产管理公司等其他金融机构

信托公司、券商、基金公司、保险公司、期货公司、资产管理公司等其他金融机构是票据市场新型参与者,是票据产品创新发展的主要参与方。

7. 企业及个人

企业是票源方,是票据市场的根源;个人可通过票据创新产品参与到票据市场,并有望发展成为重要的票据资产投资者。

(五)票据市场组织体系创新

1. 推动商业银行票据业务组织架构改革

随着成立集中性的票据经营机构成为主流,集中化的票据经营模式会逐步带来专业管理的统一归口,对促进票据业务的管理提供便捷。对于大型和股份制商业银行,将逐步形成分行贴现、总行集中到票交所交易的模式,并且贴现后的纸票登记、保管等将成为重要的风险把控要点,中小银行将更侧重形成垂直化的票据经营体系。

2. 引入票据做市商制度

借鉴发达国家和地区经验,在现有票据专营机构的基础上,进一步推动票据做市商制度的建立发展,可以相对集中地办理票据业务,充分发挥专业化分工的优势,降低交易成本,提高市场效率,激活票据市场;在票据市场深度、广度和效率不断提升的基础上,进一步深化经营主体建设,建立股份制票据金融公司,整合当前所有市场主体的资源和自身优势,以市场化方式运作,摒弃现在银行内部票据经营机构行政性分配资源的局限性,自主经营、自负盈亏、自求发展,适应市场发展需要,提升经营管理效率,走专业化、集约化、规范化发展之路,实行集约经营和集控管理。

3. 制定经纪管理办法规范我国票据经纪行为

设立统一的行业准入门槛,如最低注册资本金、股东合法性、公司治理结构、高管行业从业经验等;明确票据经纪机构的经营范围,除允许其为票据市场参与者提供传统的票据信息、咨询、见证、培训等各类经纪服务外,还应该允许票据经纪机构在法律法规允许的范围内开展业务,包括鼓励票据经纪参与业务交易经纪服务以及票据信用评级、票据软件开发、票据信息数据库等体系建设;构建统一的市场退出机制,形成票据市场进入与退出的动态管理。规范票据经纪的会计、税收制度,并配套相应的票据经纪监管制度等。

4. 逐步建立统一的信用评级、资信评估、增信保险制度

推行信用评价制度,成立统一、规范、权威的信用评估机构,建立健全适合票据业务的评级评估指标体系,实行信用定期考评制度,推行票据担保支付机制和保险制度,积极推进社会信用生态环境建设。

(六)票据制度体系创新

在法律层面,需要尽快推进票据法的修订工作,为票据市场体系的创新发展创造良好的法律环境;在政策层面,需要央行、银监、证监、保监等监管机构通力协作,在部门规章方面为票据市场体系的创新发展清除政策障碍。

1. 要加快对《中华人民共和国票据法》的再次修订完善

当前票据承兑业务的基本法律依据是1996年1月1日起实施的《票据法》,2004年8月28日经第十届全国人民代表大会常务委员会第十一次会议进行了审议修正。修正后的《票据法》距今也已颁布实施15年。这15年间,国家经济、金融的改革发展以及科学技术手段的进步,对票据转贴现业务已产生较大影响。当初《票据法》中的

部分条款如今已深深限制了票据业务进一步创新发展的动力。如今电子商业汇票、"互联网+"票据平台、融资性票据、全国票据交易所的出现以及票据衍生产品(票据资产证券化等)、其他创新产品(如基于区块链构造的数字票据等)的尝试,彻底颠覆了《票据法》中关于纸质票据的相关规定,必须加快推进对《票据法》相关条款的再次修订。

2. 建立符合票据全新特征的监管体系建设

构建后票交所时代票据市场监管协调机制,加强货币政策部门、监管部门和金融机构在业务监管方面开展协作,消除不同部门法规制定实施中的抵触和矛盾现象,使票交所、各商业银行的各类票据系统在更为合理完善的监管法律框架下健康发展,尽早实现标准化。为市场参与主体提供了更多主动适应监管要求变化的机会,甚至可以借鉴发达国家金融监管的"沙盒机制",利用票交所对新型的创新技术和产品进行试验,一旦证明有效,监管可随之进行调整,避免了监管要求和业务发展节奏不一致的情形。

(七)票据服务体系创新

1. 进一步完善票交所报价、撮合、共享等系统功能

票交所在打造好会员、交易、托管、清算等职能的基础上,进一步完善票交所系统功能,丰富产品内涵。实现所有交易品种的报价、询价、议价等功能,通过信息的发布、展示和整合,对报价的真实性和有效性做跟踪审核,确保市场情况的真实反映,同时对撮合交易清单有严格的规定和分级加密保护措施,既避免了恶意挂单,也保护了客户的隐私。实现交易的撮合,通过对票据交易各要素的标准化建模、交易倾向的罗列分析、客户业务管理限制的筛选等,完成对市场交易撮合信息的匹配,进而实现业务的达成。实现与产品功能的互通,对每一个产品都可以实现业务的操作和数据资源的共享,从而使得平台上的产品不单单只具有展示功能,还能直接提供给客户使用。

2. 做大商业银行的票据产品链、产业链、供应链业务

所谓票据产品链是以承兑、贴现、转贴现、回购交易、再贴现等多环节为点,以这些属性(承兑、直贴)、资金属性(转让、回购交易、再贴现等)为线。上述的所有点、线和多环节以及关联衍生、增值、创新为产品链,发展票据业务,探索发展商业银行转型发展之路。所谓供应链票据融资,是指银行与企业将核心企业及其上下企业关联在一起,提供灵活便利的票据融资服务。所谓产业链票据融资是指银行与企业以产品链核心企业为依据,针对产品链的各个环节,设计个性化、标准化的票据金融产品,为全产业链企业提供票据融资服务与模式。商业银行通过以票据产品链为龙头,紧密契合企业产业链和供应链创新,为企业打造融资成本低、流转速度快、服务更简便、粘合度更高的金融工具。商业银行建立全行票据产品考核机制,改变目前分散的经营管理状态,可以通过分级考核、整体考核,创新考核内容。

3. 提升增值服务认识

通过丰富票据业务经营、信息咨询、担保、鉴证、托收、保管、培训、顾问、代理、投资等不同的票据业务增值服务,进一步提高信息透明度、提升交易效率、降低交易成本、防范业务风险,能够繁荣票据业务、促进票据市场健康发展。商业银行应当拓宽发展视野,充分了解和认识经营定位和业务优势,从丰富票据业务流通渠道和强化票据业务增值服务入手,借助信息化时代对于传统业务模式的革新,通过互联网、银行和企业的连接,利用互联网的大数据和广泛性优势,商业银行的集中、专业和风险管理优势,以信息类(提供咨询顾问、定制服务等智能型产品)、交易类(提供交易撮合、票据经纪等便利型产品)、操作类(提供业务代理、系统支持等基础型产品)等服务模式为基础,提供专业化或综合化的票据增值服务,拓展票据业务的盈利空间。

(八)票据信息科技体系创新

1. 加快全国统一规范的票据信息平台建设

一是建设标准化、覆盖面广的信息采集录入子平台,实现各数据源平台数据的接入汇总,并拥有海量相关非结构化信息,可按"科学规划、统一标准、规范流程"原则,统一采集归口、利用数据信息技术建立索引,实现信息资料管理的科学化、规范化,实现信息集中管理,并建立数据质量控制机制,提高分类数据的准确性。二是打造模型化、手段先进的信息分析预测子平台,运用科学模型建立宏观经济预警、区域监测评价等系统,从而对票据信息数据进行多角度、多层次、精细化、准确系统的分析,更好地刻画票据市场的运行趋势和情况。三是实现智能化、实效性强的信息资讯发布子平台,实现智能分类、科学发布、高效共享,建立业务库、案例库、营销库、经验库、文化库、知识库,实现集中展现各类报表及信息功能。

2. 科技金融将在票据市场发挥更大作用

一是票交所作为"互联网+"票据的高级产物,其发展必然由科技的进步与应用来主导,通过不断与科技融合发展,形成新的业务操作形态和产品模式。数据的作用将会被进一步激发,票交所的集中模式将会沉淀大量有价值的历史数据,而数据本身将成为最重要的生产资料。票据市场的信息化水平将进一步提升,业务流程标准程度显著提高。二是以区块链技术为代表的新型金融科技在票据领域开始应用。金融科技可以使票据市场更便捷高效、更安全、更便于监控管理。2018年1月25日,数字票据交易平台实验性生产系统成功上线试运行实现了数字票据的突破性进展,是区块链技术应用于金融市场基础设施的重大举措,为实现"运行去中心化、监管中心化"奠定了基础。

发展高质量票据市场　推动商业银行转型创新

肖小和　李　鹰　万　恺　陈　飞　王　亮

中共十九大报告作出了我国经济已由高速增长阶段转向高质量发展阶段的科学判断,并提出了"坚持质量第一、推动质量变革、建设质量强国、增强质量优势,把提供高质量供给体系作为主攻方向"等重要观点,提出了"服务实体经济、防控金融风险、深化金融改革"等三大任务。提高经济发展质量已成为我国经济发展的新要求、新目标。

一、发展高质量票据市场概念与要求

(一)高质量经济、金融发展的内容

经济的高质量发展需要整个供给体系充满活力、有效益与有质量。供给体系需要为具有高质量高收益的新兴产业提供成长空间,资源由低收益产业向高收益的新兴产业快速流动,提升新兴产业在国民经济的比重。

金融高质量发展是经济高质量发展的关键环节,推进高质量金融发展,一是需要推进普惠、绿色金融的发展,提升金融服务实体经济的能力。二是需要守住底线,防范金融领域业务风险。三是需要提供针对性强的金融服务,确保金融资源向新兴产业流动,加快推进经济转型升级。四是需要加大创新力度,抓住自贸区、人民币国际化等历史性机遇,加快推进金融创新。五是加快市场化、法治化进程,积极推进金融市场调结构、去泡沫,保持稳健中性的货币信贷政策和适度的供给总量,确保金融市场有序、健康发展。六是要推进金融科技的发展,运用大数据、云计算、区块链以及人工智能的新型技术手段,提升业务处理效率,提高服务质量,并进一步提升金融对实体经济的服务能力。

(二)为什么要发展高质量票据市场

发展高质量票据市场是发展高质量金融的必然要求,也是票据市场自身的使命。既是为了更好地服务经济、服务金融,也是改变目前票据市场诸多的关键所在。

一是票据市场是我国金融市场的重要组成部分。2017年票据承兑签发量为17.1万亿元,票据融资余额为3.9万亿元,票据累计买入量为40.3万亿元,庞大的票据融资市场为发展高质量票据市场提供了交易基础。

二是票据市场是实体经济重要的结算与融资市场。票据具有结算与融资的特性,具备结算速度快、融资效率高等特点,近年来其在实体经济结算与融资中的占比逐步攀升,已成为企业(尤其是中小企业)主要结算工具与融资手段,众多的企业客户群以及经济发展需要为发展高质量票据市场提供了应用基础。

三是票据市场基础设施正在逐步建设完善。央行主导下的上海票据交易所已正式开业,纸电票据交易融合发展正在进行中,以票据一级市场为交易目标的地方、财务、中小银行票据平台正在酝酿中,全国统一、规范的票据大市场正在形成中,发展中的票据大市场为建设高质量票据市场提供了硬件基础。

四是近年来对票据市场的强力监管初见成效。票据市场经营环境不断净化,市场交易合规性大幅增强,票据风险事件及案件稳步下降,资管办法和规范银行业金融机构跨省票据业务通知已发,高效的管理及防控措施为发展高质量票据市场提供了监管基础。

五是票据市场金融科技水平优势明显。票据市场是金融新技术、新工具、新方法运用较为集中的领域,电子商业汇票、无纸化票据交易已研发并广泛运用,数字票据作为区块链技术的首次大规模运用场景正在逐步完善,金融科技的广泛运用为高质量票据市场提供了技术基础。

(三)发展高质量票据市场的内涵及要求

票据市场高质量发展就是要与经济、金融市场高质量发展一脉相承,在深化改革的同时,服务实体经济,防范票据风险。发展高质量票据市场的要求有以下几点。

一是在建立和完善现有票据市场整体框架体系的基础上,完善相关制度,夯实基础设施。上海票据交易所是票据市场体系的重要一环,由于其成立时间较晚,制度规则及系统建设有待进一步完善,且票据承兑、贴现等市场依然游离于交易所之外,缺乏统一的交易场所与规范,有必要进一步完善票据市场制度与基础设施建设,加快推进建立"以上海票据交易所为核心,以地方、财务、中小银行和规范的票据平台为补充"的票据市场架构建设。

二是把握票据市场发展的总体结构与速度,提高票据业务发展的效率和效益。票据发展规模和产品结构应与经济发展速度及结构相匹配。改变现有纸电票据交易规则不统一、市场缺乏价值衡量标准的现状,推动整合纸电票据交易市场,统一纸电票据交易规则,提高电子票据发展速度,提升全市场交易效率;加快研发票据标准化产品和市场收益率曲线,推进票据市场估值体系建设,集约、有序、高效、规范发展票据市场。

三是推动市场参与者尤其商业银行票据业务转型创新,探索商业银行票据业务走新型之路。探索非银行业金融机构参与投资票据市场的新思路。实现票据资产配置的高质量,票据服务经济高质量、高效率,票据发展高效益、高质量,票据创新交易高质量,票据防范风险高质量。改变票据市场参与者(尤其是商业银行)片面追求利润指标,忽视服务实体经济,资金体内循环的现状,树立正确的经营理念、风险理念及服务理念,在推进票据市场提升效益的基础上,提升票据资产配置能力,提升票据业务处理效率,进一步推进票据产品创新、充分发挥票据服务实体经济的能力。

(四)建立票据市场高质量发展评价体系

高质量的票据市场需要转变市场发展理念,服务实体经济、防范市场风险、推进市场改革、促进市场参与者转型发展,有必要建立一整套全面、科学且行之有效的评价体系,确保相关政策措施落到实处,票据市场高质量发展进程有序开展。

一是设立票据服务实体经济评价指标,重点分析全市场或系统参与者票据融资在企业短期融资中的占比,票据承兑收入在银行中间业务中的占比,票据融资在中小微企业融资中的占比,承兑归行率占银行业承兑贴现比,以及票据融资在普惠等金融中的占比,再贴现占贴现比等情况,通过上述评价指标加快推动票据服务实体经济的进程。

二是设立票据风险管控评价指标,一方面对合规风险、道德风险加大管控力度,可考虑设立市场参与者票据业务违规或案件专项评价指标,依据票据市场管理机构、监管部门或法院发布违规惩罚或判决信息,对其相关指标予以评价,以进一步督促市场参与者自律、自查,保障票据市场稳定运行;另一方面设立市场风险评价指标,鼓励市场参与者采用新技术、新模型研究宏观经济、货币市场及票据市场运行规律,鼓励采用创新产品对冲市场风险,稳定票据市场价格,维护市场秩序。

三是设立票据市场战略发展评价指标,应对票据市场顶层设计、发展规划,市场参与者内部票据组织架构等设立相关目标及指标,确保票据市场稳定发展。

四是设立票据市场基础设施评价指标,对票据交易所的完善情况进行评价,对票据市场其他基础设施建设进展进行评价。

五是设立票据市场信息统计评价指标,对票据市场的基础数据、统计指标、估值体系以及信息披露状况进行评价。

六是设立票据市场监管协调指标,建立票据市场监管协调机制,对票据市场中监管政策较为集中的问题定期沟通交流。

七是设立票据创新相关指标,对票据市场各类创新产品、创新业务模式、创新分析手段、创新科技应用等的研发进度、推广效果进行评估,为票据市场营造良好的创新环境。

八是设立票据市场制度规范评价指标,定期树立金融市场热点问题,结合票据市场发展状况,不断拟定或更新票据市场制度规则,并依据实际情况制定制度规范评价指标。

二、发展高质量票据市场的意义和作用

(一)有利于经济高质量发展

票据市场对经济高质量发展作用主要体现在推动实体经济结算与融资两方面。

1. 推动实体经济结算

票据(尤其电子商业汇票)具有鲜明的结算支付特性,具有跨地域、效率高、速度快、接受程度好等优势。票据承兑业务可以引入银行信用,实现交易的延期支付,减少了对企业营运资金的占用;企业间票据背书转让,满足了企业之间短期资金支付的需求;在票据贴现、票据质押融资等业务上,便利企业快速获取资金,加快了企业资金周转和商品流通效率。

发展高质量票据市场可以充分发挥票据的结算和支付特性,加快企业间商品与资金的流通,提高实体经济结算效率,进一步推动经济高质量发展。

2. 推动实体经济融资

票据除具有支付结算特性之外,还具有融资特性,是一类较为便利的企业融资产品,尤其适合中小微企业。

与流动资金贷款业务相比,一是票据贴现利率较低,低于流动资金贷款利率,为企业节约了大量融资成本。二是企业通过办理票据项下(尤其是办理电子商业汇票项下)相关业务较流动资金贷款效率更高、更便捷,有利于节约企业时间成本,加快了企业资金回笼速度。三是票据业务办理效率高、业务门槛相对较低,与资本市场融资工具相比,其能更好地覆盖中小微企业,及时向企业提供短期融资,促进了中小微企业资金融通。

发展高质量票据市场可进一步强化其融资特性,并提升实体企业融资能力、减少实体企业融资成本,加快对实体企业的融资效率,降低实体企业融资门槛,全面推进实体经济高质量发展。

(二)有利于金融高质量发展

一是有助于推进普惠绿色金融发展。票据是一类适合中小企业融资的业务产品,可以有效降低中小企业融资门槛,助力中小企业生产经营及业务发展。

二是有助于推进金融市场规范化、法制化发展。票据市场是金融市场的重要组成部分,其规范化进程对于金融市场意义重大,是对债券市场、黄金市场、外汇市场的有益补充。

三是有助于推进人民币国际化进程。部分票据市场参与者曾尝试开展跨境人民币项下票据融资业务,未来随着跨境票据的不断发展,有利于创建票据业务的"中国标准",有利于"一带一路"方针实施,以及推进人民币的国际化进程。

四是有助于推进金融科技发展。票据市场是运用金融科技手段较多、较频繁的领域,2009年电子商业汇票横空出世,标志着票据市场准备进入无纸化时代,数字票据是当前票据市场研究的热点,其运用了目前最先进的区块链技术与系统理念,有助于推动整个金融领域科技水平的提高。

五是有助于防范金融风险。票据曾是金融市场风险高发领域,上海票据交易所的成立、以及电子票据替代纸质票据进程的加快,票据市场抵御风险的能力大幅增强。高质量的票据市场有利于防范各类金融风险。

(三)有利于票据业务高质量发展

当前票据市场参与者业务发展良莠不齐,业务管理水平、风险控制水平、金融科技水平、市场分析能力差别较大。建设高质量票据市场,一方面有利于提升市场透明度,推进全市场票据无纸化交易规模,降低市场参与者业务管理、风险管理成本,推动市场参与者加强票据业务管理;另一方面通过建设票据市场高质量发展评价体系,有利于商业银行加快转变经营理念,创新票据模式,推动票据业务"脱虚向实",提升票据业务对实体经济的贡献。

(四)有利于票据基础设施作用发挥

目前票据二级市场基础设施正在完善,一级市场基础设施及配套基础设施正在规划。高质量票据市场有利于推动票据市场基础设施的规划、建设与完善进程,推进票据市场整合,改变票据承兑、贴现市场地区割裂、信息不透明的现状,加快融合纸电票据贴现与二级交易市场、提升交易活跃程度,推进票据市场全流程、规范化发展。

(五)有利于商业信用机制改善

票据市场的发展推动了企业的融资与结算,商业承兑汇票是较好的企业结算与融资工具,相较银行承兑汇票,商业承兑汇票不仅为企业节省了承兑手续费,也无需缴纳承兑保证金,为承兑企业节约了成本、增加了可用资金。近年来,商业承兑汇票发展迅速,以电子商业承兑汇票为例,截至2017年底,电子商业承兑汇票余额已达1.5万亿元,市场份额已接近20%;电子商业承兑汇票融资余额0.43万亿元,市场份额已超过10%。

商业承兑汇票的大规模使用,有效促进了企业融资与经营行为,满足了企业生产经营所需资金,约束了承兑企业的违规及违约行为,为商业信用体系的有序发展创造了条件。

(六)有利于防范金融风险

2016年12月8日,上海票据交易所在央行的推动下正式成立,全国统一的票据市场初见雏形,有利于票据市场的规范化发展,改变票据市场长期以来的各种乱象。

(1)从防范票据纠纷角度看,上海票据交易所明确了票据市场信用主体规则,将承兑行、贴现行及保证增信行纳入信用主体的范畴,交易所场内转贴现交易主体将不再承担被追索清偿的责任,规范了票据过桥等不规范的交易行为,避免出现市场参与者因拒付而导致的层层追索的情况,还原了票据交易的真实责任。

(2)从防范风险案件角度看,上海票据交易所明确了票据托管、清算及票据交易规则,纸质票据承兑或贴现之后必须在票交所平台登记,贴现后的纸质票据登记权属后进入票交所托管,交易采用无纸化票款对付(DVP)模式,实时交割资金与票据权属。通过上海票据交易所托管、清算及交易规则,最大限度压缩了票据中介在票据二级市场的生存空间,避免了"一票二卖"等风险案件的发生,维护了票据市场秩序。

(七)有利于票据业务创新

(1)从体制创新层面看,近年来票据市场最大的创新在于建立了上海票据交易所,改变了票据市场以往分散、割据的局面,为建立全国统一的票据市场奠定了基础,为有效控制票据市场风险创造了条件。上海票据交易所搭建了中国票据交易系统,完善了纸质票据交易各项相关规则,是票据市场从"乱"走向"治"的分界点,为票据业务创新奠定了体制基础。

(2)从机制创新层面看,上海票据交易所围绕票据二级市场交易创新性地提出了票据信用主体规则、票据无纸化交易规则、票据电子合约规则等,围绕纸质票据管理推出了纸质票据登记规则、票据登记托管规则及票据清算规则,机制创新较好地规范了票据市场发展秩序,为票据业务创新提供了政策与机制条件。

(八)有利于发挥科技创新作用,引领商业银行转型

科学技术是第一生产力,创新是引领发展的第一动力,在数字化时代,金融科技对金融创新的影响越来越大,正在重塑金融业生态。以票据业务为例,当前电子商业汇票在票据市场已占据主导地位,提高了票据结算与融资效率,大幅降低了票据业务风险;上海票据交易所已实现场内标准化、无纸化和实时化交易,将票据市场带入了无纸化及实时交易时代;数字票据的研究与开发,推动票据市场成为数字货币的应用场景,将引金融科技对传统业务的重塑作用提升到新的高度。

建设高质量票据市场,一方面有利于金融科技的发展,随着新兴技术在票据市场不断试水,将全面提升商业银行整体技术实力,提升金融行业的整体效率与安全边际,拓展金融服务的广大与深度,并进一步激发更高的金融需求,推动金融科技的发展;另一方面有利于商业银行票据转型发展,票据市场的新技术将快速提升商业银行的科技实力,科技实力的增强推动创新的发展,将为票据市场及金融市场带来新的模式、新的应用及新的流程,将进一步强化商业银行服务实体经济的能力,改变金融产品的提供方式、交易方式和结算方式,提升商业银行对票据及其他金融产品的经营能力和抵御风险能力,加快其转型升级的步伐,提升其核心竞争力。

三、发展高质量票据市场的探讨

(一)统筹安排,加快构建票据市场的顶层设计

构建票据市场的顶层设计是建设高质量票据市场的基础。建议以"一行两会"牵头,探索构建我国票据市场框架体系,制定票据市场的整体框架、战略规划、发展目标,统一票据市场发展思路。票据主管部门需统筹安排,逐步推进并完善票据市场基础设施及机制建设,积极打造票据市场信用生态,规范市场参与者的交易行为,推进票据市场各子市场平稳、有序发展。

(二)深化改革,改善票据市场发展环境

深化票据市场改革是建设高质量票据市场的前提。一是需要完善票据市场法制

环境,加快修订和完善《票据法》及贷款通则,为票据市场高质量发展提供法律法规支撑。二是需要完善票据市场机制与政策环境,从票据经营角度看,资管新规、风险资产计提等政策对票据业务开展影响较大,市场参与者之间对持有票据的估值存在较大差异;从票据全周期流程看,票据承兑、贴现市场,银企间、企业间票据流转机制仍未理顺,需要进一步深化票据市场改革,进一步加快票据市场基础设施与市场机制建设。

建议央行牵头推动票据市场法规、机制政策等建设,鼓励市场参与者参与相关机制及政策建设;牵头研究大型企业(或财务公司)票据平台建设工作,形成以上海票据交易所为核心,大型企业(或财务公司)和地方票据平台为补充的中国票据市场基础设施体系,规范票据全生命周期业务行为,降低票据市场业务风险,进一步提升中国票据市场的外延与内涵。

(三)把握核心,明确票据市场的战略定位

服务实体经济是高质量票据市场的基本职能。一是需进一步加快推进电子票据替代纸质票据的进程,充分发挥电子票据流转快、效率高的特点,全方位、全地域推动电子票据参与企业日常融资与结算。二是需进一步推进票据承兑、贴现等业务发展,依托供应链、产业链发展票据承兑与贴现市场,借助核心企业信用,降低中小微企业票据业务办理门槛,提升票据对实体经济、普惠、绿色金融的支持力度。三是需强化再贴现对信贷投向的引导作用,既要提高再贴现总量,建议提高到贴现余额的1/3左右,又要细化再贴现发放目标,引导商业银行加大对重点行业、重点领域、重点地区(如长三角、京津冀、雄安新区、海南等)、中小微企业的贴现支持。四是需要加强监管,规范金融市场交易行为,防止出现金融市场对实体经济的"挤出"效应,引导票据融资投入实体经济。五是需结合国家战略方针推进票据创新,结合国家"节能减排"战略,探索绿色产业的票据化发展,助力中国经济的可持续发展;结合国家"一带一路"总体安排持续推动跨境票据业务开展,为人民币逐步区域化并最终国际化奠定基础,为"一带一路"提供全新的金融支持方案。

(四)突出重点,高效发展各项票据业务

突出票据市场发展重点是建设高质量票据市场的关键。票据市场高质量发展需抓住票据市场关键领域、关键环节重点突破,一是需要重点发展票据承兑业务,承兑是票据市场的源头,承兑业务的萎缩会直接影响实体经济的融资效率,并对后续票据市场交易产生影响。承兑业务发展中最重要的是商业承兑汇票的发展,尤其是电子商业承兑汇票的发展,鼓励发展电子商业承兑汇票,加大对其政策、规模、资金、技术等资源投入,改善商业承兑汇票的生存环境,将有利于我国商业信用环境的建设,使数千万中小微企业受益。二是在防范风险前提下,需要积极提高商业承兑贴现比例和适当提高商业银行承兑贴现率,增加信用,实现良性循环。三是要加大票据市场创新力度,鼓励金融科技项下的票据市场创新业务、创新产品、创新模式的发展,推动票据理论与实践再上新台阶,繁荣票据应用理论研究,推动市场科学发展。四是需要重点推进再贴现业务发展,再贴现既是落实货币政策、信贷政策的主要工具,也是商业银行调节自身资产负债结构的有效手段,应扩充再贴现业务规模,改变再贴现利率定价机制,强化央行主动调控市场力度,进一步提升票据市场"质量"。

(五)科学规划,建设高质量票据市场基础设施

高质量票据市场基础设施是发展高质量票据市场的硬件。票据市场基础设施包括核心基础设施(票据一、二级市场基础设施)及配套基础设施(评级评估机构、咨询机构、经纪机构等)。建议进一步补充并完善票据市场基础设施,一是进一步完善票据二级市场基础设施,推进纸电票据二级市场交易融合,细化票据二级市场各项规则,提升票据二级市场的活跃度与流动性。二是加快规划票据一级市场基础设施,推进票据承兑、贴现市场的规范化发展,降低实体企业融资成本,提升票据市场融资效率以及对实体经济的服务能力。三是设计并改造票据市场配套基础设施,鼓励发展票据市场专业化评级评估机构,培育票据市场咨询机构,推进票据市场精细化、专业化发展,并可参照债券市场经验,尝试发展票据市场经纪机构。

(六)有序推进,打造高质量票据市场信息平台

全面科学的票据市场统计分析体系是建设高质量票据市场的衡量标准。建议央行牵头梳理并建设票据市场统计指标体系,改变票据市场参与者粗放式的业务经营模式。一是需要建立一套符合票据市场实际、科学规范的票据统计指标体系。创新票据市场统计观念及手段,明确票据市场指标名称及含义,提升票据市场统计分析的科学性、可靠性、可信性,实现统计指标对票据市场业务行为的全覆盖。二是建设票据市场大数据中心,完善数据沟通机制,着力搭建票据市场数据共享机制与平台。三是研发票据市场的收益率曲线,方便市场参与者对票据进行估值处理,提升市场参与者整体票据管理水平。四是明确票据市场数据信息的官方发布渠道,加大公开信息的发布频率,增加数据发布维度,确保数据质量,提升票据市场的透明度,维护市场参与者的基本权益。五是加大票据市场工具创新,应基于票据市场大数据,适时推出票据发展指数和票据市场价格指数以及票据远期、票据期权、利率互换等创新型产品,为票据市场参与者提供相应的避险工具,推进票据市场向纵深发展。

(七)居安思危,建设票据市场风险防范体系

高质量的票据风险控制体系是建设高质量票据市场的保障。建设高质量的票据风险控制体系需要加强全流程风险监控及全生命周期风险监控。全流程风险监控应从事前、事中和事后三方面入手,事前风险监控需进一步完善信用评级标准、风险预警机制与模型,将对信用主体的评级及对市场风险的事前评估引入票据市场;事中风险监控需强化上海票据交易所对市场的把握能力及实时监控能力,加快纸电票据交易融合进度,通过不断优化交易、托管、清算、监控等业务规则,完善系统功能,实时判断处置突发市场风险;事后风险监控需建立相应的监测模型与系统,使之对票据全市

场、全生命周期、全交易结算时段进行监控,不断优化异常及复杂情况处理机制;全周期风险监控应包括票据承兑、贴现、转贴现、质押式回购、再贴现、托收等全生命周期,需由央行或上海票据交易所牵头推进,以单张票据为单位,实现跨机构法人的全程监控,推进票据市场有序规范发展。

(八)锐意进取,建设高质量票据市场评价标准

建立票据市场评价体系是发展高质量票据市场的支撑。高质量票据市场建设是一项系统性工程,并非一朝一夕得以完成,是长期渐进的过程。其不仅需要建设市场基础设施等"硬环境",还需要规划顶层设计,改变业务发展理念、政策机制、风险防控手段等"软环境"建设,为确保落实市场建设各项工作稳步推进,建议票据市场主管部门牵头设立票据市场评价体系及全方位、多维市场评价指标,综合评价票据市场的发展质量,推进票据市场改革,督促商业银行转型发展,支撑票据市场高质量发展。

(九)加强沟通,推进票据市场监管协调

加强对票据市场监管协调是建设高质量票据市场的根源。近年来,我国金融业跨界经营迅猛发展,金融业乱象丛生,金融风险高发频发。为防范系统性风险,监管部门对金融行业实施了强力监管,票据市场也是金融监管的重点领域。由于金融行业实施分业监管,不同监管部门之间政策的标准、力度、尺度、覆盖面之间存在差异,且易出现监管措施的叠加效应,影响市场参与者预期。建议央行牵头完善金融监管协调机制,统筹制定票据市场监管指标、政策及手段,促进票据市场回归服务实体经济的本源,有序推进票据市场改革。

(十)抓住契机,推动商业银行转型创新

推进商业银行转型升级是建设高质量票据市场必要条件。当前商业银行作为票据市场最主要的参与主体,仍然存在:对利润指标及短期指标的过度追求;重规模不重特色;服务实体经济动力有不足;对票据市场重视不够等问题。商业银行应充分把握高质量发展的机遇,加快梳理内部机制,推进转型发展。一是在经营架构方面,可以走专业化、网络化、市场化、交易化之路,走公司化、股份化、子银行之路,走集中管理和分级经营之路,以及集约经营和集中管理之路。二是在内部组织模式方面,需要进一步深化专营机制,作为商业银行票据业务的利润中心、产品创新中心、风险控制中心、票据交易中心、人才培养中心及金融科技研发基地,通过对专业机构责、权、利的明确划分,提升商业银行核心竞争力,推进票据市场专业化发展。三是在内部管理机制方面,商业银行需要纠正过去单纯追逐利润、攀比扩大资产规模的行为,由全员同质考核向分岗位差异化考核转变,重新决策本机构票据业务发展规划,落实服务实体经济的社会责任。四是在业务发展方式方面,需要依据供应链金融理念,以票据产品链为抓手,加大对票据承兑、贴现等业务的推进力度,联合信贷部门,密切合作,通过ECDS系统和票据系统融合,发现和发掘客户资源,积极主动对核心企业授信,依托供应链票据连接中小企业,通过开展票据贴现、商票保贴、商票保证、票据池等融资

模式,加快供应链内企业的资金周转,改善链内企业生产经营条件,实现票据融资与实体经济的无缝对接和良性循环,实现对客户票据信息的检测,把握好风险。五是在管理方面,要强化省外票据承兑、贴现合理授信和授权,探索交易对手票据单独授信机制,探索银行对企业票据单独授信机制,要完善风险管理体系,保证票据经营高质量。六是在金融科技方面,应加大对金融科技的投入,加快研究信息技术在票据市场的应用,优化机构内部票据业务基础设施,尤其中小银行要强化科技对金融创新的驱动作用,并进一步规范商业银行在票据市场的经营,优化票据及金融生态体系。

推动电子商业承兑汇票业务更好服务实体经济发展

肖小和　张　雯[①]　曹文峰[②]

随着中国经济发展由高速增长转向高质量发展的换挡转换,通过供给侧结构性改革,我国经济金融领域的结构调整出现积极变化,但也存在一些问题,金融市场改革步伐的进一步加快,票据经营格局也在发生积极变化。随着上海票据交易所(简称上海票交所)的成立,形成了全国统一的票据交易市场,进一步推动了票据市场的发展,可以预见票据业务将会在支持国家实体经济发展中发挥越来越重要的作用。

一、电子商业承兑汇票发展现状

商业承兑汇票业务的本质是在经营信用,由出票人通过申请银行开具由银行或企业自身承兑后的商业汇票给收款人,进而实现资金融通和信用流转。根据票据的载体形式的不同可分为纸质商业承兑汇票和电子商业承兑汇票;而根据承兑人信用的不同又可区分为银行承兑汇票和商业承兑汇票。

(一)电子商业承兑汇票的特点与优势

不同于纸质商业承兑汇票,电子商业承兑汇票是通过电子票据系统(ECDS),以数据电文形式制作,委托付款人在指定日期无条件支付确定的金额给收款人的票据。电子商业承兑汇票有着明显电子化特征,票据的签发和流转都以数据电文形式进行,并以电子签名取代实体签章。正因其电子化的特点,电子商业承兑汇票相较于纸票有着独特的优势,具体体现在以下几个方面。

1. 安全性高、风险小

由于电子商业承兑汇票仅以电子化形式存在,通过交易系统可靠的安全认证机制保证了票据的唯一性、完整性和安全性。这使得电子商业承兑汇票有效避免了克隆票、假票、票据丢失、污损等风险;此外由于电子商业汇票使用电子签名替代纸质签章,这也避免了由于伪造公章或专用章等造成的损失。

[①] 张雯,工商银行江西省分行部门总经理。
[②] 曹文峰,工商银行江西省分行员工。

2. 节约成本,交易便捷,流转效率高

由于电子商业汇票全流程进行电子化登记和处理,省去了纸票的传递、保管等环节,大大减少了查询、保管成本以及时间成本;随着电子商业承兑汇票的高标准化以及交易流程的进一步简化,使得票据传递和交易速度大大加快,流转效率大幅提升。

3. 多方信息对称,票据业务透明度高

电子商业承兑汇票的业务办理和流转的各个环节均需要登记,使得票据各参与方都能及时获得相关信息,使得票据业务更加透明,这有利于对票据业务进行汇总统计和实时监测,有效防范票据业务风险。

4. 期限较长、便于使用和管理

电子商业汇票的付款期限自出票日起至到期日止,最长不得超过 1 年,而纸质商业汇票的付款期限最长不超过 6 个月,电子商业承兑汇票相较于纸质商业汇票可允许期限更长,更有利于畅通企业的融资渠道、增强金融机构的票据盈利能力、增加存量票据、活跃票据市场。

(二)电子商业承兑汇票拥有票据所有功能

电子商业承兑汇票拥有票据的所有功能,如汇兑功能、支付功能、结算功能、信用功能,交易与投资等功能。企业可通过开立由电子商业汇票给收款人,实现异地输送现金和兑换货币的工具还可以通过法定背书、流通转让程序,代替现金在交易中实现汇兑及支付功能;或者利用电子商业承兑汇票在同城或异地的经济往来中,抵销不同当事人之间相互的收款、欠款或相互的支付关系来进行结算;还可将电子商业汇票作为信用工具,在商业和金融中发挥融资等作用,可作为预付货款或延期付款的工具,发挥信用功能,或将尚未到期的票据向银行申请贴现,取得货币资金,以解决企业一时发生的资金周转困难。

(三)央行下发了一系列文件促进电票与业务发展

为了有效推动票据电子化,央行于 2009 年 9 月 22 日颁布了《电子商业汇票业务管理办法》(中国人民银行令〔2009〕第 2 号)以及同期发布了《电子商业汇票系统相关制度的通知》银发〔2009〕328 号,为 ECDS 的成立和电子商业承兑汇票提供了制度依据。由于近年来纸票风险频发,央行加速推动票据电子化,于 2016 年下发了《关于规范和促进电子商业汇票业务发展的通知》(银发〔2016〕224 号)

上海票交所成立后为进一步规范票据市场交易行为,维护交易各方合法权益,促进票据市场健康发展,央行下发了《票据交易管理办法》(中国人民银行公告〔2016〕第 29 号),此后又相继下发了《关于实施电子商业汇票系统移交切换工作的通知》(银发〔2017〕73 号)、《关于加强电子商业汇票交易管理有关事项的通知》(银发〔2017〕165 号),分别对统一票据市场建设、ECDS 交易功能迁移至票交所系统、纸电融合等工作进行了部署和安排。

(四)2009年以来电子商业承兑业务发展情况

1. 商业汇票结算量逐年快速增长,虽近两年结算金额有所降低,但仍然处于活跃水平

从2012年到2017年累计每年商业汇票笔数年均增长8%,结算金额年均增长10%,但年度间起伏波动较大,虽然近两年呈下降态势,但总体来说还是在高位运行。值得注意的是,商业汇票2016年以来结算笔数、金额有所降低,这一方面是由于电子化的加速,由于电票期限最长为1年,同等金额流转比纸票、本票、支票更高,另一方面也是因为金融监管的加强,减少了票据空转现象。此外单笔结算金额的变动反映出企业对商业汇票融资需求的变化,从单笔结算金额发生波动来看,说明我国实体经济整体景气度也在出现波动。具体如表1-1所示。

表1-1　　　　　　　　2012—2017年我国商业汇票发展状况

年份	结算笔数（万笔）	结算笔数增长率(%)	结算金额（万亿元）	结算金额增长率(%)	平均单笔结算金额(万元)
2012	1 533.33	—	16.06	—	104.74
2013	1 630.67	6.35	18.24	13.57	111.86
2014	1 842.14	12.97	19.28	5.7	104.66
2015	1 905.71	3.45	20.99	8.87	110.14
2016	1 656.45	−13.08	18.95	−9.71	114.40
2017	1 648.39	−0.49	16.77	−11.50	101.74

数据来源:依据人民银行历年支付体系运行情况整理。

2. 电子商业承兑汇票业务实现跨越式发展

2009年以来央行大力推广电子票据系统,加上电子商业承兑汇票与生俱来的安全性特点,参与电子商业承兑汇票业务的银行与机构连年增长,电子汇票的交易笔数更是实现了跨越式发展,如图1-4所示。

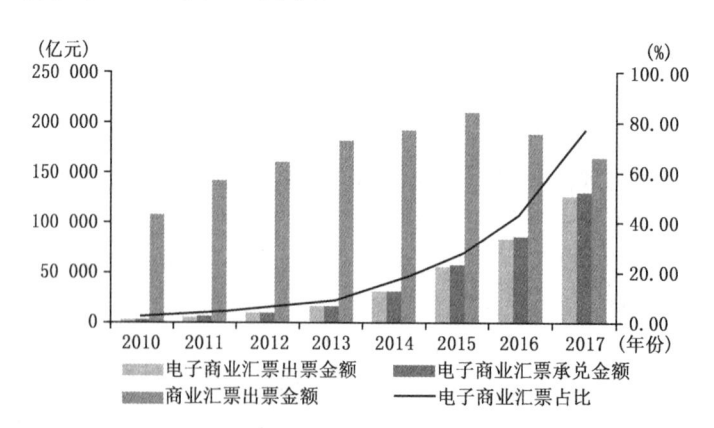

数据来源:依据央行历年支付体系运行总体情况整理。

图1-4　2010—2017年全国电子汇票发展状况

根据人民银行数据统计,从2010年至2017年全国电子商业汇票交易笔数累计平均每年增长1 176%,交易金额平均每年增长669%,承兑笔数平均每年增长1 169%,承兑金额平均每年增长656%。其中电子商业汇票自2009年推出以来占商业汇票出票金额比例逐年迅速提升,已增长至2017年末的76.92%,随着2018年金融机构与票交所直连及纸电融合等的进一步深化和实施,电子商业承兑汇票占比进一步提升。

3. 上海票交所成立以来,电票持续增长,已成为商业汇票主要构成部分

如图1-5所示:尽管2016年以来商业汇票出票额、承兑额逐年下降,但上海票交所中电票承兑额、贴现额都呈现快速增长的态势,2017年末电票占比已达76.92%,可以预见的是随着224号文规定的100万元以上汇票原则上开电票的规定进一步落实,电子商业承兑汇票占比势必将进一步提升。此外,在交易层面上来看,2017年以来票据转贴现、质押式回购仍保持高位水平运转,可以看出票据市场相当活跃(见图1-6)。

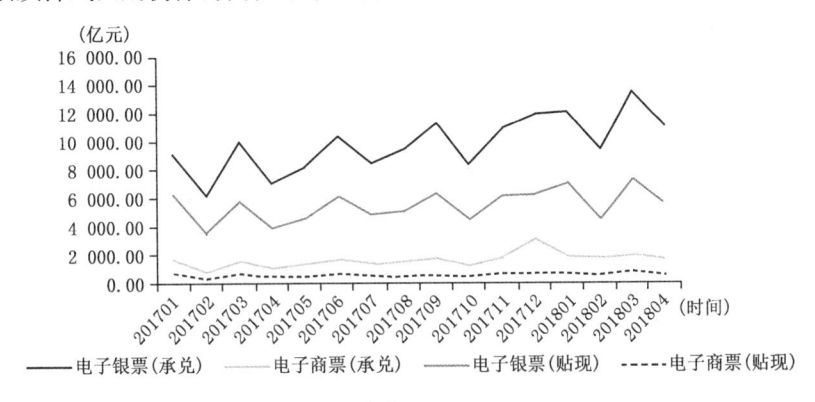

数据来源:依据上海票据交易所数据整理。

图1-5 2017年1月—2018年4月票交所电票发展情况

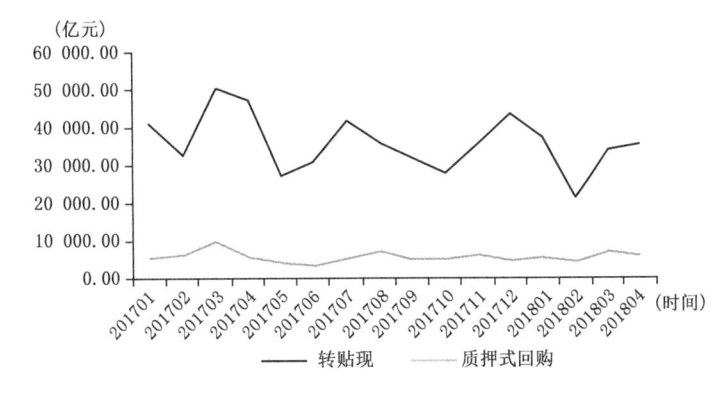

数据来源:依据上海票据交易所数据整理。

图1-6 2017年1月—2018年4月票交所电票交易情况

（五）上海票交所的成立为电子商业票据业务进一步发展提供了保障和支持

近年来,票据领域的一些风险逐渐暴露,出现了一些比较突出的问题,极大地制约了票据市场的健康发展和功能作用的发挥。在这背景下上海票交所于2016年12月8日应运而生,票交所系统的上线运行是票据市场发展进程中的里程碑事件,标志着票据市场进入了电子化发展新时代,将深刻影响商业银行票据业务经营管理模式,为电子商业票据业务进一步发展提供保障和支持,主要体现在以下几个方面。

一是票交所成为了票据市场的交易中心,提供了统一的交易场所,这有助于拓展市场广度和深度。二是通过票据电子化,票交所优化了票据流通领域的机制,完善了票据市场制度方面的建设。三是票交所提供了丰富的交易模式并推动票据业务规范创新。四是票交所建立提供了更为合理的票据交易、授信和定价机制。五是票交所的成立能够优化央行货币政策传导机制,强化票据市场作为连接实体经济和金融市场的桥梁作用。

二、推动电子商业承兑汇票在实体经济发展中的意义和作用

（一）电子商业承兑汇票为实体经济提供了汇兑、支付、结算等便利

电子商业承兑汇票本身作为一种票据支付工具,特别是经银行或企业承兑后的具有信用增级、延期支付和背书转让等功能,能够满足供销企业间的短期资金支付需求,对于出票方而言,签发承兑汇票作为货款支付方式可以获得延期支付,增加销售额,提高市场竞争力等好处;而持票方可通过接受票据支付货款,获得更多订单,在需要资金的时候也可以向银行申请贴现。因此,票据承兑业务既加快了市场上的资金周转和商品流通,又有效促进了企业之间的贸易往来。

（二）电子商业承兑汇票为实体经济提供便利和低成本资金

根据票交所2017年票据市场运行分析报告显示,票据承兑、贴现主要集中在制造业、批发和零售业。从企业规模看,出票人为中小企业的票据占比达到64.94%。这说明电子商业承兑汇票已然成为中小微企业的主要融资工具。

相比股票、债券和信贷等融资方式,电子商业汇票业务具有操作流程简便、获取资金周期短等优势为企业提供了便捷的支付结算工具。企业通过开具电子商业汇票,一方面满足了支付的需要,降低了财务成本;另一方面电子商业承兑汇票贴现相对于银行贷款,具有低风险的业务特征,银行办理业务流程短、环节少、时间快、所需业务资料少、审批通过率高等便捷性,可以帮助企业通过电子商业汇票贴现来快速实现短期融资需要。由于票据贴现利率一般低于同期贷款费率,也在一定程度上降低了中小企业融资成本,有效降低财务费用,解决融资难、融资贵问题,为实体经济提供便利和低成本资金。

（三）电子商业承兑业务为实体经济不断提升信用水平

由于电子商业汇票业务可以全程电子化留痕,且期限较短,这有利于培养实体经

济信用环境,提升经济实体的信用度。经济实体中的企业通过签发电子票据用于支付结算、贴现融资等活动,按时支付到期票款,就能不断增强其在市场中信用,进而提升企业信用记录,增强企业信用水平和融资能力。

(四)电子商业承兑汇票业务有利于央行货币政策的传导效应

由于票据业务参与主体是微观实体企业与金融企业,而票据业务本身又同时具备资金与信贷双重属性,故票据市场同时既是实体经济与金融市场的交汇点,又是连接资金市场与信贷市场的桥梁。票据承兑业务一方面给微观实体经济提供了短期融资,另外一方面又给央行货币政策提供了调节空间。票据利率成为连接两个市场传导的重要媒介,具有价值发现的功能,成为货币政策调控的重要工具。票据业务的快速发展扩大了央行货币政策的传导效应,有利于促进国家产业政策、货币政策的落地执行,增强了实体经济发展的稳定性。随着上海票交所的出现,从而提升了票据业务支持实体经济的综合效能。

三、有效防控风险,充分发挥电子商业承兑汇票作用,更好服务实体经济高质量发展

(一)转变观念,增强使用电子商业承兑汇票以服务实体经济的理念

使用是发展的基础,更好的使用是比发展更有价值。增强电子商业承兑汇票的使用分为三个层面,一是政府多引导。通过票交所等综合信用平台的建设,引导企业通过使用电子商业承兑汇票增强企业信用水平,以逐步降低企业融资难度和利率水平。二是企业多使用。电子商业汇票有着期限短、申请快等优势,而实体经济的企业应立足实际贸易背景,多使用该类结算方式更有利于降低成本,提升资金使用效率。三是银行多接受。银行出于收益的考虑可能会合理控制票据业务的规模,通过引导银行支持实体经济发展、支持小微企业、绿色信贷、三农融资,通过给予定向措施,使得银行更愿意接受电子商业承兑汇票业务服务实体经济。

(二)分类施策,区别对待,规划好电子商业承兑汇票布局

在当前电子商业承兑汇票业务快速发展的同时,必须在全面分析全国各地区经济形势和金融环境的基础上,结合国家"十三五"发展规划的具体内容,科学系统地提出近期全国电子商业承兑汇票业务的发展规划和发展路径,持续推动电子商业承兑汇票业务的结构优化和发展转型,以使电子商业承兑汇票业务更好地贴切我国经济实际、更好地服务于实体经济的发展。

1. 区域发展规划

我国幅员辽阔,各地区自然资源、经济基础、金融环境、地域结构、产业布局、基础设施和服务设施的建设等各不相同。在制定电子商业承兑汇票业务区域发展规划时,要兼顾战略性、前瞻性和综合性,实现金融支持经济、票据服务实体的发展目标。

一是根据经济总量制定区域票据承兑发展目标。2017年我国GDP总量达到

82.7万亿元,超过全国平均水平且GDP总量在5万亿元以上经济较发达地区有广东、江苏、山东、浙江4个省份;GDP总量在2万亿元以上区域经济发展属于中等水平的有河南、四川、湖北、河北、湖南、福建、上海、北京、安徽、辽宁、陕西、江西、广西13个省市;GDP总量在1.2万亿元以上的有重庆、天津、云南、黑龙江、内蒙古、吉林、山西、贵州8个省市;经济规模总量较小,经济发展速度相对较慢的有新疆、甘肃、海南、宁夏、青海、西藏6个省份,见图1-7。

图1-7　2016—2017年全国各省市GDP发展变化

从经济发展角度来看,包括长三角、珠三角、北部湾、环渤海、海峡西岸、东北三省、中部和西部等新的区域经济版图已经形成,各经济发展地带的产业模式和开发时序有所不同。对于票据承兑地方性区域规划,主要是重点支持区域经济中心、发展轴、产业集聚带、重点开发基地等经济金融发展。就全国票据承兑市场而言,要坚持做大做强经济发展较快地区的票据承兑业务,提升中西部地区票据使用频率,扶持经济落后地区加快票据业务开拓。

二是根据当地企业金融意识强弱确定票据承兑业务发展目标。票据承兑业务发生额除了与当地经济发展水平密切相关外,还与当地企业家的金融意识有较大关系。企业金融意识越强,越会主动加强资金管理,尽可能降低生产、周转过程中的资金占用成本,更多地选择票据承兑来代替现金结算,加快现金周转速度,从而提高资金使用效率。从票据承兑发生额与当地GDP的比值来看,大致可以分为三类:(1)票据承兑发生额/GDP的比值大于30%,当地企业金融意识较强。(2)票据承兑发生额/GDP的比值大于20%,当地企业金融意识中等。(3)票据承兑发生额/GDP的比值小于20%,当地企业金融意识需要提升。针对区域间不同的企业不同的资金管理特点,重点推动经济强省的企业大量采用票据承兑来进行货款结算,提高全国票据承兑业务发展总量和占

GDP的比重,从而提高全社会资金使用效率,促进企业降成本、增效益。

三是根据各地金融环境来调整电子商业承兑汇票业务发展目标(见图1-8)。虽然各地经济总量不同,但有的地区电子商业承兑汇票承兑和贴现的业务量与GDP的比重均超过了50%,呈现票据承兑快速贴现、票据资金快速周转的特征。办理票据承兑和贴现的总量越大,越会吸引全国各地的票源向其集中,形成区域票据集散中心,从而也会促进当地票据承兑业务的发展。

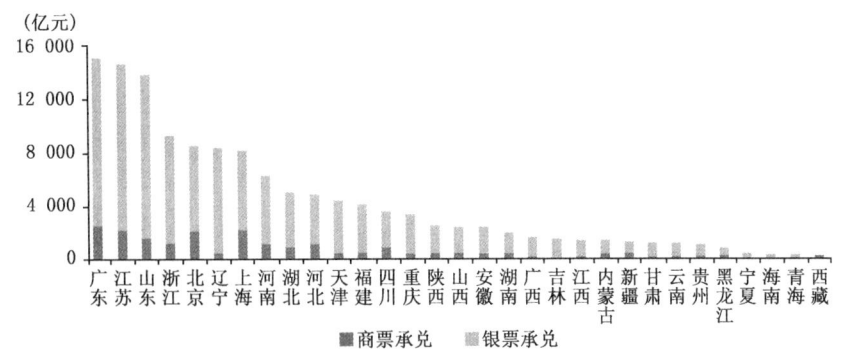

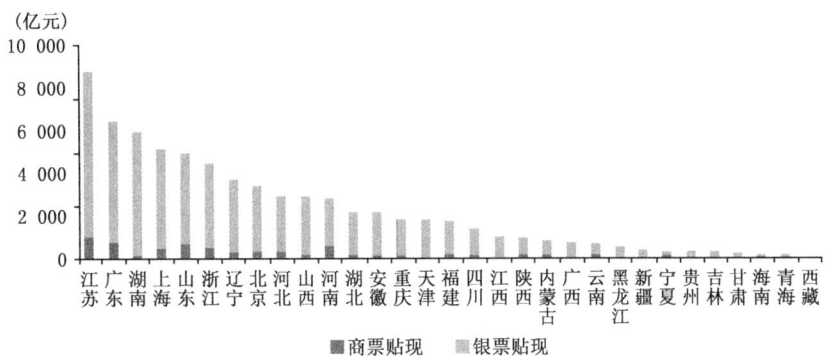

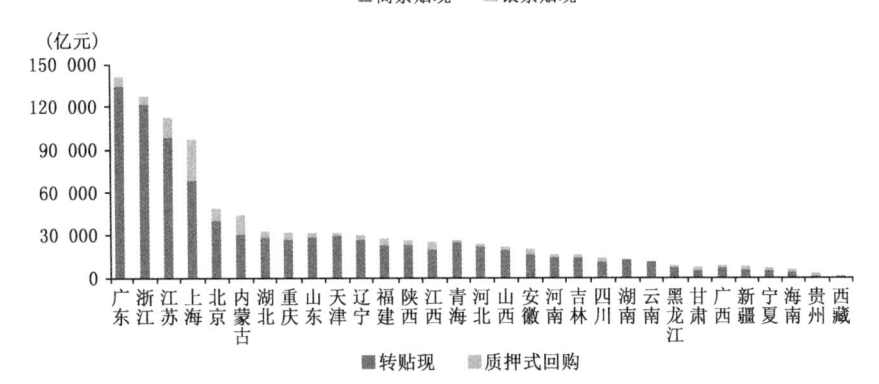

数据来源:上海票交所2017年票据市场运行分析报告。

图1-8 2017年各地电票业务发展情况

2. 行业发展规划

根据区域经济发展确定的产业主导方向,确定各省不同的产业发展战略,加强产业集聚,扶持产业集群,如资源开发型、深加工型、高技术型、出口外向型或者技术密集型、资本密集型、劳动力密集型等。针对不同的产业模式,有针对性地开发票据产品,推动电子商业承兑汇票业务发展。

一是支持农、林、牧、渔等第一产业发展。要因地制宜地根据生态效益与经济效益相结合的原则,重点支持包括粮食基地、林业基地、渔业基地、牧业基地等在内的农副产品加工企业,鼓励对下游棉、麻、豆、油、糖等基础农副产品的再加工,中药材、竹木产品、海产品等的深加工和深利用,以及大型农副贸易、种植、养殖企业开具银行承兑汇票进行资金结算。同时加大城市和郊区的蔬菜、水果、禽蛋奶等基地与大型批发贸易市场电子商业承兑汇票使用量,提高票据承兑与现金结算的占比。

二是支持工业振兴、科技强国等第二产业发展。近年来,特色优势产业发展迅速,经济发展动力已经逐步从资源优势向经济优势转变。票据承兑业务可以根据各地经济区位优势和比较优势,支持工业振兴计划和科技强国策略。如支持东北地区依托自身重工业基础,加快应用高新技术提升产品技术更新换代,促进产业转型升级;中部地区承接东西部地区发展中下游产业、高附加值产业建设,提升产业竞争力;东部地区和沿海地区利用人才、技术优势开展的产品创新、技术创新、应用创新等驱动发展,提高出口创汇型企业的国际市场竞争力。重点支持先进装备制造、基础化学原料制造、新材料、新能源、新汽车、医药制造、满足居民消费需求的轻工、电子信息等行业的企业提高电子商业承兑汇票结算占比,降低资金占用成本,增强市场综合竞争力。

三是支持模式创新、消费升级等第三产业发展。随着互联网和电子商务的兴起,第三产业的经营业态和经营模式发生了较大变化,同步促进了居民消费方式的转变。围绕绿色消费、品牌消费、休闲消费、保健消费、教育消费、文化消费、旅游消费等的文教娱乐、文化创意、健康服务、旅游服务、设计服务、养老服务、大物流等的服务型产业发展空间十分巨大,工业转型升级和居民生活质量的提升,都高度依赖生产性第三产业和生活性第三产业的发展。因此,要围绕第三产业的优势企业开展电子商业承兑汇票业务,鼓励小微企业使用票据承兑和票据贴现,扩大融资渠道。

3. 同业发展规划

商业银行受自身信贷发展战略、信贷业务结构、信贷风险偏好、信贷客户数量、信贷客户结构的约束,对电子商业承兑汇票的发展定位和发展要求各不相同。

一是商业银行不同的自身信用影响着票据承兑业务的发展。各家商业银行的资产负债规模、净利润、不良贷款率、拨备提取额、资本充足率等关键指标直接影响商业银行自身的信用,也影响了商业银行签发银行承兑汇票的市场认可度和贴现授信额度。大型国有商业银行、全国性股份制商业银行以及地方性上市商业银行的信用高、市场接受程度高,签发的承兑汇票贴现比例高,仅大型国有商业银行2017年办理的贴现余额就占全国的25.21%。大型国有商业银行可以利用自身信用优势,为地方商业银行和农村商业银行开展诸如代开银行承兑汇票、代理贴现等业务,既解决了小型商业银行票据承兑业务的发展需要,又满足了小型商业银行信贷客户,尤其是小微实体企业的票据结算和票据融资需求。

二是商业银行不同的信贷发展策略影响着票据承兑业务的发展。各家商业银行对信贷资产结构的要求不同,表内贷款与表外票据、贷款与贴现等配备的信贷规模各不相同。国有大型商业银行普遍更重视表内贷款业务,票据承兑余额占贷款余额的比例均未超过10%。相比之下,股份制商业银行和地方性商业银行对客户签发承兑汇票的比例相对较高,如部分全国性股份制商业银行2017年票据承兑的余额占贷款余额的比例均高达18%以上,部分城市行票据承兑余额占贷款余额比例甚至高达20%以上。因此,要推动大型国有商业银行更加重视票据承兑业务,发挥票据业务经济资本占用低、节约信贷规模、可稳定增加企业保证金存款的优势。

三是商业银行不同的风险控制要求影响着票据承兑业务的发展。不同商业银行对客户信用评级的标准和方法不同,不同信用等级的客户可签发承兑汇票的授信额度不同,银行收取的银票保证金比例也不相同。不同的商业银行对保证金存款的重视程度不同,对客户保证金比例的要求也不相同。如在16家上市商业银行中,2017年国有大型商业银行保证金与存款余额的占比均不足1%,而有的全国性股份制银行保证金占存款的比例高达7.32%。股份制商业银行票据承兑保证金的比例普遍高于国有大型商业银行,其中有的银行票据承兑保证金比例高达41.36%。商业银行要高度重视保证金比例对票据承兑风险的防控作用,区别不同客户的信用风险程度,收取与之相适应的保证金比例。既要有效防范信用风险,又不能通过循环开票,过度加重实体经济的财务负担。

(三)主动筛选,有针对性地选择电子商业承兑汇票业务促进实体经济发展

积极适应经济新常态,服务实体经济必须牢固树立创新、协调、绿色、开放、共享的发展理念,在沿海沿江沿线经济带为主的纵向横向经济轴带和若干重点经济区,大力支持央企、上市公司和行业龙头企业。在满足实体经济发展总体资金需求的情况下,适度扩大票据承兑业务规模,一方面推动票据承兑支持实体经济转型升级,支持企业走产出高效、产品安全、资源节约、环境友好的现代化发展道路,做大做强经济总量和电子商业承兑汇票业务总量。另一方面加大票据承兑对供给侧结构性改革的支持力度,更好地服务于实体经济去产能、去库存、去杠杆、降成本、补短板的融资需求,致力于调整票据承兑服务实体经济的业务结构。

围绕国家"十三五"规划,紧跟"一带一路"、长江中下游经济带、京津冀协同发展经济带"三大支撑带"和自贸试验区改革创新、东北老工业基地振兴等国家重大经济发展战略,有序推进战略新兴产业、先进装备制造业、工业强基工程、现代服务业、文

化产业等新经济新市场的票据业务结构布局,主动研究退出高污染、高能耗的资源性行业以及产能过剩行业和"僵尸企业",如钢铁、煤炭、造纸、电解铝、平板玻璃、风电和光伏等产业,注重对行业、企业和交易对手的尽职调查和准入管理,主动优化新增票据承兑业务投向和存量结构,增强电子商业承兑汇票服务实体经济的能力。

配合国家激发创新创业活力的政策新要求,电子商业承兑汇票业务要推动大众创业、万众创新,配合释放新需求、创造新供给,推动新技术、新产业、新业态蓬勃发展。提高对科技创新创业企业的票据服务能力。要针对科创型企业的特点,创新票据承兑业务的服务机制,加快发展"双创"票据创新业务,适当拓宽信用、保证方式的票据承兑业务要求,提高对科创企业的票据承兑产品种类、服务水平、风控管理和科学定价能力,提高电子商业汇票承兑服务科技创新创业企业的专业化水平。

(四)创新探索,推动电子商业承兑汇票业务发展新思路

电子商业承兑汇票业务要将推动实体经济供给侧结构性改革与自身发展转型有机结合,根据经济结构调整和产业创新升级进程,优化票据承兑业务发展战略、管理机制和业务模式,注重业务操作的规范性,利用信息化和大数据提升风险监测水平,增强电子商业承兑汇票业务服务实体经济的能力。

一是扩大电子商业承兑汇票业务规模。对符合国家产业政策支持方向,市场空间广阔、产品有市场有销路有利润、资金供给充足、创新效应累积、综合优势明显的制造装备业、现代服务业、现代农业、信息化工业、绿色惠民消费产业等有比较优势的企业,可以鼓励商业银行大力开展借助企业自身信用的商业承兑汇票业务。通过为企业评定不同的信用等级,提示其开具的商业承兑汇票具有不同的违约概率;不同规模的商业银行开具的票据,根据银行增信可以约定开具商业承兑汇票需要交纳不同的保证金比例等一系列措施,积极扩大票据承兑业务范围,为票据贴现和票据交易提供更为广泛的票源。

二是加快电子票据业务发展。电子票据相对纸质票据具有更加安全、便利的优势。自人民银行2009年推出ECDS系统以来,电子票据业务进入跨越式发展新时代。电子汇票交易份额、贴现份额、转贴现额度逐年增加。通过大力发展电子票据业务,一方面能够降低商业银行内部人员的操作风险与合规风险;另一方面电子票据业务以其电子化交易的优势,进一步加速了票据承兑信息的沟通速度,缩短了票据交易时间,提升了票据运行效率。

三是打造高效的票据交易平台。随着上海票交所的成立,未来可充分利用"互联网+"、云计算、大数据挖掘、模型设计等新技术,实现包括客户准入、市场报价、市场议价、交易撮合、票据资讯、产品展示、产品管理、风险信息、统计分析、行业研究、走势研判、政策法规、票据咨询、端口对接等功能。既为具有产品创新能力的客户群体提供便捷的交易渠道,也可以通过数据、模型、系统的支持开发票据新产品,改变票据业务参与主体的应用习惯,聚集票据业务的市场参与度,探索适合中国国情的票据承兑

(五)政府搭建信用信息平台,为电子商业承兑业务发展提供服务

一方面通过政府搭建统一信用信息平台,引导相关企业在生产经营过程中使用电子商业承兑汇票,激发票据市场潜力,进一步培育商业信用环境,进一步推广国内商业信用环境;另一方面可以引进第三方信用担保等方式,例如中小企业协会、担保公司为企业票据进行增信,进一步提升商业信用环境,为电子商业承兑业务发展提供服务,同时也可通过该平台,方便市场参与者分析票据市场及交易主体的整体信用情况,有效防范票据市场信用风险。

(六)重点突破供应链创新与应用,有序推进电子商业承兑汇票业务开展

根据《国务院办公厅关于积极推进供应链创新与应用的指导意见》(国办发〔2017〕84号)要求,商务部、工业和信息化部、生态环境部、农业农村部、人民银行、国家市场监督管理总局、中国银行保险监督管理委员会和中国物流与采购联合会决定开展供应链创新与应用试点。由于电子商业承兑汇票可背书、可转让、可贴现的特性以及汇兑、支付、结算等功能,电子商业承兑汇票业务在服务供应链创新和应用中大有可为。

一是参与主体多,不管是什么类型的企业都可以通过开立电子商业承兑汇票进行供应链上下游链内参与主体的支付、结算等功能,这样更方便农业供应链、工业供应链、流通供应链通过电子商业承兑汇票业务快速组链。

二是以电子商业承兑汇票作为媒介,使得供应链核心企业与商业银行、相关企业等开展合作,创新供应链金融服务模式,充分发挥上海票据交易所、中征应收账款融资服务平台和动产融资统一登记公示系统等金融基础设施作用,在有效防范风险的基础上,积极稳妥开展供应链票据金融业务,为资金进入实体经济提供安全通道,为符合条件的中小微企业提供成本相对较低、高效快捷的金融服务。

三是由于电子商业承兑汇票将自带参与主体绿色及涉农标志,更有利于深化调控作用,推动绿色票据、绿色供应链业务的发展。

(七)加快建立票据评级评估机制

随着票交所的成立,电子商业汇票市场迅猛发展,参与主体也与日俱增,由于各参与主体风险管理水平不一,对票据评级评估机制的需求日益迫切,具体体现在以下三个方面。

一是票据市场的金融创新需要建立完善的票据评级评估机制。票据市场创新包含票据产品的创新、市场参与主体的创新和交易方式的创新。而这些创新都迫切需要票据评级评估服务,方便对票据市场参与各方的债务偿还能力、偿还意愿进行分析和评价,以便更好地进行相关票据产品的定价和交易。

二是完善的票据评估评级服务有利于商业信用体系的建设及金融监管。电子商业承兑汇票是由企业签发,由企业承兑或银行承兑的票据,对于企业信用的要求较

高。完善的票据信用评级体系的建设将有利于减少市场参与主体间的信息不对称,降低交易成本,提高业务效率,为今后电子商业汇票的快速发展奠定基础,同时也对商业信用的建立和发展具有积极作用。此外完善的票据评估评级服务能有效帮助监管机构实施分类管理,通过将某些公共信息如工商注册登记信息、纳税信息、法院判决信息和执行信息等进行纳入评级体系,有利于这些信息通过评估评级平台进行共享,助推这些公共信息在经济领域、金融领域等各方面的应用,增加企业失信成本,形成"守信激励、失信惩戒"的机制。

三是完善的票据评估评级服务有利于防范票据市场风险。票据业务风险涉及信用风险、操作风险、合规风险、市场风险、道德风险等多个方面,存在发案金额大、运作手法隐蔽等特点。通过票据评估评级服务能使参与主体了解相关信用状况,减少交易双方的信息不对称,有效识别风险大小,从而比较准确地预测违约概率,更有利于票据交易决策及定价,降低票据相关业务风险。

(八)依法监管、防控风险,推动电子商业承兑汇票业务可持续发展

自 2017 年以来银行业监管部门更是从防范系统性、区域性风险的角度,加强对票据承兑业务的监控与管理。银监会接连发布《关于开展银行业"违法、违规、违章"行为专项治理工作的通知》(银监办发〔2017〕45 号)、《关于开展银行业"监管套利、空转套利、关联套利"专项治理工作的通知》(银监办发〔2017〕46 号)、《关于开展银行业"不当创新、不当交易、不当激励、不当收费"专项治理工作的通知》(银监办发〔2017〕53 号)、《关于进一步深化整治银行业市场乱象的通知》(银监发〔2018〕4 号)等政策,针对银行业金融机构同业业务、投资业务、理财业务等跨市场、跨行业的交叉性金融业务中存在的杠杆高、嵌套多、链条长、套利多等问题进行专项治理,同时针对票据业务乱象"违规办理无真实贸易背景银行承兑汇票业务;滚动循环签发银行承兑汇票,以票吸存,虚增资产负债规模;违规办理不与交易对手面签、不见票据、不出资金、不背书的票据转贴现'清单交易'业务;违规通过'即期卖断+买入返售+远期买断'、假买断或卖断、附回购承诺、逆程序操作等方式,规避监管要求;违规办理商业票据业务;违规将票据资产转为资管计划,以投资代替贴现,减少资本计提;违规与票据中介、资金掮客合作开展票据业务或票据交易等"提出了严格监管要求,商业银行应完善监管部门与市场参与主体之间的信息共享和良性互动机制,降低博弈成本,推动票据承兑业务服务实体经济的有序开展。

此外,在风险防控方面,商业银行一是要加强内部票据承兑业务合规经营的理念,规范票据承兑业务操作流程。票据承兑业务的良好发展离不开商业银行良好的内部合规体系建设。票据承兑业务的相关参与主体都要树立正确的票据经营理念,坚持科学发展,端正票据经营行为,稳健发展票据承兑业务。二是商业银行需要严格审查贸易背景的真实性。关键还在出票环节,贸易类型的票据到期可以通过商品回笼款进行自偿;而用作投资或者偿债的融资性票据,由于到期缺乏自偿性将给票据兑

付带来较多的不确定性。要通过加强合同交易的关联性、发票的真实性、票据期限的匹配性、企业存货周转率合理性、企业的运输单据和出入库单据完整性的审查,严格甄别办理票据承兑金额与实际经营情况明显不符的企业,有效控制票据承兑业务的操作风险。三是商业银行需要加强对票据承兑业务的监控与管理。要求商业银行在票据承兑业务办理过程中,注重对票据贴现价格走势的研判,把控表内信贷资产总量和表外票据承兑规模,合理安排贷款、票据承兑、票据贴现的配置额度和期限结构,防止期限错配风险和流动性陷阱。

相信在强监管及有效控制风险下,有利于更好地推动电子商业承兑业务健康发展,有利于票据业务回归本源,更好地服务实体经济。

加快电票创新 服务经济高质量发展

肖小和　张　雯

票据作为延期支付工具,具有信用和结算双重功能,在货币流通和支付结算领域受到广泛应用。随着货币电子化进程的加快,电票业务也面临了新的机遇和挑战。加快电票业务创新发展,推动电票业务在票交所时代迈上新台阶,将成为票据市场的发展新动力。

一、电票创新面临的机遇

(一)经济发展为电票创新提供了基础

市场经济从本质上讲是一种发达的货币信用经济,它的运行表现为物质生产与货币资金的运动。经济运行稳定且高质量,则社会资源的配置就会合理;金融运行有效且高质量,则货币资金的筹集、融通和使用就会充分,对国民经济的良性循环将起到积极促进的作用。

自20世纪80年代初期,我国恢复办理商业汇票业务以来,票据市场不断发展成为金融市场的重要组成部分,成为支持实体经济发展的最重要金融工具之一。最近几年随着票据市场的快速发展,对我国实体经济发展、金融体系改革与创新以及社会信用体系建设起到了巨大的推动作用。在中国经济进入新常态后,电票业务异军突起,比传统票据业务表现出了更快捷便利的支付结算与短期融资功能,同时安全系数大幅提高,操作风险得到有效控制。电票市场融资规模的高速增长对支持经济结构调整、支持供给侧改革发挥了较大作用,未来多元化电票创新将呈现快速发展。

2017年国内生产总值82.71万亿元,按可比价格计算同比增长6.9%。全国规模以上工业增加值同比实际增长6.6%,增速比上年同期加快0.6个百分点。中国制造业采购经理人指数(PMI)均值为51.6%,明显高于上年总体水平1.3个百分点,制造业稳中向好的发展态势更趋明显。非制造业商务活动指数年均值为54.6%,高于上年总体水平0.9个百分点,保持在较高景气区间。基于我国宏观经济稳中向好,实体经济逐渐复苏,电票业务也将会有更好的发展空间。

(二)金融创新为电票创新提供了借鉴

金融不仅是现代经济中用以调节宏观经济的重要杠杆,还可利用结算、信贷、利率、汇率等金融工具深入、全面地反映企事业单位的经济活动,对微观经济主体有着直接影响。

经济的发展进步呼唤金融创新的产生。金融工具创新是金融创新的主要内容,它是所有金融创新的基础。金融工具创新导致在传统金融产品和一般商品期货的基础上产生了金融期货,为电票创新提供了创新工具和创新模式的借鉴作用。

电票作为票据细分领域的一支重要生力军,业务交易量和活跃程度都较高。其采取线上交易,交易时间短、安全性高,操作便捷,可以借鉴金融工具创新模式开展非标和标准化电票产品创新,从而推动票据业务整体创新。

(三)市场变化为电票创新提供了需求

一是电票市场参与主体的多元化,使电子商业汇票业务的发展不再局限于交易背景下的结算行为。随着票据市场化程度的不断提高,电票业务的参与主体将从最初的买方、卖方和银行三方,将逐渐扩充为个体经营户、个人投资者、企业经营者、机构投资者、票据经纪人、其他商业银行等。各市场主体为了获取短期融资、获得超额利润、降低经营风险、增加资产流动性等,积极参与电票交易,客观上加速了电票资产的流动。

二是互联网金融的快速崛起,点燃了电票创新的火种。当互联网金融企业盯上电票业务低风险、稳收益时,迅速推出了电票理财产品、电票资管计划等多种电票创新产品,且深受市场上小额投资大众群体的欢迎,电票理财产品一度在互联网与各种投资"宝类"产品市场上竞相热卖。

三是投资渠道的狭窄,使得电票创新符合市场需求。在中国利率、汇率尚未实现完全市场化的条件下,金融市场资金逐利的开放市场对公众相对较少,以致可以作为一般商品的红酒、瓷器、茶叶、古玩、字画、玉器、住宅等都先后成为资金疯狂炒作的标的物,不仅搅乱了普通商品市场的价格,也使资金流动的安全性受得严峻考验。因此,亟须丰富和规范资金投资渠道,拓宽电票作为金融投资公开子市场的一部分,通过电票产品创新,吸引资金公开参与市场操作,引导社会闲余资金流动。

(四)电票业务快速增长为电票创新提供了内生动力

电子商业汇票自2009年推出至今,以其签发电子化、交易数据化、期限灵活化的特点逐渐受到市场欢迎,从2014年开始呈现快速增长态势。央行数据显示,2010年电子商业汇票占商业汇票签发量的比重为2.44%,2011年为3.81%,2012年为5.84%,2013年为8.70%,2014年开始迅速提高到16.23%,2015年达到26.68%,2016年达到44.01%(见图1-9)。电子票据时代已成大趋势。

根据央行规定,自2017年1月1日起,单张出票金额在300万元以上的商业汇票全部通过电票办理。2017年电子商业汇票承兑发生额为13.02万亿元,比上年增加4.44万亿元,增长51.75%;电子商业汇票未到期承兑余额为8.62万亿元,比上年末增加2.25万亿元;电子商业汇票贴现6.95万亿元,比上年增加1.18万亿元,增

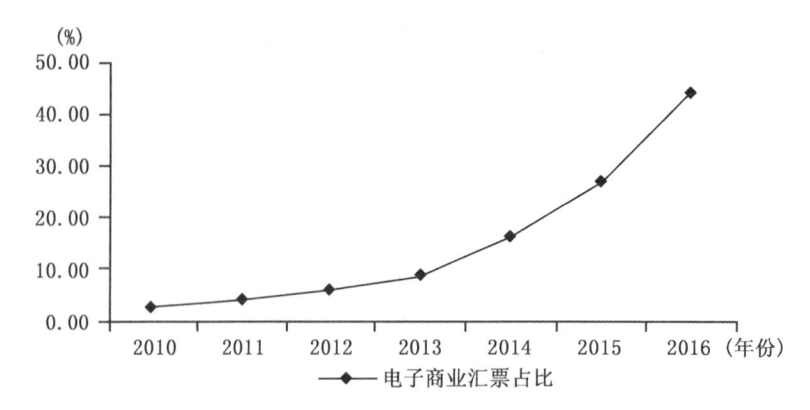

图 1-9 电子商业汇票出票金额占比情况

长 20.5%。电票业务的快速增长,一方面扩大了票据交易量,另一方面丰富了票据产品体系,提升了电票在金融市场的认可度。

自 2018 年 1 月 1 日起,原则上单张出票金额在 100 万元以上的商业汇票应全部通过电票办理。2018 年以后,电票将会占据票据市场的绝对比例,既成为电票创新的内生动力,又为电票创新提供了大量票据交易标的物。

(五)票交所成立为电票创新提供了条件

2016 年 12 月 8 日,由人民银行牵头筹建的上海票据交易所(简称上海票交所)正式上线,中国票据电子化交易迈出实质性步伐。目前,票据市场正处于转型过渡期,呈现出由分散向集中、场外向场内、纸票向电票的发展趋势。

经过 1 年多的运行,上海票交所已初具规模。2017 年上海票交所办理电票交易 51.4 万亿元,比上年增加 2.22 万亿元,增长 4.51%。分交易类型看,转贴现 44.48 万亿元,比上年减少 1.32 万亿元,下降 2.89%;质押式回购 6.92 万亿元,比上年增加 3.54 万亿元,增长 104.9%。电票质押式回购交易的便捷性,促使质押式回购在整个市场的低迷走势下取得显著增长。质押式回购业务不仅提升了票据市场的流动性,也使得票据作为短期流动性调剂工具的功能逐步显现,为下一步电票工具和产品创新奠定基础。

二、电票创新面对的挑战

(一)缺乏电票创新的业务规模

中国上市公司市值管理研究中心发布的《2017 年 A 股市值年度报告》显示,2017 年末中国 A 股上市公司 3 484 家,全年沪深两市共有 438 只新股上市,合计募资 2 301 亿元,规模较 2016 年增长逾五成,IPO 总量占全球的近 30%。2017 年 A 股日均成交量 4 586 亿元,市值达到 56.62 万亿元,较 2016 年的 50.6 万亿元增长了 6 万亿元,增幅为11.85%;较2015年创下的前历史纪录52.9万亿元增长了3.7万亿元,增幅为7%;较10年前的2008年增长了381%,总规模创出历史新高。央行公布的金融市场统计数据显示,全国银行间质押式回购交易从1天－1年的11个品种累计交易量为530.56万亿元。2017年全国期货市场累计成交量约30.76亿手,累计成交额约187.90万亿元,其中:中国金融期货交易所累计成交量约2 459.59万手,累计成交额约24.59万亿元,分别较2016年增长34.14%和34.98%,分别占全国期货市场的0.80%和13.09%。

从上海票交所公布的数据看,2017年末上海票交所系统参与者2 398家,ECDS系统参与者97 427家。2017年上海票交所累计办理票据承兑业务14.63万亿元,比上年减少3.47万亿元,同比下降19.17%,其中电子商业汇票承兑发生额占89%。累计办理票据融资业务59.34万亿元,比上年减少25.16万亿元,同比下降29.78%,其中电票贴现为6.95万亿元,占比为11.7%。累计办理票据交易52.18万亿元,其中电票交易占比为98.5%,分交易类型看电票转贴现占比为85.24%,电票质押式回购占比为13.26%。

从上述交易量和交易额的数据对比可以看出,电票创新存在以下几个短板:一是市场参与主体不够丰富。与中国股市、债市、期市庞大的市场参与者相比,票据交易参与者过少导致交易量不能得到大幅提升,交易流转次数少,成交匹配不够充分。二是电票交易量在同类金融市场的占比过小。由于票交所中电票交易无个人投资者,交易对象主要为商业银行和财务公司等,单笔成交额相对较大。虽然2017年电票交易额占股票交易额的49.22%,占期货交易额的27.35%,但是相比同类的全国银行间市场交易行为而言占比太小,如2017年票交所电票质押式回购交易额仅占全国银行间质押式回购交易额的1.3%。三是资本逐利式的电票交易量不够充分。2017年商业银行受信贷规模限制,主动调整资产负债表的结构,减少票据存量,加快了票据流转速度,使得票据交易量比2016年略有上升,但为增加收益而主动开展的票据资金交易没有得到有效提升。

(二)缺乏电票创新的相关制度

一是没有建立统一的票据信用评级体系。电子商业汇票是在真实交易背景下签发的,提交需求的企业在各家商业银行必须评定信用等级,并依照信用等级来确定商业汇票签发应缴交的保证金比例。而各家商业银行的信用等级评定标准不统一,票交所至今未建立统一的电子商业票据信用评级体系,导致电票最终追索时的风险难以确定。

二是没有建立统一的票据期限管理制度。由于单张票据金额不是太大,且到期日千差万别,在设计票据创新产品时,大部分是针对票据池或集合票据产品,对票据的到期日管理难度较大。

三是没有建立统一的票据市场参与主体风险评估标准。电票交易的风险程度虽然是基于电票签发企业和承兑人的信用来进行评价的,但随着票据流转环节和流转次数的增多,因为交易对手的信用缺失而产生的票据信用风险和操作风险日益增多,且涉案金额巨大,使得票据交易对手的信用越来越受到市场关注。

(三)缺乏电票创新的产品设计

2013年银监会8号文对金融标准化产品和非标准化产品做出了明确的定义,商业银行、证券公司等传统业务的金融产品,如贷款、债券、证券、贸易融资等就是金融标准化产品;而未在银行间市场及证券交易所市场交易的债权性资产,包括委托贷款、信托受益权、信托贷款等多种形式就是金融非标准化产品。

目前,电票创新产品一般为在商业银行和互联网金融平台上交易的电票理财产品、电票信托计划、电票资管计划等非标准化产品;电票标准化产品主要为商业银行和中小金融企业开展的电票池质押贷款、电票质押保理、电票质押应收账款融资等。适合在票交所上市交易的单一电票和电票池标准化产品较少,尤其是涉及电票利率的掉期、远期和电票期权等金融衍生品尚未开发。

(四)缺乏电票创新的规范标准

标准化是指在经济、技术、科学及管理等社会实践中,对重复性事物和概念通过制定、发布和实施标准,达到统一,以获得最佳秩序和社会效益。标准可分为技术标准和管理标准两大类。技术标准是根据不同时期的科学技术水平和实践经验,针对具有普遍性和重复出现的技术问题,提出的最佳解决方案而制定的技术准则。管理标准是为了保证与提高产品质量,实现总的质量目标而规定的各方面经营管理活动的具体标准。

目前,电票创新尚处于自主开发阶段,各商业银行和中小金融企业按照自身经营规模、资本金约束、股东利润回报等要求开展电票业务,并根据各自的风险控制手段和风险承受能力开展电票创新。作为提供电票市场重要交易平台的部门和票据市场服务监管方——央行和监管部门尚未就电票创新出台创新的技术标准和管理标准,电票创新缺乏有效制衡。

三、对电票创新发展的思考

(一)扩大电票市场参与主体,创造电票创新需求

1. 成熟的市场需要众多参与者

市场是由买家、卖家和交易三部分组成的,市场形成初期,由于买家、卖家较少,市场中交易的产品、支付结算手段、信用体系等交易机制不健全,被称之为新兴市场。例如国际金融公司对股票市场的权威定义,只要一个国家或地区的人均国民生产总值(GNP)没有达到世界银行划定的高收入国家水平(1995年的标准是人均9 386美元),那么这个国家或地区的股市就是新兴市场。有的国家,例如韩国尽管经济发展水平和人均GNP水平已进入高收入国家的行列,但由于其股市发展滞后,市场机制

不成熟,仍被认为是新兴市场。1996年,国际金融公司认定的新兴市场有158个。主要集中在亚洲、非洲、拉丁美洲和东欧地区。我国内地股市和台湾股市都属于新兴市场。在新兴市场中一般仅满足产品交易的基本需求,规模较少,但成长速度很快,像上海票交所就属于新兴市场,而电票交易更属于票据交易市场中细分的一个快速成长的新兴市场。从我国电子商业汇票的出票金额、承兑金额、贴现金额和转贴现金额来看,近五年电票交易大幅增长,占商业汇票的比重越来越高,表现出强劲的发展态势。2017年纸质商业汇票交易额仅占票据交易金额的1.5%,电票交易在整个票据交易中已占据绝对优势,发展速度非常快。

在电票交易这个新兴市场中,市场参与者一般为商业银行、财务公司等机构投资者,资本金要求高,资金运作体量大,对电票产品的安全性要求较高。根据收益与风险相匹配的原则,选择低风险必然是收益相对较低的稳健型产品,因此电票产品的创新显得不太迫切。但是一个市场较少的参与者,市场的活跃程度就较低,市场的交易量也难以持续扩大。因此,可以吸引合格的个人投资者、工商企业以及其他机构投资者参与电票市场交易,共同分享实体经济发展的成果,同时也可以有效扩大电票市场的需求,将电票市场逐步导向成熟。

2. 投资目的不同才有创新需求

市场投资主体的多元化,会提高市场运行的稳定性,并提高投资行为的理性化程度和市场的运行效率。市场需求的差异性,导致不同的需求选择方式,市场细分就出现了。成熟市场的细分条件是由消费者的需求条件而产生的,如果相对成熟的需求条件具备了,成熟市场的细分条件也就具备,对市场产品的创新需求也应运而生。丰富的产品链是成熟市场的象征,当市场可以提供多种不同的风险与收益相匹配的产品链时,投资者就可以把这些成熟的产品组合到自己的投资中来,形成消费者的细分利益投资行为。

当电票市场引入了各种投资者,投资者追求利益的不同形成了不同的投资目的。既有商业银行满足资本占用、加速资产流转、平衡资产负债表的需求;又有类似金融企业等机构投资者的价值投资、理性投资等需求;更有个人投资者、票据经纪公司追逐高利润的投机行为等。对票据市场电票产品的需求将变得多元化,能够为投资者提供更多的电票创新产品也将更加符合票据市场和票据交易者的利益。

3. 纳什均衡促使社会财富再分配

在市场中相互作用的经济主体,假定其他主体所选择的战略为既定时,选择自己的最优战略的状态,就是纳什均衡。在纳什均衡中每个人的策略都是对其他人策略的最优反应。在静态博弈中如果A选择了X,那么B为了使自己的利益最大化将选择Y;相反如果B选择Y,这种情况下X对于A来说也是利益最大化的唯一选项。如果是动态博弈,还要区分信息透明、信息不透明和信息不对称等几种情况。在市场交易行为中,如果每个参与者都只有有限种交易策略选择并允许混合交易策略的前提下,就一定存在纳什均衡。纳什均衡并不意味着博弈双方达到了一个整体的最优状态,但严格劣势策略不可能成为最佳对策,而弱优势和弱劣势策略是有可能达成纳什均衡。在顺序博弈中纳什均衡达成时交易者一般都处在连续的交易行为中。在电票市场中,当买、卖双方连续进行电票交易时,就会形成纳什均衡。

在电票市场交易行为中,没有交易双方都不满意,只有可接受的满意和不满意才可能成交。因此,在票据市场中电票创新一定要考虑交易规则的公开透明、交易信息的及时可获得,以及交易双方的自愿达成。每一笔电票创新产品交易的成交,就意味着形成了一个新的纳什均衡,也意味着利润在交易者中流动。交易双方的收益既可能伴随社会总财富的增长而增加,也可能是一方收益一方亏损,变成利益再分配。

(二)推动流动资金贷款票据化,提高电票创新供给

1. 货币电子化促使流动资金贷款电票化

货币本身不具备价值,当货币作为价值等价物参与商品交换时,就具备了衡量价值的功能。马克思在《资本论》中曾预言,人类社会从启用有形货币到最终消灭货币,这是一个必然的发展结果。货币是一个标准化的信用工具,使用货币结算实现了价值向价格的转换。近年来随着互联网技术和移动技术的不断提高,货币结算已有从实物结算走向电子化结算的趋势。例如,北欧的瑞典正在向电子货币过渡,目前现金使用率只有3%,可能成为全球第一个使用电子货币的国家。另外2016年一季度中国央行就声称,已经在着手建立研究电子货币的团队,有可能在未来10年的时间让中国进入电子货币的新时代。货币电子化是时代的进步,使用电子货币也更接近货币的本质。

对于企业基于真实、合法交易产生的支付需求,以约定的、可预见的销售收入和其他合法收入等作为兑付资金来源的某一段时期内的资金结算,商业银行既可以通过给企业发放流动资金贷款予以满足,也可以通过给企业签发商业汇票来解决。在当今货币电子化趋势下,企业通过网银方式用电子商业汇票来进行结算,操作上已经非常方便,也能够及时解决企业间真实合法的债权债务关系。企业会根据操作的便利性自主选择结算方式,电票的优越性会逐步显现。现在市场上规范的民间票据经纪公司为企业间提供的电子票据撮合业务也是有一定发展空间的。

2. 流动资金贷款电票化推动电票市场供给扩大化

企业使用流动资金贷款进行结算时,由于货币本身的不可区分性,流动资金贷款和企业自有资金会等同于企业的货币资金一并使用,商业银行对流动资金贷款的真实用途、受托支付、落实还款资金来源等信贷资金流向跟踪存在一定困难。流动资金贷款电票化后,企业使用电票结算必须附有真实的交易合同、确定的支付对象,能够实现结算的逐笔对应。通过核对企业交易的明细账单,就可以方便地了解企业真实的交易背景和经营状况,极大地方便了企业的财务管理和商业银行的日常贷后管理。

根据央行统计数据,2017年金融机构各项人民币贷款余额120.13万亿元,其中

企业短期贷款余额27.66万亿元,票据融资余额3.89万亿元,票据融资余额占企业短期贷款余额的14%。如果票据融资余额占企业短期贷款余额的比例提高到25%,则票据融资余额可达6.92万亿元,会在原有规模的基础上增长77.8%。如果按照2017年末电子商业汇票承兑发生额13万亿元计算,可增加电子商业汇票承兑发生额10万亿元,为上海票交所电票交易和电票创新提供大量票源。

(三)试行电票产品标准化,扩大电票创新品种

1. 电票创新要适应市场需求

在当前以商业银行为主的上海票交所市场中,机构之间会具备类似的市场思维模式,采取相近的经营战略方式。战略趋同,使得票据市场交易行为和交易习惯相似。单一产品交易情形下,如果存在对市场交易趋势判断趋同,交易对手盘就会明显减少,从而会使票据市场交易量或者剧减,或者出现明显波动而缺乏稳定性。

因此,加快上海票交所的电票产品创新,就要满足不同机构投资者的需求。一要研究机构投资者的经营规模。规模大的机构可能更追求稳健经营,而规模小的机构可能会通过规模扩张来寻求市场地位。例如大型商业银行会寻找风险相对较小的电票代开、保兑、保贴等表外产品,中小型商业银行可能更热衷于电票贴现、转贴、质押等表内产品。二要研究机构投资者的资本约束。大型商业银行由于受到相对严格的监管控制,资本充足率相对较高,会倾向于自持票据。而中小型商业银行经济资本占用更高,存贷比也可能更高,更倾向于电票交易。三要研究机构投资者的风险偏好。稳健型机构投资者会首先考虑电票交易风险,选择成熟度相对较高且目前在电票市场普遍运行的电票标准化产品;激进型机构投资者会更多考虑电票交易利润,选择收益更高的电票非标产品,未来也可能会更多地关注电票衍生品。

2. 电票创新要关注经营模式创新

从票据业务属性的角度,票据业务可划分为自营业务、代理服务、投行业务、资管业务四大类。票据自营类业务主要是指商业银行开展的以票据资产作为标的的投融资业务,属于商业银行表内业务,直接影响着商业银行资产负债表规模和结构的变化。票据服务类、投行类、资管类业务是商业银行强化票据综合服务职能和应对金融脱媒的创新方向,属于商业银行表外业务,不受商业银行资产负债表限制,只在表外进行簿记管理,收益记入商业银行中间业务收入。后三类业务的相似点在于都是以接受客户委托,满足客户投融资需求为出发点。服务类业务需要商业银行完全遵照客户的指令办事,如代理接入、代理保管、代理买卖等。投行类业务和资管类业务需要商业银行运用自身的专业知识和业务操作,帮助客户降低财务成本,获取资金增值收益。如投行类业务需要银行帮助客户利用票据进行融资,以降低融资成本;资管类业务则需要商业银行为客户的资金寻找更好的票据投资渠道和票据标的物,以提高资金收益。商业银行可以从传统自营类业务(包括票据贴现、转贴现、买入返售、卖出回购等)向其他新的自营类业务拓展,以及逐步规范开展自营、服务、投行、资管等票

据经营模式的跨界创新。

3. 电票创新要考虑电票产品生命周期

产品生命周期是产品的市场寿命,即一种新产品从开始进入市场到被市场淘汰的整个过程。大多数的产品生命周期呈 S 型,分为 4 个主要阶段,导入期、成长期、成熟期、衰退期。基于产品管理的概念,产品生命周期管理可以概括为产品战略、产品市场、产品需求、产品规划、产品开发、产品上市、产品退市 7 个部分。根据产品生命周期理论,在电票创新中不仅要考虑电票产品种类创新,还要关注电票产品形式创新。既要结合金融工具创新和金融模式创新,又要关注电票在签发、承兑、贴现、转贴现、回购、交易等各个环节的不同特点,开发电票非标和标准化创新产品,同时加强创新产品在生命周期不同阶段的应用和管理。

4. 电票创新要兼顾非标和标准化产品交叉互补

随着票据业务市场化程度的提高,商业银行票据业务竞争也越来越激烈。电票签发、承兑的直接收益变小,保证金要求越来越低,电票贴现、转贴现的利差空间也在逐步缩小,为商业银行票据经营模式创新和电票产品多元化创造了重要机遇。

一是加快开展电票非标产品创新。商业银行除了开展传统的票据贴现、转贴现、买入返售、卖出回购业务外,还可以拓展其他非标创新产品,如电商供应链电票"1+N"打包融资、电票定向资管计划、电票理财产品、电票资产证券化融资等。

二是逐步开发电票衍生品等标准化产品创新。信用衍生产品是以贷款或债券的信用作为基础资产的金融衍生工具,其实质是一种双边金融合约安排。在这一合约下,交易双方对约定金额的支付取决于贷款或债券支付的信用状况。自从信用衍生产品于 1992 年首次出现以来,它的市场增长非常迅速。随着社会信用环境的不断改善和上海票交所市场条件的不断成熟,可以尝试开发票据衍生产品创新,允许商业银行、金融企业等机构投资者以自有资金买卖以电票为标的物的衍生产品合约。与其他金融要素衍生品类似,电票衍生产品可以重点开发电票远期、电票掉期、电票期权、电票互换和电票信用违约互换(CDS)等。

(四) 完善市场管理手段,加快电票创新制度建设

1. 建立统一的电票信用评级体系

建立电票信用评级体系,明确电票信用风险识别因子,有利于修正电票交易过程中的主观判断,使电票信用风险的识别能够做到定量化、标准化、理性化,减少电票业务操作风险。建立统一的电票信用评级,至少能在电票市场发挥三个作用:一是使得电票交易信息更加透明。良好的电票信用评级可以吸引社会闲散资金,引导中小投资者积极参与电票市场交易,间接支持实体经济。二是使得电票交易风险更加可控。通过设立电票信用评级的风险识别与交易门槛,电票市场参与者可以根据各自的风险承受能力参与市场交易,控制交易风险。三是使得电票创新更加有据。通过电票信用评级,筛选出高风险票据类别,按照高风险高收益的原则,设计电票衍生产品,将

客户关系管理、资金管理、投资组合管理等深度融合,丰富电票创新产品链。

2. 建立灵活的市场利率制度

按照市场经济原理,商品价格应该围绕价值上下波动,同时受市场供需关系影响。在电票市场中,电票产品价值可以通过信用评级量化,电票价格则表现为电票的市场利率。电票信用评级高则具备投资价值,在电票产品和资金供需未改变的情况下,市场利率应该更高,投资者可以获得更高收益。但是票据市场又不同于普通商品市场,其受金融市场资金供需、金融机构信贷规模、央行货币政策宏观调控、央行统一基准利率等的影响更大。所以电票市场利率不仅要反映实体经济强弱,更是金融市场资金面是否充裕的"晴雨表"。

3. 建立有效的做市商制度

在票据交易市场中,不仅大中型金融企业将票据业务作为重要利润增长点,扮演票据市场参与者和票据服务商的角色。少数商业银行也存在资本约束、同业恶性竞争和考核机制失效导致的急功近利等行为,难以发挥带动和维护票据市场的作用,更无法充当电票做市商的地位。一个市场没有做市商,交易活跃程度低,市场难以激发,真正的市场利率就不可能形成,票据市场的功能和作用也会大打折扣。上海票交所要建立做市商制度,约束市场参与者行为,鼓励大型商业银行和合格机构投资者成为电票交易市场做市商,激发电票交易活力,才能产生电票创新动力。

4. 建立长期的专业人才培养机制

产品创新需要投入大量的人力、物力和财力,尤其是专业人才难能可贵,需要经过长期培养和不断的市场实践。当前绝大多数商业银行票据集中经营尚未完全实现,内部的票据经营机构分散各地,分支机构自营票据专业人员相对较少,日常工作疲于应付业务营销和具体办理,无法达到人力、资源、信息的统一整合。要提高电票创新的效率,必须要注重票据专业人才的长期培养和有效激励,使有志向、有能力的年轻业务骨干能够专心投入到电票的创新研发事业。

(五)融合科技创新工具,促进电票创新信息化

1. 加快电票信息系统建设

加快电票信息系统建设既可以为电票业务提供安全高效、互联互通、标准统一、方便快捷的多功能、综合性、交互式的业务处理平台,又可以利用互联网技术开展大数据挖掘,根据投资者偏好提供相应的电票创新产品推介。数据挖掘需要通过统计、在线分析处理、情报检索、机器学习、专家系统和模式识别等诸多算法,从大量数据中搜索隐藏于其中的信息,这一切技术手段都基于信息系统的建设和开发。

另外,要注重电票信息系统与国家企业信用信息公示系统和企业名录系统的对接与数据共享,提高电票信息系统数据的准确率。加快电子商业汇票信息系统与银行各系统之间的链接,使银行间客户信息能够相互衔接,实现共享。尤其是要关注中小银行系统及企业电票系统的开发和维护,方便中小银行的客户网上签发、查验、托

收电子商业汇票,以提高电票的普适性。

2. 适应市场支付手段更新

随着计算机技术的发展特别是移动互联网和智能手机的普及,中国线上电子商务发展迅猛,与之相对应的第三方支付、二维码支付等全新移动支付方式在中国实现了蓬勃发展。中国通信信息研究院发布的《中国信息消费发展态势暨综合指数报告(2018年)》指出,截至2017年9月,我国的光纤用户渗透率达82.7%。与此同时,4G网络迅速普及,已覆盖所有主要城市和乡镇,4G用户达9.47亿户,渗透率达67.9%。数据显示,我国移动支付已实现后发赶超,2016年第三方移动支付交易金额已达美国的50倍。截至2017年10月底,我国移动支付交易规模近150万亿元,移动支付市场规模最近4年间增长近20倍,居全球首位。

第三方支付的出现和兴起,既大大推动了电商、电游等互联网商业的发展,又为其他互联网金融业态搭建了支付体系,逐渐演变为互联网金融的桥梁和核心,同时促进了货币电子化进程。为适应移动时代支付手段的更新,可以集合网络账户闲散资金推介电票理财产品,针对"B2B"平台开展电子商业承兑汇票及电票供应链融资等。同时建立电票交易移动平台,创新电票交易工具,使电票交易、支付结算、查询等功能均可在移动平台完成,提高电票交易的便捷性。

3. 加快中小银行和中小企业等参与机构自主直接接入电票系统的能力

(六)加强电票创新监管,控制电票创新风险

加强金融监管,防范和化解金融风险,牢牢守住不发生系统性风险底线,维护金融安全和稳定,是当前经济平稳健康发展的重要基础。维护金融安全,是关系我国经济社会发展全局的一件带有战略性、根本性的大事,也是电票市场平稳健康发展的监管要求。

从市场规范化程度看,新兴市场普遍存在法规不健全、执法力度不够、监管技术落后等现象,市场规范化程度不高,从而影响了市场的"公开、公平、公正"和市场运行效率。而成熟市场经过多年的发展,基本上都拥有行之有效的法律法规和相应的监管技术手段。随着我国经济进入新常态,GDP增速放缓,产业结构深化调整,信用风险由企业向产业、由下游向上游、由局部向区域蔓延的程度加深,存在触发一些区域性、系统性融资风险的隐患。同时民间资本、民间借贷积极参与各个融资环节,尤其是互联网金融企业利用资金杠杆直接、间接参与票据市场投融资,形成错综复杂的金融业态,逐渐暴露的资金链断裂风险向银行业传染的范围加大,信用风险管控的难度和复杂性进一步提高,从而束缚了电票市场由新兴向成熟创新发展的步伐。

票据作为金融机构越来越重视的资产业务,在实体经济发展中扮演着服务者的角色。它可以通过央行再贴现功能达到控制货币投放、调节市场利率的货币政策宏观调控目的,又在支持实体经济发展、改善金融机构资产均衡配置等方面起着促进经济微观改善的作用。但是由于现在央行、监管机构、商业银行、上海票交所在票据市

场上分段管理,没有形成统一规范,使得电票作为上海票交所这一新兴市场的主要产品,在发挥支持实体经济、金融市场、客户服务等功能和创新上受到一定约束,亟待加强电票市场规范和创新监管。

首先,要统筹监管系统性重要金融机构和大型金融控股公司,严密监控电票操作重点环节,防止重大操作风险,确保金融系统良性运转。其次,人民银行可以设立票据专项统计月报制度,将上海票交所、区域票据交易中心等的主要业务情况统计到央行票据月度报表,对全社会公开发布,形成电票创新发展和业务监管的强大合力,补齐电票监管短板,避免电票监管空白。第三,建立电票创新风险处置长效机制。业务创新必然伴发着风险聚集,对容易出现信用风险、市场风险、操作风险的环节,在电票创新前就必须建立风险处置长效机制,明确风险点和操作规范,防患于未然。第四,对出现的风险要及时处置。由于电票业务与实体经济的密切结合,必须要加强企业信用风险教育,从源头控制信用违约事件。一方面要加强社会信用体系建设,在全社会树立信用意识,积极打击恶意逃废债行为。另一方面要加大对电票市场违法违规行为的打击力度,充分揭示电票市场交易风险,提示市场投资者注意控制好资金杠杆率,防止过度投机搅乱电票市场秩序,影响电票创新活力。

发展商业电子承兑汇票
破解中小企业融资难和贵

肖小和　张　雯　李　洁[①]

电子商业承兑汇票作为一种灵活高效的金融工具,在破解中小企业融资难和融资贵的瓶颈中,可以发挥其不可替代的重要作用。

一、电票优势与中小企业融资的困惑

(一)电票具有的比较优势

1. 产品设计优势

电票是指出票人依托中国人民银行开发建设的电子商业汇票系统(ECDS),以数据电文形式制作的,委托付款人在指定日期无条件支付确定的金额给收款人和持票人的票据。按承兑人不同,电子商业汇票分为:电子银行承兑汇票和电子商业承兑汇票。电子银行承兑汇票由银行业金融机构或财务公司承兑。电子商业承兑汇票由银行、财务公司以外的法人或其他组织承兑。电子商业汇票的付款人即为承兑人。

与纸质商业汇票相比,电票具有诸多优势。电票以数据电文形式签发、流转,并以电子签名取代实体签章的突出特点,杜绝了克隆票、假票,畅通了流通渠道,最长付款期限为1年,降低了企业结算成本,提升了结算效率。具体体现在以下几个方面。

一是签发数据化,安全性高,降低操作风险。由于电子商业汇票以数据电文形式签发,采用可靠的电子签名和安全认证机制代替实体签章,这就保证了电子票据的唯一性、完整性和安全性,而且电票一切活动均在 ECDS 上记载生成,而 ECDS 是由中国人民银行牵头建设的全国性金融业务运行系统,该系统具备金融级的系统安全及信息灾备保障,使得电子承兑汇票有效避免了克隆票、假票、票据丢失、损毁等风险;此外由于电子商业汇票使用电子签名替代纸质签章,这也避免了由于伪造公章或专用章等造成的损失,从源头上降低了票据业务操作风险。

二是交易电子化,节约成本,提高交易效率。电子商业汇票的出票、承兑、交付、背书、质押、贴现、转贴现、再贴现等一切票据行为活动,均在央行的 ECDS 上进行,票据业务参与者可以借助企业网上银行和 ECDS 平台,较方便地实现票据电子化管理,

---

[①] 李洁,工商银行江西省分行员工

企业不需再承担纸票因邮递、查票、保管等而产生的费用,大大减少了查询成本、保管成本和在途资金成本。借助网上管理平台,准确查询到每一笔票据对应的票面信息及资金流向,降低了人力及财务成本,提升票据流转效率,有效提升金融和商务效率。

传统纸质商业汇票在签发、背书、托收、收款流转环节因需多人经办、审核,占用时间通常较长,而电子汇票要素记载全部电子化,流通通过银行的交易系统渠道进行,可以做到足不出户就能交易,方便快捷,收票、托收实现零在途。

三是期限灵活化,方便支付,畅通企业融资渠道。电子商业汇票的付款期限自出票日起至到期日止,最长不得超过1年,而纸质商业汇票的付款期限最长不超过6个月,电子商业汇票相较于纸质商业汇票可允许期限更长,更有利于畅通企业的融资渠道,增强金融机构的票据盈利能力,增加存量票据,活跃票据市场。

2. 央行制度保证

由于电子商业汇票具有签发数据化、交易电子化、期限灵活化等特点备受央行高度重视。央行于2009年9月22日颁布了《电子商业汇票业务管理办法》(中国人民银行令〔2009〕第2号),2009年10月28日央行的ECDS正式上线,为电票业务发展奠定坚实的基础。

为加快票据市场电子化进程,央行于2016年9月7日下发《中国人民银行关于规范和促进电子商业汇票业务发展的通知》(银发〔2016〕224号),224号文从制度上保证了央行强力推动电票业务发展,主要体现在三个方面:一是取消电票贴现贸易背景审查。央行为大力发展电票,提供了相比于纸票更为便捷的使用条件,电票有望成为中小企业重要融资市场。二是扩大了转贴现市场的参与主体,包括券商、基金公司等在内的银行间债券市场交易主体都可以参与票据转贴现业务。转贴现参与主体从银行业金融机构扩容至非银金融机构,也意味着票据市场的短期资金(因票据期限较短)会大为增加,电票有望成为中小企业短期融资的重要工具。三是强制要求使用电票。央行规定:自2017年1月1日起,单张出票金额在300万元以上的商业汇票应全部通过电票办理;自2018年1月1日起,原则上单张出票金额在100万元以上的商业汇票应全部通过电票办理。这实质上规定了纸票的"大限",也体现了央行对电票使用的引导,电票取代纸票乃是大势所趋。

2016年11月2日下发《中国人民银行办公厅关于做好票据交易平台接入准备工作的通知》(银办发〔2016〕224号),央行从技术上进一步推进纸票电子化。2016年12月8日央行主导的上海票据交易所正式上线,标志着票据市场进入了电子化发展的新时代。为建立全国统一的票据市场,央行于2017年先后下发了《关于实施电子商业汇票系统移交切换工作的通知》(银发〔2017〕73号)、《关于加强电子商业汇票交易管理有关事项的通知》(银发〔2017〕165号),央行将ECDS移交上海票据交易所运营。为加强电子商业汇票系统管理,保障电子商业汇票系统安全、稳定、高效运行,央行于2018年6月修订了《电子商业汇票系统管理办法》《电子商业汇票系统运行管理办法》《电子商业汇票系统数字证书管理办法》和《电子商业汇票系统危机处置预案》(银发〔2018〕152号)。

以上一系列文件措施的相继出台,标志着央行一直致力于推动电子票据发展,为电子票据发展提供了制度保证和技术保障,随着上海票据交易所的上线,电票的交易主体地位被确定,电子票据发展迎来了历史性机遇。

3. 市场广泛认同

2009年以来央行大力推广 ECDS 系统,加上电子商业汇票与生俱来的安全性特点,参与电子商业汇票业务的银行与机构连年增长,电子汇票的交易笔数更是实现了跨越式发展,如图1-10所示。

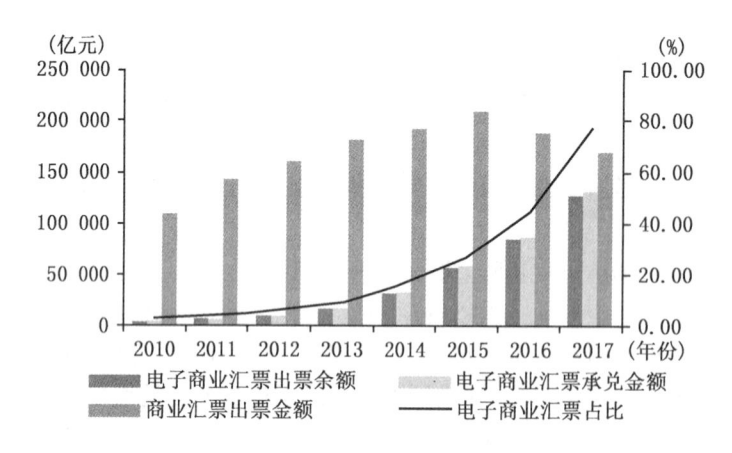

数据来源:依据央行历年支付体系运行总体情况整理。

图1-10 2010—2017年全国电子汇票发展状况

根据人民银行数据统计,从2010年至2017年全国电子商业汇票交易笔数累计平均每年增长1 176%,交易金额平均每年增长669%,承兑笔数平均每年增长1 169%,承兑金额平均每年增长656%。其中电子商业汇票自2009年推出以来占商业汇票出票金额比重逐年迅速提升,2017年末增长至76.92%,2018年上半年甚至高达91.43%,随着金融机构与上海票据交易所直连及当年10月份纸电融合等进一步深化和实施,电子商业汇票达到全覆盖将指日可待。

(二)我国中小企业的融资困惑

中小企业在我国经济市场的重要性是毋庸置疑的,截至2017年末,小微企业法人约2 800万户,另外还有个体工商户约6 200万户,中小微企业(含个体工商户)占全部市场主体的比重超过90%,贡献了全国80%以上的就业,70%以上的发明专利,60%以上的GDP和50%以上的税收。支持中小企业发展,对于我国经济的高质量发展具有全局意义。在供给侧,中小企业蓬勃生长有助于加速科技进步和推广,提高全要素生产率,奠定长周期复苏的基础。在需求侧,中小企业的百花齐放,有利于满足多层次、个性化的消费升级需求,提高社会总福利。

中小企业发展壮大同时也面临着诸多困难,特别是融资难、融资贵的问题尚未从根本上得到有效解决,始终都是困扰其发展的重要障碍。截至2017年末,国内小微企业贷款余额30.74万亿元,仅占银行贷款总余额的24.67%。工信部统计显示,我国33%的中型企业、38.8%的小型企业和40.7%的微型企业的融资需求得不到满足。而另一数据显示,中国中小微企业正规部门融资缺口接近1.9万亿美元,融资缺口率达43%,占GDP比重17%。中国受融资约束的中小微企业总数达2 300多万,微型和中小企业中受融资约束的比例分别为41%和42%。中小企业90%以上的资金来源于企业股东内部筹集、家人、朋友,还有民间高利贷等非正常渠道,这不仅加重了企业经营成本,还扰乱了正常的金融秩序。中小企业融资难、融资贵究其原因主要有以下三个方面。

一是中小企业融资通道过窄。由于证券市场门槛高,创业投资体制不健全,公司债发行的准入障碍,中小企业难以通过资本市场公开筹集资金。95%的融资来源于向金融机构和民间借款。由于我国创业投资体制不健全,缺乏完备法律保护体系和政策扶持体系,影响创业投资的退出,中小企业也难以通过股权直接融资。

二是中小企业内部管理不规范。中小企业由于自身家底薄、规模小、竞争力不强、信用等级不高以及经营管理水平不高、财务制度不规范等一系列内部因素,较难满足银行的贷款条件,普遍面临融资困难。

三是银企信息严重不对称。中小企业信息透明度低,商业银行难以了解中小企业的真实情况,如真实的财务情况,生产经营情况等,财务信息审查难度大,而安全性、流动性、盈利性是银行贷款的基本要求,使得银行对中小企业贷款慎之又慎。而且目前我国信用体系建设尚不健全,不少中小企业缺乏信用观念,在交易和融资过程中不讲信用,往往有拖欠货款,逃避银行债务现象发生,致使银行不得不加强信贷管理,提高放贷条件,从而无法满足中小企业"快速、小额、短期"的融资需求。

二、推动电子商业承兑汇票发展是解决中小企业融资困境的法宝

电子商业承兑汇票不仅通过承兑签发为企业提供了便捷的支付结算工具,而且通过贴现拓宽了中小企业的融资渠道,降低财务费用,对解决中小企业融资难、融资贵问题发挥了重要作用。

(一)电子票据承兑业务为中小企业支付结算提供便利

我国现有的支付结算方式主要有支票、银行本票、银行汇票、商业汇票、托收承付、委托收款、信用卡和信用证等等。商业汇票由于兼具支付和融资功能,具有金额不限、期限长、融资便捷、有银行或企业作为付款保证等特点,在国内企业间得到了广泛应用。

随着上海票据交易所成立,票据电子化加速推进,电票业务由于具有操作流程简便快捷,不受地域限制,安全性大大提升,支付结算效率和资金流转效率大大提高,操作风险得到有效控制等优势为中小企业支付结算提供了便利。企业可以直接开具电子商业承兑汇票给收款人,省去异地输送现金和兑换货币的麻烦;还可以通过法定背书、流通转让程序代替现金在交易中实现汇兑及支付功能;或者利用电子商业承兑汇票在同城或异地的经济往来中,抵销不同当事人之间相互的收款、欠款或相互的支付关系来进行结算。现在越来越多中小企业在贸易往来上已经直接使用电子承兑收付款。

根据上海票据交易所数据显示,2017年出票人为中小企业的票据占比达到64.94%,2018年上半年占比达到69.65%,这说明电子票据已经成为中小企业的主要支付结算工具。

(二)电子票据承兑业务降低了中小企业资金成本

一方面中小企业可以根据生产经营的不同需要,在承兑能力内进行自主签发电子商业承兑汇票,而且签发商业承兑汇票无需缴纳保证金和承兑手续费,不仅能够满足企业支付货款的需要,还节省了企业财务支出,为中小企业提供无成本资金。另一方面中小企业也可以通过电子商业汇票贴现来快速实现短期融资需要。由于电子商业承兑汇票贴现相对于银行贷款,具有低风险的业务特征,银行办理业务流程短、环节少、时间快、所需业务资料少、审批通过率高,而且票据贴现利率一般低于同期流动资金贷款利率,也在一定程度上降低了企业财务费用,降低了融资成本,为中小企业提供相对低成本资金。

(三)电子商业承兑汇票优化了中小企业融资结构

中小企业使用电子商业承兑汇票作为支付工具,在供销支付链中可实现逐级支付转让,所有持票人均借助承兑人的信用和电子商业承兑汇票的支付功能,省却了企业的融资成本,并使整个支付链中的票受让人的应收、应付账款得以转销从而降低了资产负债率,优化了企业融资结构。

而对于商业银行来说,企业签发电子商业承兑汇票是表外业务,不在表内资产业务反映,而且电子商业承兑汇票业务经过银行贴现后,银行可以增强资产结构调节和信贷规模调控的主动性、灵活性,及时调节流动性余缺。

中小企业利用电子商业承兑汇票的流动性和商业银行票据业务经营的高灵活性,既可以拓宽中小企业融资渠道,又可以优化商业银行融资结构,提高综合收益。

(四)电子商业承兑汇票发展推动中小企业提升科技水平

电子票据全流程实现电子化改变了原来的交易模式,由原来的线下交易转到线上交易,电子票据的信息传递穿梭于企业网上银行、银行内部系统、票交所电票系统之间,企业的每个票据动作,包括出票、承兑、背书转让、签收、提示付款、质押、贴现等都通过电票系统登记,都在企业的网上银行平台操作。这就要求中小企业必须加快创新步伐,紧跟市场潮流,在人员配置、技能培训、硬件设施、技术支持等方面增加投入,利用高科技手段加大信息网络建设,加快企业电票系统的开发和维护,与银行各系统之间做好链接,为企业网上签发、查验、托收电子商业汇票提供技术处理平台,这也有利于提升中小企业自身科技水平。

(五)电子商业承兑汇票发展为中小企业提升信用奠定基础和条件

上海票据交易所的票据信息具备信息透明度高和大数据特征,电子商业承兑汇票业务全程电子化能够有效地记录承兑人或者出票人汇票支付的信用信息,对于票据恶意欺诈、无理拒付、拖延支付等信息以电子信息储存的方式对企业票据行为进行系统记录,历史信息储备功能的应用也会使得违约人承担较高的违约成本,从而进一步培养中小企业的信用价值观念,促进中小企业规范信用行为。相对银票而言,电子商业承兑汇票对企业的信用等级提出了更高的要求,一家企业诚实守信,其签发的票据在市场上就会被广泛接受。所以说电子商业承兑汇票的发展会促使企业特别注重建立商业信用,提升企业信用记录,增强企业信用水平,以期不断提高所承兑票据的接受度,为建立诚实守信的商业信用环境奠定基础。

三、推动中小企业积极开展电子商业承兑汇票的思考

(一)转变观念,提升信用服务中小企业

信用是融资的基础,更好的信用比融资本身更有价值,可靠的电子商业承兑汇票比融资更有实际意义和作用。电子商业承兑汇票不仅具有支付与结算功能,还具有信用与融资功能。使用电子商业承兑汇票融资,一方面可以方便中小企业的资金融通,降低中小企业融资成本,解决当前中小企业融资难和融资贵问题;另一方面商业银行使用电子商业承兑汇票作为投放信贷的工具,可以大幅提高信贷资产的流动性,实现信贷资产的可进可退。商业银行可以通过以电子商业承兑汇票质押发放贷款;也可通过对电子商业承兑汇票进行贴现和托收等获取高于银行承兑汇票的利息收入和中间业务收入;还可以将贴现票据在同业银行之间办理转贴现或向中央银行申请再贴现获取较大的利差收益,这些都可成为商业银行新的利润增长点。因此,需要转变观念,广泛开展电子商业承兑汇票有关知识宣传,提升中小企业信用,使中小企业充分认识到使用电子商业承兑汇票的优越性,积极签发和使用电子商业承兑汇票。

(二)选择重点突破,大力推广电子商业承兑汇票应用

充分利用电子商业承兑汇票优势,拓宽企业融资渠道,支持实体经济发展,回归金融支持经济本源。可选择大中型企业集团或重点行业为突破口,以供应链核心企业为中心,对上下游的中小企业使用电子商业承兑汇票,以点带面逐步推进电子商业承兑汇票发展。

一是选择大中型企业集团。以综合实力强,规模较大,在行业内具有重大影响力的大中型企业集团或产业化龙头企业为突破口,先在集团企业中推广使用电子商业承兑汇票,随后以点带面,逐步带动上下游企业使用电子商业承兑汇票。

二是选择重点行业。围绕国家"十三五"规划,紧跟"一带一路"建设、长江经济带、京津冀协同发展等国家重大经济发展战略,重点选择国家重点支持的战略新兴产业、先进装备制造业等行业开展电子商业承兑汇票业务。

三是选择供应链核心企业。所谓供应链就是指围绕核心企业,通过对商流、信息流、物流、资金流的控制,从采购原材料开始到生产成中间产品及最终产品、最后由销售网络把产品送到消费者手中的一个由供应商、制造商、分销商、零售商直到最终用户所连成的整体功能网链结构。对于大型集团客户来说,其上下游的中小企业客户可能多达几百户,甚至上千户,其支付结算业务量相对较大,以电子商业承兑汇票作为媒介,就可以使得供应链核心企业与商业银行、上下游企业等开展合作。一方面通过电子商业承兑汇票结算更便捷、接受度高,可以加速资金流转,促进贸易往来,减少客户现金支付压力,节约财务成本,增强企业之间的互相信任;另一方面在需要现金时,也可通过电子商业承兑汇票的贴现实现货款快速回笼,为供应链中小企业提供成本相对较低、高效快捷的金融服务。

(三)多方共推,提高中小企业电子商业承兑汇票签发量

政府牵头,全社会各方共同努力,共同推动中小企业电子商业承兑汇票签发量,缓解中小企业融资难、融资贵问题。一是央行鼓励企业使用电子商业承兑汇票,从准备金、再贷款、再贴现、利率等货币政策工具方面支持中小企业使用电子商业承兑汇票,特别是要加大再贴现支持力度,对于符合条件的商业银行给予较低资金成本的再贴现支持,盘活中小企业资产。二是商业银行为中小企业电子商业承兑汇票的开立、承兑、贴现、付款等提供优质服务。三是银行保险监管部门根据中小企业现实情况,给予差别化监管。四是财政部门发挥好财税优惠的外部激励作用,给予中小企业办理电子商业承兑汇票贴现等业务的税收采取更优惠的税收政策。五是2018年7月成立的国家担保基金,可以支持中小微企业发展电子商业承兑汇票,可由商业银行参与尽调,国家担保基金给予一定比例担保,央行划出一定比例再贴现额度,共同发展电子商业承兑汇票。六是票据交易所加强票据交易平台建设,使票据市场信息更加公开化、透明化、利率报价更加公开,业务处理更加方便快捷安全。七是中小企业也要积极增强自身"体质",聚焦主业,规范经营,注重诚信,严格遵守"恪守信用、履约付款"的结算原则,及时足额兑付到期电子商业承兑汇票。八是有关部门尽快完善守信联合激励和失信联合惩戒机制,打击逃废债和欺诈行为。

(四)扩大中小企业电子商业承兑汇票贴现量

对于商业银行来说,发展电子商业承兑汇票业务,既是服务客户的市场需求,也是主动创利的好工具,电子商票贴现因价格较高,银行可以获得远比银票收益高的资产,且这种资产类标准化,易于流转和创新。但现实中,由于电子商业承兑汇票是以企业的商业信用为基础,相对于银行信用其信用等级还是稍弱一些,许多商业银行担心在商票到期时企业不能兑付而形成新的不良资产。因而在商业银行里电子商票相

对于银票办理贴现业务准入门槛较高,办理电子商票业务受到客户的授信额度、信用等级、审批流程、银行可贴资金等因素的限制,商业银行仅认可已经在其自身银行系统内建立信贷关系且信用评价等级较高的企业,并有限度地给予企业商票的机会。同时,在办理商票贴现业务时,商业银行比照其发放流动资金贷款要求,审批严格、业务手续烦琐,影响了持票企业融通资金的需求。为此央行和银保监部门要通过政策积极引导银行,银行要在防范风险的基础上为中小企业电子商业承兑汇票开展贴现业务,解决中小企业融资困境。

一是提高银行电子商业承兑汇票贴现规模,加强对电子商业承兑业务的市场营销,确立信誉等级高、发展业绩好的大中型企业为重点推广对象,与一些资信状况良好、产供销关系比较稳定的企业达成保贴、保证等长期合作关系,同时对资信状况不同的企业实行有差别的贴现率,推动商业信用发展的同时增加贴现利息收入和中间业务收入。另外,商业银行也要加强对中小企业票据业务营销、管理、考核机制的健全和完善。

二是加强银企合作,促进电子商业承兑汇票贴现业务的开展。商业银行加快研究电子商业承兑汇票贴现业务办理流程,以及客户办理电子商业承兑汇票贴现的有关要求,并且划出一块票据贴现规模,专门用于办理电子商业承兑汇票贴现业务。只有这样,电子商业承兑汇票才能与资金有效结合,才能保证电子商业承兑汇票业务链条完整,才能满足客户在使用电子商业承兑汇票时,既能方便支付结算,又能灵活方便地融资。

三是区别对待,提高综合营销力度。商业银行在防范风险前提下优先办理中小企业电子商业承兑汇票贴现,给予费率优惠等,鼓励和引导中小企业签发、收受、转让电票。有条件的金融机构还可为中小企业办理柜面电票业务、批量电票业务,给集团企业集中管理电票业务提供便利。

(五)开辟中小企业电子商业汇票再贴现绿色通道

再贴现是央行三大货币政策工具之一,上海票据交易所的建立能够优化央行货币政策传导机制,为央行货币政策提供了更加便捷有效的传导通道,更加灵活快速地实施货币政策。一方面依托上海票据交易所的大数据平台,央行通过再贴现政策可以定向发力,聚焦支持"三农"、中小企业融资,选择国家鼓励发展的行业、企业签发的电子商业承兑汇票,进行精准投放,也可以选择投量、结构、比例和利率,增强货币政策工具的灵活性、针对性、有效性和主动性,增强货币政策实施效果;另一方面票据交易所系统已经实现了再贴现业务的无纸化操作,加快了再贴现业务办理效率。

央行充分发挥再贴现政策的引导作用,依托上海票据交易所大平台,为中小企业电子商业承兑汇票再贴现业务开辟绿色通道。通过降低再贴现利率,适度增加再贴现规模,确定再贴现比例并予以倾斜,进一步加强对商业银行信贷投向的引导作用,引导商业银行将票据承兑、贴现等资源更有效地进入中小企业,引导票据资源投入国家重点支持的产业、行业,引导票据资源进入中小企业,对中小企业优先办理贴现,要加快落实前不久央行增加对小微企业再贴现的政策,从而提升票据市场资源配置效率和效益,为实体经济发展提供信贷支撑,为扩大电子商业承兑汇票流通创造良好的条件和宽松的金融环境。

(六)加快研究中小企业票据信用评级

信用评级是国家经济金融健康运行的重要组成部分。电子商业承兑汇票信用评级就是对电子商业汇票付款人的如期兑付能力和兑付意愿的综合评价。建立统一的中小企业票据信用评级体系,设置科学的评级标准,对票据相关人信用情况进行标准化评价,有利于推动电子商业承兑汇票的流通使用,同时也有利于控制电票信用风险,推动电票市场稳定健康发展。一是建立全国统一的票据信用评级机构。建议由人民银行牵头成立组建全国性的票据评级机构,这是因为我国现有票据业务多由各商业银行办理,而且央行拥有企业信用信息基础数据库,能查询企业征信记录,能有效地利用这些资源,增强评级的科学性与权威性。二是建立科学合理的票据信用评级方法体系。吸收借鉴国际经验教训,结合我国社会经济及票据业务发展状况,根据独立、公正、客观、科学的原则设定票据信用评级方法体系,采用宏观与微观、动态与静态、定量与定性相结合的科学分析方法,运用票据评价指标,确定评级对象的信用等级。三是收集准确可靠的评级数据。及时可靠的数据来源是票据信用评级结果客观公正的基本保障,开展票据评级所依赖的数据主要是上海票据交易所平台信息以及与平台对接的外围系统。上海票据交易所平台信息主要是有关承兑方主体、企业主体和票据交易等各类信息,包括但不限于承兑方和企业财务信息。四是动态跟踪调整评级结果。为保证评级结果的有效性,可在评级有效期内对出票人和承兑主体的经营状况、信用记录、汇票使用情况进行动态跟踪评级,并将考评结果在企业信息信用平台进行公布和奖惩管理,提示投资者预防交易风险。五是建立中小企业电子商业承兑汇票发展基金,解决中小企业增信难。在我国大众创业、万众创新的背景下,各级政府也可以出资设立中小企业电子商业承兑汇票发展基金,为中小企业签发电子商业承兑汇票提供担保或提供保证金,提高中小企业资信,从签票环节为中小企业票据融资提供支持,重点扶持主业突出、有发展前景的中小企业。也可以作为风险缓释保证金,一旦发生风险可以进行完全或部分偿付,从而提升电子商业承兑汇票的接受度。

(七)发挥外部监督职能,提高信用违约社会成本

目前,商业信用缺失是导致电子商业承兑汇票业务难以快速发展的关键因素,建立公开、透明、可信度高的企业信息信用平台至关重要。一是由政府牵头搭建信用信息平台,将电子商业承兑汇票的开立、承兑、贴现、付款等信息,尤其是不良支付信息录入平台;加大企业特别是中小企业电子商业承兑汇票信用信息的收集力度,扩大信息采集范围,将违规开立使用银行结算账户、违约支付、逃废债务、欠缴税款等信息一

并纳入平台,为银行和企业开展电子商业承兑汇票业务提供全面的信用查询支持,统一规定商票查询查复的要素,从而解决区域之间、金融机构之间、企业之间缺乏交流以及信息不对称的问题,降低电子商业承兑汇票业务的交易成本。二是建立有效的奖惩机制。一方面定期公布电子商业承兑汇票优先发展企业"白名单"制度,选择资信状况良好、产供销关系稳定的大型企业,率先在商品交易和劳务供应中使用电子商业承兑汇票,以带动其他企业使用商业承兑汇票,进而逐步拓宽电子商业承兑汇票的使用范围;另一方面建立"黑名单"制度,实行电子商业承兑票据市场退出机制。对于无理拒付、拖延支付、超限额签票的企业,定期向社会通报,并与银行体系企业征信相关联,甚至取消其签发电子商业承兑汇票资格,通过多手段、多渠道大幅增加出票企业的违约成本,使其自觉维护电子商业承兑汇票的信誉,以此推动电子商业承兑汇票业务的全面、健康、稳步发展。

发挥央行、银保监、工信委等各个政府部门作用,为电子商业承兑汇票签发、贴现等业务发展提供全面有用信息。如:央行利用征信系统的企业信用信息数据库,为电子商业承兑汇票发展提供企业的资信状况。银保、工信委、工商税务、海关、环保等部门提供企业的工商信息、税务信息、水电费及节能环保等信息。上海票据交易所提供企业电子商业承兑汇票的签发、承兑、兑付等信息。公安、法院等有关部门提供企业逃废债和欺诈行为、失信企业信息等。建议将这些信息全部纳入征信范围,搭建综合信息共享平台,提高企业违约成本,促进培育诚信的社会信用环境。

积极发展绿色票据
努力服务绿色经济高质量发展

肖小和 金 睿

一、绿色金融及其发展情况

2016年8月,经国务院同意,中国人民银行、财政部等七部委联合发布《关于构建绿色金融体系的指导意见》,该指导意见对绿色金融进行了定义并初步构建了绿色金融体系,指出了构建绿色金融政策体系的重要意义。根据资金来源的性质不同,绿色金融体系的打造既要通过设立绿色发展基金,让PE、VC参与解决权益资本金的获得问题,又要同时打通股票市场解决风险投资的退出问题,还要积极鼓励绿色债券的发行、绿色信贷的投放和绿色信贷资产的证券化,为绿色经济提供一定的财务杠杆以加快绿色产业的发展速度。最后,还要发展绿色保险,完善诸如"碳排放权""排污权""用能权"等环境类权益交易市场,支持地方发展绿色金融,推动开展绿色金融国际合作等方面,建立多层次的绿色金融市场体系。

(一)绿色金融的定义及特点

绿色金融是指为支持环境改善、应对气候变化和资源节约高效利用的经济活动,即对环保、节能、清洁能源、绿色交通、绿色建筑等领域的项目投融资、项目运营、风险管理等所提供的金融服务。

绿色金融有以下特点:一是绿色项目对于环境的正外部性难以内生化。比如节能环保项目的投产通常可以改善空气、土壤质量和水质,但是周边受益的人口并没有因为环境变好而付费,因此私营部门不太愿意参与这种偏向公益化的绿色项目。二是信息不对称,绿色数据很难被采集利用,有些投资者想找到有明显环境效益的绿色企业进行投资,但问题在于缺少对相关企业和项目绿色程度的判断依据,因为大多数企业往往不披露如二氧化碳、二氧化硫、污水等排放和能耗信息。只有企业披露了这些数据,资本市场才能用各种方法对这些企业的环境效益或绿色表现进行评估、排序;还有一类重要的信息不对称是投资者不完全掌握绿色科技是否在商业上可行的信息。三是期限错配。绿色产业很多是中长期项目,但我国银行系统平均负债期限只有6个月,所以其能够提供中长期贷款的能力非常有限,这就制约了中长期绿色项目的融资能力。四是金融机构缺乏对环境风险和机遇的分析评估能力。一些金融机构过低地估计对污染性行业的投资给自身可能带来的风险,从而为污染行业过度地提供贷款;而另一些金融机构则没有充分预测到投资绿色产业可能带来的长远好处,反而高估了这些绿色项目面临的风险,因此对绿色项目有过度的风险厌恶,不愿意投资。五是绿色金融自身的一些问题,绿色金融的概念还没有被大多数金融机构真正了解和认可,绿色金融产品还处在不断开发与完善的过程中,现阶段为绿色产业发展提供的金融支持还比较有限。①

(二)我国绿色金融发展情况

近年来,中国绿色信贷、绿色债券、绿色基金等通过撬动民间资金为绿色产业引入将近8万亿元的金融资源。在财政资金不足甚至缺位的情况下,引导社会资本逐步进入新能源、绿色交通、绿色建筑等绿色产业或者环保、低污染的服务型行业,将有效地支持环境治理和产业结构优化升级。此外,投资于节能技术和治理污染技术等绿色科技领域,能形成新的经济增长点,有效推动金融支持实体经济,促进经济绿色低污、低碳可持续发展。

1. 绿色信贷

根据银监会披露的绿色数据,截至2017年6月底,21家主要金融机构绿色信贷余额为8.29万亿元,其比重和增长速度正快速提高,目前占全部信贷比重约为7%。主要国有银行都逐步建立了参考绿色信贷理念的信贷业务体系和风险管理框架,突出"绿色优先、一票否决"。同时制定了绿色信贷风险评估口径,进行动态评估与分类,相关结果作为其评级、信贷准入、贷款定价的重要依据。

2. 绿色债券

中央国债结算公司和气候债券倡议组织(CBI)联合发布的《中国绿色债券市场现状报告(2017)》显示,中国境内外发行绿色债券共计118只,其中在岸发行113只共计2 045亿元,离岸发行5只共计441亿元,合计2 486亿元(371亿美元),符合国际绿色定义的债券发行量达1 543亿元(229亿美元),占全球发行量的15%。

3. 绿色基金

截至2016年底,全国已设立并在中国基金业协会备案的节能环保、绿色基金共265只。其中59只由地方政府及地方融资平台公司参与发起设立,占比达到22%;成立于2012年及以前的共21只;2013年共成立22只;2014年共成立21只;2015年共成立80只;2016年共成立121只,呈明显上升趋势。其中,股权投资基金159只,占比达到60%;创业投资基金33只;证券投资基金28只;其他类型基金45只。据不完全统计,现在至少有十几个省市建立了至少有50个地方政府支持的绿色基金。还有很多民间资本、国际组织等也纷纷参与设立绿色发展基金。②

---

① 详见马骏、李路阳:《绿色金融已渐成金融发展的主流趋势》,《国际融资》2018年第11期。
② 详见安国俊、王文:《绿色金融发展的回顾与展望》,2018年。

4. 绿色统计及监管

目前银保监会已建立定期普查绿色信贷的统计机制,正在逐步探索绿色信贷报告制度及考核和问责机制,未来不排除会把绿色信贷纳入宏观审慎评估框架,并将绿色信贷实施情况、关键指标评价结果、银行绿色评价结果作为重要参考,纳入相关指标体系,一方面可以完善支持绿色信贷等绿色业务的激励机制,另一方面可以建立抑制高污染、高能耗和产能过剩行业贷款的约束机制。探索通过再贷款和建立专业化担保机制等措施支持绿色信贷发展,建立以绿色信贷理念为主导的信贷业务体系和风险管理框架。

二、绿色票据概念、特点及作用

(一)绿色票据概念

绿色票据是指为气候、环保、资源优化配置等绿色项目开发、绿色企业项目发展、绿色项目产品创新、营运及风险管理提供的各类票据业务产品与服务的总称。绿色票据是由符合规定条件的绿色企业签发或者申请贴现的票据,包括绿色银行承兑汇票和绿色商业承兑汇票。

(二)绿色票据特点

绿色票据具有普通票据的所有特点:一是支付作用,在绿色企业跟上下游贸易往来中,绿色票据跟现金一样可以用来付款。二是结算作用,绿色企业跟上下游之间的债权债务,可以通过票据背书转让来结算。三是信用功能,绿色票据的开立和实际兑付之间有时间差,扩张了绿色企业的信用。四是融资作用,持有绿色票据的企业可以找银行贴现快速回笼资金,持有绿色票据的银行也可以通过转贴现、回购和再贴现融入资金。五是交易功能,绿色票据作为一种高流动性的金融资产,可以随时在票据市场交易变为现金。六是投资功能,票据市场是货币市场的一个重要组成部分,投资者可以向企业、商业银行或其他机构买入绿色票据或票据衍生品作为短期投资品。七是调控功能,绿色票据是商业银行调节绿色信贷规模和资金最灵活、最有力的工具。

同时绿色票据区别于普通票据在于其绿色属性,绿色票据直接或间接服务于绿色项目,属于绿色金融的一部分,其依据央行、商业银行对绿色金融的相关政策办理,接受监管部门对绿色金融服务的各项监管要求。另外绿色票据具有较为鲜明的阶段性特点,在票据的全生命周期中,票据只有服务于绿色项目时,方可依照绿色票据业务政策办理,票据未服务于绿色项目时,仍按普通票据业务政策办理。例如,票据在承兑阶段用于绿色项目,其承兑业务按绿色票据政策办理,如其在贴现阶段仍用于绿色项目,仍按绿色票据政策办理,并办理再贴现;但如其在贴现阶段未用于绿色项目,则视同一般票据贴现业务办理。

(三)绿色票据作用

一是可以积极实施国家发展规划,支持经济高质量发展。中共十九大报告提出"建设生态文明功在当今、利在千秋,是中华民族永续发展的千年大计"。抓住"一带一路"、"京津冀"、"雄安新区"建设、"长三角"、"珠三角"产业结构调整升级的契机,加大绿色金融创新、发展绿色票据、推动金融机构合理配置金融资源,加大对绿色产业、绿色项目的资金支持,促进经济与环境协调发展,加快推进生态文明建设,落实国家战略方针。

二是推动绿色经济、绿色金融高质量发展。绿色产业及项目一般具有前期投入大、技术相对不成熟、投资回收期长、风险较高等特点。当前我国在绿色金融领域主要融资产品为绿色贷款、绿色债券等,产品较为单一,尚未形成可持续发展的绿色融资体系。绿色债券、绿色信贷偏向于解决绿色产业长期资金需求问题,发展绿色票据可以较好地满足绿色企业的资金支付与短期融资需求,降低绿色企业的短期融资成本,有助于完善绿色产业领域内的多层次融资体系。发展绿色票据还可以推动绿色再贴现业务发展,再贴现业务可以有效传导央行货币及信贷政策,提高商业银行办理绿色票据业务的积极性,引导商业银行信贷投放从传统的高耗能行业转而支持绿色企业和绿色项目,调节商业银行内部信贷资产结构,加强银行信贷资金对绿色经济的支持。

三是推动企业信用发展,完善商业信用体系建设。票据尤其是商业承兑汇票,在构建商业信用体系方面具有明显的优势,它既是企业的结算及融资的工具,也是商业银行资产负债调节的主要手段。绿色票据,尤其是绿色电子商业承兑汇票的发展,可以进一步扩大商业承兑汇票的签发主体,丰富商业承兑汇票应用场景,推动商业汇票信用评级体系建设,为进一步优化国内的商业信用环境创造条件。

四是推动货币政策传导效率的提高。绿色票据一方面直接作用于实体经济,提供贸易结算、投融资功能,另一方面央行可以通过控制再贴现总量、价格、行业、种类以及对象等要素定向、定量投放货币、引导市场预期,大大提升了货币政策的有效性和灵活性。

(四)发展绿色票据面临的问题

1. 绿色票据缺乏系统研究和设计

绿色票据目前还停留在概念阶段,业界还没有形成绿色票据的制度框架,监管部门也没有制定有关绿色票据的统计制度和对商业银行绿色票据业务的考核评价。票据作为连接货币市场和实体经济的有力工具,有必要加大对绿色票据的系统研究和顶层设计,早日出台相关制度、完善数据统计和监管考核办法,引导绿色票据市场发展,助力经济往高质量发展。

2. 缺乏产品推出

目前行业内还没有专门针对低碳经济、循环经济、生态经济等环保领域的票据产品,如何区分绿色票据和普通非绿色票据的标准也很模糊,亟须开发监管、商业银行、企业三方都认可的绿色票据品种,使得绿色票据的签发、流通和融资都比普通非绿色票据有优势,这样才能以绿色票据产品作为切入点支持绿色经济发展。

3. 绿色票据标准

企业愿意签发绿色票据的前提之一是贴上绿色标签的票据可以享受政策优惠或扶持,绿色认证是绿色票据签发过程中的最重要环节,所以对于绿色票据标准的制定尤为重要。由于我国缺少权威绿色认证机构,独立第三方绿色认证机构的准入、评判参考依据、认证标准都没有统一规范,因此很难客观判断一个项目是否是绿色项目,项目过程中签发的票据是否是绿色票据。没有值得信任的评判标准、没有客观公正的绿色评估机构也导致了信息不对称和不公平交易的发生,政府支持环保的某些政策优惠也在不透明的环境中没有发挥支持绿色经济的最大效用。

4. 缺少对地方中小金融机构的绿色信贷统计基础

现在只有21家银行开展了绿色信贷统计工作,仍需要对其他金融机构进一步开展绿色信贷的基础统计,为绿色票据统计奠定基础。

三、发展绿色票据,服务绿色经济高质量的探讨

(一)全行业要加强对绿色票据的认识、宣传、研究和实践推动

绿色票据可以连接货币市场和绿色实体经济,为绿色产业的发展提供支付便利和低成本融资,是绿色金融体系不可或缺的一部分。全行业要加强对绿色票据的认识、宣传、研究和实践,监管部门要及时制订细化的考核方案,鼓励引导商业银行、财务公司等金融机构在绿色票据的签发和贴现环节给予绿色企业相关优惠。金融机构应该在网上银行、手机银行、物理网点等渠道加大对绿色票据的宣传力度,做好对公司条线客户经理的培训。企业应掌握各金融机构在绿色票据方面的优惠措施,充分利用好政府对于绿色产业的扶持政策,积极为国打造可持续发展的绿色经济。

(二)架构绿色票据的顶层设计

建议票据业务主管部门及业务监管部门依据《国务院办公厅关于建立统一的绿色产品标准、认证、标识体系的意见》《关于构建绿色金融体系的指导意见》,参考《绿色债券支持项目目录》等制度文件,制定针对绿色票据的相关创新发展规划,建立针对绿色票据的绿色项目、产业的准入要求及相关评估、审核机制,明确金融机构的社会责任,引导票据市场向绿色经济领域倾斜,确保绿色票据真正服务于绿色经济。绿色票据应该以绿色信贷为基础,以绿色债券为参考,开发针对绿色票据的相应评价指标体系。同时,要从绿色票据全生命周期出发,从签发承兑开始进行跟踪,再由商业银行进行直贴,只有把牢签发承兑环节和直贴环节的绿色企业质量,人民银行才能在再贴现额度方面、利率方面给予优惠,进而支持绿色票据和绿色企业的发展。

(三)建设绿色票据标准和绿色经济标准

绿色票据标准的制定离不开对绿色经济标准的制定。绿色经济的发展仍处于探索阶段,必须建立健全问责制度,推动金融机构开展环境压力测试、强制性环境信息披露制度,制定投融资风险考核机制,引进第三方绿色评估机构,建立健全与绿色金融相关监管机制,加强对绿色金融业务和产品的综合监管,实现宏观审慎评估和微观运营监管的协调,统一和完善有关监管规则与标准,特别是形成监管层和金融机构关于"绿色"定义共识,建立公共环境数据平台完善绿色金融产品标准,完善绿色评级和认证,建立环境压力测试体系,打破信息不对称所导致的绿色投融资瓶颈,有效防范"洗绿"和"漂绿"的行为。

构建专门的绿色融资审查体系,从绿色项目的备案到绿色投融资资金的使用都要建立考核体系,严格监督资金的使用方向和影响结果,培育专业的第三方绿色评估机构,确保绿色融资资金投向真正的绿色项目。将绿色金融业务开展成效、环境风险管理情况纳入金融机构绩效考核体系,依法建立绿色项目投资风险补偿制度,通过担保和保险体系分散金融风险。建立绿色金融信息交流交易平台,解决绿色金融市场中的信息不对称问题,有效防范信用风险和流动性风险,增强绿色金融体系本身的抗风险能力,加快绿色金融助力低碳绿色发展的进程。

(四)建设绿色票据信息平台

建设绿色票据信息平台是一项系统性工程,可包括以下三个层面,一是建立绿色项目基础信息共享平台,目前绿色金融普遍存在诸如环境数据不统一、难以共享、信息更新滞后等问题,影响了金融机构对于企业或项目的环境评估、贷后环境风险跟踪的准确性与时效性,绿色票据信息平台需依据监管部门要求对接权威绿色项目基础信息系统,及时获取并分享相关数据,以便金融机构、第三方评估机构及时了解项目基本信息及进展情况,并做出准确判断。二是建立绿色票据管理平台,对接金融机构内部信贷系统(或票据融资系统),以及第三方评估机构内部评级系统,及时更新绿色项目评级及绿色票据承兑、贴现等业务办理数据,以便绿色票据主管部门、监管部门全面掌握业务开展、项目评级情况,为绿色金融决策及监管提供数据支持。三是建立绿色票据交易平台,金融机构可将已贴现的绿色票据在此平台转让流通,央行可通过此平台办理绿色票据再贴现业务,通过绿色票据交易平台可进一步提升绿色票据流动性,更好地服务绿色经济。

(五)研究开发绿色票据科技系统

可由上海票据交易所牵头,各大商业银行和财务公司配合开发绿色票据科技系统。该系统的开发可从业务角度分为事前判断、事中审核和事后分析系统;从应用管理方角度分为票交所系统、各商业银行系统、企业系统、ECDS 系统;从技术架构角度分为桌面系统、Web 系统、移动终端系统等;从系统功能角度分为信息类系统、业务类系统、管理类系统等。绿色票据科技系统的开发始终要把票据是否在为绿色经济服务作为标尺,严格落实对绿色票据全周期监控,确保绿色票据科技系统业务品种齐全、统计制度完善、风险可控。

(六)加强与绿色经济实体合作

绿色票据是绿色金融体系内金融工具的一种,绿色票据的发展离不开绿色实体经济的发展繁荣。绿色实体经济既可以向绿色基金融到权益性资本,也可以发行绿色债券融得长期债务性资金,还可以向商业银行申请绿色信贷资金。绿色票据的定位不应与绿色基金、绿色债券、绿色信贷冲突,可以设法建立并完善多层次的绿色金融体系。绿色票据需发挥票据固有的支付属性和短期限的低价融资属性,帮助绿色企业解决临时性的流动资金需求和支付需求,切实解决绿色实体经济的融资难和融资贵的问题。商业银行要积极发展绿色票据承兑和贴现,央行要发展绿色票据再贴现业务,更好地服务绿色经济。

(七)建立绿色票据评级评估机制

绿色经济通常在技术层面上较为复杂,金融机构难以全面了解所需专业知识,难以对绿色项目进行合理、准确的评估,需要专业的技术评估支持。建议加快推进规范高效的第三方评估及评级机制建设,借鉴国外经验,培育一批专业独立的绿色经济第三方评估机构,对绿色项目、绿色企业做出绿色评估与认证,探索建立有效的绿色评级评估体系,为商业银行的投资与决策提供专业意见,促进绿色票据业务健康发展。

(八)加强对绿色票据风险的研究

绿色票据与传统票据业务相比,在风险防控领域存在一些差异。一是需要防范票据业务自身信用风险、操作风险及合规风险,强化对绿色项目担保及评估的管理。二是要强化绿色票据对绿色经济发展支持,尤其是要注意以绿色票据为名但未行绿色经济发展之实的风险,包括道德风险等。三是需要加强对绿色票据贴现资金用途监管,加强对贴现资金跟踪与检查力度,确保专款专用。四是需要加强第三方评估机构的风险监控,确保相关机构评估准确、评级可靠。五是要逐步建立绿色票据整体风险防控体系。

资管新规下我国票据资产证券化业务探讨

肖小和　胡　军[①]

2018年4月27日发布的《关于规范金融机构资产管理业务的指导意见》(简称《资管新规》)进一步规范了非标准债权资产的界定。票据不出意外依然属于非标,因此,如何寻求票据资产的标准化成为一个亟须分析和探讨的现实问题。本文分析了票据资产证券化的现实案例,发现:(1)票据资产证券化中破产隔离存在法律障碍,会导致破产隔离无效。(2)以银票和通过商票保贴、商票保证或者商票保函的形式由金融机构提供增信的商票为基础资产的票据资产证券化违反了《资管新规》关于禁止刚性兑付的规定。(3)票据资产证券化不仅没能改善资产的流动性还降低了收益率。对此,本文认为:(1)融资性票据的放开和资产支持证券市场的流动性是票据进行资产证券化的前提。(2)条件具备后,商票资产证券化应该是未来的一个重要品种,商票资产证券化的重要基础设施在于形成有效的定价中枢。(3)票交所的建立有利于票据信息的集中,从而形成市场化的定价中枢,提升票据资产及其衍生产品的流动性。本文的研究结论对于指导票据实务发展以及相关监管机构对票据资产证券化业务进行合理监管和规范具有重要的现实意义。

一、背景和动机

随着2007年新两规[②]的实施,以信托公司为主体的"信托式资管"迅猛发展,在银信合作模式下,"刚性兑付"几乎是一个被各方默许的规则,这种"刚性兑付"带来了银信合作的长期蜜月期,2013年末,信托资产管理规模突破10万亿元。随着2012年下半年各路金融机构资管牌照的发放,证券公司、基金公司甚至是保险资产管理公司和期货资产管理公司都妄图策马"泛资管"行业。截至2017年末,由基金公司(及其子公司)、证券公司、期货公司以及私募基金公司管理的资产余额则突破50万亿元大关(53.57万亿元),信托资产管理规模则突破了26万亿元(26.24万亿元),各类金

---

① 胡军,江西财经大学九银票据研究院研究员。
② 指《信托公司管理办法》(2007)和《集合资金信托计划管理办法》(2007)。

融机构资产管理规模累计仅 80 万亿元①,直逼全社会贷款余额 120.1 万亿元。

经济增速下滑,野蛮增长同样孕育着风险,2018 年开年,对金融市场来说并不平静,不只有监管层接连下发的新规,信托、债券甚至是银行理财计划违约也频频爆出,似乎整个市场现违约潮。2018 年 4 月 27 日,四部委联合印发了《资管新规》。《资管新规》对非标资产的投资、资金池管理、多重嵌套以及刚性兑付等多方面都进行了严格的规定。

而对于票据业务来讲,影响最大的莫过于对非标资产投资的限制。《资管新规》进一步规范了关于标准债权资产的定义②。标准化债权类资产应当同时符合以下条件:(1)等分化,可交易。(2)信息披露充分。(3)集中登记,独立托管。(4)公允定价,流动性机制完善。(5)在银行间市场、证券交易所市场等经国务院同意设立的交易市场交易。显然基于此界定,票据资产不属于标准化债权资产,银监会在 2013 年 3 月 27 日下发的《关于规范商业银行理财业务投资运作有关问题的通知》(银监发〔2013〕8 号),要求非标资产投资占理财产品余额不能超过 35%,且不能超过上一年总资产的 4%。

尽管票据资产属于非标,但是票据资产,尤其是银票,几乎是所有非标资产中流动性最好的。得益于 2015 年开始爆发增长的资产证券化业务,票据资产证券化成为一个有益的尝试。但如肖小和(2018b)所述,尽管 2016 年票据资产化开始了尝试,但由于诸多原因并没有得到普遍推广。而《资管新规》的规定又必然对票据资产的吸引力产生进一步的负面冲击。加之新常态下票据对于便利企业,尤其是中小企业的结算和融资,进而降低社会融资成本,服务经济发展具有重要意义(肖小和,2018a)。因此,如何寻求票据资产的标准化成为一个亟须分析和探讨的现实问题。

二、我国资产证券化现状

(一)资产证券化发展现状

所谓资产证券化,就是将缺乏流动性,但具有可预期收入的资产,通过在资本市场上发行证券的方式予以出售,以获取融资,最大化提高资产的流动性的过程(林华、许余洁,2016;王红霞等,2018)。资产证券化的过程通常涉及三个主要过程。

---

① 随着资管新规的发布,资管规模 2018 年有所下降。截至 2018 年第三季度末,信托公司资产管理规模 23.14 万亿元,基金公司(及其子公司)、证券公司、期货公司以及私募金公司管理的资产余额为 52.23 万亿元。此数据没考虑银行理财(2018 年 6 月底为 30.6 万亿元),是因为银行理财是资方,一般会对接信托计划或者券商(基金)等的资管计划,加入会导致重复计算。此数据来源于 Wind。

② 最早的非标概念源于银监会在 2013 年 3 月 27 日下发的《关于规范商业银行理财业务投资运作有关问题的通知》(银监发〔2013〕8 号,简称 8 号文),8 号文第一次界定了非标的概念,并对非标资产投资进行了比例限制。非标,规范说法为,非标准化债权资产,是指未在银行间市场及证券交易所市场交易的债权性资产,包括但不限于信贷资产、信托贷款、委托债权、承兑汇票、信用证、应收账款、各类受(收)益权、带回购条款的股权性融资等。

第一章 票据创新

一是基础资产的选择。合适的基础资产通常必须具备稳定的、可预期的现金流，以及同质性、分散化和相对独立性等特点。

二是结构化重组。该步骤是资产证券化的关键所在，主要工作包括：通过设立特殊目的机构（SPV）实现破产隔离，设计各类信用增级结构等。

三是资产支持证券的发行和流通。资产支持证券二级市场的流动性是支持一级市场发行的重要力量。

图1-11展示了典型的资产证券化的交易流程。可以简单概括为，依托资产服务机构从原始权益人（有时候可以是同一人）手中购买合格的基础资产，组成资产池，由管理人（也是推广机构或承销商）设立特殊目的机构（SPV）购买基础资产池，实现破产隔离，依托其他各类第三方服务机构，评估资产池现金流情况，设计各类信用增级结构，发行资产支持证券，流通转让，到期后按合同约定进行偿付。

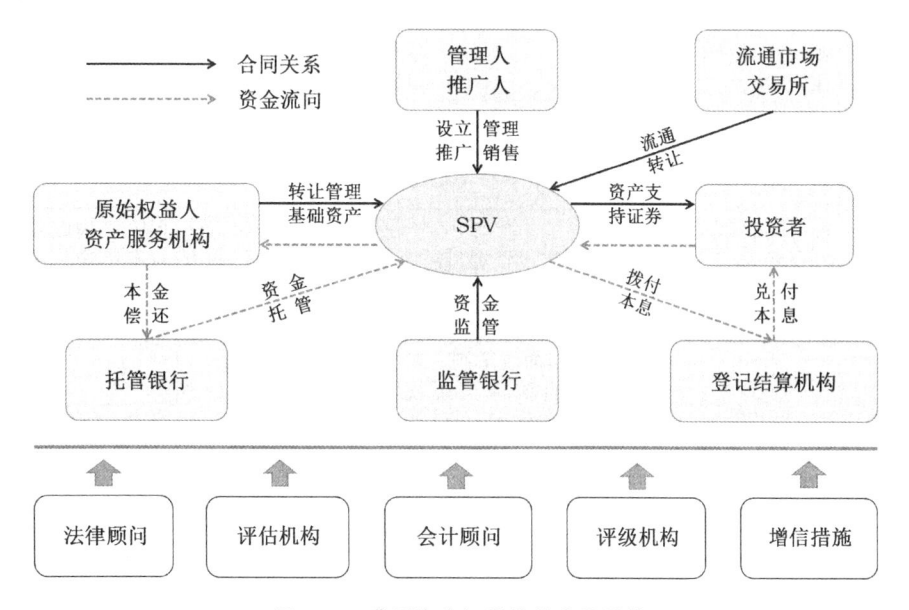

图1-11 典型资产证券化的交易结构

目前我国有四类资产证券化产品实践中，分别由不同主管机构主导，分别是：由央行和银保监会主管的信贷支持证券化、由证监会主管的企业资产证券化、由银行间交易所协会主管资产支持票据、由银保监会主管的资产支持计划。参考林华和许余洁（2016），表1-2列示了四类资产证券化产品的主要差别。源于主管机构的差异，四类资产证券化的差异主要在于基础资产、SPV形式以及发起人等方面，从表1-2可以看到我国的资产证券化的SPV的形式几乎主要就是资管计划或信托计划。

表 1-2 我国四类资产证券化模式对比

	信贷资产证券化	资产支持专项计划	资产支持票据	资产支持计划
主管部门	央行、原银监会	证监会	交易商协会	原保监会
审核方式	央行注册制＋银监会备案制	事后备案制	注册制	初次申报核准,同类产品事后报告
SPV	特殊目的信托	证券公司/基金子公司资产支持专项计划	不强制要求设立SPV,可以使用特殊目的账户隔离的资产支持形式,也可以引入其他形式的SPV	保险资管公司的资产支持计划
发起人	银行业金融机构(商业银行、政策性银行、邮政储蓄银行、财务公司、信用社、汽车金融公司、金融资产管理公司)	未明确规定	非金融企业	未明确规定
发行方式	公开发行或非公开发行	目前为非公开发行(未来可能引入公开发行方式)	目前为非公开发行(未来可能引入公开发行方式)	目前为非公开发行
投资者类型	银行间债券市场机构投资者(银行、财务公司、保险公司、基金、券商等)	合格投资者,且合计不超过200人	公开发行面向银行间债券市场所有机构投资者;非公开发行面向特定机构投资者	保险机构以及其他具有风险识别和承受能力的合格投资者
基础资产	信贷资产	实行负面清单制。要求符合法律法规规定,权属明确,可以产生独立、可预测的现金流且可特定化的财产或财产权利,可以是单项财产权利或者财产,也可以是多项财产权利或者财产构成的资产组合。可以是企业应收款、租赁债权、信贷资产、信托受益权、基础设施、商业物业等不动产财产或不动产收益权	符合法律法规规定,权属明确,能够产生可预测现金流的财产、财产权利或财产和财产权利的组合	实施动态负面清单管理。要求基础资产是符合法律法规规定,能够直接产生独立、可持续现金流的财产、财产权利或财产与财产权利构成的资产组合。基础资产依据穿透原则确定
受托机构	信托公司	证券公司/基金子公司	目前无受托机构(下一步可能引入信托公司)	保险资产管理公司

续表

	信贷资产证券化	资产支持专项计划	资产支持票据	资产支持计划
信用评级	需要双评级,并且鼓励探索采取多元化信用评级方式,支持对资产支持证券采用投资者付费模式进行信用评级;定向发行可免于信用评级	取得中国证监会核准的证券市场资信评级业务资格的资信评级机构,对专项计划资产支持证券进行初始评级和跟踪评级	公开发行需要双评级,并且鼓励投资者付费等多元化的信用评级方式;定向发行,则由发行人与定向投资人协商确定,并在《定向发行协议》中明确约定	受托人应当聘请符合监管要求的信用评级机构对受益凭证进行初始评级和跟踪评级
交易场所	银行间债券市场	证券交易所、全国中小企业股份转让系统、机构间私募产品报价与服务系统、证券公司柜台市场	银行间债券市场	保险资产登记交易平台
登记托管机构	中央国债登记结算有限责任公司	中国证券登记结算有限责任公司或中证机构间报价系统股份有限公司	银行间市场清算所股份有限公司	保险资产登记交易平台
规章及依据	《信贷资产证券化试点管理办法》(中国人民银行公告〔2015〕第7号)、《关于信贷资产证券化备案登记工作流程的通知》	《证券公司及基金管理公司子公司资产证券化业务管理规定》(中国人民银行公告〔2015〕第7号)、《资产支持专项计划备案管理办法》及配套规则	《银行间债券市场非金融企业资产支持票据指引》	《资产支持计划业务管理暂行办法》

数据来源:参考林华和许余洁(2016)以及公开资料整理。

表1-3、表1-4、表1-5列示了我国近年来不同类别资产证券化产品的发行和存量情况。截至2018年7月末,我国资产证券化未偿清产品数1 475单,余额为2.1万亿元,累计发行额超过4万亿元。以信贷资产证券化和企业资产证券化为主,余额占比分别为34%和61%。

表1-3 我国资产证券化市场概况

类别	待发行总数(单)	2018年总数(单)	2018年总额(亿元)	累计总数(单)	累计总额(亿元)	未偿清总数(单)	未偿清总额(亿元)
信贷资产证券化	2	57	3 652	498	21 427	294	7 311
企业资产证券化	157	268	3 956	1 460	20 643	1 098	13 087
资产支持票据	11	30	378	96	1 349	80	1 016
保险资产证券化	2	0	0	3	43	3	43

续表

类别	待发行总数(单)	2018年总数(单)	2018年总额(亿元)	累计总数(单)	累计总额(亿元)	未偿清总数(单)	未偿清总额(亿元)
总计	172	355	7 986	2 057	43 462	1 475	21 457

数据来源:中国资产证券化分析网 www.cn-abs.com,截至2018年7月31日。

表1-4　　　　　　　我国资产证券化产品历年发行情况　　　　　　单位:亿元

年份	2013	2014	2015	2016	2017	2018
信贷资产证券化	158	2 820	4 056	3 909	5 972	3 652
企业资产证券化	74	401	2 045	5 000	8 857	3 956
资产支持票据	48	89	35	167	575	378
保险资产证券化	0	0	0	33	10	0

数据来源:中国资产证券化分析网 www.cn-abs.com,截至2018年7月31日。

表1-5　　　　　　　我国资产证券化产品历年存量情况　　　　　　单位:亿元

年份	2013	2014	2015	2016	2017	2018
信贷资产证券化	255	2 502	4 100	4 668	6 766	7 311
企业资产证券化	119	465	2 324	6 321	11 850	13 087
资产支持票据	101	184	208	367	798	1 016
保险资产证券化	0	0	0	33	43	43

数据来源:中国资产证券化分析网 www.cn-abs.com,截至2018年7月31日。

(二)我国票据资产证券化发展现状

在开始介绍票据资产证券化之前,有两个概念需要界定清楚,一个是票据资产证券化,另一个是上面提到的资产支持票据。资产支持票据是资产证券化后发行的资产支持证券,代表的是对SPV的所有权,而票据资产证券化中的票据指的是资产证券化中形成资产池的基础资产。

截至2018年7月末,我国市场上共发行票据资产证券化产品37单,总额347.85亿元。存续17单,已清算退出19单,1单停售。除建信ABN2017-1外,其余36单票据资产证券化都是以证券或基金资管子公司成立资管计划的形式设立SPV。尽管票据一般期限都小于1年,但所有票据资产证券化过程都没有涉及循环购买。

相对于票据资产本身规模而言,票据资产证券化规模还非常小。2017年,商业汇票未到期金额为8.2万亿元,金融机构累计贴现40.3万亿元,期末贴现余额为3.9万亿元。未来票据资产证券化还有巨大空间。

第一章 票据创新

比较有代表性的票据资产证券化产品有：融银1号2016-1、橙鑫橙e1号2016-1、民生票据1号2016-1、融元1号2016-1。表1-6列示了上述四个产品的基本信息。

由于我国《票据法》规定："票据的签发、取得和转让，应当遵循诚实信用的原则，具有真实的交易关系和债权债务关系。"因此，实际上票据资产证券化过程中票据不能作为基础资产，其本身是不能直接转让的。从现有案例来看，实际上作为票据支持证券化的基础资产被包装成票据收益权，加以转让。因此实际上我们现在看到的票据资产证券化，严格来讲是票据收益权资产证券化。这种收益权资产证券化是否合理、合法、合规和可复制呢？本文后面将着重进行分析。

表1-6 典型票据资产证券化产品基本信息

产品简称	特色	管理人	产品成立日	原始权益人	总金额（亿）	资产池票面金额（万）	持票人个数（个）	票据笔数（笔）	发行利率
融元1号	首单票据收益权资产证券化产品	华泰证券（上海）资产管理有限公司	2016.03.29	14家公司	6.44	6.56	14	14	3.6
橙鑫橙e1号	首单以储架模式发行的票据资产证券化产品	博时资本管理有限公司	2016.03.30	平安银行股份有限公司	5.33	5.50	3	3	3.6
融银1号	首单银票收益权资产证券化产品	华泰证券（上海）资产管理有限公司	2016.07.27	12家公司	4.96	5.82	—	—	2.8
民生票据1号	首单获批及发行的银行保贴类票据资产证券化产品	中信证券股份有限公司	2016.08.08	中国民生银行股份有限公司	4.7	—	—	—	2.6

数据来源：依据中国资产证券化分析网 www.cn-abs.com，以及其他公开数据整理。

华泰资管－江苏银行融元1号资产支持专项计划是我国首单商业票据收益权资产证券化产品，其基础资产是14家公司持有的合计6.56亿元的商业票据的收益权。博时资本－平安银行橙鑫橙e1号资产支持专项计划是我国首单以储架模式发行的票据资产证券化产品，其基础资产也是商业票据。所谓储架模式就是一次核准，多次发行，平安银行获得此次储架模式获得的额度是10期200亿元。尽管是商业票据，但该产品在增信上接入了银行信用，由平安银行通过票据保函为票据承兑人提供无条件的连带保证担保。而华泰资管－江苏银行融银1号资产支持专项计划则直接是基于银票收益权设计的资产支持计划，中信证券－民生银行票据收益权1号资产支持专项计划的基础资产依然是商票收益权,但通过民生银行的票据保贴接入了银行信用。

在信用风险防范方面的措施有:超额利差、票据质押担保、票据保贴等增信措施,并安排资产置换的风险防范措施,严格控制风险。

三、典型的票据资产证券化分析

(一)融元1号资产支持专项计划基本情况

限于公开资料获取的完整性,本部分主要以华泰资管—江苏银行融元1号资产支持专项计划为例(见表1-7),分析我国票据资产证券化产品的基本交易结构和条款,以期找到当中存在的问题和法律风险,进而分析票据资产证券化过程中的重难点和可能的解决思路。不同于之前文献更多关注票据资产证券化法律上的不足(王健,2018),本文还重点考察了《资管新规》对现有票据资产证券化的影响。

表1-7 融元1号资产支持专项计划基本情况

计划信息			
产品全称	华泰资管—江苏银行融元1号资产支持专项计划		
产品类型	企业资产证券化	基础资产类型	票据收益权	资产池规模	6.56亿元
成立日期	2016/3/29	预计到期日	2016/9/30	法定到期日	2018/9/30
计划管理人	华泰证券(上海)资产管理有限公司		
资产服务机构	江苏银行股份有限公司		
托管机构	江苏银行股份有限公司(上海分行)		
原始权益人	泰州市诚林物资贸易有限公司、泰州市物资集团物资商城 江苏兴安贸易有限公司、江苏锦宸节能门窗有限公司 江苏星光特钢科技有限公司、江苏新源国际贸易有限公司 泰州市兴园科技发展有限公司、泰州市润马城镇建设有限公司 江苏博迁新材料有限公司、江苏洋河新城文化旅游投资发展有限公司 宿迁市星远贸易有限公司、江苏阳天贸易有限公司 泗阳先行贸易有限公司、泗洪绿锦苗木有限公司		
出票人	泰州市东兴建设工程有限公司、泰州市工商经济服务公司 靖安市皓辰建设有限公司、江苏正兴建设工程有限公司 泰州市高鑫源建设发展有限公司、泰兴市源兴仓储有限公司 泰州市凯源投资发展有限公司、泰州市潘特内物资有限公司 宁波广博纳米新材料有限公司、宿迁市洋河新城城市建设开发有限公司 宿迁三台山实业发展有限公司、沭阳天成混凝土有限公司 泗阳国宇实业有限公司、泗洪永乐苗木有限公司		
会计师事务所	毕马威华振会计师事务所		
律师事务所	北京市金杜律师事务所		

续表

评级机构	中诚信证券评估有限公司			
证券信息				
证券代码	131096.SH	证券简称	融元1号	信用级别	AAA
交易场所	上海证券交易所	每份面值(元)	100	总金额(亿元)	6.44
还本方式	到期还本	发行利率	3.64%	付息频率	半年
发行加权年限	0.51	证券分层等级	优先级		

融元1号资产支持专项计划交易过程可以概括为以下几点(见图1-12)。

(1)华泰资管(计划管理人)设立专项计划面向合格投资者发行资产支持证券,与投资者签署《认购协议及风险揭示书》并募集资金。

(2)泰州市诚林物资贸易有限公司等14家企业(原始权益人/持票人)与江苏银行(原始权益人代理人)签订《授权委托协议》,江苏银行作为代理人接受各原始权益人的委托,代理各原始权益人签署《资产买卖协议》,买卖的标的即基础资产(各原始权益人持有的泰州市东兴建设工程有限公司等14家企业作为出票人的商票的收益权),向资产支持专项计划转让基础资产。

(3)华泰资管(计划管理人)与江苏银行(原始权益人代理人)签订《资产买卖协议》,将发行资产支持证券募集资金用于购买基础票据收益权作为基础资产池。

(4)风控方面主要有两点:其一,原始权益人/持票人作为出质人、专项计划管理人作为质权人,江苏银行作为担保代理人签署《票据质押协议》,将票据质押给资产支持专项计划。江苏银行对质押、解除、托收、转付等事宜进行服务,可以防止善意第三者接受票据导致的基础资产灭失风险。其二,债务人(出票人)作为出质人、专项计划管理人作为质权人、江苏银行作为账户银行签署《保证金质押协议》将票据金额相等的全额保证金存入保证金账户,并将保证金质押给资产支持专项计划。

(5)其他第三方机构提供相应的各类服务。

(二)现有票据资产证券化可能存在的问题

1. 破产隔离的有效性存疑

由于我国《票据法》规定:"票据的签发、取得和转让,应当遵循诚实信用的原则,具有真实的交易关系和债权债务关系。"因此,没有真实交易关系的双方是无法直接转让票据资产,即票据资产无法直接入池作为基础资产。当前票据支持证券化都是把票据资产收益权作为基础资产入池。尽管基于此大多数票据资产证券化都设计了诸如票据质押担保、全额保证金等措施,但以票据收益权作为基础资产入池并不能完全实现破产隔离。正如涂晟(2017)所说,这种转让仅仅是从金融或会计的角度出发界定的,而非一个严格的法律概念,是存在瑕疵的。

图 1-12 融元 1 号资产支持专项计划交易结构

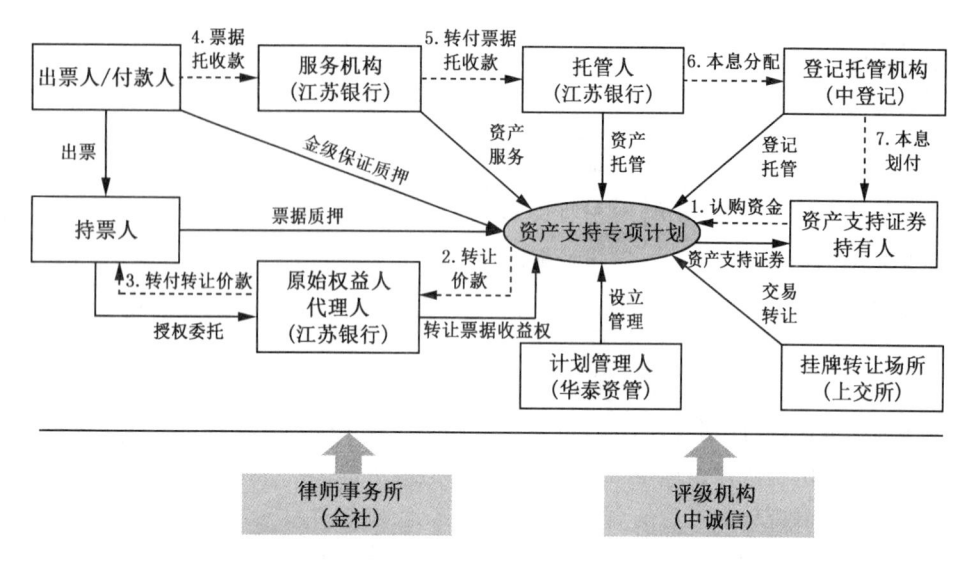

资料来源:华泰资管－江苏银行融元 1 号资产支持专项计划说明书。

假设持票人破产,持票人持有的票据资产(含转让的收益权)可能会被作为破产财产进行清算,进而影响资产支持证券持有人收益。这是因为,一方面票据收益权转让本身是否有效并没有法律的确认,本质上是违背了票据法的规定;另一方面持票人破产后,其票据质押很可能会被认定为质押融资,对应的收益会被纳入破产财产进行清算,即便质权人享有优先受偿权和保证金提前划转机制,但其面临的风险仍然非常大。

2. 含有实质刚性兑付条款

除了持票人的票据质押之外,融元 1 号还采用了出票人全额保证金质押作为增信手段,而博时资本－平安银行橙鑫橙 e1 号资产支持专项计划接入了银行信用,由平安银行通过票据保函为票据承兑人提供无条件的连带保证担保,华泰资管－江苏银行融银 1 号资产支持专项计划的基础资产直接就是银票,中信证券－民生银行票据收益权 1 号资产支持专项计划通过民生银行的票据保贴接入了银行信用。

这种增信或风险缓释手段都过于简单粗暴,而且可能构成实质上违反《资管新规》的刚性兑付要求。如果出票人都 100% 全额保证金质押,那和直接偿付有什么区别呢? 直接偿付可能还更划算。而如果是基础资产本身就是银票收益权,或银行通过商票保贴、商票保证或者商票保函的形式为资产支持证券增信,则构成了存款性金融机构的实质性兑付。按《资管新规》的规定,"存款类金融机构发生刚性兑付的,认定为利用具有存款本质特征的资产管理产品进行监管套利,由国务院银行保险监督管理机构和中国人民银行按照存款业务予以规范,足额补缴存款准备金和存款保险保费,并予以行政处罚"。

3. 商业模式不具有可持续性

尽管票据资产不属于《资管新规》的标准化债权资产,但实际上票据资产几乎是银行非标资产中流动性最高的,就目前国内情况而言,票据资产本身流动性还远远高于资产支持证券本身。图 1-13 展示我国不同类别的固定收益证券的年换手率,这一结果非常符合我们实际的感觉,就是资产支持证券在我国目前阶段基本都是买入并持有的到期的策略("买持"策略),年换手率仅有可怜的 9.4%,而在美国资产支持证券的年换手率超过 500%,仅次于美国国债(900%)[①]。尽管我国票据市场的具体交易规模数据没有,但从实践经验看,票据的换手率肯定远远高于 10%。

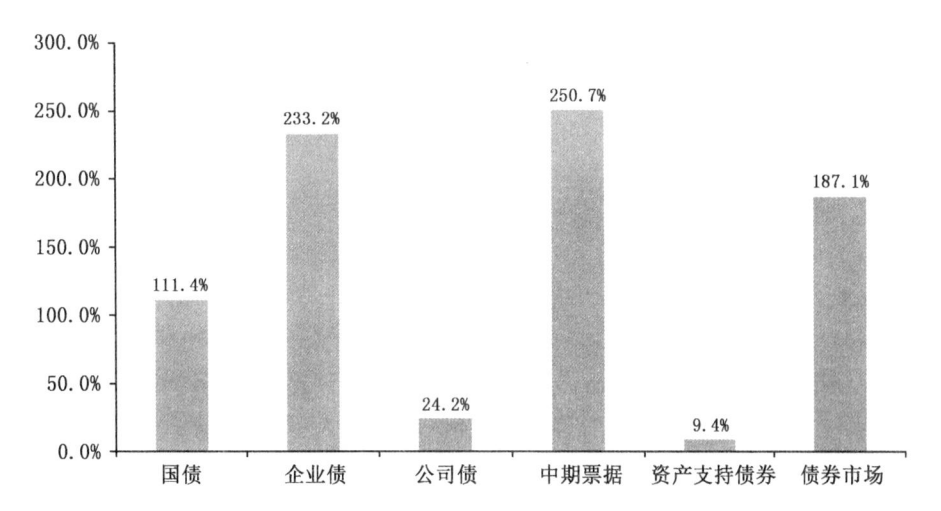

数据来源:原始数据来源于 Wind,经计算得到。

图 1-13 我国主要固定收益证券的年换手率

如果资产证券化是为了将流动性差的资产转化为流动性强的证券,那么显然票据资产证券化实现了相反的目的。至少对于银票,或者银行通过商票保贴、商票保证或者商票保函的形式提供兜底的商票是没有进行资产证券化的必要的。就目前中国资产证券化现状来看,为了所谓的将票据资产从非标转标,而进行的票据资产证券化不仅损失了流动性,还降低了收益性。以融元 1 号为例,入池的资产转让利率不低于 4%,实际加权平均利率为 4.88%,而投资者获得的预期收益仅有 3.64%,收益率降低 1.24 个百分点。

---

① 美国资产证券化发行余额和交易量数据来源于 SIFMA,https://www.sifma.org/resources/archive/research/statistics。

而且这一收益率的降低又与市场上对资产支持证券所要求的回报是矛盾的,源于现阶段资产支持证券的流动性较低,且作为新生事物,与同级别中票或公司债相比,被市场要求更高的回报。

图 1-14 和图 1-15 分别列示了银行间市场 AAA 级中期票据和交易所 AAA 级公司债与同级资产证券化产品的收益率比较,同样的信用评级,但相对于中期票据和公司债而言,资产支持证券普遍具有更高的收益率。

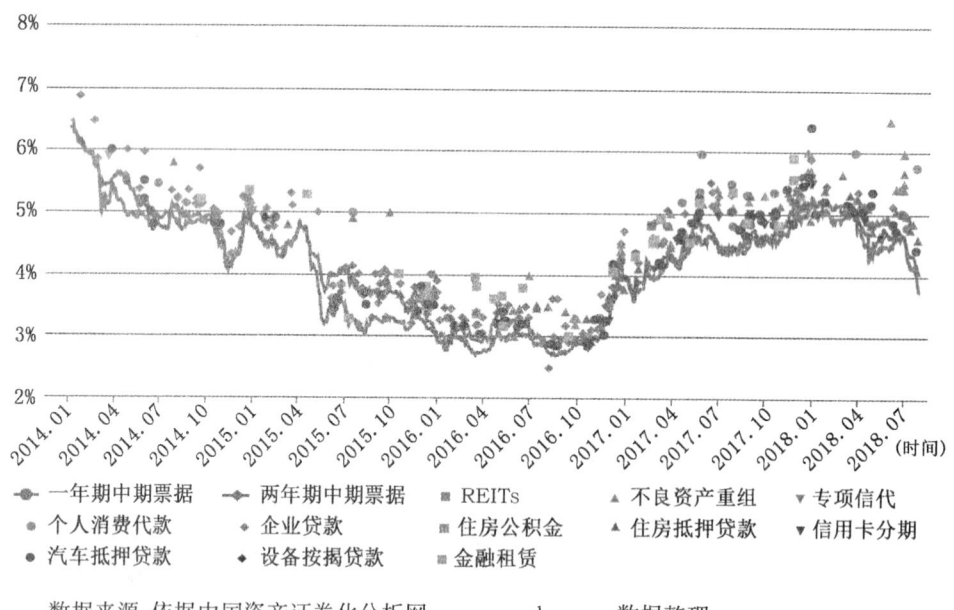

数据来源:依据中国资产证券化分析网 www.cn-abs.com 数据整理。

图 1-14　银行间市场 AAA 级中期票据与同级资产支持证券的收益率比较

因此,从目前实务角度来看,票据收益权资产证券化,尽管经过了证券化的过程,但更像是"伪资产证券化",从流动性角度看,甚至是"反资产证券化"。

4. 基础资产的分散程度不足

上文已经提到合适的基础资产通常必须具备稳定的、可预期的现金流,以及同质性、分散化和相对独立性等特点。同质性、分散化和相对独立性就是为了适用大数定律,从而使得估算的平均意义上的风险事件发生概率的准确性处于可接受范围内。

表 1-8 展示了可获得数据的 6 单票据资产证券化产品的基础资产所对应的票据笔数。票据笔数最多的是苏银 1 号 2017－1,也仅有 20 单,最少的橙鑫橙 e1 号 2016－1 和尚通 1 号 2017－1 仅有 3 笔。

第一章 票据创新

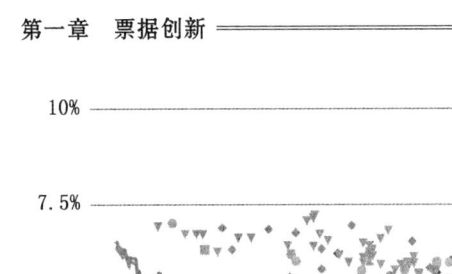

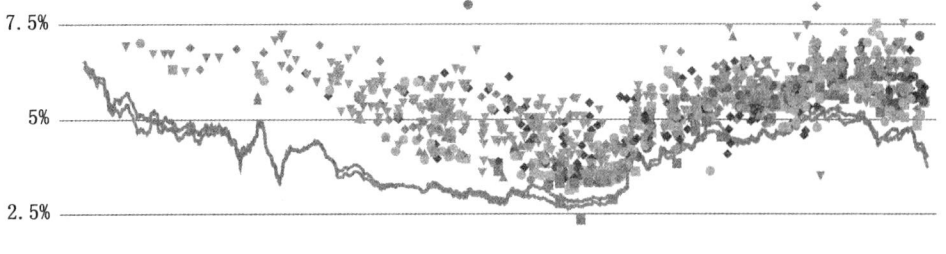

数据来源:依据中国资产证券化分析网 www.cn-abs.com 数据整理。

图 1-15 交易所 AAA 级公司债与同级资产支持证券的收益率比较

表 1-8 票据资产证券化产品的基础资产所对应的票据笔数

产品全称	产品简称	票据笔数
德邦证券浙商银行池融1号资产支持专项计划	池融1号2017—1	4
博时资本—浦发银行尚通1号资产支持专项计划	尚通1号2017—1	3
博时资本—平安银行橙鑫橙e1号资产支持专项计划	橙鑫橙e1号2016—1	3
交银施罗德—苏州银行票据收益权资产支持专项计划	苏银1号2017—1	20
华泰资管—江苏银行融元3号资产支持专项计划	融元3号2016—1	15
华泰资管—江苏银行融元1号资产支持专项计划	融元1号2016—1	14

再深入看下分散程度,以融元1号2016—1的14笔为例,其票面金额最高的五名出票人集中度达到了61.59%[①],最高票面金额为9 800万元。

图1-16展示了融元1号2016—1(共14笔,14个出票人,14个持票人)票据资产在不同省份、行业和金额的分布情况,从省份和金额来看,集中度都比较高,作为对

---

① 前五名票面金额之和除以总金额。

比，图 1-17 展示了同样是以收益权作为基础资产进行资产证券化的融资租赁资产证券化——2016 年远东三期资产支持专项计划的资产池分布(共 126 笔，107 个承租人)。

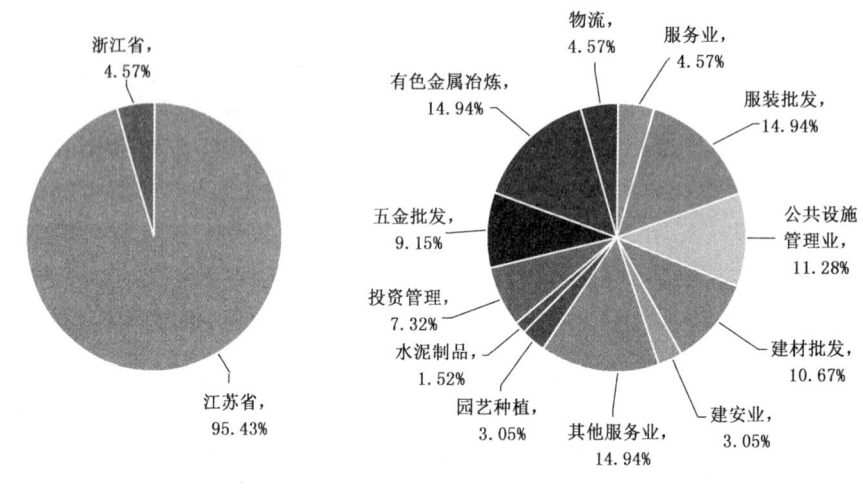

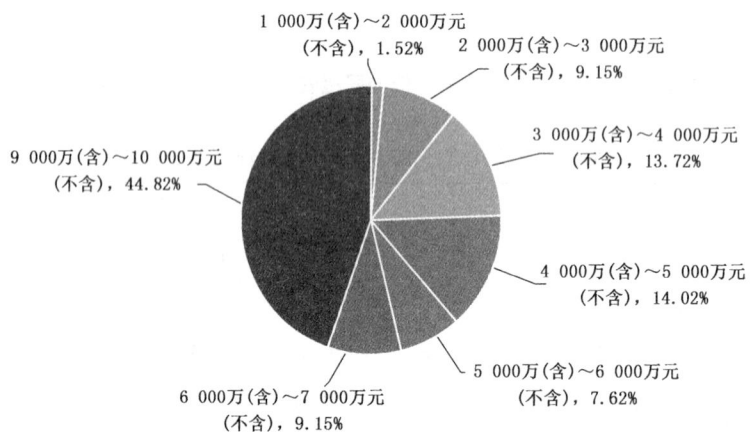

图 1-16　融元 1 号资产池分布情况

对比容易发现融元 1 号 2016－1 资产分布还是太集中了，此外，尽管从行业分布来看融元 1 号 2016－1 基础资产分布还比较分散，但仔细研究会发现，这只是因为把行业分太细，很多票据出票人都是属于建安行业。而过度集中的资产池会导致大数定理的不适用，最终会导致对资产池现金流瀑布的估计存在巨大的偏误，进而影响对产品的信用评估和风险定价。

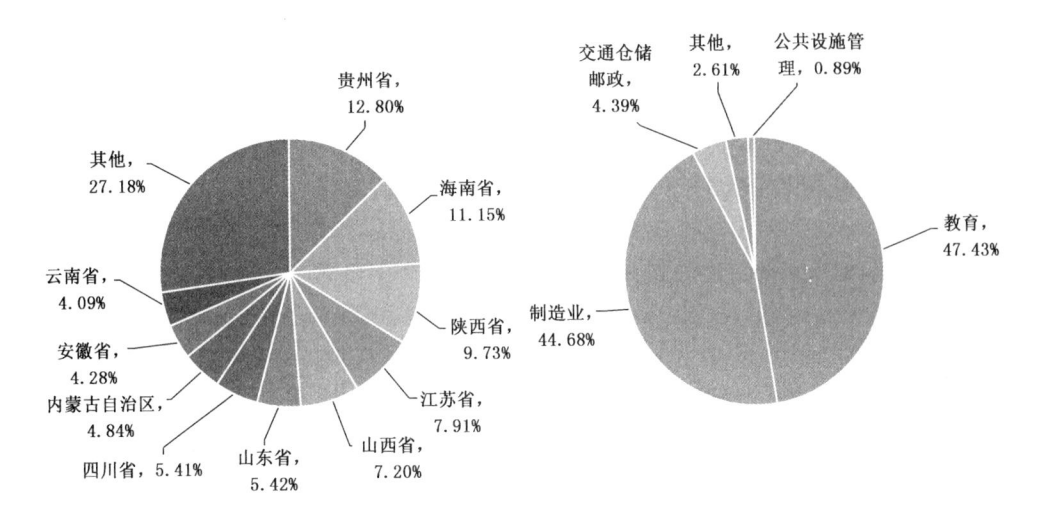

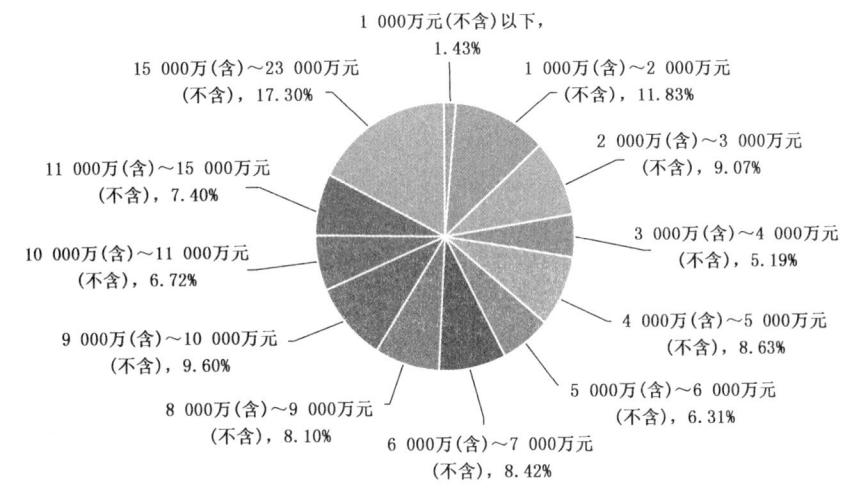

图 1-17　2016 年远东三期资产支持专项计划的资产池分布情况

四、结论和政策建议

通过前面的分析我们发现,不可否认票据资产证券化为企业资产证券化带来了新的思路,扩展和丰富了资产证券化的基础资产类型。但从当前我国现阶段资产证券化业务的现实环境和票据资产证券化的结果来看,如果是为了将票据资产从非标转标,那么票据资产证券化是一个失败的尝试,当前的票据资产证券化是一种"伪资产证券化",从流动性来看,甚至可以认定为是"反资产证券化"。主要表现为以下几点。

(1)票据资产证券化所基于的基础资产——票据收益权,其破产隔离存在法律障碍,导致破产隔离无效。(2)以银票和通过商票保贴、商票保证或者商票保函的形式由金融机构提供增信的商票为基础资产的票据支持证券化构成了金融机构的实质性刚性兑付,违反了《资管新规》关于禁止刚性兑付的规定。(3)票据资产证券化不仅没能改善资产的流动性还降低了收益率。(4)票据资产证券化的入池资产的分散程度还太低。

　　对此,本文的结论和建议是:(1)融资性票据的放开和资产支持证券市场的流动性是票据进行资产证券化的前提。(2)条件具备后,商票资产证券化应该是未来的一个重要品种,商票资产证券化的重要基础设施在于形成有效的定价中枢。(3)票交所的建立有利于票据信息的集中,从而形成市场化的定价中枢,提升票据资产及其衍生产品的流动性。本文的研究结论对于指导票据实务发展以及相关监管机构对票据资产证券化业务进行合理监管和规范具有重要的现实意义。

参考文献

[1]华泰资产管理有限公司. 华泰资管—江苏银行融元1号资产支持专项计划说明书[OL]. 2016.

[2]林华,许余洁. 中国资产证券化操作手册(第二版)[M]. 北京:中信出版社,2016.

[3]全国人民代表大会常务委员会. 中华人民共和国票据法[EB/OL]. 2004,http://www.gov.cn/banshi/2005-07/11/content_13699.htm.

[4]涂晟. 案例5:华泰资管—江苏银行融元1号资产支持专项计划案例述评[J]. 金融法苑,2017,(02):173-179.

[5]王红霞,曾一村,付萱. 票交所时代票据产品与业务的创新和发展设想[J]. 上海金融,2018,(10):79-84.

[6]王健. JS银行融元系列票据资产证券化管理策略研究[D]. 2018.

[7]肖小和. 发展高质量票据市场与服务实体经济研究[J]. 金融与经济,2018a,(06):4-10.

[8]肖小和. 中国票据市场四十周年回顾与展望[J]. 金融与经济,2018b,(11):73-79.

[9]兴业证券资产管理有限公司. 2016远东三期资产支持专项计划说明书[OL]. 2016.

[10]中国人民银行,中国银行保险监督管理委员会,中国证券监督管理委员会,国家外汇管理局. 关于规范金融机构资产管理业务的指导意见(银发〔2018〕106号)[EB/OL]. 2018,http://www.pbc.gov.cn/goutongjiaoliu/113456/113469/3529600/index.html.

[11]中国银行业监督管理委员会. 关于规范商业银行理财业务投资运作有关问题的通知(银监发〔2013〕8号)[EB/OL]. 2013,http://www.cbrc.gov.cn/govView_2B22741AFBC446CF890636DACAB71166.html.

票据业务或将成为商业银行布局小微企业的最好选择

秦书卷[①]

关于小微企业,几年前大家就很关注了,至2018年二季度几乎成了热点,高层各项红利政策纷纷出台,在地方和微观层面逐步落地。小微企业为什么会得到持续关注并成为近期热点?商业银行为什么对小微企业又恨又爱?商业银行如何把握度找到好的切入点开展小微企业金融服务?这些应该是众多商业银行需要思考的问题。

一、小微企业的作用与困境

(一)国家为什么要发展小微企业

小微企业是一个企业规模形态的概念,是一个相对于大型企业和中型企业来说生产、经营规模较小的企业,是一个相对的概念。国务院总理李克强曾多次强调,"从当前来看,小微企业是就业巨大的容纳器,事关中国经济的活力与繁荣;而从长远看,通过支持小微企业发展,鼓励大众创业、万众创新,对推动中国经济转型升级具有重要意义"。中国人民银行行长易纲2018年6月在陆家嘴论坛上表示,"小微企业在经济发展中起着非常重要的作用,从国际上看,美国、德国、日本的中小企业对经济发展的贡献大约是50%左右,对就业的贡献是60%~70%左右;从我国的实践看,我们有2 000多万的小微企业法人,此外还有6 000多万的个体工商户,这些小微企业占了市场主体的90%以上,贡献了全国80%的就业、70%左右的专利发明权、60%以上的GDP和50%以上的税收"。一般来说小微企业对经济社会发展的作用主要表现在两方面,一是缓解就业压力保持社会稳定的基础力量;二是深化改革、企业创新的主要推动力量。因此小微企业对一国整体的贡献是很大的,国家大力支持小微企业发展是可以理解的,但总体经营环境目前还有很多问题需解决。

(二)国家支持小微企业的"政策雨"

国家支持小微的意愿并不是这两年才有的,从国务院到职能部门都推出了多项扶持小微企业发展的政策,近几年仅金融口径就有一系列的政策发布,像雨点一样密集。

---

① 秦书卷,九江银行票据中心负责人。

2013年8月,《国务院办公厅关于金融支持小微企业发展的实施意见》(国发〔2013〕87号)发布,要求各地区、各有关部门和各金融机构要进一步提高对小微企业金融服务重要性的认识,明确分工、落实责任、形成合力,真正帮助小微企业解决现实难题。银监会要牵头组织实施督促检查工作,确保各项政策措施落实到位。同年9月《中国银监会关于进一步做好小微企业金融服务工作的指导意见》(银监发〔2013〕37号)发布,就进一步推进银行业小微企业金融服务工作对银行机构提出相关"两个不低于"意见。

2015年3月,银监会发布《关于2015年小微企业金融服务工作的指导意见》(银监发〔2015〕8号,以下简称《意见》),要求有关各方密切配合,形成合力,确保促进小微企业金融服务的各项政策措施落地见效。《意见》将2015年银行业小微企业金融服务工作目标由以往单纯侧重贷款增速和增量的"两个不低于"调整为"三个不低于",从增速、户数、申贷获得率三个维度更加全面地考查小微企业贷款增长情况。

2017年9月,《中国人民银行关于对普惠金融实施定向降准的通知》(银发〔2017〕222号)发布,把定向降准的范围由小微和涉农调整为普惠金融贷款,即单户授信在500万元以下的贷款。

2018年3月,银监会印发了《中国银监会办公厅关于2018年推动银行业小微企业金融服务高质量发展的通知》(银监办发〔2018〕29号)。在继续监测"三个不低于"、确保小微企业信贷总量稳步扩大的基础上,重点针对单户授信1 000万元以下(含)的小微企业贷款,提出"两增两控"的新目标,"两增"即单户授信总额1 000万元以下(含)小微企业贷款同比增速不低于各项贷款同比增速,贷款户数不低于上年同期水平,"两控"即合理控制小微企业贷款资产质量水平和贷款综合成本。

2018年6月,国家连续出台政策"拯救小微企业"的行动,央行宣布定向降准,释放小微信贷资金约2 000亿元;同月下旬,央行、银保监会、证监会、发改委、财政部联合印发《关于进一步深化小微企业金融服务的意见》(银发〔2018〕162号),提出一是增加支小支农再贷款和再贴现额度共1 500亿元,下调支小再贷款利率0.5个百分点。二是完善小微企业金融债券发行管理,支持银行业金融机构发行小微企业贷款资产支持证券,盘活信贷资源1 000亿元以上。三是将单户授信500万元及以下的小微企业贷款纳入中期借贷便利(MLF)的合格抵押品范围。改进宏观审慎评估体系,增加小微企业贷款考核权重。

2018年7月17日,"疏通货币政策传导机制,做好民营企业和小微企业融资服务"座谈会召开,会上提出大中型银行要充分发挥"头雁"效应,加大信贷投放力度,合理确定普惠型小微贷款价格,带动银行业金融机构小微企业实际贷款利率明显下降。

上述政策种种,在落地上嵌入了对法人机构高管的窗口指导、约谈和警告,以及各种考核等行政手段,可以说"逼婚"意图明显,逼的是商业银行和小微企业之间的联姻。除此之外,其他财政、税务、工商等职能部门都有扶持小微企业经营的多项系列

(三)小微企业自身的劣根性与其困境

这里有一个问题,为什么小微企业作用这么大,国家给了这么多"糖",金融机构和商业银行却不喜欢小微企业、并不买账呢?曾经很多地区和金融机构都尝试突破,尤其是在江浙地区多年前金融机构就突破传统做法,当时确实相应解决了小微企业融资难的问题,取得了一定成效。但现在看来,在经济波动和下行后,小微企业的坏账问题严重,且处理的社会成本相当高。究其原因,一是因为小微企业自身具有劣根性、历史银行不良率高。二是商业银行逐利性,好大求功,无意"露沾"小微。

自身劣根性强,主要表现在一是这些小微企业规模小,信息滞后,技术水平相对较低,产品开发能力弱,抗风险能力较差。二是小微企业管理基础相对薄弱,管理经验缺乏,管理水平较低,短时决策和行为多,特别是在公司内部管理中,会计制度落后。三是相比于大中型企业,一些小微企业缺乏信用观念,财务制度不完善,缺乏完整的信用记录,对融资信用的重视程度不够,频频出现拖欠贷款的现象,甚至出现坏账或逃废债,信用状况较差。四是小微企业难以真正做到企业产权清晰、权责明确、内控体系完善等。五是他们人力资源匮乏,缺乏核心竞争力。

从历史数据来看,金融机构与小微企业间存在严重的信息不对称,导致逆向选择和道德风险、信贷风险较高;多数小微企业财务状况的透明度不高,使得金融机构和投资者无从正确地判断小微企业的经营状况和财务风险,以及小微企业都缺乏有质量的资产,只有交易合同和应收应付关系。相关历史数据显示,金融机构小微企业贷款不良率为2.75%,比大型企业高1.7个百分点,单户授信500万元以下贷款不良率更高,金融机构获得的收益较难完全覆盖风险。另一组统计数据显示,绝大多数小微企业集中在制造、批发和零售行业,根据相关财报数据,某大型国有银行制造业贷款不良率为4.80%,批发和零售贷款不良率为9.75%,高居所有行业前两位;某股份制银行制造、批发和零售行业加起来不良率占比高达40.57%。

因此,从逐利和风险管理上看,商业银行是不愿意开展小微企业金融业务的。但从目前外部压力和政策红利诱惑角度来看,不得不做或不做可惜。因此商业银行和小微企业的爱情火花怎么擦出,是现阶段商业银行的一个有意思的经营看点。

二、票据业务服务实体的天然优势

很显然,票据其源头上是企业签发,连接着实体经济,另一边又通过货币市场连接着亿万资金,票据业务兼具传统与创新为一身。票据业务与企业端联系紧密的主要是承兑、商票保贴、票据质押融资、票据贴现和票据池等。票据业务与银行传统融资产品比,有其独有的特点和优势。

(一)票据具有支付结算、融资、信用等功能

在我国经济活动中,票据的应用已相当成熟,既可以在商业贸易中像现金一样可

以用作付款,又可以用它来抵充企业间债务、进行业务结算,还可以基于承兑人的信用开立并流转增加债务人的信用,持票企业和银行可以通过贴现、转贴现、回购及再贴现融入资金,最后投资人可以向企业、银行或其他金融机构买入票据或票据衍生品作为短期投资。有这么多功能丰富的产品,空拍也只有票据独得。

(二)票据业务企业进入门槛低,便利性好,成本低,高流动性强,见效快

企业进入票据市场门槛低,中小企业都可以参与,同时企业在票据市场上的融资成本更低,一般银行承兑汇票贴现利率低于同期限贷款利率水平,企业如通过自己信用开立或他人信用开立商业汇票,并直接背书的方式支付应付账款,则融资成本更低。票据本身是源于贸易的,加之票据法赋予票据的背书法律效力,票据市场经过近四十年的发展,已形成了一个成熟的交易环境,不仅企业间流转没有阻力,银行间交易市场也已经是相当成熟,通过发展以真实商品交易为背景的票据业务,可以促进资金向实体经济特别是中小企业流通,增加企业活力,从而活跃商品市场交易。

(三)电子票据的大发展必然提升应收应付信用的流动

票据起始于纸票,直至2016年纸票还在各领域被使用,在此之前的近10年可以被看作是纸票发展的黄金时代。近年来,电子商业汇票表现出了强劲的发展态势,始终保持了快速增长,尤其是2016年9月7日央行《关于规范和促进电子商业汇票业务发展的通知》的发布,无疑加速了票据电子化。票据电子化程度的大幅提升,将会强化企业间应收账款的流动,信用充分流转将迎来更好的外部环境。

(四)上海票交所的成立将间接提升企业签发票据意愿

2016年12月8日,上海票据交易所正式开业运营,全国统一的票据交易平台正式建立,标志着全国统一、信息透明、以电子化方式进行业务处理的现代票据市场框架初步建立。上海票交所的成立打破原有票据场外交易市场(OTC)交易模式,对未来票据交易带来无限想象,一是电子化交易取代纸质票据线下流转。二是线上统一交易模式取代线下分散交易模式。三是票据交易主体由单一性转为多元化。四是交易信息分散化转为集中透明化。二级市场的充分繁荣必然拉动一级市场票据签发和贴现的意愿,企业融资票据化,银行贷款票据化将是必然趋势。

一方面小微企业经营管理弱、应收应付多,缺乏必要的财务信息和信用,资金需求"短、频、急",而票据业务的优势高度击中这些痛点;另一方面票据的信用风险小,主要是银行、财务公司和大型企业的信用,能有效遏制商业银行的不良率的增高。因此票据业务是商业银行快速布局小微企业的最好抓手和最好选择。

三、商业银行如何利用票据业务布局小微企业

小微企业多分布在供应链的末端,除了订单、合同或应收账款,绝大多数别无所有,因此商业银行用传统的融资产品很难切入小微企业。随着上海票据交易所建设的稳步推动和电票的大发展,票据将在供应链的应用上迎来一波浪潮,供应链上的核

心企业和主要企业开票支付与融资变得更加便利、高效,这些信用和应收应付款一定会传导至末端的小微企业。服务好这些有应收应付关系的末端小微企业,是近阶段商业银行快速布局小微企业的最好选择,因此票据业务成为最重要工具。如何落地,笔者认为商业银行应重点抓好以下几个方面。

在当前全民都在谈服务小微企业的氛围中,在各项诱人的政策红利下,商业银行无论是从讲政治还是讲现实,都可以考虑成立专门的小微企业贴现中心或团队。票据业务既传统又具创新属性,从管理、市场营销、定价、流转和合规等都需专业能力强的人员才能担任,业务需要专门部门推动,因此只有成立专门部门才能在目前状况下快速推动该项工作。目前已有部分区域的商业银行成立了专门推动小微企业贴现部门,取得了不错的成效。

目前国内商业银行票据业务经营基本上是割裂的,承兑、质押、贴现、转贴现和再贴现业务多分布在不同部门办理,面向客户产品整合显得异常艰难,有必要统筹全产品链经营。一是横向上不但要经营银票,还要统筹推动商票、财票的全面经营,因小微企业经营中处于弱势,对商票和财票的被动接受是普遍现象,盘好小微企业手中的该部分资产将是一个重要方向。二是纵向上不但要直贴、转贴并重,还要统筹承兑、贴现前质押、票据资产投资等业务,让小微企业更好融资、相关资产更好流动起来,以达到银企双赢。

绝大多数小微企业主要是供应链的相对末端,在供应链条上处于绝对的弱势,但这类客户中有一大部分会被动收到链条上强势企业的票据,且金额比较小,承兑人信用比较差,当小微企业资金流动性紧张时,这些票据不易质押和变现。商业银行一是考虑成本不愿贴入这些小金额票据,二是因承兑人授信缺乏无法买入或质押。但从整体风险来看,这些基于核心企业的具有真实交易关系背景的信用流转、风险还是很小的,因此专门想经营小微企业金融服务的商业银行,可扫清授信障碍,做广核心企业和主要企业的授信名单,再联合供应链上核心企业和主要企业的力量,一起做好末端小微企业的票据融资营销,如此必然会打开一片天空。

票据业务全产品链经营在商业银行已形成共识,小微企业签发或获得的票据多数为信用相对较差的,且按照目前各项政策要求对小微企业的融资成本必须要控制在较低的水平才能享受政策红利,因此这类票据对银行来说是流动性差、价格较低的资产,商业银行必须强化后端的转贴现能力,通过强有力的运作能力,既指导前端小微企业贴现价格保持其一定的竞争力,又保持此类票据资产一定的流动水平,同时还要确保一定的收益能力。当前央行对再贴现资源的倾斜是超乎历史上任何时期,各地人民银行对再贷款、再贴现的标准和想法不一致,因此商业银行应加强与当地人民银行的沟通,从量和质上保证该项政策能惠及到真正有需求的小微企业。

坚持票据融资业务　服务实体经济
——工商银行江西省分行健全完善票据融资机制

张　毅[①]　肖淑华[②]　肖小伟[③]

伴随着经济和金融改革的不断深化,市场和监管对票据业务的关注程度已显著提升,尤其这几年,票据市场体系、经营模式、交易方式、产品创新等快速变化和发展,市场参与主体不断扩大。我行强化机制完善,积极顺应市场,夯实服务基础,支持地方实体经济发展。

一、票据融资业务服务实体经济的意义和作用

(一)票据融资业务服务实体经济的意义

实体经济是我国国民经济重要组成部分,经济决定金融,金融促进经济。票据融资是银行一款传统产品,也是服务实体经济融资最基础、最传统工具。票据业务需要回归本源,定位于服务实体经济,支持企业发展,有效解决中小企业融资难和贵,促进经济发展。票据的融资功能有助于促进融资便利化,降低实体经济成本,提高资源合理利用,其活力在企业融资渠道中被发挥的淋漓尽致,深受企业认可。我行坚持票据融资业务服务实体经济,体现了大行的责任和担当。

(二)票据融资业务服务实体经济的作用

一是发展承兑业务为实体经济支付结算提供便利。票据本身作为一种支付结算工具,特别是经银行承兑后的票据具有信用增级、延期支付和背书转让等优势,成功满足了供销企业间的短期资金支付需求。发展票据承兑业务,既可以加快市场上的资金周转和商品流通,又可有效促进企业之间的贸易往来。

二是发展贴现业务为实体经济提供便捷融资渠道和低成本资金。相对于普通贷款,银行承兑汇票贴现具有低风险业务特征,银行办理业务流程短、环节少、时间快、所需业务资料少、审批通过率高等便捷性,可以帮助企业通过票据贴现来快速实现短期融资的需要。由于票据贴现利率一般低于同期贷款费率,也在一定程度上降低了

---

① 张毅,工商银行江西省分行副行长。
② 肖淑华,工商银行江西省分行三级经理。
③ 肖小伟,工商银行江西省分行高级经理。

企业融资成本。

三是优化银企关系,实现银企双赢。采用商业汇票融资,一方面可以方便企业的融资渠道;另一方面商业银行可通过办理票据承兑业务收取手续费,还可以将贴现票据在同业之间进行转贴现,以调节资金余缺和信贷结构,同时还分散了商业银行风险,获取了较大的收益。将贴现票据向中央银行申请再贴现,也是支持小微、三农等政策扶持企业发展的有力措施。

二、健全票据融资业务服务实体经济机制

(一)健全票据融资管理机制是服务实体经济的基础

1. 票据经营机构融资业务的管理机制

(1)建立经营机构准入制。制定了《票据融资业务管理办法》,实行"全行营销、集中办理"的经营模式,实施票据经营机构准入制。票据经营机构的准入,从管理制度、人员配备、岗位设置、硬件场地等多方面都有严格要求,未达标则一律不予准入。

(2)建立经营机构审核制。制定了《票据融资业务经营机构管理办法》,对已设立的票据经营机构,实行一年一审。对审核不达标的票据经营机构,下达限期整改要求,或暂停业务办理,或取消其经办资格。

(3)建立经营机构业务停牌制。根据《票据融资业务经营机构管理办法》,对风险管理不达标、管理不到位的票据经营机构实施停牌处罚。有效促进经营机构管理、经营水平提高,增强风险防范意识。

(4)省行对下级行经营机构业务实现分片管理指导制。省行票据管理者的工作人员分别对接辖内11个票据经营机构,担当各行的业务督导和主联系人,不定期下基层调研、指导。

2. 票据融资业务质量管理机制

(1)建立票据业务审验基本标准。制定票据业务审验标准,如《存管票据质量分类标准》,规范全行票据审验工作。

(2)建立票据业务质量通报制。不定期地对移存检测或突击查库的票据质量情况进行通报,对瑕疵率超过年初控制目标的分行进行点名通报,并采取系统刚控、业务暂停等处罚措施。

(3)建立票据融资业务移存检测制度。为加强票据业务风险管理,及早发现风险隐患,省行建立了不定期的票据移存检测制度,同时设立两个辖内存管中心,方便各行就近办理票据存管,提高存管效果,降低存量风险。

3. 票据融资业务交易规则机制

为加快我行票据融资业务转型发展,做优、做活我行票据融资业务,规范、优化全行票据融资业务交易行为,防范票据业务利率风险和操作风险,努力提高我行票据业务收益率和贡献度,建立了安全、规范、高效的票据交易规则和机制。

(1)交易原则:全行票据转贴现交易遵循"统一管理、统一调度、统一交易、防范风险、提高收益"。

(2)运作模式:全省票据转贴现实行统一交易管理,实行指令性集中交易为主,非指令性自主交易为辅的交易方式。省行"票据团队"负责辖内票据进出口交易调度,负责联系确定票据交易对手,负责交易统一定价。省行辖内票据存管中心根据省行的指令办理需集中辖内票据统一对外交易的相关转贴现交易操作。各二级分行负责将持有的票据按省行指令将需卖出的票据向存管中心集中。对于个别行临时性的票据转出需求,也可由其自主直接与交易对手交易。

(3)交易方式:票据交易遵循效益最大化原则,一是买入当月票或代票。二是通过高进低出、低出高进寻求利差空间。三是通过低价票换高价票、短票换长票、纸票换电票优化库存结构。四是通过快进快出、双买交易和流量贴现拓展规模空间。

4. 票据融资业务操作流程机制

(1)制度优先,合规操作。按照"制度先行于业务,程序先行于操作"的要求,制定了一系列票据融资业务管理办法。如《票据买入返售业务集中推荐暂行方案》《江西分行票据存管业务管理暂行办法》。

(2)创新操作,优化流程。为适应市场和业务发展需求,以提高效率、风险防范为宗旨,不断创新、完善业务操作流程。不仅优化了业务流程,减少了环节,提高了效率。同时还控制了操作风险,提高了业务合规水平。

5. 票据融资业务从业队伍管理机制

(1)建立票据从业人员培训制度。采取现场和非现场业务培训制度。现场培训以集中学习、座谈会、分析会、调研会等相结合方式进行,内容涵盖风险管理、验票技巧、税务知识、营销技巧、宏观政策和管理制度等多方面的内容。非现场培训主要以网络学习、文件、通知等形式非集中学习,主要以新政策、制度、管理办法、案件通报等为内容,无固定时间、不统一地点,贯穿日常工作中。

(2)建立票据从业人员上岗考试制度。要求每位票据融资业务从业人员均应通过总行组织的财会资金序列、营销序列或省行组织的票据业务从业资格考试,取得上岗资格。省行实行一年一次的票据从业资格考试制度,除最近新进的从业人员外,其余票据从业人员均具备了票据业务上岗资格。

(3)建立票据融资业务知识竞赛制度。为提高票据从业人员的业务技能和知识水平,创建了一支学习型从业队伍,省行票据中心建立了票据融资业务知识竞赛制度,定期举行全行票据融资业务知识和技能竞赛。

6. 票据融资业务分析调研机制

一方面是建立不定期市场走势分析,把握市场动态和价格行情。积极向客户经理传导票据市场走势和利率变动,指导基层行票据经营。另一方面是定期对专项业务分析,总结阶段性经营管理成果。每年开展票据征文活动,打开创新、开拓视野,丰富、凝聚员工智慧。

(二)健全票据融资创新机制是服务实体经济的根本

票据市场是我国金融市场的重要组成部分,它与实体经济紧密相连,对拓宽企业融资渠道、促进江西经济发展发挥了积极作用。

1. 市场发展呈现新趋势

供给侧结构性改革助推票据融资业务发展,票据融资服务实体经济重要性日益显现。近5年,我行票据业务累计交易额达到8 192亿元。年度票据资产日均余额最高达203.78亿元,最低为26亿元,在各项贷款中阶段性占比升至11%,票据融资在信贷规模中的占比持续上升。票据资产于批发和零售业上投放了524.91亿元,占比49.79%,制造业447.36亿元,占比42.44%,其中:小微企业448.35亿元,占比42.53%。在央行支持下,再贴现累计办理124.5亿元,有效满足小微企业资金需求。电子票据发展速度迅猛,电子票据贴现占比逐年提高,2017年占比达到89.8%,比5年前提高85.3个百分点。票据市场加权利率水平总体持续维持在4.4%左右波动,前年最低达到2.7%多。这些得益于我行票据组织机构完备、经策略策接地气、产品条线丰富,并且降低了企业财务成本,优化了企业负债结构,拓宽了企业融资渠道,有效地支持江西实体经济发展。主要通过以下三个维度顺应市场发展。

组织机构上:我行票据组织机构以省行为一级中心,11个二级票据中心为辅的经营模式;下一步,还将建立三级票据中心,辐射全省。我们打造了一支经验丰富、特别能战斗、专业高素质的团队,实行"全行营销,集中办理"经营模式,有足够的信心和担当服务好全省实体经济企业,每年能支持服务企业客户数近千户。

经营策略上:一是对核心客户、重点客户,实行额度、价格、效率等方面的"绿色通道",建立专门的跟踪服务机制,支持客户的票据贴现融资需求。二是对小微企业贴现实行优惠扶持政策,在规模、利率、资金配置等多方面实行倾斜政策。三是充分运用流量业务政策,创造条件支持实体企业票据贴现需求。四是运用好人民银行票据再贴现政策,积极办理小微企业、支农企业和绿色企业等票据再贴现业务。

产品条线上:我行产品架构基本形成以票据产品链为突破口,以承兑、贴现、转贴和再贴各环节为切入点,以信贷属性(承兑、直贴、质押)、资金属性(转贴、再贴)为产品线,再辅以所有点、线和各环节以及关联衍生、增值、创新为产品链的票据业务整体发展体系。因此,我行的票据业务在服务实体经济、促进创新转型上仍然存在较大的空间与潜力。

2. 创新发展出现新特点

进入21世纪,我国票据市场一直保持快速发展势头,重要原因之一是市场保持创新活力。主要体现在以下两个方面。

票据市场创新方面:一是"互联网+"票据业务快速发展,提高了市场的流动性。二是票据融资嵌入供应链金融投资、票据资管、同业投资和"票据池"业务并快速发展,对银行盘活票据市场存量资产、化解票据资产风险、实现票据业务经营转型和可持续发展发挥重要作用。三是票据买断式回购业务发展,提升市场资金调剂灵活性。

票据市场交易方面:一是以纸票为主的市场向以电票为主的市场过渡,票据电子化有效降低票据交易风险,提升了交易效率。二是以场外交易为主的市场向场内交易过渡,提高信息透明度,规范统一票据市场交易,也为票据市场新一轮繁荣发展聚集能量。三是由分散交易向集中交易过渡,集中交易可以充分挖掘票据要素的差异化价值,如承兑行、贴现行、期限、金额等,提升票据交易能力、交易效率和盈利水平。

3. 未来发展面临重大变革

票交所的建立在交易体系、流程、方式等方面对商业银行票据业务经营产生显著影响,交易效率将明显提高。因交易信息的公开透明,有效促进票据价格的深度发现与资金需求的快速反映及票据市场的规范运行,降低市场操作风险和交易成本,促进票据市场运行机制和产品创新体系建设。与此同时,票交所的建立也将改变商业银行现有的票据业务运作模式,对票据市场进行体系重构,对目前的交易模式产生颠覆性影响。未来票据发展,将更多从全生命周期产业链出发,而不是单一通过发展某一个环节来达到繁荣市场、服务经济的目的,越来越多的参与机构将从上下游产业链出发形成服务实体经济的战略。

4. 我行票据体系改革新方向

为更好地应对票交所时代的新挑战、新机遇,实现合作共赢,更好地服务于实体经济发展,我行对全行票据业务管理体系进行了重要改革,改革后,形成了全行票据业务产品线,明确了各机构的职能分工,理顺了产品线运营机制。我行的票据业务管理体系改革,激发全行票据业务经营活力,强化了总行和分行间的分工协作,强化了经营推动、市场拓展、创新推广、风险防控和队伍建设,坚持创新发展和协同发展"双轮驱动",通过做强贴现业务、做大交易体量、做足资金业务、做优创新业务,促进全行票据业务的全面、可持续发展。我行的票据业务管理改革,拓宽了客户服务维度、扩大了合作伙伴空间、激活了员工活力。

(三)健全票据融资风控机制是服务实体经济的保障

近年来,票据市场风险事件频发,严峻的风险形势,引起了监管层的高度重视,也向票据业界敲响了警钟。银行承兑汇票票据融资业务本来是一项低风险业务,但如果存在道德风险、违规操作,也会发生重大风险事件。对于票据融资业务我行始终坚持审慎经营、规范操作、严防风险的原则,健全票据融资风控机制,保障票据融资服务实体经济。

1. 建立全面风险管理理念

加强从业人员职业道德、风险意识教育和业务知识、业务技能培训,增强依法合规经营意识,提高各类风险的识别与防控能力。真正树立起"监管红线不能触碰,风险底线不能逾越"的经营理念,筑牢抵御风险的防线。我行一贯秉承稳健合规经营念,对兼具低信用、高操作风险特点的票据业务,坚持业务发展和风险防范两手抓,不盲目追求发展速度和规模扩张。从机构专营、客户准入、授权授信、制度规范、系统控制等多方位、全流程开展业务和全面风险管理、审慎经营,确保票据业务的合规可持续发展。

2. 完善风险管理架构

我行不断打造完善的内部风险管理架构,持续提升内部经营管理水平。一是通过制度建设工程搭建起我行制度管理框架,如陆续出台有关风险报告制度、风险评价管理制度,完善操作流程,为我行票据业务经营管理提供了有效的制度保障。二是强化票据风险集约化经营管理,建立从票据风险识别、提示、预警到风险监测、分析、评价、化解等全面风险管理框架,实现对票据业务全面风险管理。三是加强分析和研究,做好风险和控制自评估、情景分析等工作,努力提升操作风险量化管理水平。四是定期和不定期召开票据通报会、座谈会和分析会,深刻揭示各阶段、各环节我行业务管理中存在的问题和矛盾,研究切实可行的风险应对措施和管理办法。

3. 健全风险管理制度

控制票据业务风险,首先要有完善的风控制度。近年来,我行严格执行监管要求,加强票据业务风险管理,工行总行先后出台《中国工商银行票据融资管理规定》《中国工商银行票据资产质量分类管理办法》《中国工商银行票据贴现业务监督管理办法》《关于明确电子商业汇票贴现和转贴现业务相关要求的通知》和《关于明确办理纸质商业汇票贴现和交易业务有关要求的通知》等多个规范性文件、通知。

4. 加强票据业务检查

每年开展了全省票据经营机构年审和票据融资业务检查,并将检查情况通报全省、报告总行。通过不打招呼、不定期地实地突击查库,加强票据实物的风险管理。在加强票据业务现场检查的同时,利用非现场系统监测手段,发现业务中的问题或异常现象,要求业务经办行核查整改。通过检查监测及时发现问题和风险隐患,并进行整改,有效防范各类风险的发生。近年来,先后组织了开展了"两个加强、两个遏制"回头看票据融资业务自查,"十大重点领域和关键环节"票据业务专项检查,"综合整治工作"票据业务专项自查等,并配合省银监局和总行现场检查,有效抑制个例风险发生。

5. 建立票据融资业务主审查人制度

为加强票据融资业务风险管理,在全行推行票据融资业务主审查人制度,由主审查人负责把关本行的票据融资业务风险,建立权责明确的风险官制度,实行省行和当地行双重管理,并有明确的考核、退出机制。

6. 建立票据融资风险信息收集和提示制度

通过监管部门、总行、票据网、同业 QQ 群、微信群等渠道,收集票据市场风险和票据案例,针对一些承兑行信用风险问题和持票人行业风险、信用风险及时向全行发送或转发风险提示。

7. 依法合规经营,营造绿色票据经营环境

工行在票据业务发展中一直坚持合规经营的价值取向,坚持审慎、规范、稳健的风险文化。以法规和监管制度作为发展票据业务的准绳,严格按照经营范围和权限发展业务,认真执行业务操作流程,切实防范经营风险,营造绿色票据经营环境,促进业务健康、持续发展。

8. 努力提升防范风险的水平和能力

近年来,票据市场风险事件频发,严峻的风险形势,对我行风险防范工作提出了更高的要求。下一步我行将持续完善票据业务规章制度,运用大数据平台,强化系统控制与监测功能,提升票据交易风险控制科学水平,把控实质性风险,严守风险底线,为推动业务经营向纵深发展奠定风险管基础。至今江西工行未发生任何票据贴现风险案件。

(四)建全票据融资同业合作机制是服务实体经济的活力

一是加强同业合作,努力实现金融机构合作共赢。我行始终重视并加强与同业合作并取得明显成效。近年来,伴随着票据市场的快速发展以及同业业务专营改革的深入推进,工行始终坚持"以客户为中心"的服务理念,主动适应经济发展新常态,不断加强国有银行、股份制银行、大中型城商行、地方性城商行、集团财务公司以及优质农村金融机构等客户与同业机构业务合作关系的全面深化,扩大了交易客户群体,丰富了同业客户类型,取得了良好的合作成果。我行票据业务在总量和结构上得到进一步优化,在业务发展和风险管控上得到进一步平衡,在法律基础和市场操作上得到进一步完善,在业务创新上和发展方向上得到进一步探索和把握。

正是得益于与同业机构在票据业务领域逐步建立起的广泛亲密、互利共赢的合作伙伴关系,撬动了工商银行票据交易量的大幅提升,带动了票据业务营收贡献的稳步增长。

二是依托江西票据专业委员会平台,维护行业自律,创造健康市场氛围,遵守票据市场自律管理条例。充分发挥专业研究与沟通议事作用,增进对票据市场热点问题的交流探讨,达成区域内、同业间票据业务合作的广泛共识,进一步推动票据融资规模和业务体量的扩容升级。

三是建立票据业务风险联防机制,审慎选择交易对手、结交值得信任的合作伙伴,呼吁倡议同业机构规范票据交易行为,坚守合规经营底线,不以市场习惯代替交易制度,不以业务信任代替流程规定,自觉抵制票据中介参与交易运作,为票据业务经营创造公平竞争的市场环境。

四是密切关注人民币国际化和利率市场化进程,紧跟票据市场一体化建设步伐,深化发挥票据在支付结算、融资流转等环节的特有优势和积极作用,以更紧密的同业机构合作、更多元的票据金融服务扶持江西企业,实现对小微企业精准支持以及重点

产业、重点企业的发展,为实体经济注入更多活力。

三、推进票据融资业务服务实体经济几点思考

"一带一路"正稳步推进,为我国金融行业发展带来新的发展机遇,但同时在我国经济发展新常态下,经济金融体制机制改革正不断推进,新环境、新政策、新变化都将给我国金融机构发展带来深远的影响。面对新形势,作为我国票据市场参与者,在当前票据市场新形势下,更需要我们票据业务参与主体群策群力、携手并进,共同探索坚持票据融资服务实体经济的新思路。

一是加快融资性票据和票据产业链研究及应用。当前,国外成熟的票据市场中,融资性票据得到广泛的应用,融资性票据也是我国未来票据市场发展趋势,如何有效推进融资性票据服务实体经济建设,需要我们加快融资性票据应用的研究。票据产业链市场正在逐渐形成,我们可以从区域入手,选择几家集团公司以及上下游供应链和产供销大企业,或围绕重点行业、产业、企业、产品,有计划、有步骤推动融资性票据在重点区域、重点行业、重点企业、重点产品上的应用,以点带面,为在江西省全面推广不断积累经验。

二是建议修改完善票据法律制度。电子票据的快速发展和票交所的运行,使票据融资业务的法律、政策和制度背景环境出现新变化。现行的《票据法》《支付结算办法》等法规不适应新的市场环境。必须构建更有利于电子票据交易、流转的电子商务法律和制度。强化票据的无因性,使票据的融资信用功能合法化,促进融资性票据业务规范健康发展,丰富票据交易品种,更好地服务实体经济。

三是票交所组建运行后,票据市场交易体系、流程、方式等方面也随之转变,对票据市场参与主体提出了新要求,我们要在经营方式、业务流程、产品创新和风险控制等方面适应票据所新时期的到来。利用票据所市场交易信息公开透明、交易效率高和交易规范安全的优势,深入研究票据所时代票据融资业务服务实体经济的新机制。

四是探索建立票据专业经纪公司。在服务实体经济发展过程中,随着票据业务及其增值服务不断创新,需要建立能提供专业服务的票据专业经纪公司,通过票据专业服务,提供包括票据业务经营、信息咨询、担保、鉴证、托收、保管、培训、顾问、代理、投资等不同的票据业务服务,进一步提高信息透明度、提升交易效率、降低交易成本、防范业务风险、繁荣票据业务,促进票据市场健康发展。

发展融资性银行承兑汇票
积极支持中小微及民营企业发展

肖小和　金　睿[①]

据相关统计显示,目前中小微企业资金缺口近 2 万亿美元,有资金缺口的中型、小型、微型企业占比分别达 30％、35％、40％以上。融资性银行承兑汇票可以帮助中小微企业和民营企业进行支付清算,缓和资金缺口的矛盾。融资性银票的兑付风险由承兑银行负责,承兑银行在为中小微企业和民营企业签发银票前要尽职调查,探索动产质押之路及发挥科技手段作用,并按照信贷审核要求严格落实风险控制措施。融资性银票不能投向信贷资金禁入的产业和领域。当前,在我国经济下行压力大、就业形势严峻、中小微企业和民营企业发展困难的关键时刻,放开融资性银行承兑汇票是适时适当之举,具有十分重要的历史意义。

一、银行承兑汇票的特点及作用

在日常经济活动中,银行承兑汇票的应用已相当普遍。其作用包括:一是支付结算,在企业跟上下游贸易往来中,票据跟现金一样可以用来付款。二是扩张信用,票据的签发承兑环节本身就是基于真实贸易背景而开立和流转的,由于汇票开立和实际兑付之间有时间差,扩张了申请开票企业的信用。三是融资便捷,持票企业可以向银行申请贴现快速回笼资金,票据作为一种高流动性的金融资产,持票的银行也可以通过跟金融同业之间转贴现、回购和再贴现融入资金。四是具有投资和交易功能,票据市场是货币市场的一个重要组成部分,投资者可以向企业、商业银行或其他机构买入票据或票据衍生品作为短期投资品,银行业金融和非银行业金融机构可在票交所交易买卖。五是便于调控,票据是商业银行调节信贷规模和资金头寸最灵活、最有力的工具,人民银行在特定历史时期也通过调整再贴现利率传导货币政策意图。银行承兑汇票信贷属性的发挥可以帮助企业解决融资问题和财务流动性问题,同时银行承兑汇票作为连接中央银行、商业银行和企业之间的桥梁,央行可以通过释放再贴现额度和调整再贴现利率迅速实现货币政策向实体经济传导。

---

① 金睿,江西财经大学九银票据研究院研究员。

二、融资性银行承兑汇票的意义

融资性票据是指票据持有人通过非贸易的方式取得商业汇票,票据的产生缺乏贸易背景,使该票据缺乏贸易性、自偿性,以实现支付清算或融资目的。融资性票据贴现后的资金往往被用于投资或偿债。融资性票据产生于出票环节,而不是转让环节;或者说产生于承兑环节,而不是贴现环节。

目前,在对真实贸易背景的审查方面,主动权在银行,监管当局要求银行在开票时要对贸易合同进行检查,并提供跟合同对应的增值税发票,贴现时也要求审查商品贸易合同和增值税发票,并从贸易合同、增值税发票和银行承兑汇票三者的日期和金额之间的对应关系来控制贸易背景的真实性。但事实上,由于现实贸易结算方式的复杂性和企业之间关联关系的隐秘性,所有这些形式要件即便在真实的情况下,也并不能完全证实一笔银行承兑汇票背后贸易背景的真实性。这样,监管当局对真实贸易背景的要求往往缺乏有效的监督控制措施。对于融资性票据的讨论重点,不再是承认不承认的问题,而是在商业汇票当中应该占多大比重的问题,是如何设计制度使得融资性票据能够良性发展的问题。

融资性银票可以为实体经济提供金融支持,对经济发展产生积极作用。

一是融资性银票的承兑签发能为实体经济提供支付便利,银票自带的远期付款承诺这种信用功能可以填平企业上下游之间支付和提货的时间差,可以有效解决民营中小微企业发展壮大过程中的资金不足问题,促进商品和服务的流通,有效地推动了企业间国内贸易往来。对于购货方而言,签发票据作为货款支付方式可以获得延期支付的益处,节约了财务成本;而销货方因为在未来某个时间点才能拿到货款,在商业谈判上可以以此为筹码减少买方要求的折扣率等优惠条件。

二是票据贴现能为实体经济特别是民营和中小微企业提供便捷的融资渠道和低成本的资金,减少了企业财务成本,有效扶持了企业做大做强。特别是融资性银票背靠银行信用,与普通的流动资金贷款相比其融资成本往往较低,且申请贴现流程简单,所需提供材料少,审批通过率高,获得资金周期短。尤其对于信用等级相对较低的中小民营企业而言,银行承兑汇票所具有的银行信用、贴现利率低和放款速度快等特点,提高了企业的财务灵活性和经营效率,对解决我国中小企业融资难、融资贵的问题发挥了独特的优势和作用。

三是从中观层面看,实体企业特别是民营中小微企业既无法直接在我国货币市场拆借资金解决临时流动性问题,又不满足在资本市场发行股票和债券融资的条件,而融资性银票的贴现和转贴现功能可以联通实体经济和货币市场,又可以通过银票证券化的方式联通实体经济和资本市场,融资性银票的跨界连接实体经济、货币市场和资本市场的功能可以有效解决货币市场难以直接服务实体经济的短板和资本市场无法服务多数民营中小微企业的不足。另外在《资管新规》的约束下,企业表外融资受限,表外融资有回归到商业银行资产负债表内的动力,而中小商业银行普遍面临贷款规模不足和资本金受限的问题,融资性银行承兑汇票可以解决这种金融市场结构调整时出现的信用供给不足问题,为实体经济软着陆提供缓冲的工具。

四是从宏观层面看,票据被经济参与主体接受和认可,可以减少央行对基础货币的投放量。企业之间多用票据结算,只在需要变现的时候去银行申请贴现,可以显著减少货币发行总量,减轻通货膨胀压力。习近平总书记近期作出了提高金融服务水平、推动金融高质量发展的指示,笔者认为扩展票据信用包括试点融资性银行承兑汇票比单纯发行货币更有利于实体经济实现内涵式增长。

统计数据显示票据承兑签发额、承兑余额和贴现发生额与GDP高度相关。2017年票据承兑签发总额占GDP的比重约为21.5%,票据贴现发生额占GDP比重约为76.1%,票据市场的发展有力地促进了我国经济增长。无论我国票据市场发展到哪个阶段,其根本目的是服务于我国实体经济的发展。从货币政策的传导机制角度看,我国票据市场是央行货币政策向实体经济传导效率最高的一个货币子市场,传导链条短、效率高。从人民币国际化的角度看,票据业务的发展可为跨境票据提供统一的、标准化的交易平台,并进一步推进人民币国际化战略的快速落地;从支持"一带一路"的角度看,对于"走出去"的中资企业,可继续考虑在"一带一路"沿线国家为其提供熟悉的票据结算与融资服务,实现国际间金融服务的无缝链接。

三、发展融资性银行承兑汇票的困惑

(一)融资性票据面临法律障碍

《票据法》第十条第一款规定:"票据的签发、取得和转让,应当遵循诚实信用的原则,具有真实的交易关系和债权债务关系"。由于我国票据制度过分注重票据基础关系,所以在实务运作上不具有无因性。司法实践中,常常会碰到基层法院裁定"票据的签发、取得、转让具有真实的交易关系和债权债务关系",是出票行为、票据权利转让行为有效的要件,而这显然违背了国际通行的票据法原理。从法理角度看,票据的无因性要求票据关系同票据的签发及取得的原因相分离,不能以票据基础关系对抗基于票据关系而产生的票据权利或义务,否则会极大阻碍票据的正常流通和转让。

(二)目前各大商业银行没有将票据贴现余额单独管理

票据贴现余额跟其他存量贷款共享信贷额度,共占信贷规模。在商业银行的日常经营中,票据业务仅是银行众多信贷产品中的一个较小分支,导致银行,尤其是国有大中型银行对票据业务的重视程度和资源投入力度往往不足,在月末、季末、年末等监管考核时点会大幅压降票据规模,而在实体经济下行信贷需求不足时也会增配票据资产。因此信贷的周期性和各家银行操作的同质性非常强,不仅不利于满足实体经济融资需求的稳定性,同时也加大了票据市场价格的波动性和不确定性,带来潜在的市场风险。从2016年起央行将现有的"差别准备金动态调整和合意贷款管理机制"升级为"宏观审慎评估体系(MPA)"后,这种考核广义信贷的规则,使得各大银行无法通过各种通道削减票据信贷规模,间接使得票据交易市场的活跃度和交易量出现了下滑。同时,票据的转贴现交易,是一手交钱一手交票的资金市场行为,不应被当成贷款来看待,转贴现交易的资金融出方发生额不应被纳入贷款规模的统计。

(三)商业银行配置票据资产时的风险资本计提不尽合理

目前票据转贴现业务风险计提是按照新资本管理办法:"由于票据是通过背书转让的,所有背书人都有被追索的可能性,因此其风险未完全转让,所以卖断票据后,卖断行还需计提与买入时相同的风险资产,即风险权重为20%或25%",导致交易的所有经手行累计计提的加权风险资产远远超过该笔资产本身的风险水平。

(四)国内尚无专业票据评级机构

当前对票据的信用评级主要依赖于商业银行内部信贷评级体系,对票据流通、企业短期盈利能力、偿债能力和流动性研究不足,第三方评级公司对票据市场的了解有限,未开发出相关的评级产品,导致票据市场出现以下问题:一是评级资源的重复与浪费。二是票据市场无法形成真正全生命周期的标准化的市场。三是影响了票据市场的量化定价。亟须组建专业为票据市场服务的专项评级机构,对票据承兑主体、贴现主体等参与方进行多层次、全方位、系统性、动态化的信用评级与跟踪,提升票据市场各参与主体的参评意识,为票据市场的投资者提供权威、科学的投资依据。

(五)信用风险管理有待实践检验

采用宏观与微观、动态与静态、定量与定性相结合的科学分析方法,确定企业信用状况。企业对自身的了解远胜于银行对企业的了解,信息不对称带来了道德风险,如何有效确定企业主体(出票人)信用,有待实践。可借鉴现有成熟的对企业主体评级方法,按企业所处行业的不同分别制定细分评级指标体系,每个行业所选取的指标项及指标权重均有所区别。最终评级结果由评级得分、所对应的级别符号和评级报告组成,评级得分由定性指标和定量指标得分加总得出。定性指标涵盖经营环境、企业自身股东背景、信用记录、票据签发记录以及发展前景等方面。定量评价体现为企业财务分析,从财务结构、偿债能力、运营能力和盈利能力四个方面考量。可以建立白名单数据库,进一步确定对某个特定企业的授信额度,并在票据管理系统中实时显示剩余额度,进而有效控制最大风险敞口。

四、发展融资性银行承兑汇票的建议

(一)转变信用观念,适应市场经济发展

目前我国企业贷款的利率尚未实现完全市场化,但银行承兑汇票的贴现利率已基本实现市场化,并且与银行间同业拆借利率紧密挂钩。在日常实践中,企业向银行申请流动资金贷款的利率要高于银票贴现利率2个百分点以上。银行间货币市场利率和实体企业融资利率的"双轨制"必然会导致融资性银行承兑汇票的出现。应转变信用观念,顺应经济规律,不应再把银行承兑汇票仅当成支付结算工具,应该深度挖掘银行承兑汇票的融资和信用功能。既然银行可以给企业发放短期的流动资金贷款,那么银行给企业签发融资性银行承兑汇票帮助企业融资理论上是可以落地操作的。在业务实践中,母公司和子公司之间或隐形关联公司之间签订购销合同、开具增值税发票,利用这种合同和发票向银行申请开立银行承兑汇票在形式上满足了当前监管对贸易背景真实性审核的要求,但是不代表以此种方式签发出来的银行承兑汇票不是融资性票据。商业银行常常出于维护银企关系或吸纳保证金存款的考虑,主动配合企业在不违反当前监管政策的条件下帮助其开立银行承兑汇票,所以当前票据市场上已经出现相当比例的融资性银行承兑汇票。与其去"堵截",不如主动去"疏通",适度发展融资性银行承兑汇票有利于加快央行货币政策通过银行间票据市场向实体经济传导的效率。

(二)修改《票据法》或赋予央行作具体规定发布的权力

囿于《票据法》出台的时代背景,监管层担心商业银行过度发展票据承兑业务会酿成系统性风险,所以银行承兑汇票在制度上更多的被设计为真实贸易背景下的支付结算工具。《票据法》出台后的20多年时间里,我国市场经济取得了突飞猛进的发展,票据承兑发生额和贴现额均是《票据法》刚出台时票据市场体量的几十倍,融资性银行承兑汇票的签发已经有一定规模,但却因为法律上和监管上不认可这些融资性银行承兑汇票跟交易性银行承兑汇票混在一起,无法被统计出真实的规模,影响了管理层对票据市场形势的判断。《票据法》多年来一直未做出修改,未能与时俱进,已经在一定程度上制约了我国票据市场的发展,影响了票据市场服务实体经济的能力。

如果修改法律的流程长、影响面广、不确定因素多、阻力大,那么可以出台相关政策赋予央行"相机抉择"的权力,逐步研究、完善、发布相关具体规定。央行可以进行窗口指导,督促商业银行根据区域内经济金融形势、特定产业发展状况、供应链等因素确定推行融资性银行承兑汇票的试点单位,逐步有序的放松对贸易背景的审核,稳妥控制好融资性银行承兑汇票签发量在银行承兑汇票签发总量中的占比。放开的初期先搁置争论,等待实践中产生的反馈,如果风险暴露水平不高于同等条件下的短期流动资金贷款,则可以继续扩大试点规模,最终实现流动资金贷款的票据化,降低实体经济的短期资金融资成本,提高货币政策向实体经济传导的效率。

(三)逐步解除发展融资性银行承兑汇票的困惑

融资性银行承兑汇票的定位是给企业提供短期流动性支持,目标是促进资金融通,服务实体经济发展。目前银行承兑汇票的年均签发量占社会融资总规模比重不足10%,有较大的提升空间,逐步放开融资性银行承兑汇票可以丰富企业短期融资的选择范围,降低企业短期融资成本。另外,1996年颁布的《贷款通则》第九条将"信用贷款、担保贷款和票据贴现"并列,同时明确了"票据贴现系指贷款人以购买借款人未到期商业票据的方式发放的贷款"。1997年颁布的《商业汇票承兑、贴现与再贴现管理暂行办法》规定,贴现系指商业汇票的持票人在汇票到期日前,为了取得资金贴付一定利息将票据权利转让给金融机构的票据行为,是金融机构向持票人融通资金的一种方式。目前的实务操作中票据贴现被纳入商业银行的信贷规模管理不甚合理,在上海票据交易所成立的背景下,票据资产的流动性远超过普通企业贷款,1996年颁布的《贷款通则》中关于票据贴现的规定可以考虑修改。建议把贴现归入银行资产负债表中的"交易性金融资产"或"其他类资产"类别中,从信贷规模中剥离,单独统计。

商业银行应当对融资性票据的签发进行精细化管理,在宏观层面,可以对具体的产业、行业框定一个总的额度,并结合风险缓释工具合理控制风险敞口;在微观层面,可以利用大数据描绘在本行结算的企业画像,分析供应链上下游交易对手情况和合作的稳定性,科技人员根据数据辅助开发相关模块判别企业风险,为前台营销人员提供决策参考,以便前台部门根据企业实际情况给出最终的融资性票据签发的前置条件,包含保证金比例、其他具体风险缓释措施和管理要求。

(四)建立区别资本计提、风险设备与承兑、贴现不同的管理制度

票据究竟是贸易性的还是融资性的,完全取决于出票时的交易用途,贸易项下的票据,到期时能用商品回笼款来进行自偿;被用作投资或偿债的融资性票据,到期时因缺乏自偿性而给兑付带来不确定性。商业银行对融资性银行承兑汇票的承兑环节资本计提和风险拨备应该比照同期限流动资金贷款进行计提和拨备,在内部系统中应该区别管理"贸易票"和"融资票",秉持审慎的原则,承兑行应做好承兑后对企业的持续跟踪,及时掌握企业财务变动情况,防止承兑到期垫付率过高。

(五)加强监测和评价

票据业务具有流动性强、区域跨度大、时效性突出的特点,信息不对称是票据风险频发的主要成因。一是建设标准化、覆盖面广的信息采集录入平台。信息采集录入平台应来源广泛,实现各数据源平台数据的接入汇总,并拥有海量相关非结构化信息,可按"科学规划、统一标准、规范流程"原则,统一采集归口、利用数据信息技术建立索引,实现信息资料管理的科学化、规范化,实现信息集中管理,并建立数据质量控制机制,提高分类数据的准确性。二是打造模型化、手段先进的信息分析预测平台。运用科学模型建立宏观经济预警、区域监测评价等系统,从而对票据信息数据进行多角度、多层次、精细化、准确的系统分析,并展示出区域市场主体的发展情况。同时,能对机构交易行为和合规信息进行动态分析,并提供个性化、可定制的直观展示功能。三是实现智能化、时效性强的信息资讯发布平台。信息资讯发布自平台要实现智能分类、科学发布、高效共享,建立业务库、案例库、营销库、经验库、文化库、知识库,实现集中展现各类报表、信息功能。应尽快将票据全生命周期的各项信息纳入统一信用信息平台,建立完善的信用登记、咨询体系和严格的监督、执行体系,实现票据信息共享、透明,减少信息不对称,有效消除交易风险、降低交易成本、提高交易效率,

进一步促进全国统一票据市场的形成。

(六)探索银票标准化之路

《资管新规》第十一条首次界定了标准化债权类资产的定义,即标准化债权类资产是指在银行间市场、证券交易所市场等国务院和金融监督管理部门批准的交易市场交易的具有合理公允价值和较高流动性的债权性资产,具体认定规则由人民银行会同金融监督管理部门另行制定。其他债权类资产均为非标准化债权类资产。按照《资管新规》的规定,标准化债权资产的认定包含 5 个条件:(1)等分化,可交易。(2)信息披露充分。(3)集中登记,独立托管。(4)公允定价,流动性机制完善。(5)在银行间市场、证券交易所市场等经国务院批准设立的交易市场交易。

目前银行承兑汇票可以在上海票据交易所交易,并且集中登记和托管,定价公允,流动性良好。银行承兑汇票能否被认定为标准化资产,目前尚待有关部门明确的事项包括:(1)银行承兑汇票的票面金额大小不一,尚未实现等分化。(2)银行承兑汇票的承兑银行资质良莠不齐,缺乏对承兑人进行评级的权威机构。(3)上海票据交易所作为人民银行的下属子公司,是否是经国务院批准设立的合格的交易市场。银行承兑汇票的标准化之路需要人民银行和证监会、银保监会共同商议、协同推动。

(七)加强风险管理

一直以来我国经济增速保持中高速增长,经济金融环境向好,银行贷款不良率较低,经营重点逐步由信用风险缓释、治理转向市场拓展和业务创新,加上我国直接融资市场发展相对缓慢,实体经济仍然主要依靠银行信贷维持流动性,导致银行形成了信贷规模高增长、高投放的业务发展惯性,风险防控意识相应有所弱化。随着宏观去杠杆、调结构、贸易战的持续进行,经济下行和各类其他风险因素交织,银行利润减少、经营压力明显加大,资产质量出现一定程度下滑,票据业务领域的风险逐步暴露。很多风险表面是外部环境问题,核心是风险观、业绩观、发展观问题,是风险管理体制与业务发展不尽适应的问题。"重盈利、轻风险""重指标、轻管理"的问题需要在变革中进一步根除,坚持审慎经营的理念,坚持业务发展与风险管理相适应,持续推进精细化管理,深化对电子商业承兑汇票信用风险管理、票交所时代市场风险和道德风险管理,将成为银行业和票据经营机构长期可持续发展的必然选择。

各持牌金融机构是票据市场最重要的参与主体和资金、信用提供方,银保监会可以建立一套科学评估票据风险的考核办法,通过管理好参与票据市场的持牌金融机构来防范票据市场风险事件的发生。一是建立票据风险指标,可从票据承兑垫款率、票据贴现逾期率、票据案件发生率、票据资金损失率等维度进行评估,定期发布和监测被管辖机构的总体风险情况。二是建立风险管理体系,要求各持牌金融机构的内控合规部应从票据风险评估、提示、预警到风险监测、分析、评价等搭建全面风险管理框架,实现对票据业务风险控制的全流程覆盖,银保监会根据落实情况予以考核。三是建立监管机构与市场主体之间的信息共享和良性互动机制,完善审慎监管、机构内控和市场约束三位一体的票据业务风险管理模式,促进票据市场可持续发展。

(八)坚持服务实体经济的本质

融资性银行承兑汇票的签发需本着为实体经济服务的原则,商业银行需严格落实对票据使用用途的审核,做到自觉监督票据用于生产经营周转,防范票据被贴现后资金流向股票市场、期货市场和其他投机性领域。另外,由于票据贴现的利率基本已经市场化,跟上海银行间同业拆借利率挂钩紧密,但是传统公司信贷市场的贷款利率尚未市场化,利率双轨制客观存在,而票据作为连接货币市场和信贷市场的媒介,在结构性存款利率高于贴现利率时,容易被某些企业用来空转套利,商业银行为了吸收承兑业务带来的保证金存款往往配合企业套利,这种套利行为美化了银行报表,做大了银行资产负债表,但却无助于服务实体经济发展。商业银行的票据业务应该坚持服务实体经济不动摇,主动做好用途监管。

(九)可逐步试点融资性银行承兑汇票

2019年2月14日,中共中央办公厅、国务院办公厅印发了《关于加强金融服务民营企业的若干意见》,并发出通知,要求各地区、各部门结合实际认真贯彻落实,其中第四条提到"实施差别化货币信贷支持政策"。合理调整商业银行宏观审慎评估参数,鼓励金融机构增加民营企业、小微企业信贷投放,完善普惠金融定向降准政策。增加再贷款和再贴现额度,把支农支小再贷款和再贴现政策覆盖到包括民营银行在内的符合条件的各类金融机构。加大对民营企业票据融资支持力度,简化贴现业务流程,提高贴现融资效率,及时办理再贴现。加快建设与民营中小微企业需求相匹配的金融服务体系。深化联合授信试点,鼓励银行与民营企业构建中长期银企关系。

在政府鼓励金融机构支持民营、中小微企业发展的大背景下,当前正是试行融资性银行承兑汇票的最佳机遇期。当然,融资性银票的签发量多大,占比多高,由央行、银保监会和商业银行共同拟定并推进试点。商业银行要坚持审核第一还款来源,把主业突出、财务稳健、大股东及实际控制人信用等作为授信主要依据,合理降低保证金比重,减轻对抵押担保的过度依赖。争取在融资性银票的承兑环节通过调整承兑费率,依托产业链、供应链核心企业信用,深度挖掘物流、信息流、资金流等数据,为上下游企业提供无需抵押担保的融资性银行承兑汇票。真正实现业务收益覆盖潜在坏账损失,让商业银行主动管理、经营风险,进而走上良性的、可持续的支持中小微企业发展的道路。另外,2019年1月22日,国务院办公厅签发了《关于有效发挥政府性融资担保基金作用,切实支持小微企业和"三农"发展的指导意见》(国办发〔2019〕6号),商业银行在融资性银行承兑汇票的签发环节也可以寻求政府性融资担保基金的帮助,在符合政策框架要求的前提下与政府担保基金共同承担风险敞口,最大程度的支持优质民营、中小微企业融资,以促进实体经济发展繁荣。

就民营企业自身而言,需要根据自身经营管理实际情况来签发票据、使用票据,充分利用核心供应链上下游关系获得的票据资源融资,发挥票据融资的功能作用,需要按照电子票据规定完善系统、完备条件,建立健全发展票据融资及防范风险等相关机制。与此同时,商业银行等金融机构需要在防范风险前提下,以把握实质风险为主,尽可能简化流程,减少不必要的审查审批环节,提高办理速度和效率,增加受理网点,有针对性地适当下放审批权限,增加票据融资额度以及完善相关规定办法,建立尽职免责及考核机制等。央行也可以增加对民营企业的再贴现融资额度并列出单项服务民营企业的比例,可以扩大受理再贴现窗口,增加再贴现办理频度和时间,充分发挥上海票据交易所再贴现交易平台作用,努力提高业务办理效率。

（十）为探索开放融资性商业承兑汇票积累经验

试点融资性银行承兑汇票是为了观察试探放松对贸易背景的审核后市场可能会发生的变化,对承兑发生额、贴现发生额、转贴现发生额进行统计比较,同时对票据承兑垫款率、票据贴现逾期率、票据案件发生率、票据资金损失率等方面进行分析,找出相关不良和案件发生的原因,积累发展的思路和经验教训。融资性银行承兑汇票毕竟还是银行承兑的,信用风险最终还是淤积在银行体系内,不利于风险向体系外分散,间接融资造成的潜在系统性风险隐患没有被缓解。

试点融资性银行承兑汇票可以为探索开放融资性商业承兑汇票积累经验,商业承兑汇票的最终承兑人是企业,信用风险交给市场判断,不会过度危及银行体系的安全。商业银行在是否提供融资性商业承兑汇票贴现业务,为哪家承兑人提供商业承兑汇票等方面拥有自主选择权,可以主动经营风险,通过风险定价的方式实现持续经营,以解决企业融资难的问题,更好地为实体经济服务。

第二章 票据市场平台建设

推动央企票据发展 更好服务实体经济的思考

肖小和等

按照我国政府的国有资产管理权限划分,国有企业分为中央企业(由中央政府监督管理的国有企业)和地方企业(由地方政府监督管理的国有企业)。目前,中央企业(简称央企)共有101家,长期以来央企是我国国民经济的重要支柱。

一、央企经营及融资情况

(一)央企经营情况

国资委公开发布的数据显示,2016年1—12月全国国有及国有控股企业(简称国有企业)经济运行趋稳向好。国有企业收入和实现利润继续保持稳步增长,国有企业收入增幅有所提高,利润增幅略有下降(见表2-1、表2-2、表2-3)。

表2-1　　　　2015—2016年全国国有企业经营情况　　　　单位:亿元

	营业总收入			营业总成本			利润总额		
	2016年	2015年	同比	2016年	2015年	同比	2016年	2015年	同比
国有企业	458 978.00	454 704.10	2.60%	449 885.00	445 196.10	2.50%	23 157.80	23 027.50	1.70%
其中:中央企业	276 783.60	271 694.00	2.00%	268 039.90	262 407.60	2.20%	15 259.10	16 148.90	−4.70%
其中:地方国有企业	182 194.40	183 010.10	3.50%	181 845.10	182 788.50	3.00%	7 898.70	6 878.60	16.90%

表2-2　　　　2015—2016年全国国有企业纳税情况　　　　单位:亿元

	应交税金		
	2016年	2015年	同比
国有企业	38 076.10	38 598.70	−0.70%
其中:中央企业	29 153.00	29 731.40	−2.50%
其中:地方国有企业	8 923.10	8 867.30	6.00%

表2-3　　　　2016年全国国有企业资产负债情况　　　　单位:亿元

	资产总额			负债总额			所有者权益合计		
	2016年	2015年	同比	2016年	2015年	同比	2016年	2015年	同比
国有企业	1 317 174.50	1 192 048.80	9.70%	870 377.30	790 670.60	10.00%	446 797.20	401 378.20	9.20%
其中:中央企业	694 788.70	642 491.80	7.70%	476 526.00	436 702.30	8.20%	218 262.70	205 789.40	6.60%

续表

	资产总额			负债总额			所有者权益合计		
	2016年	2015年	同比	2016年	2015年	同比	2016年	2015年	同比
其中:地方国有企业	622 385.80	549 557.00	12.00%	393 851.30	353 968.30	12.10%	228 534.50	195 588.80	11.70%

1. 营业总收入

2016年1—12月,国有企业营业总收入458 978亿元,同比增长2.6%。(1)中央企业276 783.6亿元,同比增长2%。(2)地方国有企业182 194.4亿元,同比增长3.5%。

2. 营业总成本

2016年1—12月,国有企业营业总成本449 885亿元,同比增长2.5%,其中销售费用、管理费用和财务费用同比分别增长5.9%、增长6.7%和下降3.7%。(1)中央企业268 039.9亿元,同比增长2.2%,其中销售费用、管理费用和财务费用同比分别增长5.8%、增长7.3%和下降5.8%。(2)地方国有企业181 845.1亿元,同比增长3%,其中销售费用、管理费用和财务费用同比分别增长6.3%、增长5.7%和下降1.5%。

3. 实现利润

2016年1—12月,国有企业利润总额23 157.8亿元,同比增长1.7%。(1)中央企业15 259.1亿元,同比下降4.7%。(2)地方国有企业7 898.7亿元,同比增长16.9%。

4. 应交税金

2016年1—12月,国有企业应交税金38 076.1亿元,同比下降0.7%。(1)中央企业29 153亿元,同比下降2.5%。(2)地方国有企业8 923.1亿元,同比增长6%。

5. 资产、负债和所有者权益

2016年12月末,国有企业资产总额1 317 174.5亿元,同比增长9.7%;负债总额870 377.3亿元,同比增长10%;所有者权益合计446 797.2亿元,同比增长9.2%。(1)中央企业资产总额694 788.7亿元,同比增长7.7%;负债总额476 526亿元,同比增长8.2%;所有者权益合计218 262.7亿元,同比增长6.6%。(2)地方国有企业资产总额622 385.8亿元,同比增长12%;负债总额393 851.3亿元,同比增长12.1%;所有者权益合计228 534.5亿元,同比增长11.7%。

从总体上看,虽然宏观经济仍处于低迷阶段,但我国大中型国有企业仍然保持了较强的竞争实力,利润增长依然较为明显,对推动我国经济结构的深层次改革,国内现代化市场经济的进一步发展起到了关键性的作用。

(二)央企融资状况

数据显示,截至2015年末央企从银行获得授信额度合计32万亿元,表内外融资余额11.3万亿元,用信比例约占1/3;其中贷款余额为6.3万亿元,银行持有企业债券达1.3万亿元,表外业务余额为3.7万亿元。

央企的融资模式主要包括直接融资、间接融资以及其他融资方式。

直接融资是以股票、债券为主要金融工具的一种融资机制,目前央企主要通过资本市场发行股票、短期融资券、中期票据、企业债、公司债等。

间接融资是资金融通由金融中介机构来安排的一种融资机制,间接融资是央企的主要融资方式。间接融资包括表内和表外融资两种方式,表内融资是指需列入资产负债表的融资方式,即该项融资既在资产负债表的资产方表现为某项资产的增加,也在负债及所有者权益方表现为负债的增加,例如流动资金贷款业务等融资业务;表外融资是指不需列入资产负债表的融资方式,即该项融资既不在资产负债表的资产方表现为某项资产的增加,也不在负债及所有者权益方表现为负债的增加,例如:票据承兑、信用证开证等融资业务。

从融资结构上看,央企的间接融资主要以贷款等表内融资为主,票据承兑等表外融资业务仍有较大的发展空间。

从资金效率上看,央企改革或央企混改一个走资本市场之路,发挥直接融资作用,另一个走货币市场之路,发挥间接融资作用。间接融资一方面靠加强管理,提高资金使用效率,另一方面靠比较融资工具性价比,实现融资成本最小化。票据融资不失为性价比理想工具之一。

二、推动央企票据平台的功能作用及意义

(一)央企票据平台推出的背景

2016年12月8日上海票据交易所正式开业运营。上海票据交易所是我国金融市场的重要基础设施,具备票据报价交易、登记托管、清算结算、信息服务等功能,承担中央银行货币政策再贴现操作等政策职能,将建设成为我国票据领域的登记托管中心、交易中心、创新发展中心、风险防控中心和数据信息研究中心。

上海票据交易所的交易范围包括:票据转贴现、质押式回购等二级市场交易,票据贴现现在还未纳入票交所的交易领域。从整体市场规范性发展角度考虑,有必要通过其他第三方平台规范票据承兑、贴现业务发展。

(二)什么是央企票据平台

央企票据平台是指由央企行业内一家或多家央企牵头成立的混合所有制公司,股东方可由行业内大型央企、央企财务公司发起,平台以央企财务公司为纽带连接平台其他成员,包括:央企下属企业及财务公司、央企行业内其他类型企业及央企行业供应链的上下游企业。它是中国票据市场的重要组成部分,是票据承兑、贴现市场的金融基础设施,是上海票据交易所在票据承兑、贴现领域的业务延伸和有益补充。

我们可以从以下两个角度理解央企票据平台。

一是从横向看,即从行业角度看主要包括全行业最核心的央企、央企财务公司、央企下属子公司及各类型央企行业内企业,通过央企票据平台整合全行业票据资源,提升全行业融资效率,引领并推动全行业各类型企业快速发展。

二是从纵向看,即从供应链角度看包括央企行业内各企业的上下游企业(上游供应商和下游经销商),上下游企业范围较广既包括国有大中型企业,也包含中小型企业,通过央企票据平台可以推动上下游企业加快资金周转,缩短应收账款的账期,提升企业生产经营效率。

(三)发展央企票据平台的意义

1. 解决企业之间的债务问题

企业间的债务问题最常见的是三角债,所谓三角债是指人们对企业之间超过托收承付期或约定付款期应当付而未付的拖欠货款的俗称,通俗地说是企业之间拖欠货款所形成的连锁债务关系。商业汇票在20世纪80年代出现,并在90年代大规模发展,与当时国有企业之间"三角债"的普遍存在,以及当时商业信用仍处于萌芽发展阶段的历史大背景密切相关。

建立央企平台可以进一步缓解因企业间赊销而产生的债务问题。借助商业汇票的承兑特性,企业可以通过央企票据平台开立电子商业汇票,缓解央企行业供应链上下游企业因银行信贷规模等因素出现的融资难题。商业汇票尤其是银行承兑汇票所承载的银行信用,可以重塑企业之间交易通道,为商业信用的发展奠定基础。

借助商业汇票的流转特性,企业可通过央企票据平台进行商业汇票的背书及转让,解决供应链企业间的货款兑付与资金流转问题,保障央企行业供应链企业尤其是中小企业的生产经营,提高企业的资金周转效率,避免因企业间的赊销而产生连锁债务或三角债问题,推进供应链高效、稳定运行。

2. 解决部分中小企业融资难、融资贵的问题

(1)央企票据平台的有序发展,将进一步推动票据无纸化、标准化的进程,提升票据市场对实体经济结算与融资的服务效率,进一步降低企业的交易成本。

(2)央企票据平台将改变行业供应链内企业的交易与融资习惯,从赊销或贷款融资转变为票据背书转让及票据贴现,极大地加快了中小企业资金回笼速度,有利于推动流动资金贷款票据化进程,由于票据融资成本总体上低于流动资金贷款,可全面降低中小企业的融资成本。

(3)央企票据平台内的企业主要包括三类,即央企集团内部企业、央企行业内各类型企业、央企行业供应链上下游中小企业,相关企业之间由于存在供销关系或合作关系,彼此之间对经营情况、行业趋势、融资需求较商业银行更为熟悉、更为了解,通过央企票据平台可以较好地在内部解决中小企业融资问题。

(4)央企行业内部企业及供应链上下游企业遍及全国各地,央企票据平台可以有效突破地域的限制,全方位、全地域地深入推进票据结算与融资服务,加快商业汇票在全国范围内的流转,带动中小企业走出困境,快速发展。

3. 推动央企进一步做大做强提高资金效率

一是从供应链层面看,央企票据平台提供了供应链上下游企业的融资便利,降低

了上下游企业的融资成本,打通阻碍供应链顺畅运行的资金问题。有利于提升整个供应链的生产效率,有利于央企提升产能、优化产业布局,有利于巩固央企在国内以至全球的行业领先地位。

二是从资金运作层面看,央企所属的财务公司是央企票据平台的核心部分,财务公司一方面可以对接平台内企业的承兑与贴现需求,另一方面可以接入上海票据交易所,联通票据的一、二级市场,盘活平台内的票据资产。央企票据平台可以充分发挥财务公司的纽带作用,使财务公司跨域集团内部的限制,为全行业、全产业链配置票据资产,进一步提升央企的资金营运能力,为央企做大做强提供融资保障。同时,以央企的信用,可大力发展电子商业承兑票据,节省融资成本,以年用电子商票1万亿元替代有息融资计算,年节约利息500亿~600亿元。

三是从行业层面看,央企票据平台包括其行业内其他类型的企业,通过央企票据平台可以聚拢行业内部资源,将进一步推进行业内部分工,一方面提升央企的行业龙头作用,另一方面促使行业内其他类型企业作为央企产业链的补充,进而推进全行业的快速发展。

4. 进一步培育商业信用

央企票据平台的建立有利于进一步培育商业信用,央企可以通过平台开立商业承兑汇票,用于支付上游供应商货款,上游供应商可通过平台背书转让至其他企业或转交央企财务公司贴现,实现央企商业承兑汇票的闭环运行,既有利于央企降低财务成本、央企供应链企业的应收款回笼,也有利于培育企业商业承兑汇票使用习惯,进一步培育国内商业信用环境。

5. 降低票据市场业务风险

(1)降低企业用票风险。随着央企票据平台对票据承兑、贴现市场的规范,以及上海票据交易所对票据二级市场的整合,票据市场的各项规则措施将逐步完善,票据市场的电子化进程将加快,电子票据将成为票据市场最主要的组成部分。由于电子票据不存在"假票""克隆票""变造票"等票据真实性风险,企业可以放心使用电票进行结算或融资,有利于优化实体企业的用票环境,降低企业的票据使用风险。

(2)可以有效防范信用风险、市场风险。央企票据平台具有全面的行业业务数据及行业票据数据,可以透彻分析行业票据市场交易主体信用状况,并通过对接上海票据交易所,研判票据市场利率走势,为控制信用风险、市场风险提供了依据。

(3)可以有效控制票据真实性风险及操作风险。央企票据平台在成立初期将以电子票据为主,纸质票据为辅。对于纸质票据可以依托上海票据交易所查验纸质票据的详细信息,以及纸质票据的承兑登记情况,依托央企财务公司全面把控纸质票据的真伪鉴别,将纸质票据的真实性风险降至最低,有效控制操作风险。

(4)可以有效控制票据中介的介入。上海票据交易所将原本割裂的银行间票据市场整合为全国统一票据二级市场,但并未消除企业与商业银行、企业与企业之间的信息壁垒,央企票据平台可以有效填补这一空白,其将建立起企业与财务公司之间的信息通道,使票据贴现市场价格更趋于透明化,最大限度压缩了票据中介的非正常生存空间,防范可能出现的各类风险事件。

(5)可以进一步防范道德风险。央企票据平台作为第三方参与票据贴现交易,以及上海票据交易所的票据二级市场交易,可以最大限度防范"逆流程操作""倒打款""一票二卖"等违法、违规行为,通过央企票据平台相关系统的建设,可以配合上海票据交易所进一步限制金融机构"内外勾结"等票据违法行为的可能性。

6. 有利于进一步活跃票据市场

票据市场是我国货币市场中占比日趋加重、市场化程度最高的市场之一。央企票据平台搭建后,将进一步规范企业的票据行为,压缩票据中介的非正常生存土壤。信息透明化的票据贴现市场,将引导企业合理地调整融资行为,加大商业汇票在企业间的使用频率,活跃票据贴现市场。活跃的票据贴现市场也将为实体企业提供更优质、更低价的票据融资服务,切实降低企业的融资成本,更好地为实体经济服务。

7. 有利于落实国家的战略方针

建设央企票据平台,建设票据贴现市场基础设施,活跃与规范票据贴现市场,是对上海票据交易所的有益补充,将有利于票据全生命周期的规范化发展,有利于整体票据市场服务企业、服务国民经济中的各类行业、服务实体经济,符合国家"一带一路"倡议的落实与实践。央企及央企财务公司需要抓住机会,加快业务产品、经营思路的转型,以票据产品链为抓手,结合行业、产业及实际经济共同研究供应链、产业链、项目链的票据融资规划,防止金融资产脱实向虚,确保票据融资投入并推进实体经济发展。

三、如何推动央企票据平台发展

(一)总体设计

1. 成员范围

央企票据平台的成员范围可包括:(1)央企。(2)央企财务公司。(3)央企下属子公司。(4)央企行业内其他类型企业。(5)央企行业供应链上下游企业。

2. 业务范围

(1)银票承兑业务。央企财务公司可通过平台为集团下属企业或供应链上下游企业开立电子银行承兑汇票。

(2)商票开立业务。平台内各类企业可借助平台系统自行签发相关电子商业承兑汇票,用于日常支付及采购等行为。

(3)企业间票据背书转让。平台内相关企业可借助平台系统背书转让电子商业汇票,用于企业间货款支付与结算。

(4)商业汇票贴现业务。央企财务公司可依据平台相关管理要求为平台内企业提供电子商业汇票贴现服务,以缓解企业的融资需求,支持平台内企业扩大生产、改善经营。

(5)商业汇票质押业务。平台可牵头办理电子商业汇票质押融资业务,平台需依据票据类别、承兑人及出质人信用评级状况等设定相应的质押率标准,以确保维护出质人与质权人的权利。票据质押融资业务由平台内企业提出融资申请并提交质物(未到期的电子商业汇票),由央企财务公司负责落实担保物及发放融资款项。

(6)商业汇票保证业务。票据保证主要针对平台内企业开立的电子商业承兑汇票,平台在票据保证业务中主要起规则制定的作用,负责设定票据、被保证人、保证人准入及相关管理要求,由央企财务公司在落实相关手续后为被保证人承兑的电子商票做保证背书。

(7)商业汇票评级服务。平台可牵头建设评级服务体系,建立相应的评级要求、评级程序以及评级指标,并引入外部评级公司对平台内企业及在平台内流通的商业汇票进行信用评级,定期向各交易主体发布评级结果,揭示市场信用风险,以利于建立公平、公正、诚信的央企票据平台。

(8)票据二级市场业务。央企财务公司通过平台与上海票据交易所的互联参与票据二级市场交易。平台需建立与票交所系统之间的直连数据接口,财务公司通过平台系统可直接进行票据二级市场交易,涵盖票据转贴现、质押式回购、买断式回购等交易产品;财务公司也设立理财计划或与券商等机构合作设立资管计划,吸纳平台企业闲置资金投资票据二级市场,进一步活跃票据市场。

(9)票据提示付款及追索服务。平台内企业持有的票据到期可通过平台向票据承兑人发出提示付款,托收回款可通过平台系统直接划入企业在商业银行开立结算账户中,对于承兑人拒绝付款的票据,持票企业可通过平台向票据的相关权利人发起追索。

(10)票据鉴证、咨询服务。平台可为企业提供票据鉴证及票据资讯服务,除央企财务公司外,还可聘请外部金融机构的票据专家,咨询范围涵盖票据业务产品、票据交易规则、票据法律法规、票据风险案例、票据金融科技等方面,通过提供全程专家支持,为企业解决开展票据业务中的实际困难。

(11)票据信息产品服务。央企票据平台可形成本行业的票据大数据,通过数据分析与挖掘,可开发行业票据价格指数、行业票据收益率曲线以及相关金融衍生产品等信息产品,为票据市场的合理估值提供依据。

(二)重点推进领域

一是重点对接企业,该平台需要充分考虑平台内企业的诉求,需要重点关注企业间票据流转及融资等相关功能,满足央企行业内企业票据结算与融资需求,需提供票据贴现报价信息及贴现行情信息展示、提供企业间票据流转功能、提供票据质押融资功能、提供票据到期处理功能等,企业通过央企票据平台可实现对票据全生命周期任意节点的操作。

二是重点对接财务公司,财务公司是央企票据平台的核心,一方面平台需要为财务公司提供商业汇票贴现以及质押、保证等服务通道,以便为平台内中小企业承兑的商业承兑汇票提供较为方便的融资渠道;另一方面平台需要为财务公司提供二级市场交易通道,以实现票据的双向流动,盘活财务公司的票据资产。

三是商业承兑汇票的互联互通。发展商业承兑汇票可以作为央企票据平台后期发展的重点,发展商业承兑汇票有助于建立全社会商业信用体系,目前商业承兑汇票的发展瓶颈在于社会对其信用认可有限,尤其是对于中小企业承兑的商业承兑汇票。建立央企票据平台的目的之一,就是依托上下游企业之间的产、供、销关系,依托实质的物流,依托企业间长期的业务合作关系,重新建立商业信用,推进商业承兑汇票的应用。

(三)平台建设要求

央企票据平台的核心职能是开发、运作和维护互联网行业票据平台,该平台主要面向央企财务公司、全行业各类企业及行业上下游企业等,通过借助互联网和IT技术,建立包含客户准入、行情展示、贴现市场报价、贴现市场议价、贴现交易撮合、票据质押、票据保证、票据资讯、产品展示、产品管理、风险信息、统计分析、研究预测、政策法规、票据咨询、端口对接等一系列功能,并实现与上海票据交易所系统、电子商业汇票系统(ECDS)对接,并与央行征信系统、大额清算系统等系统的互联互通,以及与商业银行业务系统的功能互通和数据共享,并为平台用户预留对接各个自身票据业务系统的标准化数据接口,成为服务实体经济、沟通金融机构的综合化门户平台。

央企票据平台主要包括以下几个组成部分。

(1)需要建立央企行业票据处理系统。该系统是央企票据平台的核心部分:第一需要实现会员管理、权限管理等系统基础功能;第二需要实现类似于商业银行网上银行的线上申请查询平台,企业会员可通过线上平台进行电子银票承兑申请、电子商票开票、背书转让、贴现申请、质押申请、保证申请、提示付款、追索及业务查询等操作,并需要实时展示市场行情及金融机构报价信息;第三需实现系统的后台处理机制,分门别类地将各类申请发送至关联系统。

(2)需要实现与央企财务公司内部系统对接。一方面系统需实现企业与财务公司之间业务指令的发送与接收,将相关指令发送至财务公司内部系统中,并接收相关反馈信息,如电子银票承兑申请、贴现申请、质押申请、保证申请等;另一方面系统需实现财务公司二级市场交易相关指令的发送与接受,展现票据二级市场行情信息,接受财务公司二级市场交易指令,并向财务公司反馈上海票据交易所的成交信息。

(3)需要实现与上海票据交易所系统、电子商业汇票系统(ECDS)、大额支付系统对接。系统需要与上海票据交易所的相关系统实现互联互通,以便于财务公司在票据二级市场的交易。

(四)推进产业链、供应链票据融资

财务公司的经营管理类似于商业银行,传统业务经营模式已越来越吃力,通过票据产业链来创新全新工具,不失为对企业与财务公司均有利的好方式。通过央企票据平台可以最大范围聚拢行业内的企业,通过集约化的票据融资推进行业共同发展;供应链票据融资是指银行与企业将核心企业及其上下游企业联系在一起,提供灵活便利的票据融资服务;央企票据平台应将产业链及供应链票据融资作为服务企业的主要手段,依托每个产业链、供应链的不同特性定制不同的票据融资服务产品,以产业链、供应链的方式推进实体经济健康发展。

(五)发展路径

央企票据平台的建设是一个长期、渐进的过程,无论采用哪一种路径,最终目标是为了实现全面实现央企及行业票据的统一承兑与贴现。央企一方面可以依托自有技术力量来开发,另一方面也可以选择技术能力强、管理水平高的全国性第三方机构(非票据交易主体)合作建设央企票据平台。

(1)电票优先路径:电子商业汇票具有防伪性能高、传递便捷、交易迅速等独特优势,可在一定程度上有效规避票据操作风险,电子商业汇票从2009年正式推出后发展迅速,适合采用交易所"互联网+"竞价撮合的交易模式。央企票据平台可以电子商业汇票为基础,先行推出基于电子商业汇票的交易平台,而后再考虑纸质商业汇票。

(2)银票优先路径:银行承兑汇票与商业承兑汇票相比,由于在承兑环节引入了银行信用,因此信用风险相对较低,易于标准化;且银行承兑汇票的签发量、交易量也远远超过商业承兑汇票。央企票据平台在成立初期,可以考虑优先推进银行承兑汇票的相关交易,然后在逐步推广商业承兑汇票。

(六)与票交所接轨

央企票据平台可以与上海票据交易所无缝衔接,上海票据交易所主要关注后端银行间票据市场,央企票据平台主要关注行业内企业与企业之间、银企之间的票据前端市场,两者相结合可以完整覆盖整个票据市场,央企票据平台通过财务公司参与上海票据交易所后端票据市场交易,可实现两个市场之间的互联互通。央企票据平台可作为上海票据交易所在票据前端市场的补充,其系统可成为上海票据交易所的前端子系统。未来央企票据平台还可通过与上海票据交易所之间的数据接口,为上海票据交易所提供行业票据数据,使上海票据交易所真正成为中国票据市场的数据中心及信息中心。

(七)监管、银行等部门支持

建立央企票据平台需要中央和地方国资委、央行以及银监会,银行等金融机构的关心与重视,为建设央企票据平台提供政策及资源上的支持。例如,目前财务公司仅能为本集团下属企业提供结算与融资服务,未来能否借助央企票据平台实现对央企

行业内企业以及央企行业供应链企业的票据融资服务,仍需要监管部门的政策支持。同时,银行对央企的相关授信支持值得加强,银行发展票据产品链融资业务实现转型与央企发展票据业务要要实现有机结合。

上海票据交易所的成立,是中国票据市场规范化发展的里程碑事件,如何规范发展票据前端市场是摆在票据人面前的重大课题。笔者认为设立央企票据平台在较大程度上可以实现此目的,可以为中国票据市场长期、可持续发展奠定基础,为活跃和繁荣中国票据市场、货币市场提供有力支撑。

建设中小金融机构票据平台推进票据市场有序发展

肖小和等

建设中小金融机构票据平台,对于有力缓解中小企业融资难和贵等问题,对于推动中小金融机构转型和更好的服务实体经济具有积极意义。

一、中小金融机构与中小企业

(一)中小金融机构

1. 中小金融机构基本情况

中小金融机构一般指除政策性银行、国有商业银行、股份制商业银行及财务公司之外的银行业金融机构,包括:城市商业银行、农村商业银行、农村合作银行、农村信用社、民营银行、村镇银行等。中小金融机构是我国金融体系的重要组成部分,是推动经济转型、促进金融竞争的重要力量,是服务中小微企业的主力军。

(1)资产负债规模持续增长,2015年一季度至2017年三季度中小金融机构总资产规模从42.21万亿元增长至62.91万亿元,每个季度均保持10%以上的同比增幅,在银行业金融机构总资产占比已由24.2%增长至26.2%;2015年一季度至2017年三季度中小金融机构总负债规模从39.21万亿元增长至58.5万亿元,高于商业银行总负债平均同比增幅,在银行业金融机构总负债占比已由24.3%增长至26.4%(见表2-4、表2-5)。

表2-4　　　　　　中小金融机构总资产变化情况　　　　　　单位:万亿元

统计时间	银行业金融机构	同比	商业银行	同比	占比	中小金融机构	同比	占比
2015.03	174.37	11.90%	136.37	11.80%	78.20%	42.21	16.30%	24.20%
2015.06	183.68	12.70%	144.36	13.80%	78.60%	44.59	17.85%	24.30%
2015.09	187.88	15.00%	146.87	15.80%	78.20%	46.12	19.51%	24.60%
2015.12	194.17	15.50%	150.94	15.40%	77.70%	48.34	20.23%	24.90%
2016.03	203.34	16.60%	157.21	15.30%	77.30%	51.05	20.93%	25.10%
2016.06	212.31	15.60%	164.19	13.70%	77.30%	53.53	20.06%	25.20%

续表

统计时间	银行业金融机构	同比	商业银行	同比	占比	中小金融机构	同比	占比
2016.09	217.32	15.70%	168.33	14.60%	77.50%	55.37	20.06%	25.50%
2016.12	226.26	15.80%	175.94	16.60%	77.80%	58.14	20.27%	25.70%
2017.03	231.93	14.10%	181.32	15.30%	78.20%	60.66	18.83%	26.10%
2017.06	236.54	11.40%	183.85	12.00%	77.70%	61.58	15.03%	26.10%
2017.09	240.40	10.60%	186.65	10.90%	77.60%	62.91	13.62%	26.20%

注：中小金融机构数据为城市商业银行与农业金融机构合计数。
数据来源：依据中国银监会数据整理。

表 2-5　　　　　　　中小金融机构总负债变化情况　　　　　单位：万亿元

统计时间	银行业金融机构	同比	商业银行	同比	占比	中小金融机构	同比	占比
2015.03	161.45	11.30%	126.15	11.10%	78.10%	39.21	15.86%	24.30%
2015.06	170.38	12.10%	133.87	13.10%	78.60%	41.46	17.56%	24.40%
2015.09	173.46	14.20%	135.97	15.40%	78.40%	42.86	19.46%	24.70%
2015.12	179.05	14.80%	139.46	15.10%	77.90%	44.88	20.22%	25.10%
2016.03	187.34	16.00%	145.16	15.10%	77.50%	47.45	21.02%	25.40%
2016.06	196.17	15.10%	152.11	13.60%	77.50%	49.85	20.26%	25.40%
2016.09	200.40	15.50%	155.67	14.50%	77.70%	51.51	20.17%	25.70%
2016.12	208.92	16.00%	162.94	16.80%	78.00%	54.13	20.62%	25.90%
2017.03	213.97	14.20%	167.80	15.60%	78.40%	56.51	19.08%	26.40%
2017.06	218.39	11.30%	170.25	11.90%	78.00%	57.32	14.98%	26.20%
2017.09	221.63	10.60%	172.56	10.80%	77.90%	58.50	13.57%	26.40%

注：中小金融机构数据为城市商业银行与农村金融机构合计数。
数据来源：依据中国银监会数据整理。

(2)经营指标持续向好。以城市商业银行、民营银行、农村商业银行为例，2017年前三季度城市商业银行、农村商业银行流动性比例略高于商业银行平均水平，民营银行流动性比例远高于商业银行平均水平，说明中小金融机构重视流动性风险管理，同时也需要进一步加强盈利能力。2015年一季度至2017年三季度中小金融机构拨备覆盖率远高于商业银行平均水平，说明中小金融机构经营较为审慎，抵御风险能力大幅增强(见表2-6、表2-7)。

表 2-6　　　　　　　　　　中小金融机构流动性比例情况　　　　　　　　　单位:%

统计时间	商业银行	城市商业银行	民营银行	农村商业银行
2017.03	48.74	52.55	79.23	51.52
2017.06	49.52	51.71	99.56	51.12
2017.09	49.17	50.35	106.98	51.32

数据来源:依据中国银监会数据整理。

表 2-7　　　　　　　　　　中小金融机构拨备覆盖率情况　　　　　　　　　单位:%

统计时间	商业银行	城市商业银行	民营银行	农村商业银行
2015.03	211.98	230.63	—	219.98
2015.06	198.39	219.53	—	206.38
2015.09	190.79	215.88	—	199.73
2015.12	181.18	221.27	—	189.63
2016.03	175.03	217.80	—	185.83
2016.06	175.96	216.79	—	185.51
2016.09	175.52	218.48	—	183.92
2016.12	176.40	219.89	—	199.10
2017.03	178.76	216.01	474.81	194.60
2017.06	177.18	211.81	466.46	179.91
2017.09	180.39	216.20	555.93	177.57

数据来源:依据中国银监会数据整理。

2. 存在的问题

中小金融机构目前面临的问题主要体现在业务发展同质化、发展空间受压缩、核心竞争力较弱、金融科技发展滞后等方面。

(1)业务发展同质化。目前大部分中小金融机构的发展方向与大型银行雷同,均在提出发展"零售银行、交易银行、轻型银行、资产管理、金融科技"等目标,在市场定位、业务结构、客户拓展策略方面与大中型银行相似,导致中小商业银行的生存空间被大型银行进一步挤压。

(2)发展空间受压缩。当前金融机构之间的竞争日趋激烈,在利率市场化的大背景下,传统利差收益不断收窄;在大城市商业银行数量已日趋饱和,大中型商业银行尤其是股份制商业银行不断向中小城市渗透,中小商业银行在当地的地缘优势和网点优势不断被弱化。

(3)核心竞争力较弱。从总体上看,中小金融机构存在规模小、起点低、资本金少、风险抵御能力弱等特点,与大中型商业银行相比核心竞争力存在短板。近年来受宏观经济持续疲弱的影响,中小商业银行的盈利能力和资产质量均受到挑战,进一步补充资本、提升风险管理能力压力较大。

(4)金融科技发展滞后。金融行业的竞争越来越依靠金融科技的支撑,大数据、云计算、人工智能、区块链等新兴技术将在金融行业得到更为广泛的运用,新技术的使用将推动金融市场进一步趋于开放与多元,未来金融创新速度将会加快,金融产品竞争会进一步加剧,消费者体验将更为敏感,金融科技发展相对滞后的中小商业银行将会面临更严峻的竞争形势。

(二)中小企业

纵观世界经济发展的情况,各国中小企业在促进技术进步、扩大就业、增加税收和城市化进程等方面,都发挥着非常重要的作用。特别是在科学技术迅速发展的今天,中小企业的地位日显重要,它已成为调整和优化产业结构、提高国民经济增长质量和国际竞争力的重要基础。从我国来看,中小企业占企业总数的99%以上,吸纳了75%左右的城镇就业岗位,对GDP的贡献超过60%,对税收的贡献率超过50%。中小企业创业及管理成本低,市场应变能力强,就业弹性高,具有大企业无可比拟的优势。中小企业大多数从事第三产业,贴近市场,贴近用户,活跃在市场竞争最为激烈的领域,是市场经济的主体和市场体制的微观基础。

(三)中小商业银行与中小企业之间的关系

大型商业银行大多为全国性或全球性企业,其区域分支机构管理人员经常调换,内部审批流程较长,对于中小企业的财务数据未必完全相信,对于区域性中小企业的特性缺乏个性化方案,出于安全性考虑一般倾向于向大中型企业融资。中小商业银行在中小企业融资方面有天然的优势,中小商业银行一般为地方性金融机构,对当地的政策情况、经济发展状况较为熟悉,社会资源较为丰富(见表2-8)。

鉴于中小商业银行在网点、资金、技术等方面的欠缺,大型企业一般较少选择中小商业银行为其提供融资服务,而中小商业银行对当地中小企业知根知底,在企业生产、经营信息方面具有优势,有助于解决金融机构与中小企业信息不对称的问题。

表2-8　　　　　　　　中小金融机构小微企业贷款情况表　　　　　　　单位:亿元

统计时间	银行业金融机构	中小金融机构	中小金融机构占比
2015.03	214 132.00	65 115.00	30.41%
2015.06	220 493.00	68 984.00	31.29%
2015.09	225 427.00	72 088.00	31.98%
2015.12	234 598.00	76 444.00	32.59%
2016.03	242 962.00	81 528.00	33.56%

续表

统计时间	银行业金融机构	中小金融机构	中小金融机构占比
2016.06	249 509.00	86 288.00	34.58%
2016.09	256 399.00	90 191.00	35.18%
2016.12	267 009.00	95 007.00	35.58%
2017.03	278 005.00	101 114.00	36.37%
2017.06	286 159.00	105 016.00	36.70%
2017.09	296 550.00	108 990.00	36.75%

注：中小金融机构数据为城市商业银行与农村金融机构合计数。

数据来源：依据中国银监会数据整理。

二、中小企业的融资困境

目前，中小企业的融资困境，主要由以下一些原因造成。

（一）中小企业自身的问题

1. 资本金严重不足

中小企业与大型企业相比具有初始资本投入不足，资产负债率高的特征。在我国，地方国有和城镇集体中小企业受制于地方财力，民营中小企业受制于资本原始积累的不足。

2. 财务制度不健全

由于绝大多数中小企业处于成长阶段，与大企业相比内部管理相对粗放，尚未形成一套科学化的管理体制，在财务管理方面一般缺乏严密的资金使用计划，资本周转效率相对较低；在存货管理和债权债务等方面缺乏必要的内部控制；缺乏健全的财务管理体系及制度。上述问题导致了财务管理的乏力。

（二）商业银行存在的问题

1. 商业银行对中小企业融资趋于"两极分化"

商业银行是中小企业融资的主渠道。但银行出于对资产质量和风险收益的考虑，对中小企业的金融支持实质上较为谨慎，易受到宏观调控、压缩贷款规模的影响。现有商业银行的信贷业务大多向实力雄厚的大中型企业聚集，而对中小企业的信贷活动呈现"两极分化"的情况，一方面产品销路畅、企业效益好、资信良好的优质中小企业，成为各家银行的争夺对象，各商业银行对其加大授信额度，改善金融服务，甚至压低利率竞相放贷，但这部分企业由于资金相对充裕，对贷款的需求不高；另一方面一些有发展潜力但当前财务状况并不太好的中小企业，由于银行方面尚缺乏识别能力，往往受到冷落。

2. 商业银行对融资责任追究严厉

目前,银行对从事信贷工作人员的责任追究较为严格,一笔融资的失误可能使其长期受到牵连。出于安全性考虑,银行信贷人员更愿意将融资发放给大中型企业,而不愿意投入精力去研究中小企业融资。

3. 商业银行担保条件落实复杂

商业银行对中小企业融资实行抵质押担保制度,在落实层面较为复杂,一是中小企业普遍具有规模小、固定资产少、土地房产等抵押物不足的特点,部分企业较难提供合格的担保品。二是抵质押折扣率高。三是抵押登记部门分散,手续烦琐,影响了融资效率。上述情况使很多中小企业贷不到款或不愿贷款。

4. 中小企业融资成本高

出于成本、风险等因素,商业银行提供给中小企业的融资利率偏高,加之担保登记等相关费用,导致中小企业融资成本远高于大中型企业。

(三)其他市场方面存在的问题

目前我国资本市场尚不完善,虽然资本市场已推出创业板、新三板以及短融、中融等,但进入门槛仍然较高,在一定程度上限制了规模较小、人员较少的中小企业融资。

(四)信用担保存在的问题

目前我国担保机构注册资本相对较少,担保能力与担保需求之间矛盾较为突出,担保资金严重不足,影响担保公司的信用度,银行很难接受,降低了担保公司注册资本作为金融杠杆工具的乘数放大效应。我国地区间担保机构因存在差异,部分地区市场化担保机构较少,担保品种单一,寻保困难。

三、中小金融机构票据平台

(一)中小金融机构票据平台

中小金融机构票据平台是指由中小金融主管部门牵头或联合中小企业管理部门成立的票据交易初级平台,平台可考虑引入上海票据交易所、商业银行等战略合作伙伴。平台主要负责撮合城市商业银行、农村金融机构、村镇银行等中小金融机构票据贴现市场,并为票据承兑市场提供信息服务。

中小金融机构票据平台具有以下特点:一是具有系统化特点,以管理信息系统为平台的基础。二是具有连通性特点,一方面平台与各中小金融机构系统相连,另一方面与上海票据交易所的中国票据交易系统、电子商业汇票系统(ECDS)等对接,串联起中小金融票据一、二级市场,实现票据全生命周期无纸化、标准化运作。三是具有服务实体经济特点,通过中小金融机构票据平台,可以连接实体经济中大多数中小企业,提高企业结算与融资效率;也可以对接中小金融机构,拓宽其客户基础,提升票据贴现市场竞争力,并进一步推动中小金融服务实体经济的能力。

(二)意义及作用

1. 落实国家方针政策

在十九大报告中,明确提出"要更好发挥政府作用,推动新型工业化、信息化、城镇化、农业现代化同步发展,主动参与和推动经济全球化进程,发展更高层次的开放型经济"。建设更高层次的开放型经济离不开中小企业的发展。通过中小金融机构票据平台可以推动国民经济各行业发展,促进金融要素的有效配置,推动工业化、信息化、城镇化、农业现代化不断发展。

2. 缓解中小企业融资问题

(1)通过供应链票据融资缓解中小企业"融资难"。中小金融机构票据平台通过供应链把中小企业与中小商业银行串联起来,借助核心企业的信用,为中小企业提供票据融资。由于供应链上下游企业之间存在供销关系或合作关系,彼此之间对经营情况、行业趋势、融资需求较商业银行更为熟悉、更为了解,中小金融机构票据平台将改变供应链内企业的交易与融资习惯,从赊销或贷款融资转变为票据背书转让、票据贴现及商票保贴,避免出现债务链、三角债等问题,有利于供应链企业的健康、稳定发展。

中小金融机构票据平台创造性地推出"联合授信、协议登记"的供应链票据模式,通过签署电子合同的方式将中小商业银行有机结合在一起,克服中小商业银行缺乏跨地域机构、异地授信等问题,集合中小商业银行优质资源为供应链中的中小企业提供融资,进一步缓解中小企业"融资难"的问题。

(2)通过业务规则缓解中小企业"融资贵"。一是降低融资成本。中小金融机构票据平台的发展,将进一步推动票据无纸化、标准化进程,降低中小企业的融资成本。一方面,企业之间通过电子票据背书转让更快、更便捷,且票据与流动资金贷款及资本市场融资产品相比办理时间更短,有利于节约企业的时间成本;另一方面,票据贴现利率总体上低于流动资金贷款利率,票据承兑费用也远低于国内信用证开证等费用,通过平台"撮合交易"规则将有利于中小企业选择更低的贴现利率,降低中小企业的融资成本。二是降低时间成本。票据融资是一种典型的间接融资,与直接融资相比,票据融资的审批与发放效率高;与其他间接融资产品相比,票据融资的审批效率高;与其他结算产品相比,电子票据的流转速度更快。中小金融机构票据平台可以全面提高中小企业的资金使用效率,加快资金回笼速度,有利于进一步提升中小商业银行对实体经济结算与融资的服务效率。

3. 有利于控制风险及培育商业信用体系

(1)控制票据业务风险。中小金融机构票据平台对票据承兑、贴现市场的规范化运作,将推动中小商业银行逐步完善各项票据业务风险防范措施,进一步优化实体经济的用票环境,有效降低实体企业的票据使用风险;平台可以填补城市商业银行与企业之间的市场规则空白,建立起企业与中小商业银行之间的直接信息通道,使票据贴现市场价格更趋于透明化,最大限度压缩不规范票据中介的生存空间,防范可能出现的各类风险事件;平台通过引入外部评级公司及供应链票据模式,可在一定程度上帮助中小商业银行抵御信用风险;平台拥有较为全面的票据融资数据及各行业票据业务数据,可进一步分析票据市场及各行业交易主体的信用状况,并为中小商业银行对票据市场利率走势研判创造条件,为防范票据市场风险提供依据。

(2)培育商业信用体系。中小金融机构票据平台可通过引入外部评级机构为商业承兑汇票评级,激发票据市场潜力,推进国内商业信用环境的培育;同时平台可委托外部评级机构为中小商业银行评级,通过平台公示,提升中小商业银行承兑票据的流通性,并促进资产质量较差的中小商业银行改善经营,进一步推进国内金融机构信用评级建设。

4. 推进中小商业银行转型和稳健发展

(1)拓展客户,深耕中小企业。中小商业银行依托中小金融机构票据平台,以"1+N"供应链票据为拓展渠道,可以进一步拓展中小企业客户群体。借助供应链核心企业信用,加大对中小企业的融资支持,加快中小企业资金周转速度,提升中小企业综合竞争实力,优化中小商业银行对中小企业的服务模式、服务手段,加快推进中小商业银行创新及风险控制能力,做深、做透中小企业融资。

(2)规范经营,避免脱实向虚。近年来,监管机构不断加强对商业银行的监管力度,引导商业银行加大对实体经济的信贷投放,避免脱实向虚,防止资金空转。中小商业银行通过中小金融机构票据平台可以进一步规范经营,一方面,通过平台办理的各项票据业务均为传统信贷业务,有利于中小商业银行将资金、信贷资源投入实体经济,促进实体经济快速发展;另一方面,通过平台签署的供应链合作等电子协议,由平台统一保管、鉴证,有利于进一步规范中小商业银行异地业务开展,提升中小商业银行盈利能力。

四、中小金融机构票据平台方案

(一)总体架构

中小企业金融平台可由中小商业银行主管机构或联合中小企业管理部门搭建,平台对接各中小商业银行内部系统,负责处理银企之间全部票据业务,将已完成的银企纸质票据业务行为发送中国票据交易系统登记,代理中小商业银行接入 ECDS 系统并完成交互,中小商业银行自行登录或接入中国票据交易系统进行票据二级市场交易。

(二)平台业务功能

1. 企业业务功能

(1)供应链票据协议签署。

(2)企业间票据背书转让。

(3)企业与银行间票据行为,含票据承兑、贴现、质押、保证等业务申请。

2. 商业银行业务功能

(1)供应链票据协议签署。

(2)银行与企业间票据行为,含票据承兑、贴现、质押、保证等业务。

(3)纸质票据业务登记。

(4)票据二级市场业务。含票据转贴现、质押式回购、买断式回购、再贴现等业务。中小商业银行需通过中国票据交易系统或自行对接参与。

中小商业银行可以自有资金参与,或通过设立理财计划或与券商、基金公司等合作设立资管计划,以非法人产品方式参与票据二级市场交易。

3. 公共功能

(1)评级功能。

(2)供应链票据协议签署。

(3)票据提示付款及追索功能。

(4)票据鉴证、咨询功能。

(5)票据衍生产品功能。

中小金融机构票据平台可形成票据大数据,通过数据分析与挖掘,可开发行业票据价格指数、行业票据收益率曲线以及相关金融衍生产品等信息产品,为票据市场的合理估值提供依据。

(三)评级与清算模式

1. 信用评级模式

中小金融机构票据平台可引入具有公信力的评级机构,设立公允的评级模型,对承兑金融机构和承兑企业进行信用评级。平台会员可以查询金融机构及承兑企业的评级结果。

2. 清算模式

(1)交易清算方式。平台票据贴现业务可采用票款兑付(DVP)清算方式。交易双方确认后,平台自动判断卖方票据权属及买方资金状况,同步完成交易票据的过户及结算资金的划转,确保交易票据与结算资金同步交割,避免出现清算风险。

(2)到期清算方式。平台票据的到期清算分为两种具体场景:一是已贴现票据。根据中国票据交易系统规则,票据贴现且权属登记后纳入其托管体系,此类票据到期时,中国票据交易系统将按现有到期处理规则进行提示付款及资金划转。二是未贴现票据。未贴现票据到期时应由平台向票据承兑人发起提示付款,并依据平台相关业务处理规则扣划付款人资金账户用于票款兑付。

(四)平台交易模式

1. 撮合模式

平台可借鉴债券市场较为成熟的交易模式,如对话报价、业务撮合等交易模式。

交易双方在充分沟通,确定交易价格、标的等条件,各自确认后达成交易。

2. 供应链票据模式

供应链票据模式是指依托平台,围绕核心企业,通过电子商业汇票为核心企业及其上下游企业融资,将单个企业的不可控风险转变为供应链企业整体的可控风险,将信用风险控制在最低的票据金融服务模式。

供应链票据模式包括供应链买方票据模式和供应链卖方票据模式等两类,两类模式根据核心企业在供应链中所处的地位确定。

(1)供应链买方票据模式。供应链票据买方模式采用类似银团贷款的方式,由核心企业的主办中小银行作为牵头银行,核心企业的上游供应商开户银行作为参与行,牵头行与参与行共同合作为核心企业及上游中小企业提供商票保贴及商票贴现服务。

首先由牵头行与参与行在中小金融机构票据平台签署合作协议,为核心企业共同核定商票保贴授信额度;然后由核心企业向上游供应商签发电子商业承兑汇票,供应商授信行作为参与行通过中小金融机构票据平台加注保贴信息,中小企业收票后通过中小金融机构票据平台向保贴行办理票据贴现,保贴行通过中小金融机构票据平台接入上海票据交易所转让票据。

(2)供应链卖方票据模式。供应链票据卖方模式,同样由核心企业的主办中小银行作为牵头银行,核心企业的下游经销商开户银行作为参与行,牵头行与参与行共同合作为核心企业及上游中小企业提供银票承兑、商票保证及票据贴现服务。

首先由牵头行与参与行在中小金融机构票据平台签署合作协议,参与行为供应链上下游企业办理银票承兑或票据保证业务,上下游企业将票据交付核心企业后,核心企业向主办行申请办理票据贴现,主办行通过中小金融机构票据平台接入上海票据交易所转让票据。

(五)中小金融机构票据平台系统构成

1. 票据处理主模块

该模块是中小金融机构票据平台的核心部分:一是需要实现会员、权限、电子合同等系统基础管理功能;二是需实现系统的后台处理机制,实现供应链票据的电子签约,并分门别类地将各类申请发送至关联系统,实现贴现与托收的一体化清算;三是通过数据接口,借助中国票据交易系统现有功能实现纸票二级市场交易,代理中小商业银行实现电票二级市场交易。

2. 企业票据操作模块

平台需统一建立企业票据操作平台,企业会员可通过线上平台进行电子银票承兑申请、电子商票开票、背书转让、保贴申请、贴现申请、质押申请、保证申请、提示付款、追索及业务查询等操作,并需要实时展示市场行情及金融机构报价信息,以满足企业票据结算与融资需求。

3. 系统对接模块

(1)对接中小商业银行内部系统。系统需实现企业与中小商业银行之间业务指令的发送与接收,如电子银票承兑、保贴、贴现、质押、保证等业务申请的审批与确认。

(2)对接 ECDS 系统,实现代理平台进行电子商业汇票企业间、银企间的相关交易,及机构会员进行电子商业汇票二级市场交易。

(3)对接中国票据交易系统。实现纸质票据承兑、贴现等票据登记托管信息的传输,以及在第一、第二类系统架构下实现平台机构会员的票据二级市场交易。

(4)对接央行相关系统。与央行大额支付对接实现融资款项的划转,与企业征信系统对接便于为评级提供依据。

建设中小金融机构票据平台需要地方政府、地方国资委、中小企业管理部门,央行以及银监会等相关部门的支持与重视,通过提供相关政策及资源支持,推动中小金融机构票据平台落地实施。

建设城市金融票据平台
推进票据市场深入发展

肖小和等

一、城市商业银行发展概况

(一)城市金融与城市商业银行

城市金融总量是城市经济发展的有机组成部分,是城市经济的晴雨表,它能在一定程度上反映当地经济生态、金融生态环境状况。城市经济的发展影响着城市金融的发展规模、发展水平和发展程度,相应地城市金融发展的好与坏,也深刻地影响着城市经济的发展水平。

城市商业银行是城市金融的重要组成部分,是一类较为典型的城市金融机构研究样本。一方面城市商业银行服务于各种规模的城市、各类型的企业,为当地城市经济建设与发展提供了大量信贷资源及资金支持,为区域经济可持续发展提供了金融保障;另一方面部分城市商业银行虽已实现跨区经营,但仍然受到注册地所在城市的深刻影响,注册地城市仍是其信贷资源配置主要部分,其业务发展规模、经营水平、资产质量都与注册地城市的经济状况、经济结构、信用环境密切相关。

(二)城市商业银行业务数据情况

1. 法人机构数和从业人员

自2006年至2013年,随着城市信用社改制工作的不断深入,城市商业银行法人机构数量总体呈现上升的趋势,最高达到2013年的145家。但从2014年开始,城市商业银行法人机构数量大幅减少,最低仅为133家,表明在宏观经济长期未见明显好转的大环境下,城市商业银行在加快合并重组。

城市商业银行从业人员数据量方面,自2006年以来一直呈现大幅增长的状况,至2016年已较2006年增长351.76%(见表2-9)。

表2-9　　　　2006—2016年城市商业银行法人机构及从业人员情况

年份	法人机构数	从业人数
2006	113	113 999
2007	124	123 380

续表

年份	法人机构数	从业人数
2008	136	150 920
2009	143	177 765
2010	147	206 604
2011	144	223 238
2012	144	259 261
2013	145	278 470
2014	133	346 816
2015	133	370 124
2016	134	401 003

数据来源:依据万得资讯数据整理。

2. 资产负债情况

城市商业银行资产负债规模在整体银行业中占有一定份额,其资产负债状况呈现以下两大特点。

(1)城市商业银行总资产、总负债同比增幅快。截至2017年9月,银行业金融机构总资产240.4万亿元,同比增长10.60%。其中:商业银行总资产186.65万亿元,同比增长10.90%;城市商业银行总资产30.54万亿元,同比增长16.20%。同期,银行业金融机构总负债221.63万亿元,同比增长10.60%。其中:商业银行总负债172.56万亿元,同比增长10.80%;城市商业银行总负债28.52万亿元,同比增长16.20%(见表2-10、表2-11)。

表2-10　　　　　　　　2014—2017年城市商业银行总资产情况

时间	银行业金融机构(万亿元)	同比(%)	商业银行(万亿元)	同比(%)	占比(%)	城市商业银行(万亿元)	同比(%)	占比(%)
2014.12	168.16	13.60	130.80	13.10	77.80	18.08	19.10	10.80
2015.03	174.37	11.90	136.37	11.80	78.20	18.80	18.30	10.80
2015.06	183.68	12.70	144.36	13.80	78.60	20.25	20.70	11.00
2015.09	187.88	15.00	146.87	15.80	78.20	21.20	24.00	11.30
2015.12	194.17	15.50	150.94	15.40	77.70	22.68	25.40	11.70
2016.03	203.34	16.60	157.21	15.30	77.30	23.82	26.70	11.70
2016.06	212.31	15.60	164.19	13.70	77.30	25.20	24.50	11.90
2016.09	217.32	15.70	168.33	14.60	77.50	26.28	24.00	12.10

续表

时间	银行业金融机构(万亿元)	同比(%)	商业银行(万亿元)	同比(%)	占比(%)	城市商业银行(万亿元)	同比(%)	占比(%)
2016.12	226.26	15.80	175.94	16.60	77.80	28.24	24.50	12.50
2017.03	231.93	14.10	181.32	15.30	78.20	29.26	22.80	12.60
2017.06	236.54	11.40	183.85	12.00	77.70	29.73	18.00	12.60
2017.09	240.40	10.60	186.65	10.90	77.60	30.54	16.20	12.70

数据来源:依据中国银监会数据整理。

表2-11　　　　　　　　2014—2017年城市商业银行总负债情况

时间	银行业金融机构(万亿元)	同比(%)	商业银行(万亿元)	同比(%)	占比(%)	城市商业银行(万亿元)	同比(%)	占比(%)
2014.12	155.92	13.00	121.17	12.50	77.70	16.84	18.70	10.80
2015.03	161.45	11.30	126.15	11.10	78.10	17.49	17.90	10.80
2015.06	170.38	12.10	133.87	13.10	78.60	18.87	20.50	11.10
2015.09	173.46	14.20	135.97	15.40	78.40	19.77	24.10	11.40
2015.12	179.05	14.80	139.46	15.10	77.90	21.13	25.50	11.80
2016.03	187.34	16.00	145.16	15.10	77.50	22.20	26.90	11.90
2016.06	196.17	15.10	152.11	13.60	77.50	23.54	24.70	12.00
2016.09	200.40	15.50	155.67	14.50	77.70	24.53	24.10	12.20
2016.12	208.92	16.00	162.94	16.80	78.00	26.40	25.00	12.60
2017.03	213.97	14.20	167.80	15.60	78.40	27.36	23.20	12.80
2017.06	218.39	11.30	170.25	11.90	78.00	27.78	18.00	12.70
2017.09	221.63	10.60	172.56	10.80	77.90	28.52	16.20	12.90

数据来源:依据中国银监会数据整理。

(2)城市商业银行总资产、总负债占比持续上升。自2014年四季度至2017年三季度,城市商业银行总资产规模从18.08万亿元增长至30.54万亿元;在银行业金融机构总资产的占比自10.80%上升至12.70%。同期,城市商业银行总负债规模从16.84万亿元增长至28.52万亿元;在银行业金融机构总负债的占比自10.80%上升至12.90%。

3.税后利润情况

2005年至2016年间,城市商业银行税后利润自120.9亿元增长至2 244.5亿元,在银行业金融机构的占比从4.77%增长至10.83%。12年的年均增幅达到

146.37%（见表2-12、图2-1）。（注：2005年仍有城市信用社尚未改制完成，受数据所限，实际年均增幅可能小于此幅度。）

表2-12　　　　　　　2005—2016年城市商业银行税后利润情况

年份	银行业金融机构（亿元）	城市商业银行（亿元）	占比（%）
2005	2 532.60	120.90	4.77
2006	3 379.20	180.90	5.35
2007	4 467.30	248.10	5.55
2008	5 833.60	407.90	6.99
2009	6 684.20	496.50	7.43
2010	8 990.90	769.80	8.56
2011	12 518.70	1 080.90	8.63
2012	15 115.50	1 367.60	9.05
2013	17 444.60	1 641.40	9.41
2014	19 277.40	1 859.50	9.65
2015	19 738.10	1 993.60	10.10
2016	20 732.40	2 244.50	10.83

数据来源：依据万得资讯数据整理。

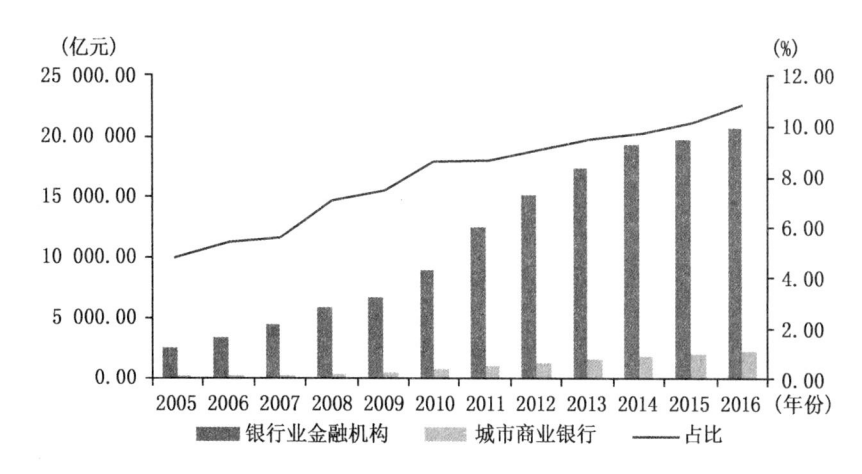

数据来源：依据万得资讯数据整理。

图2-1　2005—2016年城市商业银行税后利润情况

4. 票据融资余额情况

2015年银行业金融机构票据融资余额为4.6万亿元;同期城市商业银行票据融资余额为0.84万亿元,占比达到18.23%,超出城市商业银行总资产在银行业金融机构的占比5.53个百分点。

2011年至2015年间,城市商业银行票据融资余额从0.26万亿元,增长至0.84万亿元,年均增幅达到45.58%;在银行业金融机构占比从17.05%上升至18.23%(见表2-13)。

表2-13　　　　　　　2011－2015年城市商业银行票据融资余额情况

年份	银行业金融机构(万亿元)	城市商业银行(万亿元)	占比(%)
2011	1.50	0.26	17.05
2012	2.00	0.37	18.28
2013	2.00	0.38	19.05
2014	2.90	0.55	19.11
2015	4.60	0.84	18.23

数据来源:依据万得资讯数据整理。

上述数据表明,城市商业银行非常重视票据融资领域,其将更多的信贷资源投入票据融资业务,是票据市场的主力军之一。

(三)城市商业银行发展存在的问题

1. 发展模式分散,规模差距大

一是部分规模较大的城市商业银行已经实现跨省经营,如:北京银行、上海银行、南京银行、杭州银行等,其业务范围已不再局限于一地,业务发展迎来新的空间,但在跨省业务管理、集约化经营等方面仍需进一步探索;二是部分省份合并重组了辖内城市商业银行,如:江苏银行、河北银行、甘肃银行、江西银行等,实现了省内金融资源的集中整合,但在发展思路、资源分配、网点布局等方面还需进一步融合;三是规模较小的城市商业银行仍主要在注册地城市经营(部分实现省内跨区经营),主要面临业务发展的瓶颈问题。

2. 市场定位模糊,基础不牢固

城市商业银行体量不及国有及股份制商业银行,跨地域发展受到限制,部分城市商业银行业务发展目标并不明确,对地方政府依赖性较高,产品与定价方面多采取跟随策略,缺乏对客户及市场的深入研究,市场定位模糊。

3. 服务手段落后,创新能力弱

总体看,城市商业银行金融服务手段较为落后,产品较为单一。以网上银行为例,多数城市商业银行网上银行页面简单,功能匮乏,部分城市商业银行的网上银行仅能办理个人和企业的转账、汇款等基本业务,与国有或股份制商业银行"金融超市"型网上银行相比差距巨大。目前国内大型商业银行均在金融科技领域发力,通过采用大数据、云计算等新兴技术支持业务发展及产品创新,城市商业银行受到规模体量、资金实力、技术水平等因素制约,其服务手段、产品创新将面临严峻的挑战。

4. 融资渠道有限,资本压力高

银行资本补充渠道分为内源融资和外源融资两类。内源融资是指通过提高自身盈利水平来补充资本,外源融资是指利用股权资本、债务类工具、混合型权益等各外源资本工具进行资本金的补充。当前,过高的上市门槛将多数中西部城市商业银行挡在资本市场之外。2018 年,我国新资本管理办法将全面实施,城市商业银行面临更加严格的资本监管及资本补充压力。

5. 票据规模较小,风险控制弱

虽然城市商业银行票据融资规模在全市场占比接近 20%,但城市商业银行数量众多,单个城市商业银行的票据业务规模相对较小;部分城市商业银行在票据风险防范方面经验有限,纸质票据占比较高,业务流程不规范,易于被票据中介渗透,票据风险防范能力相对较弱。

二、建设城市金融票据平台的意义

(一)城市金融票据平台的概念

城市金融票据平台是指由城市金融主管部门牵头成立的混合所有制公司,可考虑引入上海票据交易所、商业银行等战略合作伙伴。平台主要负责撮合城市商业银行票据贴现市场,并为票据承兑市场提供服务,一方面平台与各城市商业银行系统相连,另一方面与上海票据交易所的中国票据交易系统、ECDS 系统等对接,串联起城市金融票据的一、二级市场,实现票据全生命周期无纸化、标准化运作。

城市金融票据平台将以票据为载体,连接实体经济中大多数中小企业,加快企业结算与融资效率。城市金融票据平台将成为中国票据市场的重要组成部分,是票据市场的重要基础设施,是上海票据交易所在票据承兑、贴现领域的业务延伸。

(二)建设城市金融票据平台的意义

1. 落实国家方针政策

中共十九大报告强调,"要更好发挥政府作用,推动新型工业化、信息化、城镇化、农业现代化同步发展,主动参与和推动经济全球化进程,发展更高层次的开放型经济"。十九大报告在回顾过去 5 年工作和历史性变革时指出,我国城镇化率年均提高 1.2 个百分点。

我国城镇化率的不断提升,离不开城市金融的支撑。城市金融票据平台可以源源不断地为城镇化目标提供资金及信贷支持,推动城市基础设施水平,提升国民经济各行业发展,加快特色城镇建设,提供生产效率,促进金融要素的有效配置,增强经济辐射带动作用,推动我国城镇化不断向前发展。

2. 改善城镇经济发展环境

一是建设城市金融票据平台可以考虑与上海票据交易所合作共同建设,实现票据在银企之间、在银行间的无缝衔接及自由流转,有利于通过二级市场推动城市商业银行票据承兑、贴现业务的开展,有利于城市商业银行统一规范票据承兑、贴现业务规则,促进公平、有序竞争,便利实体经济融资。

二是通过城市金融票据平台可进一步发挥票据结算与融资的特性,并通过供应链与产业链的建设,提升城市商业银行信贷效率,缓解企业产供销环节的融资压力,提升供应链融资效率,推动大中型企业及中小微企业提升产能、优化布局,促进多元化的金融产品创新,为服务城镇化创造条件。

三是建设城市金融票据平台可以引入外部评级、担保机制,进一步分散金融风险,提高交易双方的信用水平,降低失信主体的违约空间,并进一步培育信用体系与信用文化。

四是可以充分发挥再贴现等金融工具对资金流向的引导作用,引导城市商业银行加强对小微企业融资服务,完善票据市场利率的形成机制,提升金融机构信贷结构的合理性与均衡性,推进城镇产业协调发展。

3. 缓解中小微企业融资问题

(1)降低中小微企业融资成本。城市金融票据平台的发展,将进一步推动票据无纸化、标准化进程,降低中小微企业的融资成本。一方面,城市金融票据平台将推进票据无纸化进程,企业之间通过电子票据背书转让更快、更便捷,且票据与流动资金贷款及资本市场融资产品相比办理时间更短,有利于节约企业的时间成本;另一方面,票据贴现利率总体上低于流动资金贷款利率,票据承兑费用也远低于国内信用证开证等费用,采用票据承兑及贴现业务可全面降低中小微企业的融资费用及利息支出。

(2)提升中小微企业融资效率。票据融资是一种典型的间接融资,与直接融资相比,票据融资的审批与发放效率高;与其他间接融资产品相比,票据融资的审批效率高;与其他结算产品相比,电子票据的流转速度更快。城市金融票据平台可以全面提高中小微企业的资金使用效率,加快资金回笼速度,有利于进一步提升城市商业银行对实体经济结算与融资的服务效率。

(3)解决企业间债务链问题。城市金融票据平台内的企业主要包括三大类:一是地处城镇的各类大中型企业;二是大中型企业供应链内的上下游中小企业;三是城镇其他企业。对于第一和第二类企业,由于相关企业之间存在供销关系或合作关系,彼此之间对经营情况、行业趋势、融资需求较商业银行更为熟悉、更为了解,城市金融票据平台将改变供应链内企业的交易与融资习惯,从赊销或贷款融资转变为票据背书转让、票据贴现及商票保贴,避免出现债务链、三角债等问题,有利于供应链企业的健康、稳定发展。

（4）解决跨地域企业间结算与融资问题。城市商业银行遍及全国各地，其对公客户大部分为中小微企业。城市金融票据平台可以利用系统优势突破地域限制，实现跨地域的票据贴现融资；鉴于城市商业银行技术相对落后的现状，城市金融票据平台可绕过城市商业银行网上银行，通过平台系统实现电子票据跨开户机构、跨地域背书转让，实现企业间跨地域票据结算。通过全方位深入推进票据结算与融资服务，加快商业汇票在全国范围的流转，带动各地城镇中小微企业走出困境，快速发展。

4. 有利于降低城镇票据业务风险

（1）降低企业用票风险。城市金融票据平台对票据承兑、贴现市场的规范化运作，将推动城市商业银行逐步完善各项票据业务风险防范措施，并进一步推动电子商业汇票替代纸质商业汇票的进程。通过一系列标准化规则的实施，将进一步优化实体经济的用票环境，有效降低实体企业的票据使用风险。

（2）压缩不规范票据中介空间。城市商业银行是票据风险防范较为薄弱的环节。上海票据交易所成立后，将原本割裂的银行间票据市场整合为全国统一的票据二级市场，但并未消除企业与商业银行、企业与企业之间的信息壁垒。通过城市金融票据平台可以填补城市商业银行与企业之间的市场规则空白，建立起企业与城市商业银行之间的直接信息通道，使票据贴现市场价格更趋于透明化，最大限度压缩不规范票据中介的生存空间，防范可能出现的各类风险事件。

（3）控制信用及市场风险。城市金融票据平台可以与上海票据交易所进行数据交换，将拥有较为全面的票据融资数据及各行业票据业务数据，可以透彻分析票据市场及各行业交易主体的信用状况，并为城市商业银行对票据市场利率走势研判创造条件，为防范票据市场信用风险、市场风险提供依据。

（4）规避票据真实性及操作风险。城市金融票据平台将以电子商业汇票作为主要的交易介质，纸质票据为辅，充分发挥电子商业汇票可靠性强、难以伪造、变造的优势。对于纸质票据可以依托中国票据交易系统查验纸质票据票面的详细信息，以及相关的承兑登记信息，依托城市商业银行把控纸质票据的真伪鉴别，将纸质票据的真实性风险降至最低，进而有效控制操作风险。

（5）防范道德风险。城市金融票据平台作为第三方撮合票据贴现交易，可以最大限度防范"逆流程操作""倒打款""一票二卖"等违法、违规行为，有效防范道德风险。

5. 有利于培育信用体系

一方面有利于国内商业信用体系发展，城市金融票据平台可通过引入外部评级机构及担保机构为承兑企业信用评级，并可引导大中型企业在产业链、供应链中使用商业承兑汇票，核心企业通过平台开立商业承兑汇票支付上游供应商货款，上游供应商可通过平台背书转让至其他企业或转交城市商业银行贴现，实现商业承兑汇票的闭环运行。以激发票据市场潜力，进一步推进国内商业信用环境的培育；另一方面有利于城市商业银行信用体系建设，部分城市商业银行规模小、认可度低，其承兑的票据市场接受度相对较差,业务推广存在一定难度,城市金融票据平台可引入外部评级机构为小型城市商业银行建立评级信息,并在平台上进行公示,以提升城市商业银行所承兑票据的流通性,并促进资产质量较差的城市商业银行改善经营。

三、如何建设城市金融票据平台

(一)总体架构

城市金融票据平台可包括以下三类不同的架构。

第一类架构建议由上海票据交易所负责搭建,城市金融票据平台将成为中国票据交易系统的子系统,并与上海票据交易所"纸电融合"工程同步完成电票相关改造工作,城市金融票据平台直接对接各城市商业银行内部系统(涉及承兑、贴现业务审批)。采用此类架构有利于将上海票据交易所业务规则直接对接城市金融票据平台,有利于票据一、二级市场业务数据的直接融合,但系统实现方面需视上海票据交易所进度而定。

第二类架构建议由上海票据交易所与城市商业银行主管机构联合搭建。业务及数据规则由双方协商制定,上海票据交易所为城市金融票据平台提供各类票据业务数据接口,城市金融数据平台除对接中国票据交易系统之外,需代理城市商业银行接入ECDS系统并完成交互,再对接各城市商业银行内部系统。采用此类架构有利于保障城市金融票据平台的独立性,有利于确保票据一、二级市场规则连续,有利于后续系统的延展,但系统对接较多、较为复杂。

第三类架构是由城市商业银行主管机构自行搭建,城市金融票据平台对接各城市商业银行内部系统,负责处理银企之间全部票据业务,将已完成的银企纸质票据业务行为发送中国票据交易系统登记,代理城市商业银行接入ECDS系统并完成交互,城市商业银行自行登录或接入中国票据交易系统进行票据二级市场交易。采用此类架构无需与中国票据交易系统做过多交互,实现相对简单,但在数据融合、市场统一、业务办理便利性等方面存在不足。

(二)城市金融票据平台业务范围

1. 企业业务范围

(1)企业间票据背书转让。

(2)企业与银行间票据行为,含票据承兑、贴现、质押、保证等业务申请。

2. 城市商业银行业务范围

(1)银行与企业间票据行为,含票据承兑、贴现、质押、保证等业务。

(2)纸质票据业务登记。

(3)票据二级市场业务。含票据转贴现、质押式回购、买断式回购、再贴现等业务。第一、第二类系统架构下,城市商业银行可直接通过城市金融票据平台参与交易;第三类系统架构下,城市商业银行需通过中国票据交易系统或自行对接参与。

城市商业银行可以自有资金参与,或通过设立理财计划或与券商、基金公司等合作设立资管计划,以非法人产品方式参与票据二级市场交易。

3. 公共服务

(1)评级服务。

(2)票据提示付款及追索服务。

(3)票据鉴证、咨询服务。

(4)票据衍生产品服务。

城市金融票据平台可形成城镇票据大数据,通过数据分析与挖掘,可开发行业票据价格指数、行业票据收益率曲线以及相关金融衍生产品等信息产品,为票据市场的合理估值提供依据。

(三)城市金融票据平台业务模式

1. 信用评级模式

平台可引入具有公信力的评级机构,设立公允的评级模型,对承兑金融机构和承兑企业进行信用评级。平台会员可以查询任意金融机构及承兑企业的评级结果。

2. 交易模式

平台可借鉴债券市场较为成熟的交易模式,如对话报价等交易模式。交易双方在充分沟通,确定交易价格、标的等条件,各自确认后达成交易。

3. 清算模式

(1)交易清算方式。平台票据贴现业务可采用票款兑付(DVP)清算方式。交易双方确认后,平台自动判断卖方票据权属及买方资金状况,同步完成交易票据的过户及结算资金的划转,确保交易票据与结算资金同步交割,避免出现清算风险。

(2)到期清算方式。平台票据的到期清算分为两种具体场景:一是已贴现票据。根据中国票据交易系统规则,票据贴现且权属登记后纳入其托管体系,此类票据到期时,中国票据交易系统将按现有到期处理规则进行提示付款及资金划转。二是未贴现票据。未贴现票据到期时应由平台向票据承兑人发起提示付款,并依据平台相关业务处理规则扣划付款人资金账户用于票款兑付。

(3)清算通道。城市金融票据平台的清算通道,可考虑采用以下四种模式。

一是借助权威清算机构(即在央行大额系统中有备付金账户的清算机构)清算,在权威清算机构的账户中为企业及机构会员设立资金账户用于清算,由权威清算机构进行资金托管。

二是借助大型商业银行清算,企业及机构会员在大型商业银行开立资金账户,由大型商业银行托管账户资金,并借助其清算通道依据平台指令进行资金清算。

三是自行清算,由平台自行接入央行大额支付系统,并向央行申请设立备付金账户,企业及机构会员在平台开立资金账户,平台依据系统指令自行清算。

四是借助上海票据交易所清算。

(四)城市金融票据平台系统构成

1. 城市金融票据处理主模块

该模块是城市票据平台的核心部分:一是需要实现会员、权限等系统基础管理功能;二是需实现系统的后台处理机制,分门别类地将各类申请发送至关联系统,实现贴现与托收的一体化清算;三是在第一、第二类系统架构下的二级市场交易功能需与中国票据交易系统、ECDS系统充分融合,借助中国票据交易系统现有功能实现纸票二级市场交易,代理城商行实现电票二级市场交易。

2. 企业票据操作模块

平台需统一建立企业票据操作平台,类似于商业银行网上银行的线上申请查询平台,企业会员可通过线上平台进行电子银票承兑申请、电子商票开票、背书转让、贴现申请、质押申请、保证申请、提示付款、追索及业务查询等操作,并需要实时展示市场行情及金融机构报价信息,以满足企业票据结算与融资需求。

3. 系统对接模块

(1)对接城市商业银行内部系统。一方面系统需实现企业与城市商业银行之间业务指令的发送与接收,如电子银票承兑申请、贴现申请、质押申请、保证申请等;另一方面需实现纸质票据登记托管信息的接收。

(2)对接中国票据交易系统。实现纸质票据承兑、贴现等票据登记托管信息的传输,以及在第一、第二类系统架构下实现平台机构会员的票据二级市场交易。

(3)对接ECDS系统,实现代理平台进行电子商业汇票企业间、银企间的相关交易,及机构会员进行电子商业汇票二级市场交易。

(4)对接央行相关系统。平台需与央行大额支付、企业征信等系统对接。

4. 城镇票据大数据模块

平台可收集城市金融票据平台相关会员信息、票据信息、评级信息、交易信息、托收信息等,建立城镇票据大数据平台并进一步推出基于票据贴现市场的衍生产品,如设立城镇票据贴现指数,反映城镇票据贴现市场价格变化情况,为后期开发远期交易、掉期交易等创新型衍生产品创造条件。

(五)实现路径

1. 银票优先路径

银行承兑汇票与商业承兑汇票相比,由于在承兑环节引入了银行信用,因此信用风险相对较低,易于标准化;且银行承兑汇票的签发量、交易量也远远超过商业承兑汇票。城市金融票据平台在成立初期,可以考虑优先推进银行承兑汇票的相关交易,然后在逐步推广商业承兑汇票。

2. 电票优先路径

电子商业汇票具有防伪性能高、传递便捷、交易迅速等独特优势,可在一定程度上有效规避票据操作风险,电子商业汇票从2009年正式推出后发展迅速,适合采用交易所"互联网+"对话报价的交易模式。城市金融票据平台可以电子商业汇票为基础,先行推出基于电子商业汇票的交易平台,而后再考虑纸质商业汇票。

(六)监管部门支持

建设城市金融票据平台需要地方政府、地方国资委、央行以及银监会等相关部门的关心与重视,通过提供相关政策及资源支持,推动城市金融票据平台尽快落地实施。

打造农村金融票据平台
推动票据市场持续发展

肖小和等

农村金融是一切与农村货币流通和信用活动有关的经济活动,是农村货币资金运动中的信用关系,是货币、信用、金融与农村经济组成的融合体。

农村经济是指经济活动或者经济关系发生地在农村,或者与农业生产有着较为直接的关系的经济集群,是农村中的经济关系和社会关系的总称。

近年来,随着农村金融体系的不断健全与发展,农村金融对农村经济发展的影响程度显著增强。农村金融可以为农村经济提供便利的支付手段,满足农村经济发展所需的信贷支持,提高农村资金的配置与使用效率,优化农村经济产业结构,推动农村经济快速发展;农村经济也为农村金融的成长创造了机遇,一方面巨大、广阔的农村市场不断推动农村金融创新;另一方面提升了农村金融机构的经营能力、运营能力及风险抵御能力,促进农村金融机构不断发展壮大。

一、农村金融现状

(一)农村金融体系逐步完善

近年来,多层次、广覆盖、适度竞争的农村金融体系正在逐步建设与完善,主要体现在两个方面。

一是村镇银行覆盖率逐步提升。截至2016年末,全国已有1 259个县(市)核准设立村镇银行,覆盖率为67%。全国已组建村镇银行1 519家,其中64.5%设在中西部。

二是金融机构空白乡镇数量大幅减少。截至2016年末,全国金融机构空白乡镇数量从2009年10月的2 945个减少至1 296个,实现乡镇金融机构和乡镇基础金融服务双覆盖的省份(含计划单列市)从2009年10月的9个增加到29个。目前我国人均持有银行账户数量、银行网点密度等基础金融服务水平已达到国际中上游水平。

(二)农村金融机构资产负债稳步增长

近年来,农村金融机构的资产和负债规模稳步增长。截至2017年二季度,农村金融机构总资产31.8万亿元,同比增长12.4%,占银行业金融机构比例为13.09%;总负债29.53万亿元,同比增长12.25%,占银行业金融机构比例达到13.13%(见表2-14)。

表 2-14　　　　　　　　　　　农村金融机构资产负债情况

	2016年				2017年	
	一季度	二季度	三季度	四季度	一季度	二季度
总资产(亿元)	272 263	283 274	290 832	298 971	313 952	318 045
总资产同比增长率(%)	16.29	16.39	16.72	16.51	15.31	12.40
总资产占银行业金融机构比例(%)	13.05	12.99	13.05	12.87	13.17	13.09
总负债(亿元)	252 489	263 108	269 686	277 231	291 440	295 338
总负债同比增长率(%)	16.25	16.50	16.83	16.75	15.43	12.25
总负债占银行业金融机构比例(%)	13.12	13.04	13.10	12.91	13.22	13.13

注:农村金融机构含农村商业银行、农村合作银行、农村信用社的相关数据。
数据来源:依据中国银行业监督管理委员会网站数据整理。

(三)全国涉农贷款持续增长

全国银行业金融机构涉农信贷投放实现了持续增长。截至2017年6月末,全国银行业金融机构涉农贷款余额达到29.97万亿元,比年初增长2.1万亿元,同比增长9.9%。其中,农户贷款余额7.69万亿元,比年初增长0.62万亿元,比上年同期增长了15.2%;农村企业及各类组织贷款余额16.7万亿元,比年初增长1.17万亿元,比上年同期增长了7.1%;城市涉农贷款余额5.58万亿元,比年初增长0.3万亿元,比上年同期增长了11.4%。

(四)农村地区票据市场占比较高

农村地区是我国票据市场的重要组成部分,以近几年数据为例,农村金融机构票据融资余额占全部金融机构票据融资余额的20%左右;全部金融机构票据融资余额占人民币贷款比重的4.5%左右,而农村金融机构达到7.0%以上。

二、农村金融票据平台的优势与意义

(一)什么是农村金融票据平台

农村金融票据平台是指由农村金融主管部门牵头成立的混合所有制公司,主要负责撮合涉农票据的承兑与贴现市场,一方面与农村商业银行、农村合作银行、农村信用社及村镇银行等农村金融机构相连;另一方面通过数据接口与中国票据交易系统、电子商业汇票系统(ECDS)等对接,串联起农村金融的票据一、二级市场,实现票据全生命周期的无纸化、标准化运作。

农村金融票据平台以票据为载体,串联起实体经济中的大多数农村企业及涉农企业,进一步提升农村金融的结算与融资效率,有利于探索农村金融扶贫的新道路。

农村金融票据平台将成为中国票据市场的重要组成部分,是票据承兑、贴现市场的重要金融基础设施,是上海票据交易所在票据承兑、贴现领域的业务延伸。

(二)为什么要建设农村金融票据平台

1. 当前农村金融中存在的问题

(1)我国农村经济发展水平地区差异较大,各地农村实体经济的融资环境和用票环境也存在较大差异,农村金融信用体系、担保体系的建设相对滞后。

(2)农村金融机构仍然以农村信用社为主体,提供的金融产品仍然以存、贷款为主,金融创新与金融服务力度不足,在金融科技领域发展较慢,结算与融资工具效率较低。

(3)农村金融资金供给存在结构性失衡的问题,农村金融机构较为关注农村规模型企业,对于中小微经营主体关注不够。农村实体企业(尤其是农村中小企业)融资难、融资贵的问题虽有所缓解,但仍然广泛存在,难以满足中小企业在融资方面的需求。

2. 农村票据市场的问题

我国农村地区在票据领域有很大潜力,由于农村金融机构在票据业务方面的市场观点、发展程度、规范程度不一致,造成当前农村票据市场发展呈现出市场较不成熟、票据支付使用频率较低、信用及操作风险较高、易与票据中介勾结等问题。

综上所述,农村票据市场有整合发展的需求,可以考虑建设统一的农村金融票据平台。

(三)发展农村金融票据平台的意义

1. 有利于改善农村金融外部环境

建设农村金融票据平台可以进一步发挥票据结算与融资的特性,结合涉农供应链与产业链的建设,可以最大限度提升涉农信贷效率,规避农村金融风险,缓解农业产供销环节的融资压力,并推进多元化的农村金融产品创新,为发展普惠金融创造条件。

建设农村金融票据平台可以引入外部评级、担保机制,可以进一步规避和分散农村金融风险,加快农村信用征集与信息共享进程,提高农村金融供需双方的信用管理水平,降低农村失信主体的违约空间,并进一步培育农村信用体系与信用文化。

利用农村金融票据平台与票据二级市场的对接,可以充分发挥再贴现等金融工具对资金流向的引导作用,进一步完善涉农信贷利率的形成机制,增强涉农金融机构信贷结构的合理性与均衡性,促进农村金融公平、有序竞争,确保农村金融主体行为的规范性和合理性,推进农村产业协调发展、农业科技进步以及农村金融创新。

2. 有利于推动农村经济快速发展

农村金融机构一方面对接平台内企业的承兑与贴现需求,另一方面接入中国票据交易系统,便利了农村金融机构循环操作票据一、二级市场业务,盘活了平台内的票据资产。农村金融票据平台可以充分发挥农村金融机构的纽带作用,培育大中型农村企业、涉农企业的资产运作能力,并通过大力推进电子商业汇票业务的开展,为农村及涉农企业节约融资成本。

3. 有利于推动缓解农村及涉农中小企业融资问题

(1)降低农村中小企业融资成本。①票据融资是一种典型的间接融资,与直接融资相比,票据融资的效率更高,可以提高中小企业的资金使用效率。②农村金融票据平台的平稳发展,将进一步推动票据无纸化、标准化进程,提升农村金融机构对实体经济结算与融资的服务效率,进一步降低农村及涉农中小企业的交易成本。③农村金融票据平台将改变行业农业供应链内企业的交易与融资习惯,从赊销或贷款融资转变为票据背书转让及票据贴现,加快中小企业资金回笼速度,有利于推动流动资金贷款票据化进程,由于票据融资成本总体上低于流动资金贷款,可全面降低中小企业的融资成本。

(2)解决中小企业间债务链的问题。农村金融票据平台内的企业主要包括三大类:一是地处农村的各类企业;二是涉及三农的各类型企业;三是大中型农村及涉农企业的上下游中小企业。行业内的相关企业之间由于存在供销关系或合作关系,彼此之间对经营情况、行业趋势、融资需求较商业银行更为熟悉、更为了解,通过平台的票据背书转让等功能可较好地解决中小企业债务链问题。

(3)解决跨地域企业间结算与融资问题。农村及涉农企业遍及全国各地,大部分为中小或小微企业。农村金融票据平台可以突破地域限制,全方位、全地域地深入推进票据结算与融资服务,加快商业汇票在全国农村范围内的流转,带动各地农村及涉农中小企业走出困境,快速发展。

4. 有利于降低农村地区票据业务风险

(1)切实降低企业用票风险。农村地区票据市场发展相对落后,金融机构分布相对较少,企业对票据的鉴别能力相对较差。通过农村金融票据平台对票据承兑、贴现市场的规范化运作,农村票据市场的各项票据业务风险防范措施将逐步完善;且随着票据市场的电子化进程的进一步加快,电子化的商业汇票将成为票据市场最主要的交易标的,农村企业及涉农企业可以放心使用票据作为结算与融资的工具,以进一步优化农村实体经济的用票环境,降低票据的使用风险。

(2)有效防范票据中介渗透。广大的农村地区是票据风险防范较为薄弱的环节,虽然票交所将原本割裂的银行间票据市场整合为全国统一的票据二级市场,但并未消除企业与商业银行、企业与企业之间的信息壁垒。通过农村金融票据平台可以填补农村金融机构与农村企业、涉农企业之间的空白,建立起企业与农村金融机构之间的信息通道,使票据贴现市场价格更趋于透明化,最大限度压缩了票据中介的非正常生存空间,防范可能出现的各类风险事件。

(3)有效控制信用风险及市场风险。农村金融票据平台将拥有全面的农村金融融资数据及涉农行业票据业务数据,可以透彻分析农村票据市场及涉农行业交易主体的信用状况,为防范农村票据市场信用风险提供依据。

农村金融票据平台将通过对接中国票据交易系统,为农村金融机构对票据市场利率走势提前研判创造条件,控制票据市场风险。

(4)有效规避票据真实性风险及操作风险。农村金融票据平台应以电子商业汇票作为主要的交易介质,纸质票据为辅,充分发挥电子商业汇票可靠性强,难以伪造、变造的优势。对于纸质票据可以依托中国票据交易系统查验纸质票据票面的详细信息,以及相关的承兑登记信息,依托农村金融机构把控纸质票据的真伪鉴别,将纸质票据的真实性风险降至最低,进而有效控制操作风险。

(5)利于防范道德风险。农村金融票据平台作为第三方撮合票据贴现交易,可以最大限度防范"逆流程操作""倒打款""一票二卖"等违法、违规行为。

5. 有利于落实国家的方针政策

农村金融票据平台可向央行提供农村企业及涉农企业的基本信息、信用状况以及发展现状,为央行对再贴现政策的评估与实施创造条件,便利央行及监管机构推出进一步服务三农相关金融政策,确保再贴现规模与资金的精准投放,有利于推进金融精准扶贫,推进普惠金融政策的实施。

6. 有利于培育农村信用体系

(1)有利于发展农村银行信用。农村金融机构规模小、认可度低,其承兑的票据市场接受度较差,业务推广存在一定难度。农村金融票据平台可引入外部评级机构为农村金融机构建立评级信息,并在平台上公示,以提升资质较好农村金融机构承兑票据的流通性,促进资质较差的机构改善经营状况。

(2)有利于培育农村商业信用。农村金融票据平台可通过引入外部评级机构及担保机构为承兑企业信用评级,引导大中型农村企业在产业链、供应链中使用商业承兑汇票,激发农村地区票据市场潜力,进一步推进国内商业信用环境,尤其是农村商业信用环境的培育。

三、如何建设农村金融票据平台

(一)农村金融票据平台总体设计

1. 总体架构

农村金融票据平台包括两层架构:第一层平台是总平台,总体协调并对接所有农村地区票据平台;第二层平台是农村金融地区票据平台,是由各省农村信用联合社牵头组建的地区性票据平台。

2. 职责分工

(1)第一层票据平台(农村金融票据总平台)。第一层票据平台可由农村金融主管部门牵头组建,主要负责票据平台的各项管理、协调以及系统对接等工作。

主要职责为：①牵头搭建农村金融票据总平台及各地区票据平台。②牵头开发票据平台系统。③制定农村金融各级票据平台的业务标准及各项业务规则。④制定平台信用评级的相关标准，并选择有公信力的评级公司。⑤对接金融监管部门。⑥对接中国票据交易系统、电子商业汇票系统。⑦制定农村金融票据平台风险防范标准。⑧建设农村金融票据平台大数据。

(2)第二层票据平台(农村金融地区票据平台)。第二层票据平台由总平台负责搭建，是票据平台落地的部分。平台交易主体包括：农村金融机构、各类农村企业、涉农企业、中型农村及涉农企业的上下游企业等。

主要职责为：①落实各项政策及业务规则，完善风险防控手段。②参与农村金融票据平台的各项交易。③依据中国票据交易系统规则，使用农村金融票据平台系统登记纸质票据承兑、贴现信息，参与票据二级市场交易。④引导平台企业使用电子商业汇票，推进票据市场的发展。⑤引导辖区内金融机构及承兑企业参与信用评级。

(二)农村金融票据平台业务范围

1. 农村及涉农企业业务范围

(1)企业间票据转让。平台内相关企业可借助平台系统背书转让电子商业汇票，用于企业间货款支付与结算。

(2)企业与银行间票据行为。农村及涉农企业通过平台可向农村金融机构发起票据贴现、票据质押、票据保证等业务申请。

2. 农村金融机构业务范围

(1)银行与企业间票据行为。农村金融机构通过平台审核企业提交的票据贴现、质押及保证业务申请，经内部审核后，确认或否决企业申请。对于票据质押项下的融资业务及需另外提供的担保，农村金融机构在线下提供相关服务。

(2)纸质票据业务登记。农村金融机构通过平台登记纸质票据承兑、贴现，以及贴现前的质押、保证等票据行为，通过平台发送中国票据交易系统。

(3)票据二级市场业务。农村金融机构通过平台与中国票据交易系统的互联参与票据二级市场交易。涵盖票据转贴现、质押式回购、买断式回购等交易产品。

农村金融机构可设立理财计划或与券商、基金公司等合作设立资管计划，通过非法人产品参与票据二级市场交易。

3. 公共服务

(1)商业汇票评级服务。平台牵头建设评级服务体系，引入有公信力的外部评级公司对承兑企业及金融机构信用评级，定期发布评级结果，揭示市场信用风险。

(2)票据提示付款及追索服务。平台内会员(企业或农村金融机构)持有的票据到期可由平台自动向承兑人发出提示付款，托收回款可通过平台系统直接划入会员的资金账户中，对于承兑人拒绝付款的票据，持票会员可通过平台向票据关系人发起追索。

(3)票据鉴证、咨询服务。平台可为会员提供票据鉴证及票据咨询服务,除农村金融机构外,还可聘请外部金融机构的票据专家,咨询范围涵盖票据业务产品、票据交易规则、票据法律法规、票据风险案例、票据金融科技等方面,为会员解决票据实务问题。

(4)票据衍生产品服务。农村金融票据平台可形成本行业的票据大数据,通过数据分析与挖掘,可开发行业票据价格指数、行业票据收益率曲线以及相关金融衍生产品等信息产品,为票据市场的合理估值提供依据。

(三)农村金融票据平台业务模式

1. 信用评级

平台需引入具有公信力的评级机构,设立公允的评级模型,对承兑金融机构和承兑企业进行信用评级。平台会员可以查询任意金融机构及承兑企业的评级结果。

2. 交易模式

平台可借鉴债券市场较为成熟的交易模式,如对话报价等交易模式。交易双方在充分沟通,确定交易价格、标的等条件,各自确认后达成交易。

3. 清算模式

(1)交易清算方式。平台票据贴现业务可采用票款兑付(DVP)清算方式。交易双方确认后,平台自动判断卖方票据权属及买方资金状况,同步完成交易票据的过户及结算资金的划转,确保交易票据与结算资金同步交割,避免出现清算风险。

(2)到期清算方式。平台票据的到期清算分为两种具体场景:一是已贴现票据。根据中国票据交易系统规则,票据贴现且权属登记后纳入其托管体系,因此已贴现票据到期时,中国票据交易系统将按现有到期处理规则进行提示付款及资金划转。二是未贴现票据。未贴现票据到期时应由平台向票据承兑人发起提示付款,并依据平台相关业务处理规则扣划付款人资金账户用于票款兑付。

(3)清算通道。农村金融机构众多、遍及全国,单独开发农村金融票据清算平台难度较大,可考虑采用以下三种清算通道。

一是借助权威清算机构(即在央行大额系统中有备付金账户的清算机构)清算,在权威清算机构的账户中为企业及机构会员设立资金账户用于清算,由权威清算机构进行资金托管。

二是借助大型商业银行清算,企业及机构会员在大型商业银行开立资金账户,由大型商业银行托管账户资金,并借助其清算通道依据平台指令进行资金清算。

三是自行清算,由平台自行接入央行大额支付系统,并向央行申请设立备付金账户,企业及机构会员在平台开立资金账户,平台依据系统指令自行清算。

(四)农村金融票据平台系统构成

1. 农村金融票据处理主模块

该模块是农村票据平台的核心部分:一是需要实现会员管理、权限管理等系统基础功能。二是需要实现类似于商业银行网上银行的线上申请查询平台,企业会员可通过线上平台进行电子银票承兑申请、电子商票开票、背书转让、贴现申请、质押申请、保证申请、提示付款、追索及业务查询等操作,并需要实时展示市场行情及金融机构报价信息。三是需实现系统的后台处理机制,分门别类地将各类申请发送至关联系统,实现贴现与托收的一体化清算。

2. 企业票据操作模块

平台需统一建立企业票据操作平台(如建立统一的外接式网上银行),提供票据贴现报价信息及贴现行情信息展示、企业间票据流转、票据质押融资、票据到期处理等功能,满足农村及涉农企业票据结算与融资需求。

3. 系统对接模块

(1)对接农村金融机构内部系统。一方面系统需实现企业与农村金融机构之间业务指令的发送与接收,将相关指令发送至农村金融机构内部系统中,并接收相关反馈信息,如电子银票承兑申请、贴现申请、质押申请、保证申请等;另一方面系统需实现农村金融机构二级市场交易相关指令的发送与接收,展现票据二级市场行情信息,接受农村金融机构二级市场交易指令,并向农村金融机构反馈成交信息。

(2)对接中国票据交易系统,以便平台机构会员进行票据二级市场相关交易,以及纸质票据承兑、贴现等票据登记信息的传输。

(3)对接 ECDS 系统,以便平台机构会员进行电子商业汇票二级市场交易。

(4)对接央行相关系统。平台需与央行大额支付、企业征信等系统对接。

4. 农村票据大数据模块

农村金融机构分布过于分散,农村票据贴现市场割裂较为严重,市场信息传递较为不便。平台可收集农村金融票据平台相关会员信息、票据信息、评级信息、交易信息、托收信息等,建立农村票据大数据平台并进一步推出基于票据贴现市场的衍生产品,如设立农村票据贴现指数,反映农村票据贴现市场价格变化情况,为后期开发远期交易、掉期交易等创新型衍生产品创造条件。

(五)实现路径

农村金融票据平台的建设是一个长期、渐进的过程,无论采用哪一种路径,最终目标是为了全面实现农村及涉农票据的统一承兑与贴现。一方面可以依托自有技术力量来开发,另一方面也可以选择技术能力强、管理水平高的全国性第三方机构(非票据交易主体)合作建设农村金融票据平台。

1. 银票优先路径

银行承兑汇票与商业承兑汇票相比,由于在承兑环节引入了银行信用,因此信用风险相对较低,易于标准化,并且银行承兑汇票的签发量、交易量也远远超过商业承兑汇票。农村金融票据平台在成立初期,可以考虑优先推进银行承兑汇票的相关交易,然后在逐步推广商业承兑汇票。

2. 电票优先路径

电子商业汇票具有防伪性能高、传递便捷、交易迅速等独特优势,可在一定程度上有效规避票据操作风险,电子商业汇票从 2009 年正式推出后发展迅速,适合采用交易所"互联网+"对话报价的交易模式。农村金融票据平台可以电子商业汇票为基础,先行推出基于电子商业汇票的交易平台,而后再考虑纸质商业汇票。

(六)监管部门支持

建设农村金融票据平台需要地方政府、地方国资委、央行以及银监会等机关部门的关心与重视,通过提供相关政策及资源支持,推动农村金融票据平台尽快落地实施。

如何规范与推进农村票据市场发展,推动农村金融机构为实体经济提供更高效、更优质的金融服务,是农村金融发展的现实课题。笔者认为建设农村金融票据平台可以在一定程度上解决农村中小企业融资难、融资贵的问题,可以为中国票据市场长期、可持续发展奠定基础,为繁荣货币市场提供有力支撑,为农村供给侧改革提供新的思路。

建设财务公司票据平台
完善票据市场体系

肖小和等

设立财务公司是企业集团发展到一定阶段的客观要求,也是我国经济体制改革和金融体制改革发展的必然产物。从1987年第一家财务公司开业到现在,已有241家财务公司挂牌成立,基本覆盖了关系国计民生的基础产业和各个重要领域的大型企业集团。近年来,财务公司在票据市场的重要性日益凸显,财务公司票据平台成为完善票据市场体系建设的重要一环。

未来中国票据交易市场将是以上海票据交易所为主体,以地方和财务公司票据平台及农村金融、地方城市金融票据平台为基础,以规范化的民间互联网票据、规模化的票据中介等为补充的层次分明、分工明确且互为一体的市场交易体系。

财务公司票据平台将是中国票据市场的重要基础设施,是连接金融市场与实体经济的纽带,是传导央行货币政策的有效渠道。建设好财务公司票据平台将对中国票据市场的长期发展产生积极而深远的意义。

2016年,财务公司积极落实国家重大发展战略,在"走出去""一带一路"、供给侧改革等方面主动作为。据财务公司协会发布的数据显示,2016年1月至12月全国财务公司资产、负债增长显著,利润保持小幅稳步增长,不良资产率持续下降。

一、财务公司经营情况

(一)财务公司资产状况

2016年1月至12月,全国财务公司资产总额达到4.76万亿元,同比增长16.89%。其中:现金及存放央行款项0.31万亿元,同比增长37.17%;存放同业1.97万亿元,同比增长12.22%;贷款(含贸易融资和贴现)2.08万亿元,同比增长23.14%;投资0.29万亿元,同比下降0.47%。

(二)财务公司负债情况

2016年1月至12月,全国财务公司负债总额达到4.09万亿元,同比增长16.71%。其中:同业拆入0.09万亿元,同比下降6.96%;存款(含保证金存款)3.74万亿元,同比增长15.75%。

(三)财务公司所有者权益情况

2016年1月至12月,全国财务公司所有者权益总额达到0.67万亿元,同比增长17.96%。其中,实收资本0.43万亿元,同比增长16.93%,占所有者权益的64.32%。

(四)财务公司利润实现情况

2016年1月至12月,全国财务公司利润总额795.62亿元,同比增长5.96%;净利润619.92亿元,同比增长6.14;资产收益率1.39%,同比下降12.03%;净资产收益率9.83%,同比下降10.31%;利润率82.51%,同比增长6.86%;成本收入比率9.29%,同比增长19.10%。

(五)财务公司其他经营指标情况

2016年1月至12月,全国财务公司不良资产率0.03%,同比下降40.00%;资本充足率21.25%,同比增长0.28%;拨备覆盖率3303.79%,同比增长19.56%;流动性比率64.79%,同比下降9.85%;拆入资金比率28.4%,同比增长28.86%;投资比例30.24%,同比下降39.3%。

从总体上看,财务公司行业发展平稳,资产规模增长明显,流动性比率、风险防控能力均得到进一步提升。

二、财务公司票据平台的概念及发展意义

(一)什么是财务公司票据平台

财务票据平台是指由财务公司主管部门牵头成立的混合所有制公司,主要负责票据的承兑、贴现市场,并与上海票据交易所对接,串联起票据一、二级市场,实现票据全生命周期的无纸化、标准化链接。

通过财务公司票据平台可以串联起实体经济中的大多数企业,其中既包括大型企业集团,也包括大企业上下游的各类型中小企业。它是中国票据市场的重要组成部分,是票据承兑、贴现市场的金融基础设施,是上海票据交易所在票据承兑、贴现领域的业务延伸和有益补充。

(二)发展财务公司票据平台的意义

1. 有利于缓解实体企业的债务问题

企业间的债务问题最常见的是三角债。商业汇票在20世纪80年代出现,并在20世纪90年代大规模发展,与当时国有企业之间三角债的普遍存在,以及当时商业信用仍处于萌芽发展阶段的历史大背景密切相关。

建立财务公司票据平台可以进一步缓解因企业间赊销而产生的债务问题。借助商业汇票的承兑特性,企业可以通过财务公司开立电子商业汇票,缓解供应链上下游企业因银行信贷规模等因素出现的融资难题。商业汇票尤其是银行承兑汇票所承载的银行信用,可以重塑企业之间交易通道,为商业信用的发展奠定基础。

借助商票汇票的流转特性,企业可通过财务公司票据平台进行商业汇票的背书及转让,解决供应链企业间的货款兑付与资金流转问题,保障供应链上下游企业尤其是中小企业的生产经营,提高企业的资金周转效率,避免因企业间的赊销而产生连锁债务或三角债,推进供应链高效、稳定运行。

2. 有利于缓解部分中小企业融资难、融资贵的问题

财务公司票据平台的有序发展,将进一步推动票据无纸化、标准化进程,提升票据市场对实体经济结算与融资的服务效率,进一步降低企业的交易成本。

财务公司票据平台将改变行业供应链内企业的交易与融资习惯,从赊销或贷款融资转变为票据背书转让及票据贴现,加快中小企业资金回笼速度,有利于推动流动资金贷款票据化进程,由于票据融资成本总体上低于流动资金贷款,可全面降低中小企业的融资成本。

财务公司票据平台内的企业主要包括三类:一是集团内部企业。二是行业内各类型企业。三是行业供应链上下游中小企业,相关企业之间由于存在供销关系或合作关系,彼此之间对经营情况、行业趋势、融资需求较商业银行更为熟悉、更为了解,通过财务公司票据平台可以较好地在内部解决中小企业融资问题。

虽然财务公司仅有 200 余家,总资产仅为 4.7 万亿元,但集团子公司、行业内部企业及供应链上下游企业遍及全国各地,能有效覆盖全国大部分的中小企业。通过财务公司票据平台可以有效突破地域的限制,全方位、全地域地深入推进票据结算与融资服务,加快商业汇票在全国范围的流转,带动中小企业走出困境,快速发展。

3. 有利于推动国有企业做大做强,提高资金效率

一是从供应链层面看,财务公司票据平台提供了供应链上下游企业的融资便利,降低了上下游企业的融资成本,打通阻碍供应链顺畅运行的资金问题。有利于提升整个供应链的生产效率,有利于国有企业提升产能、优化产业布局,有利于巩固国企在国内乃至全球的行业领先地位。

二是从资产运作层面看,财务公司一方面可以对接平台内企业的承兑与贴现需求,另一方面可以接入上海票据交易所,联通票据的一、二级市场,盘活平台内的票据资产。财务公司票据平台可以充分发挥财务公司的纽带作用,使财务公司突破集团内部的限制,为全行业、全产业链配置票据资产,进一步提升国企的资产运作能力,为国有企业做大做强提供融资保障。同时,以集团母公司的信用,可大力发展电子商票,节省融资成本,以年用电子商票 1 万亿元替代有息融资计算,年节约利息 500 亿元至 600 亿元。

三是从资金效率层面看,企业融资一方面可以走资本市场之路,发挥直接融资作用;另一方面可以走货币市场之路,发挥间接融资作用。票据融资是一种典型的间接融资,与直接融资相比,一方面票据融资效率更高,可以提高企业的资金使用效率;另一方面,综合化的票据融资方案可以实现融资成本最小化。

四是从行业层面看,财务公司票据平台包括其行业内其他类型的企业,通过财务公司票据平台可以聚拢行业内部资源,将进一步推进行业内部分工,进而推进全行业的快速发展。

4. 有利于打造平台票据品牌

财务公司票据平台可考虑打造平台票据品牌,在充分调研的基础上,通过宣传推广、产品营销等品牌建设手段培育企业的用票习惯,提升票据在企业结算与融资中的占比,加强平台对企业的吸引力和辐射力,并进一步推动票据市场发展,清除实体经济融资阻碍。

5. 有利于进一步培育商业信用

财务公司票据平台的建立有利于进一步培育商业信用,核心企业可以通过平台开立商业承兑汇票,用于支付上游供应商货款,上游供应商可通过平台背书转让至其他企业或转交财务公司贴现,实现商业承兑汇票的闭环运行。该业务模式有利于大中型国企降低财务成本,有利于供应链上下游中小企业应收款回笼,有利于平台票据品牌建设,有利于进一步培育国内商业信用环境。

6. 有利于降低票据市场业务风险

降低企业用票风险。随着财务公司票据平台对票据承兑、贴现市场的规范,以及上海票据交易所对票据二级市场的整合,票据市场的各项规则措施将逐步完善,票据市场的电子化进程将加快,电子票据将成为票据市场最主要的组成部分。由于电子票据不存在"假票""克隆票""变造票"等票据真实性风险,企业可以放心使用电票进行结算或融资,有利于优化实体企业的用票环境,降低企业的票据使用风险。

有效防范信用风险、市场风险。财务公司票据平台具有全面的行业业务数据及行业票据数据,可以透彻分析行业票据市场交易主体信用状况,并通过对接上海票据交易所,研判票据市场利率走势,为控制信用风险、市场风险提供了依据。

有效控制票据真实性风险及操作风险。财务公司票据平台在成立初期可以电子票据为主,纸质票据为辅。对于纸质票据可以依托上海票据交易所查验纸质票据的详细信息,以及纸质票据的承兑登记情况,依托财务公司全面把控纸质票据的真伪鉴别,将纸质票据的真实性风险降至最低,有效控制操作风险。

有效控制票据中介渗透。上海票据交易所将原本割裂的银行间票据市场整合为全国统一的票据二级市场,但并未消除企业与商业银行、企业与企业之间的信息壁垒,财务公司票据平台可以有效填补这一空白,其将建立起企业与财务公司之间的信息通道,使票据贴现市场价格更趋于透明化,最大限度压缩了票据中介的非正常生存空间,防范可能出现的各类风险事件。

有利于防范道德风险。财务公司票据平台作为第三方参与票据贴现交易,以及上海票据交易所的票据二级市场交易,可以最大限度防范"逆流程操作""倒打款""一票二卖"等违法、违规行为,通过财务公司票据平台相关系统的建设,可以配合上海票据交易所进一步限制少数金融机构"内外勾结"等票据作案行为的可能性。

7. 有利于进一步活跃票据市场

票据市场在我国货币市场中的占比日趋加重，是市场化程度最高的市场之一，财务公司票据平台搭建后，将进一步规范企业的票据行为，压缩票据中介的非正常生存土壤，信息透明化的票据贴现市场，将引导企业合理地调整融资行为，加大商业汇票在企业间的使用频率，活跃票据贴现市场。活跃的票据贴现市场也将为实体企业提供更优质、更低价的票据融资服务，切实降低企业的融资成本，更好地为实体经济服务。

8. 有利于落实国家的战略方针

建设财务公司票据平台，建设票据贴现市场基础设施，活跃与规范票据贴现市场，是对上海票据交易所的有益补充，将有利于票据全生命周期的规范化发展，有利于整体票据市场服务企业、服务国民经济中的各类行业、服务实体经济，符合国家"一带一路"倡议的落实与实践。国有企业及财务公司需要抓住机会，加快业务产品、经营思路的转型，以票据产品链为抓手，结合行业、产业及实际经济共同研究供应链、产业链、项目链的票据融资规划，防止金融资产脱实向虚，确保票据融资投入并推进实体经济发展。

三、如何推动财务公司票据平台发展

(一)总体设计

财务公司票据平台包括三层结构：第一层平台是总平台，总体协调并对接所有行业票据平台；第二层平台是行业票据平台，如：军工票据平台、化工票据平台、钢铁票据平台等，主要对接行业内各财务公司组建的第三层票据平台；第三层平台是由各财务公司牵头组建的集团财务公司平台。

(二)职责分工

1. 第一层票据平台(财务公司票据总平台)

第一层票据平台可由金融主管部门牵头组建，主要负责票据平台的管理、协调、对接等工作。可建设为股份有限公司，各集团财务公司出资入股设立。对内负责财务公司票据平台的各项事务，对外负责对接各金融监管部门及上海票据交易所。

第一层票据平台的职责主要包括：(1)牵头搭建各层级财务公司票据平台。(2)牵头开发票据平台系统。(3)制定财务公司票据平台的业务标准及各项业务规则。(4)对接金融监管部门。(5)对接上海票据交易所(包括制度、规则、系统对接)。(6)制定财务公司票据平台风险防控规则。(7)建设财务公司票据平台大数据。(8)推进财务公司票据创新产品研发。(9)规划财务公司票据平台品牌战略及实施步骤。

2. 第二层票据平台(财务公司行业票据平台)

第二层票据平台由总平台负责搭建，主要起承上启下的作用。主要职责包括：

(1)落实总平台各项政策及业务规则。(2)依据行业特点,防范行业内票据风险。(3)引导集团票据平台业务开展与产品创新。(4)推进集团票据平台业务营销。(5)落实平台票据品牌战略,规划行业实施方案。

3. 第三层票据平台(集团票据平台)

第三层票据平台由各集团财务公司自行组建,是票据平台落地的部分。平台交易主体包括:集团母公司、集团财务公司、集团下属子公司、行业内其他企业及行业上下游企业。

集团票据平台的成员构成可以从两个角度理解:一是从横向看,即从集团角度看主要包括财务公司、集团下属子公司及各类型行业内企业,通过财务公司票据平台整合全行业票据资源,提升全行业融资效率,引领并推动全行业各类型企业快速发展。二是从纵向看,即从供应链角度看集团票据平台包括行业内各企业的上下游企业(上游供应商和下游经销商),上下游企业范围较广既包括国有大中型企业,也包含中小型企业,通过平台可推动上下游企业加快资金周转,缩短应收账款的账期,提升企业生产经营效率。

主要职责包括:(1)落实各项政策及业务规则,完善风险防控手段。(2)根据平台票据品牌战略与方案,引导集团内企业及上下游企业客户使用票据结算与融资,并给不同客户设计相应的票据综合化服务方案。(3)参与财务公司票据平台交易。(4)按照上海票据交易所规则,使用财务公司票据平台系统登记纸质票据承兑、贴现信息,参与票据二级市场交易。(5)引导平台企业使用商业承兑汇票,推进商业信用的发展。(6)推进平台内票据电子化进程。(7)完善内部系统,并与总平台系统对接。

4. 各层平台与上海票据交易所的关系

第一层票据平台(票据总平台)总体负责与上海票据交易所全面对接,包括制度、系统及规则等;第二层票据平台(行业票据平台)负责监督所辖行业内部财务公司的落实情况;第三层票据平台(集团票据平台)负责在上海票据交易所办理具体的票据二级市场业务。

(三)业务范围及流程

1. 业务范围

银票承兑业务:财务公司可通过平台为集团下属企业或供应链上下游企业开立电子银行承兑汇票。

商票开立业务:平台内相关企业可借助平台系统自行签发相关电子商业承兑汇票,用于日常支付及采购等行为。

企业间票据背书转让:平台内相关企业可借助平台系统背书转让电子商业汇票,用于企业间货款支付与结算。

商业汇票贴现业务:财务公司可依据平台相关管理要求为平台内企业提供电子商业汇票贴现服务,以缓解企业的融资需求,支持平台内企业扩大生产、改善经营。

商业汇票质押业务：平台可牵头办理电子商业汇票质押融资业务，平台需依据票据类别、承兑人及出质人信用评级状况等设定相应的质押率标准，以确保维护出质人与质权人的权利。票据质押融资业务由平台内企业提出融资申请并提交质物（未到期的电子商业汇票），由财务公司负责落实担保物及发放融资款项。

商业汇票保证业务：票据保证主要针对平台内企业开立的电子商业承兑汇票，平台在票据保证业务中主要起规则制定的作用，负责设定票据、被保证人、保证人准入及管理要求，由财务公司在落实有关手续后为被保证人承兑的电子商票做保证背书。

商业汇票评级服务：平台可牵头建设评级服务体系，建立相应的评级要求、评级程序以及评级指标，并引入外部评级公司对平台内企业及在平台内流通的商业汇票进行信用评级，定期向各交易主体发布评级结果，揭示市场信用风险，以利于建立公平、公正、诚信的财务公司票据平台。

票据二级市场业务：财务公司通过平台与上海票据交易所的互联参与票据二级市场交易。平台需建立与票交所系统之间的直连数据借口，财务公司通过平台系统可直接进行票据二级市场交易，涵盖票据转贴现、质押式回购、买断式回购等交易产品；财务公司也设立理财计划或与券商等机构合作设立资管计划，吸纳平台企业闲置资金投资票据二级市场，进一步活跃票据市场。

票据提示付款及追索服务：平台内企业持有的票据到期可通过平台向票据承兑人发出提示付款，托收回款可通过平台系统直接划入企业在商业银行开立结算账户中，对于承兑人拒绝付款的票据，持票企业可通过平台向票据的相关权利人发起追索。

票据鉴证、咨询服务：平台可为企业提供票据鉴证及票据资讯服务，除财务公司外，还可聘请外部金融机构的票据专家，咨询范围涵盖票据业务产品、票据交易规则、票据法律法规、票据风险案例、票据金融科技等方面，通过提供全程专家支持，为企业解决开展票据业务中实际困难。

票据信息产品服务：平台可形成本行业的票据大数据，通过数据分析与挖掘，可开发行业票据价格指数、行业票据收益率曲线以及相关金融衍生产品等信息产品，为票据市场的合理估值提供依据。

2. 主要业务流程

电子票据承兑、贴现业务：总平台负责对接电子商业汇票系统（ECDS），各集团财务公司内部系统与总平台系统对接，并通过总平台系统发出电子商业汇票各类报文。

纸质票据承兑、贴现等业务：总平台负责链接上海票据交易所系统，各集团财务公司通过内部系统与总平台的连接，进行纸质票据相关票据行为的登记。

票据二级市场业务：各集团财务公司借助总平台系统在上海票据交易所进行票据二级市场交易。

(四)平台系统建设要求

财务公司总平台的核心职能是开发、运作和维护票据平台系统,该系统主要面向集团财务公司、集团子公司、各行业其他企业及集团上下游企业等,通过借助互联网和 IT 技术,建立包含客户准入、行情展示、贴现市场报价、贴现市场议价、贴现交易撮合、票据质押、票据保证、票据资讯、产品展示、产品管理、风险信息、统计分析、研究预测、政策法规、票据咨询、端口对接等一系列功能,实现与上海票据交易所系统、ECDS 对接,并与央行征信系统、大额清算系统等互联互通和数据共享,为各财务公司预留对接各自内部管理信息系统的标准化数据接口,成为服务实体经济、沟通金融机构的综合化票据服务平台。财务公司票据平台系统主要包括以下几个组成部分。

(1)需要建立财务公司票据处理系统。该系统是财务公司票据平台的核心部分:一是需要实现会员管理、权限管理等系统基础功能。二是需要实现类似于商业银行网上银行的线上申请查询平台,企业会员可通过线上平台进行电子银票承兑申请、电子商票开票、背书转让、贴现申请、质押申请、保证申请、提示付款、追索及业务查询等操作,并需要实时展示市场行情及金融机构报价信息。三是需实现系统的后台处理机制,分门别类地将各类申请发送至关联系统。

(2)需要实现与财务公司内部系统对接。一方面系统需实现企业与各财务公司之间业务指令的发送与接收,将相关指令发送至财务公司内部系统中,并接收相关反馈信息,如电子银票承兑申请、贴现申请、质押申请、保证申请等;另一方面系统需实现财务公司二级市场交易相关指令的发送与接收,展现票据二级市场行情信息,接收财务公司二级市场交易指令,并向各财务公司反馈上海票据交易所的成交信息。

(3)需要实现与上海票据交易所系统、ECDS 系统、大额支付系统对接。系统需要与上海票据交易所的相关系统实现互联,以便于财务公司的票据二级市场交易。

(五)推进产业链、供应链票据融资

财务公司的经营管理类似于商业银行,借助产业链、供应链创新融资与结算手段,是对企业与财务公司均有利的业务模式。财务公司票据平台应将票据融资作为服务产业链及供应链企业的主要手段,借助平台票据品牌的优势,逐步对相关企业进行票据产品渗透,并依据各产业链、供应链的不同特性定制不同的票据融资服务方案或服务产品,推进实体经济健康发展。

(六)发展路径

财务公司票据平台的建设是一个长期、渐进的过程,初期可以选择优先发展电子商业汇票或优先发展银行承兑汇票。

1. 电票优先路径

电子商业汇票具有防伪性能高、传递便捷、交易迅速等独特优势,可在一定程度上有效规避票据操作风险,电票自 2009 年正式推出后发展迅速,适合采用交易所"互联网+"竞价撮合的交易模式。财务公司票据平台可以电子商业汇票为基础,先行推

出基于电子商业汇票的交易平台,而后再考虑纸质商业汇票。

2. 银票优先路径

银行承兑汇票与商业承兑汇票相比,由于在承兑环节引入了银行信用,因此信用风险相对较低、易于标准化。且银行承兑汇票的签发量、交易量也远远超过商业承兑汇票。财务公司票据平台在成立初期,可以考虑优先推进银行承兑汇票的相关交易,而后再逐步、渐进地推广商业承兑汇票。

(七)联通上海票据交易所

财务公司票据平台需要与上海票据交易所无缝衔接,由于上海票据交易所主要关注银行间票据市场,财务公司票据平台主要关注行业内企业与企业之间、银企之间的票据前端市场,二者相结合可以完整覆盖整个票据市场,通过参与上海票据交易所后端票据市场交易,可实现票据一、二级市场间的互通。财务公司票据平台可作为上海票据交易所在票据前端市场的补充,其系统可成为上海票据交易所的前端子系统。未来财务公司票据平台还可通过与上海票据交易所之间的数据接口,为上海票据交易所提供行业票据数据,使上海票据交易所真正成为中国票据市场的数据中心及信息中心。

(八)监管部门支持

建立财务公司票据平台需要中央和地方国资委、央行、银监会及相关政府职能部门的关心与重视,为建设财务公司票据平台提供政策及资源上的支持。例如,目前财务公司仅能为本集团下属企业提供结算与融资服务,未来能否借助财务公司票据平台实现对集团行业内企业及集团供应链上下游企业的票据融资服务,需得到监管部门的支持。

以科技为抓手
建设上海国际票据交易中心

肖小和 李 鹰 万 恺 陈 飞 王 亮 秦书卷

一、票据业务发展的概况

(一)中国票据市场

1. 票据的概念及功能

商业汇票(简称票据)是出票人签发的,委托付款人在见票时,或者在指定日期无条件支付确定金额给收款人或者持票人的票据。它具有支付结算、信用、信贷规模调节、投融资、交易以及政策调控等功能。

(1)票据作为经济贸易往来的一种主要支付结算工具,特别是银行承兑汇票兼具信用增级、延期支付和背书转让三大优点,为加快商品流通和资金周转提供了极大便利和支持。历年的央行货币政策报告显示,企业签发的银行承兑汇票余额主要集中在制造业、批发和零售业,由中小型企业签发的银行承兑汇票约占2/3,票据承兑业务有效加大了对实体经济、特别是小微企业的信用支持。

(2)票据业务可以为实体经济特别是中小企业提供便捷融资渠道和低成本资金,降低企业融资成本,有效扶持企业发展壮大。票据贴现与普通贷款相比其融资成本往往较低,且流程简单、获得资金周期短,特别是对于信用等级相对较低的中小企业,银行承兑汇票所具有的信用好、放款速度快等特点,对解决我国中小企业融资难问题具有得天独厚的优势和作用。数据显示,2017年由中小企业申请的贴现业务量占比已达83.63%,票据业务成为中小企业获得金融支持的重要渠道。

(3)票据业务也是银行业优化资产负债结构、加强流动性管理、提高收益的一个重要手段。票据资产兼具资金和信贷属性,且具有较好流动性,成为银行信贷规模调节和流动性管理的主要工具之一。票据承兑业务和贴现业务可以为银行带来承兑保证金存款和贴现资金留存,为银行主动增加存款提供抓手。票据业务还可以给银行带来承兑手续费中间业务收入、贴现利息收入、转贴现利差收入、回购利率收入以及再贴现低成本资金,为银行扩盈增效、调整收入结构开辟新路径。

(4)票据资产逐渐成为投资和交易的重要标的。由于票据资产风险相对较低、收益可观,逐渐成为理财产品和资管产品重要的基础资产,从而使银行、信托、基金、证券公司、财务公司以及企业、个人直接或间接的参与到了票据资产投资链条。随着票据市场的深化发展和多元化主体的参与,票据资产的交易功能不断增强,票据经营模式也从持有生息为主向交易获利转变,市场流动性进一步提高,票据交易也逐渐成为货币市场重要的交易类型。

(5)票据的调控功能进一步深化。票据再贴现业务是央行传统的三大货币政策工具之一,兼具数量型和价格型双重优势,可以调控市场资金面、调节信贷投向、引导市场预期,也是定向支持小微、绿色、创新等国家鼓励性领域,促进实体经济发展最直接、最有效的途径。随着我国经济从高速增长向高质量增长转变,货币政策对精准有效的要求不断提高,票据再贴现的调控功能将进一步深化。

2. 中国票据市场发展现状

自 20 世纪 80 年代初期恢复办理票据业务以来,票据市场不断发展成金融市场的重要组成部分,特别是 21 世纪以来,随着科技的不断进步和金融科技的广泛应用,票据市场得到迅猛发展。2017 年全国金融机构票据累计承兑量和累计贴现量分别为 17 万亿元和 40.3 万亿元(见图 2-2),比 1995 年分别增长 70 倍和 285 倍,年均增速分别达到 21.3% 和 29.3%,相当于当年货币市场总体交易规模(同业拆借+债券回购+票据贴现)的 5.5%。票据市场的快速发展与科技进步和运用密不可分。

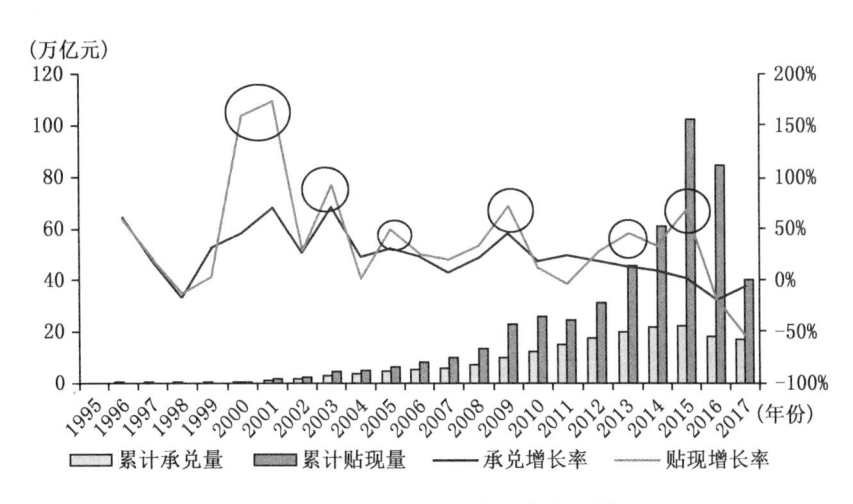

图 2-2 1995—2017 年票据业务发展情况

(1)2000 年中国第一家票据专营机构——工商银行票据营业部成立,并搭建了电子化的票据内部管理系统,在业务流程上一定程度摆脱了传统的手工、纸质方式,安全性和效率得到大幅改善,标志着我国商业银行票据业务进入集约化、专业化、规范化的发展轨道,推动票据市场快速发展,使得 2000 年和 2001 年票据贴现量增长率分别达到 158% 和 173.7%。

(2)2003年诞生了第一个票据官方报价平台——中国票据网,为金融机构之间的票据转贴现和回购业务提供报价、撮合、查询等服务。中国票据网的开通,标志着中国票据市场电子化建设进入新的里程,票据市场的信息透明度和市场效率得到显著提高,对票据市场快速发展起到积极的促进作用,当年票据市场累计承兑量和累计贴现量分别增长了71.63%和92.43%。

(3)2005年,随着我国金融电子化水平不断提高,以招商银行"票据通"等为代表的基于各商业银行的电子票据业务蓬勃开展,将传统的票据业务与网络银行技术相结合,提高了行内票据业务效率,促进了市场增速的回升,票据贴现量增长了50%。

(4)2009年由人民银行批准建立的电子商业汇票系统投入运行,标志着我国票据业务进入电子化时代,对票据市场发展产生深远影响。电子票据的推出,能够有效提高票据业务的透明度和时效性,极大地克服了以往纸质票据交易效率低和风险大的诸多弊端,节省各方交易成本,促进全国性票据市场的形成,丰富支付结算工具,完善利率生成机制,提高了使用和交易效率,票据市场信心显著回升,当年票据承兑和贴现增长率分别达到45%和71.9%。

(5)2013年,随着金融科技发展的推动和互联网金融的崛起,"互联网+票据"理财模式开始兴起并迅速发展起来,除了金银猫、银票网等细分票据产品平台之外,各互联网巨头等纷纷涉足这一领域,阿里招财宝、新浪微财富以及苏宁、京东也相继杀入,一度成为市场的热点,票据市场活跃度显著提高,当年票据贴现量增长了44.6%。

(6)2015年,中信银行用非居民自由贸易账户(FTN账户)办理了在跨境人民币业务项下的电子商业汇票受让业务,实现了国内跨境人民币业务项下的票据业务,新产品、新业务不断涌现,票据贴现量达到了历史最高,为102.1万亿元,同比增长68.2%。

3. 上海票据市场的发展概况

随着上海国际金融中心建设的不断推进,上海票据市场发展良好,市场规模不断扩大,跨地区交易日益频繁,市场专业化程度明显增强,对上海经济金融协调发展发挥的作用不断增强,并逐渐发展成为全国的票据市场中心。

(1)票据市场快速发展,支持实体经济作用显著。票据融资总量整体较快增长为企业提供了大量信用支持和融资工具,促进了上海区域经济稳健可持续增长。2016年上海金融机构累计承兑商业汇票8 086.6亿元,比2004年增长8.4倍,年均增速20.6%;比全国平均增速快7个百分点。同期上海累计贴现量为8.95万亿元,在全国占比中占比16.6%,比2004年增长19.6倍,年均增速71.3%;比全国平均增速快48个百分点。

(2)票据市场参与主体不断丰富,经营活力显著提升。上海作为全国票据业务发源地和经济发达地区,在工行和农行票据营业部落户上海的基础上,多家商业银行陆续在沪建立了总行级或分行级票据集约化经营机构。截至2017年末,上海已聚集了5家总行级、15家分行级票据中心以及多家股份制商业银行和城商行的票据经营机构。上海票据市场积聚和创新发展效应,增强了上海票据市场对全国票据融资业务开展的影响力,推进了上海金融中心功能的深化发展,进一步提升了金融服务上海经济社会发展的能级。

(3)全国性票据市场基础设施——上海票据交易所(简称上海票交所)在上海正式成立并完善发展,为推动全国票据市场加快发展做出了积极贡献。2016年12月8日,由国务院决策部署、中国人民银行批准设立的全国性票据市场基础设施——上海票交所在上海正式成立,有利于规范票据市场业务,防范风险,增强票据市场对实体经济的支持,更好地服务于货币政策和宏观调控,推动票据业务规范创新,标志着票据市场迈入全国统一、信息透明、标准化资产的新时代。

4. 上海票交所的功能定位及发展

作为票据市场基础设施,上海票交所是人民银行指定的提供票据交易、登记托管、清算结算和信息服务的机构,同时承担着中央银行货币政策再贴现操作等政策职能,并将发展成为我国票据领域的登记托管中心、交易中心、创新发展中心、风险防控中心、数据信息研究中心。

(1)上海票交所构建了全国统一的票据交易平台,有助于促进票据市场的长远健康发展。票交所全面提供统一的交易前台和登记、托管、结算中后台服务,从根本上改变了现有票据市场分割、不透明、不规范的弊端,不仅缩减了交易中间环节,提高交易效率,而且有助于缩短融资链条,降低企业在票据签发、贴现时的成本和难度,为票据一级市场扩容提供空间。

(2)上海票交所逐步实现将票据全生命周期电子化,有助于提升整个市场的风险管理水平。票交所逐步实现对纸质票据、电子票据的统一管理和系统融合,并构建环节完整、流程顺畅、权责明晰的运行管理体系,实行直通式处理(STP)和票款对付(DVP)结算机制,最大程度降低传统纸质票据真伪、运输、保管、结算等道德风险和操作风险。

(3)上海票交所积极完善票据市场制度建设,培育健康市场氛围。票交所推动完善票据市场法律法规体系,优化票据市场配套制度,建立完善票据市场监测管理体系,丰富票据市场参与主体,引入票据增信、转贴现免追索等机制,为市场规范发展创造有利环境。

(4)上海票交所积极推动票据业务规范创新,提升票据市场功能作用。票交所设立意向询价、对话报价、点击成交、请求报价等多样化的交易方式,促进票据市场的对手方发现和价格发现,以票据交易平台生成的标准化电子成交单取代传统的线下纸质成交合同,显著提升了票据交易效率和市场透明度,便于管理部门对票据交易有效监管。

(5)上海票交所提供更加高效的货币政策操作平台,增强再贴现政策的安全性、灵活性、针对性、有效性和主动性。通过全国统一、电子化的票据交易平台开展再贴现业务,可以提高再贴现政策的效率和透明度,有利于增强货币政策实施效果、促进信贷机构调整、引导中小企业等经济社会发展的重点领域和薄弱环节的精准支持,从而实现宏观经济调控、稳定货币市场的核心目的。

(6)上海票交所应用科技革新,以科技进步推动票据市场提质增效。票交所联合推动数字票据交易平台实验性生产系统成功上线试运行,顺利完成基于区块链技术的数字票据签发、承兑、贴现和转贴现业务,实现了数字票据的突破性进展。同时,积极推进票据收益率曲线构建与应用以发现和形成票据市场的公允价格,探索供应链创新与应用试点向供应链企业提供线上票据支付和票据融资功能的创新服务,研究票据衍生品等适应票据市场发展需要的创新产品,以创新促发展,以创新促服务,有序拓宽票据市场内涵和外延,全面提升服务质量。

(二)国外及境外票据市场

1. 美国票据业务发展及特点

美国票据市场最早可以追溯到19世纪初期,经历了较长时期的发展,已成为全球重要的成熟票据市场之一。美国票据市场上的交易工具包括银行承兑汇票(bankers acceptances)和商业票据(commercial paper)。美国票据业务发展主要有以下特征。

(1)信用主体从银行信用向商业信用转变。当时,为了促进美国国际贸易发展,美联储积极推动银行承兑汇票市场的发展,银行承兑汇票一度达到美国贸易总额的1/3,到1984年美国银行承兑汇票余额达到820亿美元。但从20世纪70年代开始,随着美联储对银行承兑汇票的支持减少,银行承兑汇票市场规模缩小,但商业票据得到了迅速发展,并成为票据市场的主要地位,2018年7月末商业票据未偿付余额为1.06万亿美元。商业票据的期限在1—270天不等,其最长期限270天是由政府规定的,大多数商业票据的期限在90天以内,平均期限45天左右。

(2)融资性票据占主导。美国的银行承兑汇票发行是需要基于真实的贸易交易,但商业票据则是大型企业基于其本身商业信用发行的短期融资工具,不需要基于真实交易,只要企业有融资需求,满足一定的信用条件即可发行。美国还有多种制度和法律规定便利商业票据的发行,例如美国证券法特别条款规定,对于期限在270天以内的商业票据,免于向美国证券交易委员会(SEC)进行注册;美联储规定,符合一定条件的,期限在90天以内的商业票据可以作为美国联邦储备系统(FED)贴现窗口融资的抵押品。

(3)金融机构参与票据市场的程度很高。从发行主体看,美国票据市场的发行人主要分为金融性企业和非金融性企业两类。其中,金融性企业包括财务公司、银行或银行持股公司、证券公司、保险公司等;非金融性商业票据发行人主要是大型的工业企业、服务性企业、以及公用事业企业。截至2018年7月底,金融机构发行商业票据未偿付余额为5 247亿美元,而非金融机构发行商业票据未偿付余额为2 963亿美元,金融机构商业票据占比64%。在美国,商业票据的发行人还包括一些外国公司的美国分公司以及外国政府,这些国外票据发行人在美国市场上的份额占7.5%左右。从投资主体看,美国票据市场的购买者包括银行、非金融企业、投资公司、中央和地方政府、私人养老基金、公益基金以及个人等,其中共同基金是主要投资人,其商业票据持有比例保持在40%左右,2009年曾达到最高的51%,后因为证券交易政策发生变化,共同基金资产规模下降了近70%。美国票据市场没有票据专营机构,其票据业务是由银行、证券公司等机构兼营。

(4) 发行方式分为直接发行和间接发行。直接发行是指发行人直接向投资者销售发行,无需中介机构参与,有利于降低发行成本,但需要发行人具有较为丰富的发行经验,一般适合发行数额较大的企业,例如美国通用电气资本公司就是直接发行的典型代表,已拥有50余年的商业票据发行历史。间接发行是指筹资人通过委托金融中介机构代为销售发行,由中介机构通过自己的销售渠道将票据出售给投资人。美林、高盛、花旗、JP摩根等都是大型的商业票据交易商。最初的票据市场是以直接发行为主,但近年来间接发行在市场上逐渐占据了主导地位。

(5) 市场交易不活跃但市场开放程度和电子化程度均较高。由于商业票据差异较大、期限较短,投资者一般会将票据持有到期,因此二级市场交易较小。交易模式采用询价方式的柜台交易(OTC),是场外大宗交易市场,从而也不存在统一的票据交易平台。美国票据市场相对较为开放,发行人除了上述国内机构外,还包括一些外国公司的美国分公司,以及外国政府,这些国外票据发行人在美国市场上的份额占7.5%左右;从投资角度看,外国银行也可以直接投资美国票据市场。美国在20世纪80年代时,大多数商业票据还采取有形化的发行方式。1990年9月,保管信托公司(Depository Trust Company,简称DTC)——全美商业票据的统一托管机构和清算所,开始对商业票据的交易推行无纸化记账式方式。目前,在美国发行的绝大多数票据都采取了无纸化方式。

2. 英国票据业务发展及特点

英国的票据市场是建立时间最早、历史最长的货币市场,一直比较发达。广义的票据市场涵盖范围较广,基本等同于货币市场,交易工具包括英国政府国库券、商业票据、中央和地方政府的债券及可转让存单等。狭义的票据主要包括银行承兑汇票和商业票据。

(1) 商业票据占到绝大部分。现代意义上的银行承兑汇票出现于19世纪,当时伦敦已成为各国贸易和国际金融中心,伦敦的商人银行以自己的信用对外国借款人的汇票进行承兑,提高了汇票的信用,英国的银行承兑汇票市场体量庞大、交易活跃。直到第二次世界大战结束,全球贸易大幅下滑,也使得英国银行承兑汇票市场大幅萎缩。20世纪80年代,随着商业信用的迅速发展和电子化国际支付结算手段的推广应用,融资类商业票据开始成为主流。现在,商业票据已成为英国货币市场的主要融资工具,而银行承兑汇票在英国贴现市场上的占比已非常低。2016年商业票据在企业直接融资来源中的占比为32%。

(2)法律制度较为完善。英国作为一个判例法,1602年,英国普通法院第一次审理有关汇票的案件,此后百余年间众多汇票相关的判例为后来汇票法律的发展打下了坚实的基础。英国于1698年出台《票据付款法》,1704年内出台《本票法》。到1710年,英国有关现代本票、汇票的法律基础已经确立,汇票、本票可转让流通的原则得到法律认可。1982年8月,英国通过《汇票法》并立即实施,该法案是一部关于可流通票据的统一立法,一直实施至今。

(3)以贴现行为核心的多元化市场参与主体。英国票据市场由商人银行(即票据承兑行)、票据贴现行、商业银行、清算银行、证券经纪商号以及英格兰银行等机构组成,整个票据市场以贴现行为中心。票据贴现行是英国银行系统中的一种特殊机构,主要扮演票据市场的组织者和融资桥梁的角色,通过各类银行及金融机构借入短期贷款从事票据贴现和公债买卖,以促进短期资金的正常周转。贴现行一方面接受客户的商业票据和经过承兑所承兑的票据办理贴现;另一方面是商业银行和英格兰银行间的纽带和中介,英格兰银行并不直接参与贴现市场,而是通过向贴现行提供资金融通的方式间接参与,并通过调整对贴现行的再贴现利率以及在票据市场进行公开市场操作干预货币市场,传导货币政策。商人银行(票据承兑行)在票据市场经营票据承兑业务,主要为客户办理票据承兑,并以收取小额的手续费作为正常业务收入,票据一经承兑行承兑,就成为"银行票据",其贴现利息要比一般商业承兑汇票低。商业银行在贴现市场的活动主要是向贴现所提供"通知贷款",并从贴现行购入票据。

(4)票据交易主要是为了短期资金调剂。英国的票据市场主要是指票据贴现市场,由7家贴现行基本垄断,但并未形成固定的交易场所。商业银行之间不能直接进行交易,只能通过贴现行进行,因此交易主要是为了满足贴现行和商业银行的短期资金调节和平衡,并非作为主要的盈利工具。英国已经建立了全国性电子票据系统。

3. 日本票据业务发展及特点

日本票据市场形成较晚,但发展迅速,主要分为银行承兑汇票和商业票据,其中以商业票据(在日本称为"期票")为主。

(1)票据工具从银行承兑汇票向商业票据转变。1882年,日本制定了《汇票本票条例》,并开始推行本票和汇票业务,此后,银行承兑汇票开始在日本境内外贸易往来中流通。1919年日本银行开始对银行承兑汇票进行再贴现,并建立了盖章票据制度,日本商业银行基于美元或英镑计价的出口单据开立日元票据,日本银行再对这些票据盖章并担保对其再贴现,标志着日本的银行承兑汇票市场正式形成。随着国际贸易迅速发展起来,日元银行承兑汇票余额在1987年达到最高点15万亿日元,占货币市场总额的43%。随着金融市场的发展,银行承兑汇票这一传统工具开始被融资性商业票据等工具所取代。日本的商业票据市场创建于1987年,自成立以来一直得到日本政府的大力推动,发展至今商业票据已经成为日本企业重要的短期资金融通市场,2016年日本商业票据发行量约合7 864.67亿美元。商业票据的期限为1—6个月,以贴现方式发行,面额为1亿日元以上,从1988年12月起,日本商业票据的最低和最高期限分别为2周和9个月,1998年期限放宽到最长1年。日本商业票据发行期限以1—3个月为主,占所有发行期限商业票据的比重为60%左右。

(2)商业票据市场的监管较为严格。在市场准入上,虽然发行商业票据没有抵押品要求,但一般来说,除非满足一些苛刻的条件,否则发行人都需要从金融机构获得备用信用额度后方可发行商业票据。从1988年12月起,日本对备用信用额度的要求有所降低,公司的商业票据具有A-1评级,且该公司财务指标符合一定要求,则不需要备用信用额度,不符合上述要求的,必须按照商业票据发行价值的50%备用信用额度。在发行主体和方式上,日本在商业票据发展初期,不允许金融机构因自身融资需求发行商业票据。直到1998年,随着日本证券公司、保险公司自身发行商业票据的行为被放开,日本才引入了直接发行方式。

(3)以日本短资公司为主要中介机构的多元化票据贴现市场参与主体。日本的票据贴现市场是金融机构相互之间进行票据贴现买卖的市场,也是金融机构相互之间以票据贴现的方式,通过短资公司买卖票据以融通资金的市场,更是银行间同业拆借市场的延伸。该市场的参与者包括城市银行、地方银行、相互银行、信用金库、信托银行、农村系统金融机构、外资银行和证券公司,由日本特有的短资公司充当票据市场的中介机构。短资公司是银行兼营模式下发展出来的从事短期资金融通的专业机构,业务包括短期资金借贷、票据贴现以及国库券买卖等。短资公司通过票据市场的贴现和买卖,促进了整个社会短期资金的融通,其在票据市场上的作用与英国的票据贴现行以及中国台湾地区的票券金融公司非常类似。

(4)票据再贴现曾在日本货币框架中发挥过主导作用。在20世纪60—80年代期间,日本的金融市场尚欠发达,而企业却面临着资金极度短缺的状况,此时,中央银行的票据再贴现作为一项主要的货币政策工具,为日本经济高速发展提供了有利的资金支持。但是由于市场环境的变化,20世纪90年代以来,在日本不论是商业银行的票据贴现,还是中央银行的票据再贴现,均呈现逐步萎缩趋势。其主要原因是金融市场的深化及其市场工具的逐步推出,使再贴现的地位和重要性相应逐步下降。此外,企业为了逃避征收票据印花税,开始更加倾向于选择透支方式,而不愿采用票据贴现方式,以至于对央行再贴现需求减少。1995年7月,无担保的同业隔夜拆借利率低于票据再贴现利率之后,票据再贴现量开始大幅下降。2001年6月停止再贴现,而引入票据回购市场。

4. 我国台湾地区票据业务发展及特点

我国台湾地区的票据市场又称票券市场,建立于 20 世纪 70 年代,是货币市场的重要组成部分。

(1)商业本票是票券市场最主要的品种。台湾地区票券市场的交易工具主要有商业本票、银行承兑汇票、国库券、可转让定期存单及其他短期融资工具。其中,商业本票又分为交易性商业本票和融资性商业本票两种,目前台湾地区票据市场发行和交易的票据主要是商业本票,约占整个市场的 70%~80%,融资性票据(单纯以融通短期资金为目的)显著增加。

(2)以票券金融公司为做市商的多元化市场参与主体。台湾地区票券市场参与主体较为多元,票券发行者包括企业、金融机构和政府单位,票券交易参与者包括企业、居民、金融机构、政府单位等,票券市场中介包括票券金融公司和兼营票据业务的银行、证券商等票券商,台湾地区"中央银行"则通过票券市场进行公开市场和再贴现操作。台湾地区票券市场最重要的参与主体之一是票券金融公司,是典型的专营票据公司形式在票据市场充当专业票据经纪人和票据交易商,资金供求双方通过向票券金融公司买卖票券进行投资或筹资。票券金融公司业务范围十分广泛:包括以承销人、签证人和保证人的身份协助企业发行票券,以经纪人和自营商的身份参与票券交易,此外还可经营金融债的签证、承销、经纪、自营和政府债券的经纪、自营等业务。除了专业的票券金融公司外,台湾地区银行业和证券业也可兼营票据业务。

(3)建立短期票券集中保管结算及交割制度。台湾地区票券市场属于场外市场,交易主要通过电话、临柜和网银的方式达成,而交易的登记保管、清算结算通过统一的基础设施——台湾地区集中保管结算所进行。内设负责票券业务的票券集中保管结算系统,于 2004 年建立,负责票券市场有关票券的承销、买卖、设质、质权涂销、实行质权、到期兑偿及税款扣缴等交易所涉及的保管结算交割作业,以账簿划拨方式代替实体票券或保管条的交割,并采用款券同步交割与实时总额清算制度。

(三)上海建立国际票据交易中心的意义

1. 有利于我国与国际经济的发展

(1)国际票据交易中心将促进国际贸易的发展。票据是社会商品交换和商业信用不断发展的产物,从美国、英国、日本和我国台湾地区发达票据市场的发展经验看,票据业务对国际贸易发展具有巨大促进作用。影响国际贸易至为关键的因素就是支付和信用,因为信息不对称导致不同国家、不同企业之间不认可、不信任,从而降低了贸易的效率。票据包含了商业信用、银行信用甚至国家信用,国际贸易可以通过票据进行支付结算,提高贸易效率。但由于各国票据市场相互分割,信息割裂,导致不同国家的票据之间无法交易和流动,从而票据在国际贸易中的作用大大受限。成立国际票据交易中心能够实现票据的跨国流通和交易,实现全球票据市场的融合,大幅提高了信息透明度和市场流动性,从而可以降低交易成本、提高国际贸易效率,能较大程度促进国际贸易的发展。

(2)国际票据交易中心可以降低企业的融资成本。企业可以通过票据背书转让或者到银行贴现的形式获得便捷的融资渠道和低成本资金,当前企业持有的票据只能在国内进行流转,具有较强的顺周期特征,即国内资金宽松时需求较大而资金紧张时则难以贴现。国际票据交易中心将实现票据跨国度流转,即企业可以通过国际票据交易中心挂牌将票据贴现给外国金融机构,这样既可以获得国际低成本资金,也可以避免国内顺周期效应;同时,因为票据可以通过交易中心跨国流通,企业对票据的接受度也会显著提高,从而促进票据在企业间的背书流转,票据的延期支付功能降低了企业的财务费用。

(3)国际票据交易中心能够提高离岸金融市场效率。金融机构可以通过转贴现形式实现票据转让和短期资金融通,国内票据市场的参与者主要是银行,而银行受国内监管影响具有显著的时点效应,即月末卖票腾挪规模。国际票据交易中心可以将票据市场参与主体扩大到全球的金融机构,从而使市场参与者的数量和多样性大幅增加,机构间优势互补,交易会更趋活跃,市场价格会更趋平稳,相对应的交易产品和业务创新也将更趋丰富。

2. 有利于上海国际金融中心的发展

(1)有助于提升上海国际金融中心竞争力。影响国际金融中心建设的因素有很多,其中金融行业集聚程度决定了流动性和效率的高低,其所导致的竞争决定了创新能力和技能水平的高低,以及金融人才队伍的流动,也将决定金融中心的形成与兴衰,全球老牌金融中心共同的特点就是金融产品的交易枢纽和资金中枢,具备金融产品的生产、定价、清算、交易等功能,进而影响着全球或者地区的金融发展。在上海建设国际金融票据交易所可以聚集全球金融资源,结合"一带一路"倡议以及人民币国际化、利率市场化、自贸区试点等金融改革核心内容将票据市场推出国门,提升上海金融集聚度及国际化程度,此举有利于巩固和强化上海作为国家金融中心的地位,助力上海国际金融中心的整体建设。

(2)有助于完善和整合上海金融体系。全量的金融体系应包含各类集中性的交易场所或交易中心,上海具有强大的在岸金融市场和管理国际人民币的能力,通过多年的发展已经形成上海证券交易所、上海黄金交易所、上海外汇交易中心、上海期货交易所、上海债券交易所、上海票据交易所、上海保险交易所等,但各个市场和交易所均是孤立的,未能实现金融资源的最大融合和最优配置,通过建设国际金融票据交易所,将货币市场、资本市场、外汇市场、衍生市场等国际国内金融资源予以打通,从而进一步完善上海的金融体系、提升交易枢纽内涵。

(3)在上海建设国际票据交易中心具有得天独厚的先天优势:一是借助中国国际贸易发展的优势。随着中国对外开放的不断推进,中国依然成为贸易大国,2017年我国进出口占全球份额的11.5%,成为全球货物贸易第一大国,相应中国票据市场也已经发展成为国内货币市场重要组成部分,2017年票据签发量达到17万亿元,交易量达到52万亿元,在货币市场中占比7%。二是借助上海国际金融中心建设的政策支持。《"十三五"时期上海国际金融中心建设规划》明确提出:"上海基本确立以人民币产品为主导、具有较强金融资源配置能力的全球性金融市场地位,基本形成公平法治、自由开放、创新高效、合作共享的金融服务体系,基本建成与我国经济实力以及人民币国际地位相适应的国际金融中心,迈入全球金融中心前列。"并指出要大力发展新兴金融市场,促进票据市场发展,加强金融市场基础设施建设等。应抓住上海国际金融中心建设的历史机遇,在国家层面和地方层面双重政策保障下,率先打造国际金融票据交易所,抢占全球票据市场交易、定价、清算等规则制定权。三是借鉴上海票据交易所建设的经验。上海票据交易所的筹建统一了全国的票据市场,在系统搭建、制度制定、会员管理等方面积累了丰富经验,可以为上海国际金融票据交易所建设提供坚实基础。

3. 有利于对外开放

(1)有利于引进国际先进经验,促进国内票据市场对外开放。央行行长易纲指出:"改革开放的实践经验证明,越开放的领域,越有竞争力;越不开放的领域,越容易落后,越容易累积风险。扩大金融业开放将为中国金融业注入新的活力,有助于提高中国金融行业的整体竞争力,实现更高水平、更深层次和更加健康的发展。"国外的票据市场已有数百年,并在法律、制度、规则、管理、经营等诸多方面积累了先进经验,而国内现代意义的票据市场仅有近四十年发展历史,虽然这近四十年国内票据市场伴随中国经济快速发展,但仍需要引进国际先进经验,才能进一步提高国内票据市场的效率。建立国际票据交易中心将融合各国票据市场精髓,引入各国各种类型市场参与者,是引进国际先进经验最直接也是最有效的途径。

(2)有利于稳妥有序推动资本项目开放,稳步扩大资本账户可兑换。推动资本账户可兑换必须遵循"服务实体、循序渐进、统筹兼顾、风险可控"的原则,而票据市场一端紧密联系实体经济,在中国建立和发展国际票据市场能够促进国内经济发展,符合资本项目开放的国家政策导向;票据市场另一端则是央行货币政策工具——再贴现,建立国际票据市场可以扩大再贴现基础资产规模,同时可以密切关注国际票据市场对资本流动的影响,监管调控国际票据市场的开放进度和程度,完善针对跨境资本流动的宏观审慎政策,稳步推进资本项目开放。

(3)有利于推动全方位的金融业对外开放和深化金融改革。票据市场是我国金融市场利率市场化最早、程度最高的子市场之一,建立国际票据市场可以全方位为金融业对外开放积累经验,成为我国整个金融体系对外开放的有效突破口。票据市场既连接货币市场又连接信贷市场,同时又与其他金融市场密切相关,因此建立国际票据市场可以带动货币市场和信贷市场的深化改革和对外开放,并进一步促进整个金融市场的深度和广度。

4. 有利于人民币国际化

(1)有利于票据跨境支付结算,提高人民币国际接受度。2017年跨境贸易人民币结算规模达到了4.36亿元,是2011年跨境贸易人民币结算推行之初的2倍,而票据是人民币结算的主要工具,每年的开票量数倍于信用证开证量,建立国际票据市场,可为跨境票据提供统一的、标准化的交易平台,将大大提高人民币票据在跨境支付结算中的作用和功能,促进以人民币计价的跨境票据业务创新产品的研发与推广,并进一步推进人民币国际化战略的快速落地。

(2)有利于票据发展成国际投资产品,扩大人民币外汇储备规模。2016年10月1日人民币继美元、欧元、英镑和日元之后正式加入特别提款权货币篮子,成为第五位成员,定值比重占到10.92%,位居第三。根据国际货币基金组织(IMF)公布的数据显示,截至2017年末,全球外汇储备总额为11.4万亿美元,人民币外汇储备规模为1228亿美元,在整体已分配外汇储备中占比1.23%,同比提高0.15个百分点。外汇储备仅有较小一部分是以现金形式存在以应付日常贸易结算和不时之需,大部分都是以各种金融资产的形式存在,比如美国国债市场就是美元外汇储备投资的主要市场之一。票据产品具有信用度高、流动性好和盈利性相匹配的特点,建立国际票据市场,有利于将票据产品发展成为人民币外汇储备的重要投资产品,提高各国持有人民币资产积极性,扩大人民币外汇储备规模。

(3)有利于票据国际交易职能发挥,带动人民币外汇交易活跃度。根据国际清算银行(BIS)的报告,2016年人民币在全球外汇交易中达到2020亿美元,占据4%的份额,而2016年国内票据市场累计贴现量达到84.5万亿元,相当于当年人民币外汇交易的63.6倍。因此,建立国际票据中心,引入国外交易者和资金,可以促进票据国际交易职能的充分发挥,而国际资金进入和退出国际票据中心均需要进行人民币外汇交易,且国际资金往往会配套相应的外汇套期保值产品,从而进一步带动人民币外汇交易活跃度。

5. 有利于人民币汇率机制的进一步完善

(1)国际资本的流入可以增加人民币汇率弹性。完善人民币汇率形成机制,实质就是增加人民币汇率弹性,使之更加真实地反映外汇市场的供求状况。自2015年"811汇改"以来,我国实行的是"收盘价+一篮子货币汇率变化"的汇率形成机制,即人民币汇率不再盯住单一美元,而是选择若干种主要货币,赋予相应的权重,组成一个货币篮子,同时以市场供求为基础,参考一篮子货币计算人民币多边汇率指数的变化,维护人民币汇率在合理均衡水平上的基础稳定,据此形成有管理的浮动汇率制度。建立国际票据市场,将促进大量国际资本的流入,增加人民币外汇市场的交易活跃度,提高人民币汇率弹性,加大市场决定汇率的力度,最终实现人民币浮动汇率制。

(2)利率国际化能够提高人民币汇率机制的有效性。汇率是以本币表示的外币价格,是两个国家货币之间的相对价格,而利率是本币资金的价格,利率机制的完善可以促进汇率机制的完善。票据市场已成为国内利率市场化改革的急先锋,而建立国际票据市场,可以将票据利率进一步市场化,即票据利率国际化,使票据利率反映国际资金的价格,并且还包含了国际资金对人民币汇率的预期,从而改善人民币汇率形成机制,使人民币汇率不仅能够反映当前外汇市场供需关系,还将反映对汇率市场的预期,提高人民币汇率机制的有效性。

(3)国际机构和资本多元化可以促进人民币汇率机制的完善。汇率机制的完善必须有充足的套利资金和充分的资本国际流动性,国际票据市场的建立,会带来各国的金融机构和多元化的国际资金引入,因票据交易具有短期性、高频率的特点,国际资金流动将更加充分,多样的资金套利需求将催生多元化的汇率衍生产品,这对促进人民币汇率形成机制具有基础性和重要性的作用。

6. 有利于"一带一路"的发展

(1)可以提高"一带一路"企业的票据接受度和使用度。"一带一路"包括"丝绸之路经济带"和"21世纪海上丝绸之路"两部分,从陆地到海洋,全方位联通亚欧非三个大陆,辐射全球,涉及众多国家和人口,潜在的贸易总量和投资总额巨大,大量的商品贸易和资金往来过程中将产生数量巨大的商业信用以及银行信用需求。票据作为支付结算传统工具,将极大满足"一带一路"沿线国家的国际贸易需求;同时,银行业通过广泛开展票据发行、担保、承兑、贴现、转贴现、再贴现等业务,将有力支持企业的短期资金融通需求,服务中国企业"走出去",成为"一带一路"建设的强大助推器。但现在票据市场仅局限在国内,建立国际票据市场,将大大增加票据国际接受度和流动性,满足和便利"一带一路"企业票据的使用、转让、贴现等需求,从而提高"一带一路"企业的票据接受度和使用度。

(2)"一带一路"可以成为国际票据市场的突破口。"一带一路"是我国重要的国家级合作倡议,对于推动企业"走出去",促进国内新常态下的供给侧结构性改革意义重大。作为具有支付结算、投融资等多功能工具,票据业务对于商品的生产和流通,尤其是国际间商品的进出口贸易有很强的推动作用,可以借助"一带一路"的大力推进,从个别经贸往来密切、关系良好的国家优先推行,以点带线、以线带面,逐渐扩大票据和国际票据市场的接受度和使用度。

二、金融科技在票据应用领域的作用及前景分析

(一)科技与金融科技的概念及特点

1. 科技与金融科技的概念

科技包含科学与技术,两者既有密切联系,也有本质区别。科学要解决的问题是发现自然界中确凿的事实与现象之间的关系,并建立理论把事实和现象联系起来;技术的任务是把科学的成果应用到实际问题、解决实际困难。科学主要和未知领域打交道,其进展和突破往往是很难预料的,技术是在相对成熟的领域内应用或者体现,

可以比较容易做到规划。两者相互渗透、相辅相成,有着不可分割的联系,科学是技术的理论指导,技术是科学的应用实践。综合来说,就其生产和发展过程来看,科技是一种典型的社会活动,是由生产来决定的;就其内容属性来看,科技是一种生产实践经验和社会意识的结合;就其实际功能来看,科技是一种以知识形态为特征的"一般生产力"和"直接生产力",这种生产力适用于社会活动中的各个领域,也包括金融领域和金融中的各个要素。

金融科技(Fintech)一词最早出现在美国,指科技企业为金融机构提供相关技术支持。目前金融科技比较权威的定义来自金融稳定理事会(Financial Stability Board,简称 FSB)。2016 年 3 月,FSB 发布的关于金融科技的专题报告中指出,"金融科技是技术带来的金融创新,能够创造新业务模式、应用、流程或产品,从而对金融市场、金融机构或金融服务的提供方式造成重大影响"。除传统的科技技术外,当代金融科技主要包含大数据、云计算、人工智能、物联网、区块链、人工智能以及 5G 等技术。金融科技是科技体系不可分割的组成部分,是科技体系重要的分支之一,也是目前最为重要的应用和实践平台,其带动和引领着全球新一轮的金融服务质量和效率的变革浪潮,将进一步深刻改变全球金融业态的未来,也在不断影响着金融市场的重要因素之一——票据市场的发展格局。

2. 金融科技与互联网金融的区别

值得注意的是,国际上的"金融科技"概念与我国目前流行的"互联网金融"完全不同。金融科技与互联网金融虽然都体现金融和科技的融合,但两者从内涵和外延上都有着很大的区别。

金融科技把互联网和移动通信等作为服务金融行业的技术手段,更强调新兴技术对金融业务的辅助、支持和优化作用,其运用和发展仍须遵循金融的本质、业务的内在规律及其风险属性,遵守现行金融法规和金融监管要求。目前国内常提的互联网金融虽然既包括金融机构的"金融＋互联网"模式,也包括互联网企业的"互联网＋金融"模式,但这种提法仍存在金融与互联网孰轻孰重分不清的问题,导致实践中出现很多脱离和违背金融行业发展规律的"创新"。

3. 金融科技的内涵和外延

科技是指通过技术手段推动金融创新,形成对金融市场、金融机构及金融服务的提供方式产生重大影响的业务模式、技术应用、流程或产品。金融科技在外延上应涵盖科学技术和金融业务两大领域,并应用于金融机构和新型经济金融组织两大部分、金融业和新兴金融业态两大范围。具体包括:一是金融机构运用科学技术的强大发展动力,利用互联网、移动互联网、物联网、大数据、云计算、人工智能、区块链等新兴技术,对传统金融产品和服务模式进行革新和拓展,并广泛运用于支付结算、借贷融资、保险理赔、资本市场、投资理财、财富管理等业务领域。二是一些信息技术公司运用技术优势,以互联网或移动互联网的方式改变传统的金融服务模式和客户取得方式,开展移动支付、网络借贷、网络投资、智能投顾、智能合同,以及各类智能金融理财服务等金融业务。三是货币管理当局和金融监管部门运用先进的信息技术和数字技术进行数字货币、征信管理、金融基础设施建设,以及银行、证券、保险、外汇等方面的智能化金融监管。

4. 金融科技的主要特点和影响

(1) 金融科技的主要特点。一是延伸金融服务的深度。数字技术、人工智能等科技有助于深挖金融需求,比传统金融工具更具灵活性和延伸性,实现个性化服务和风险定价,并能精准营销。而且移动互联具有全天候、跨地域的属性,不受时间和地域限制,有利于弥补传统金融服务空白,扩大金融覆盖面。二是拓宽金融服务的广度。互联网、大数据与风险分担机制创新使得金融服务能够覆盖传统金融服务因风险与成本问题而不能覆盖的金融需求,扩展服务范围与服务能力。互联网技术能够解决信息不对称问题,具有标准化操作、业务处理成本低、服务海量客户等特征,有助于在客户风险识别和信用评审上进行创新,简化交易流程,降低小额、高频金融服务的成本。三是增加金融服务的维度。新兴科技如区块链去中心化的点对点高效价值传递等特点,有可能彻底改变现有金融体系结构和运行框架。通过重构金融服务的组织形式,再造金融服务的业务流程,注重不同客户的体验,多维度地提供优质金融服务,避免金融供给与金融需求之间的错配,颠覆性地实现金融服务的提质增效,降低金融服务成本。这些既有利于增强金融生态系统的竞争能力和创新活力,又有利于提升金融服务对象的消费动力和边际效力。

(2) 金融科技发展的影响。一是对金融生态的影响。金融科技以客户体验为导向、数字技术为驱动、移动互联为手段,具有资本集约、资源开放、资讯丰富的特征,通过科学技术的迭代和进步,演绎出过去传统金融机构无法提供的高端服务。同时,金融科技可以实现金融组织形态的多样化,并渐进式地弱化金融机构的中介职能,催生新型经济金融组织形态的形成。二是对金融风控的影响。由于金融科技背景下的服务方式更为多样化,业务边界逐渐模糊,经营环境不断开放,使得信用风险、流动性风险等传统金融风险呈现出外溢效应,并增加了技术风险。同时,跨行业、跨市场的跨界金融服务更加错综复杂,风险传染性更强。在利用信息技术提升资金融通效率的同时,也打破了风险传导的时空限制,致使传统的风险控制措施难以奏效。三是对金融监管的影响。金融科技发展遵循摩尔定律快速而迅猛,使监管者难以快速配备相应的专业资源,及时更新知识结构,识别潜在风险,从而影响监管有效性。同时,还会增加交易各方之间的风险敞口,也增大了风险监测和管控的难度。某些科技创新甚至可能游离至监管体系之外,变相规避监管,造成监管套利和监管空白。

(二) 国内外金融科技的发展情况

因为金融科技发展的不均衡性,本文主要分析科技企业依靠自有技术开展金融业务,通过科技手段将传统金融行业的部分业务流程分离出来所形成的新产业。全球金融科技企业主要聚焦于借贷、支付、监管科技、数字货币、数据分析、保险、资本市场、财富管理、众筹、区块链和会计核算等领域,而我国的金融科技发展集中于借贷、支付和保险等领域(如图 2-3 所示)。

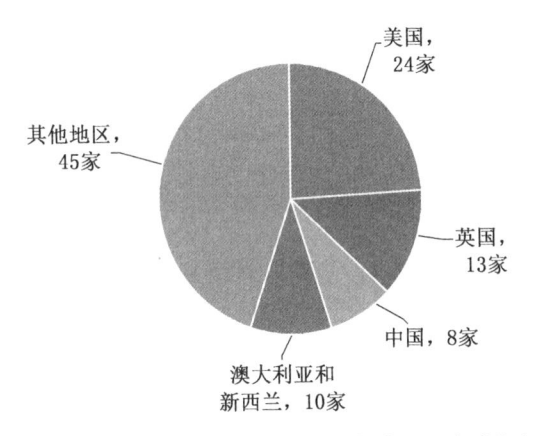

图 2-3　2017 年金融科技公司全球百强地域分布

1. 美国金融科技的发展及监管政策

美国的金融市场经过逾百年的发展,能够提供比较完善的金融产品和服务,其监管体系也相对完整。美国也是最早发展金融科技的国家之一,拥有众多顶级的金融科技公司,如专注于借贷领域的 Avant、专注于支付的 Paypal、专注于互联网保险的 Oscar Health、专注于财富管理的 Wealthfront 等。在美国金融科技行业的构成中,前三位分别是网络贷款与消费金融、财经和金融资讯的智能筛选平台以及智能投顾。美国金融科技发展的地域分布相对比较集中,主要分布在硅谷和纽约。美国的金融科技起源于硅谷,硅谷具有技术和科技创新优势,又拥有相对成熟的人才培养和发展体系,这些都使得金融科技企业能够从具备金融投资经验的大型风险投资基金中获益。纽约是全球金融中心,凭借华尔街庞大的资本基础和全球最大的金融市场人才,金融科技企业在此得到快速发展。美国对金融科技的监管方式较为独特,因为具有相对成熟的穿透式监管体系,即使现有的法律法规未能覆盖金融科技新的发展,监管机构也能进行适当调整,通过将新产品、服务归入原有的监管体系,或是根据其属性重新设置监管机构和政策,能够及时填补监管空白。

2. 英国金融科技的发展及监管政策

自 2008 年全球金融危机以来,英国金融科技产业快速发展,其优势在于对人才的吸引以及顾客体验等方面。从监管和税收环境来看,英国是最有利于发展金融科技的国家。在金融科技发展早期,英国投资状况良好,但是近些年却有下降趋势。英国为了继续保持自己金融科技的世界领先地位,不断营造优良的投资环境,构造合理的税收系统,搭建合适的监管平台,为金融科技行业发展奠定良好的基础。从行业来看,英国金融科技公司聚焦发展支付结算和贷款这两大领域,具有代表性的金融高科技公司有 Atom Bank(借贷)、Funding Circle 等。从分布来看,英国的金融科技公司主要集中在伦敦,这是因为伦敦一直以来都是英国的金融中心,金融资源较为丰富,可为英国金融科技公司发展提供源源不断的各类资源;从监管方面来看,英国政府凭借其人才、资讯等优势主动出击,采取主动监管的方式。英国金融服务监管局(FCA)在 2015 年末启动了金融科技监管沙箱(Fintech Regulatory Sandbox),允许金融科技创新机构进入沙箱,在"缩小版"的真实市场和"宽松版"的监管环境下进行测试。目前,已有 20 多家企业进入沙箱测试。该监管模式相继被澳大利亚、新加坡等国家金融科技监管所仿效。

3. 其他国家和地区金融科技的发展及监管政策

除美、英两国之外,新加坡、澳大利亚等国家在金融科技领域的发展也有各自特点。新加坡是世界金融科技领域领先地位的有力竞争者,在政府支持、资金来源、创新中心建设和监管沙盒设立等方面都非常出色。澳大利亚是金融科技的"后起之秀",它拥有先进的互联网银行和移动终端产业,是全球金融市场进入亚洲生态经济区的理想入口。其他一些国家的金融科技虽暂时未像上述几个国家一样形成一定的规模,但在某些细分领域也有亮点。以印度的 Pay Through Mobile(简称 Paytm)为例,Paytm 被称为"印度版支付宝",在成立之初,它只是一个手机预付网站,2014 年开始进入印度刚刚兴起的金融科技领域,并推出了电子钱包。因为印度具有广阔却未开发的市场,目前 Paytm 被全球众多投资机构所看中。但由于它的基础设施水平和金融服务普及率水平低下,导致支付场景少,限制了其进一步发展的空间。同时,印度本身的金融体系发展较为落后,资本投入和技术投入都远远不能满足金融科技的发展需求。

(三)科技在票据应用领域的现状

当前,科技应用于票据金融,主要还是采用传统科技的手段,通过搭建中心化的系统或者移动互联网接入的方式,其最高形态为上海票据交易所搭建的中心化的中国票据交易系统。上海票据交易所是在现有中心化的科技模式和技术能力下所实现的科技与票据融合的最具影响力的产物,用发展的眼光看票据市场的整体发展与科技发展呈现出了较为密切的正相关性。

1. 从业务体量的发展角度来看

科技发展对票据市场产生着重要的推进作用,尤其是结合互联网技术后对金融领域带来了快速提升。通过对票据市场历年发展状况选取增速研究,与同年的科技应用进行对比分析可以得出相应结论。票据市场发展增速如图 2-4、图 2-5 和图 2-6 所示。

(1)票据市场体量的变化在阶段内受科技发展的影响较为明显。通过上图可以看出,票据市场指标出现大幅增长的年份分别对应票据市场上有重大影响的科技应用产生。一是在 2003 年诞生了第一个票据官方报价平台——中国票据网,标志着我

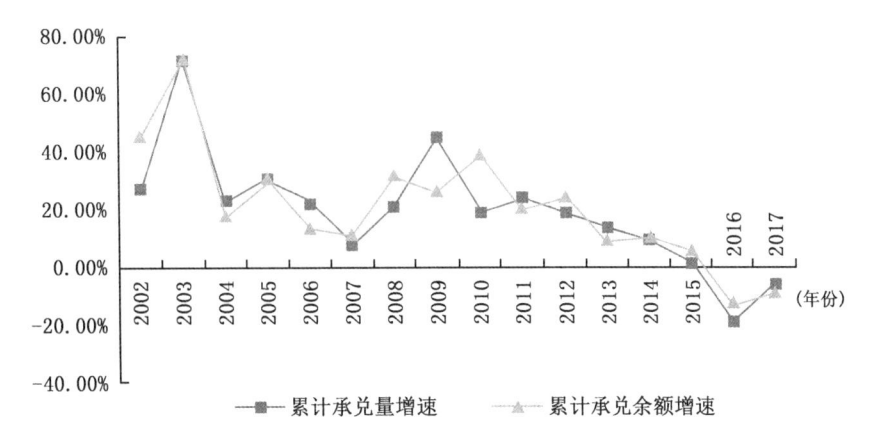

图 2-4　2002—2017 年累计承兑量和承兑余额增速

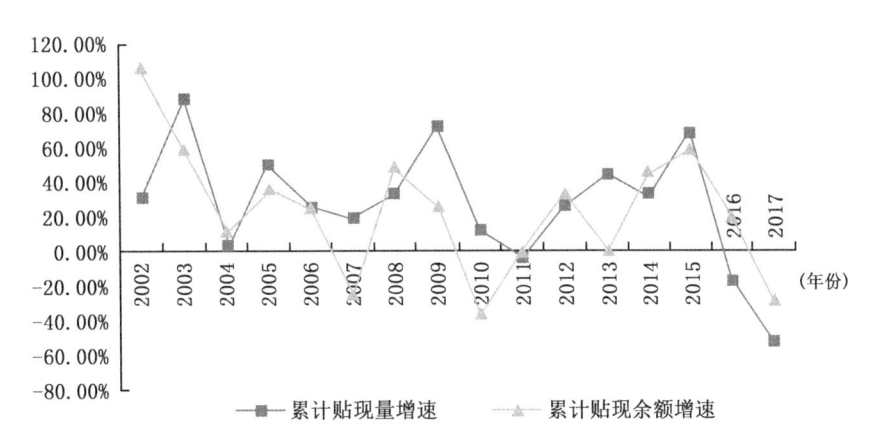

图 2-5　2002—2017 年累计贴现量和贴现余额增速

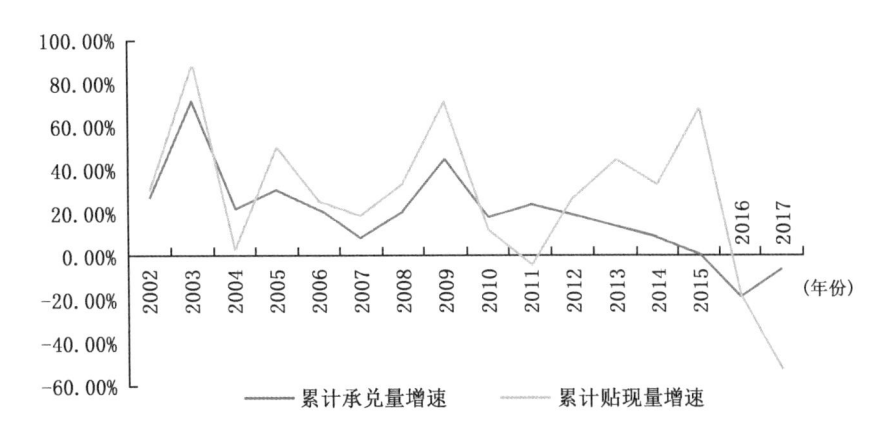

图 2-6　2002—2017 年累计承兑量和贴现量增速对比

国票据市场基础的电子化建设进入了一个新的阶段,市场的信息透明度、市场效率进一步提高,市场资源配置更加有效,直接带动了当年各项指标超过70%的增长速度。二是在2005年随着票据电子化的进展,以招行"票据通"等为代表的基于各商业银行网银的电子票据业务蓬勃开展,促进了市场增速的强势反弹,并且由于这种电票方式不能跨行流通,客户粘性很强,回行贴现率高,使得当年贴限量增速明显高于承兑量,且将这种状态延续至2006年和2007年。三是2008年央行开始建设电子商业汇票系统,至2009年正式上线投产,电子票据具有操作简单、安全性高、交易便捷等一系列优势,直接带动了市场情绪的大幅回升,使得这两年的市场体量增速大幅攀升。四是2016年中国票据交易系统的建立让全市场的重心转移到票据市场基础设施建设中,市场体量受到了一定影响,并在2017年开展纸电融合和ECDS系统迁移后跌至谷底。

(2)票据市场体量的发展趋势会因科技应用而改变。票据市场受国家宏观经济环境、货币政策、实体经济发展的影响较大,往往呈现趋势化发展的特点。但科技应用的全面铺开往往会扭转固有态势,改变市场方向。一是2008年后的宽松货币政策和电票系统即将推出的利好预期,使得市场体量一直以较快速度增长,但随着2010年央行ECDS系统的全面铺开(全年上线机构高达296家),其市场流通性差、期限长(最长一年)、开票企业接受度的问题在短时间内被放大,预期的乐观情绪被打破,观望情绪大幅增加,使得当年的市场增速大幅下滑,且电子票据仅占当年所有票据承兑量的3%。二是2011年后,宏观经济在增速放缓后进入漫长的恢复期,在经济三期叠加和L型走势的影响下,和宏观经济高度关联的票据承兑增速逐步放缓,但在实体经济不景气、信贷需求不足、银行坏账率上升、企业融资难等背景下,以票据贴现作为融资方式的体量明显提升,商业银行的贴现余额也随之快速上涨。2013年,互联网金融的崛起带来了"互联网+票据"理财,以金银猫"银企众盈(票据贷)"产品的上线,开创了将融资企业的票据收益权转让给广泛的理财投资人的P2B模式,并在2014年大幅推广,部分替代了企业贴现成为全新的票据融资方式,直接导致2013年末贴现余额零增长和2014年的贴现量增速的放缓,出现了与发展趋势不一致的情形。三是2017年票据交易系统的持续推广、纸电融合建设和ECDS系统运营权的迁移,使得票据市场整体在体量上回升的同时,贴现业务因为商业银行配套票交所系统改造的持续升级和不稳定受到一定的影响,出现了增速的大幅下滑。

2. 从经营发展的角度来看

(1)科技的发展促进了票据市场利率的平稳运行。由于票据市场是直接作用于实体经济的货币市场子市场,并且占比超过19%,所以票据市场价格的平稳运行对货币市场乃至实体经济有着至关重要的影响,甚至会影响社会资源的总体倾向和配置。一是随着科技的发展,尤其是互联网和移动终端的进步,其信息传播的速度优势和公开性有助于提高市场的透明度和时效性,最大程度避免时间差、信息差和区域差,加上借助IT系统后业务处理效率升级,票据交易和流转速度得以加快,使得市场价格的波动逐步趋缓,出现大幅起落的情况越来越少(2013年中短暂"钱荒"除外,如图2-7所示)。3月期Shibor作为反映票据市场资金价格的重要指标,更是呈现出波动上下限降低的趋势(如图2-8所示),尤其是上海票据交易所成立后波动更加稳定。二是电子票据作为科技发展的重要产物,其市场占比从2010年的3%逐步提升至2018年的94%,市场接受度和流动性也逐步提高,由于电票安全性好、期限长、成本低、传输快、交易便捷,其价格稳定性明显好于纸质票据(如图2-9所示),尤其是在关键时点上,其市场波动区间要比纸质票据少20bp~50bp,科技发展带来票据形态和交易模式的变化对利率的维稳效果更加明显。

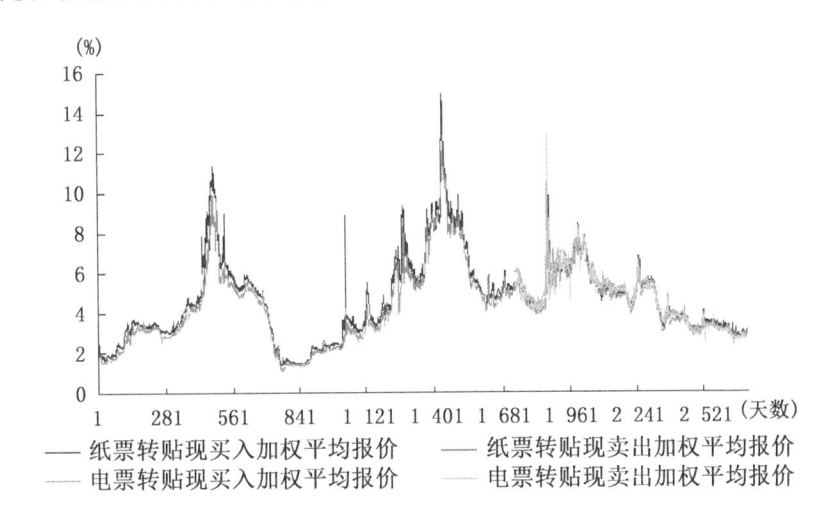

注:1. 电子票据的数据起自2013年。
2. 中国票据网在2016年12月关闭。

图2-7 2006—2016年10月中国票据网加权平均报价走势

(2)科技的发展优化了商业银行的经营策略。随着越来越多的商业银行将票据业务作为重要的资产业务和全新的利润增长点,经营分析类IT系统的发展已经成为银行经营票据业务的重要依托。在2007年前贴现余额与贴现业务量的变化几乎是同步进行,且变化的幅度呈现不一致的态势,但在2007年后,贴现余额的变化与下一年度贴现业务量的变化完全一致,并且变化幅度越来越接近。由于贴现余额是反映银行内票据存量的重要经营指标,所以可以得出结论:开始阶段银行更多的是被动的根据市场的票据量来调整自己经营的方式,票据主要作为银行信贷的补充工具,但随着科技的发展和经营系统的完善,票据的赚钱效应和产品效应凸显,越来越多的银行通过建设经营分析类IT系统,变为主动的提前预判和分析,在市场变化前提前调整自己的经营策略和方向,准确率越来越高,并且对下一步市场的影响度也越来越大。

(3)科技的发展带来了更广阔的技术手段和营销工具。随着大数据和物联网技

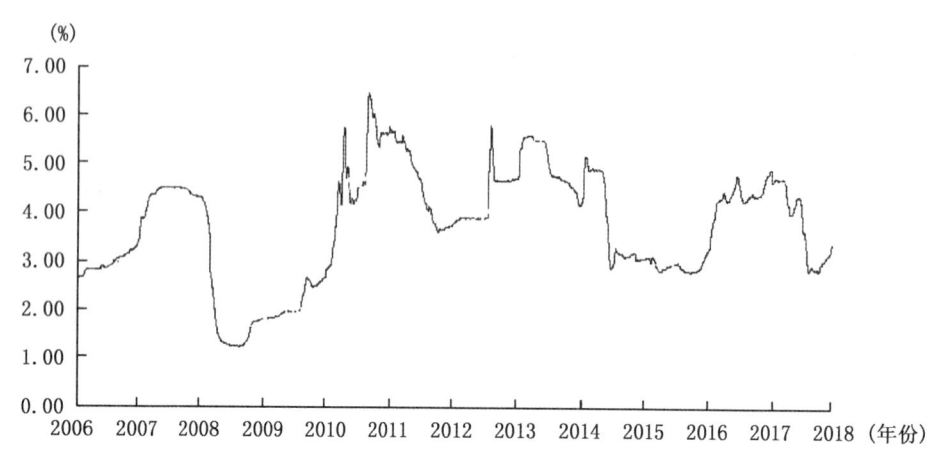

图 2-8　2006－2018 年 10 月 3M Shibor 价格走势

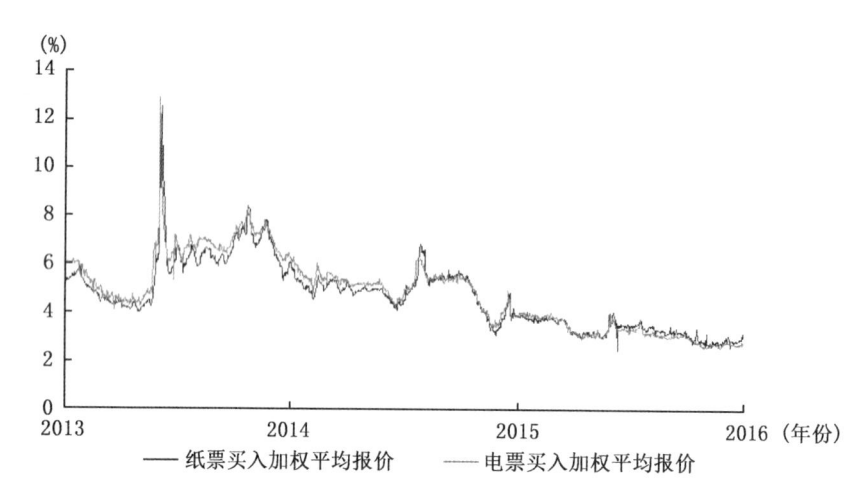

图 2-9　2013－2016 年 10 月中国票据网票据加权平均买入报价走势

术的发展，要提升数据信息中蕴含的商业价值，发掘新的利润增长点。通过改变营销理念，创新营销模式已经成为业内票据业务发展的共识。一是可以通过对交易数据、行为数据、信息数据、财务数据等信息的搜集、加工和分析，更为全面准确的分析市场需求，对客户交易潜在行为做出预判，提升客户营销的及时性和准确性，把传统的关系型营销和推广型营销向基于数据挖掘的精准型营销方式转变。二是可以充分利用 IT 系统实现所有信息资源共享的优势，改变传统的单一票据营销理念，积极发掘票据与其他业务产品中的融合价值，在产品联动的基础上形成整体性的营销解决方案。三是顺应金融服务虚拟化和多渠道化的发展趋势，可以拓宽票据营销的电子化渠道，在传统的面对面、场所化营销渠道上增加方式，比如工商银行就通过建立工银融 E

联等即时通信工具捆绑客户经理和客户的沟通,开展全新的产品推介方式,让服务渠道更加多元化,客户的捆绑效果和忠诚度得到提升。

3. 从业务风险防范角度来看

票据业务面临的主要风险类型包括信用风险、合规风险、操作风险、市场风险、道德风险,且存在发案金额大、运作手法隐蔽等多个特点,借助科技发展可以将原本人为操作、手工干预、人脑判断的环节按照一定的规则进行固化,将不可控因素可能产生的风险通过系统来刚性控制,极大降低风险隐患。

(1)科技的发展推动票据信用体系的完善。票据信用风险是指交易对手或者承兑人未能履行约定契约中的义务而造成经济损失的风险。由于传统的手工方式不利于信息的传递和共享,使得涵盖整个市场的信用评级、登记、查询、评价、连通体制未能建立起来,一些中小企业更是苦于缺少信用记录无法有效融资,容易诱发信用欺诈风险。科技的发展使得通过IT系统建设具备强大的信息储存、查询、处理、更新和共享能力,消除了时间、地域和行业的限制,适合建立统一的信用基础平台。对于票据业务来说,完善的信用风险库将使得承兑人或行为发起方承担更大的违约成本,受到很大制约,包括客户经营行为揭示、票据违约与风险保全数据、信息资信、案例分析等,有助于健全良好的市场经济信用环境,对发展商业信用,进而推动商业承兑汇票,甚至商业本票的发展有着重要的作用,从而丰富企业融资手段,提升经营活力(见图2-10)。

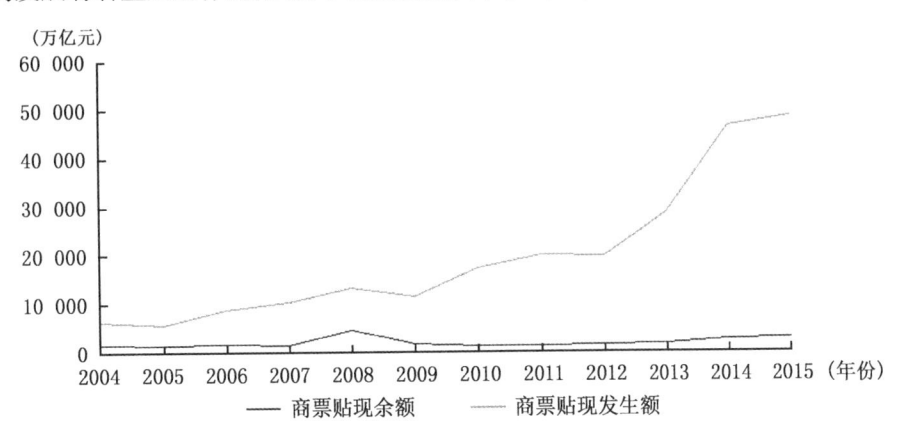

注:以上数据来源于央行各年度货币政策执行报告。

图2-10 2004—2015年商票发展情况

(2)科技的发展有助于提升刚性控制能力,有效防范操作风险和道德风险。票据领域的操作风险和道德风险主要体现在纸质票据真实性风险、纸质票据凭证管理风险、票据质押悬空风险、内部员工违法行为等,归根结底是由于缺少刚性控制手段而产生。一是科技的发展将更多手工行为进行固定化和标准化,并嵌入IT系统中实现刚性控制,最大可能减少其中的人为操作和主观恶意干预,最大程度避免纸票中

"一票多卖"、电票中打款背书不同步等现象。二是由于操作和道德风险大多发生在事中,科技发展可以建立以情景分析、压力测试为手段的前瞻性风险管理系统,进而强化对事中及事后的控制,改变传统的后督和后觉驱动型的风险管理手段。三是通过互联网公开公示催告、公示控制等信息,畅通沟通渠道,最大程度避免利用票据公示催告环节中公示催告期与票据到期日不相衔接等漏洞和恶意伪报、申请公示催告以达到借机侵占银行资金的目的。四是随着近几年来纸票大案的频繁发生,电子票据的市场接受度越来越高,尤其是今年以来电票的市场占比和需求量大幅提升,更加反映了市场参与者愿意通过接受新型科技产物来对风险进行更高层次的把控。

(3)科技的发展提升市场的分析和预测能力。票据的市场风险主要是指利率风险,作为高度市场化的票据市场,利率的不确定因素较多,预测的难度较大。一是从前文可以看出,科技的发展促进了市场的透明化,短时间内利率价格波动的区间逐步降低,这为规避市场风险营造了良好的基础环境,同时,可借助数据透明的特性催促整个市场交易价格对资金需求反应的真实性,进而形成更真实的价格指数,有利于进一步控制市场风险。二是科技的发展促进了票据市场流转速度的加快和参与者的提升(如图2-11所示,在承兑周转速度基本平稳的情况下,银行的贴现周转速度大幅上升),同时积累了大量的原始数据,通过不断优化和先进的数据分析工具进行转换、挖掘和处理,生成多维度的报表和更直观的展示,实现面向使用者和用户的定制化监测服务,不仅实现对利率风险的事中控制,还成为决策和预测的依据。三是通过科技建设专属的分析预测系统,包含市场主体偏好指数、票据结构趋势指数、价格指数等,并建立区域监测评价、市场发展趋势等科学模型,从而对各类市场行为进行动态分析,实现票据市场预测和前瞻,更好地刻画票据市场的运行趋势和情况。

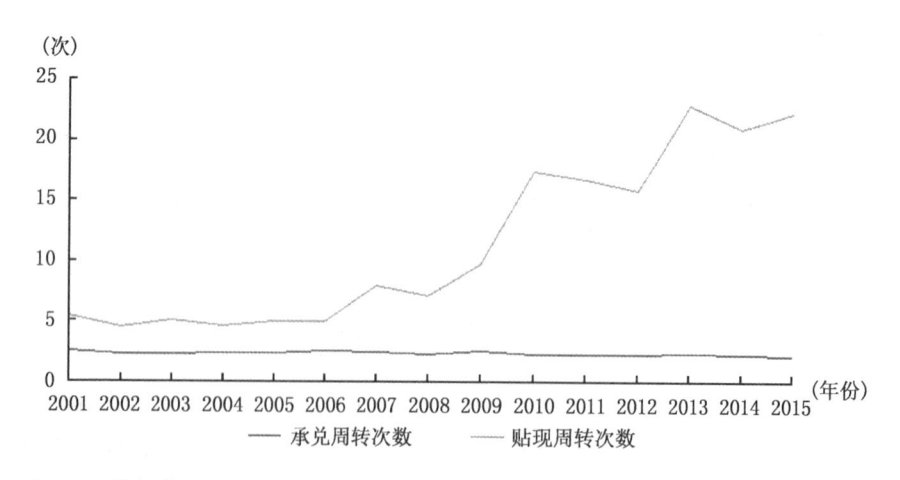

注:以上数据来源于央行各年度货币政策执行报告。

图2-11 2001—2015年票据业务周转速度情况

(4)科技的发展为合规经营带来更多机会。一是由于计算机能够处理的都是标准化后的程序、数据或操作,所以科技的发展进一步加速了票据业务执行和操作的抽象化、标准化、合规化,有利于探索形成行业业务的执行标准和规范,进一步改善票据市场各参与主体的合规性。二是科技的发展带来了更为丰富的监管手段和更高的监管效率,尤其是通过建立数据模型和"内控进系统"的方式及时准确地发现交易中的异常,为提示风险防控重点和制订针对性的措施提供依据,实现对合规经营和合规管理的全方位分析,并为市场参与者开展内控量化评价体系建设提供基础。三是科技的发展"倒逼"了监管的创新,科技发展与票据产品的跨界融合,产生了许多原有政策规定或行业规定涉及不到的产品或操作方法,比如互联网票据理财、纸票电子化、电票资管等,从而为业务监管带来了新课题、新机遇和新挑战,更好地引导推动业务产品创新的发展。

4. 从产品创新的角度来看

(1)科技金融的跨界发展已成产品创新的主流趋势。一是科技发展带来的自由和平等让更多的人有机会参与到市场的创新中,避免传统方式中由上而下的简单决策和推行,有助于发挥每个票据从业者的智慧,从而促进产品创新的受众效应。二是党中央曾作出重要指示:"大力发展科技金融,推动设立科技专营金融机构或部门,鼓励金融机构与科技园区、科技企业建立更加紧密的合作关系。"一方面说明科技的发展需要以金融作为应用点和落脚点,还原科创和技术为社会更好发展的本质,另一方面金融的发展也会为科技创新带来更多的渠道和机会,所以,"科技+票据"的跨界发展也成为票据产品创新的核心途径。三是由于可纳入科技系统的均是标准化后的流程和产品形态,所以通过科技系统的介入和完善加快了票据产品自身的标准化进程,加上标准化程度高的产品更容易实现自我更新、社会普及和功能扩充,使得科技的发展通过促进票据产品的标准化丰富了票据产品内涵,拓宽了票据的自主创新渠道。

(2)科技的发展带来了更多优质票据资源的集中和创新。当前,科技的创新已经不单单是实现对业务场景的电子化或智能化模拟,更多的时候是借助技术的变化实现对传统票据操作流程、业务模式和产品的颠覆性改造。一是以"互联网+"、物联网、"工业4.0"为代表的新型技术已经逐步与票据业务实现有机融合,尤其是互联网金融的兴起已经逐步改变了原有票据模式下的理念和方式,注入了全新的互联网因子和特性,推动了票据产品自身的优化甚至是简化。二是大数据技术(Data Technology,简称DT)时代的到来让数据得到了前所未有的重视,已经打破了原有社会体系下对生产资料的定义,数据已经成为最重要的生产资料,在票据业务领域中也是如此。比如推进信息中介产品化开发、通过数据的挖掘和应用创造"票据数据租售"的商业模式等。三是票据行业可以通过出售原始商业数据或者经过分析处理的结论来获取直接的利益,以商品化的数据应用创造新的商业模式,推动票据信息市场的发展。此外,围绕票据业务数据产生的商业模式也不仅仅局限于租售,还包括数字媒体模式、数据空间运营模式等,从而促进票据业务的信息化发展。

(四)金融科技应用于票据领域的前景

目前,金融科技在票据领域的应用以区块链技术的尝试尤为显眼。虽然区块链技术被称作"具有改变金融的潜力",但大多数基于区块链的研究和应用还处在实验室阶段,目前只有少量的以支付工具以及技术平台环境为主的商业应用落地。目前国际上披露的应用在票据及相关领域的信息也以简单的介绍应用场景为主,技术细节、实现方式和功能等核心信息较少。

从国内来看,央行已经完成了基于区块链的数字票据交易平台的研发,对数字货币的研究也进入了实质领域,在2018年1月,数字票据实验性生产系统在中国数字货币研究所、上海票据交易所的双牵头下,在工商银行、中国银行、浦发银行和杭州银行得到了有效落地,但在试运行中仍采用"链上确认、线下清算"的方式,未能摆脱现有的票据交易和票据清算方式。2017年3月15日,深圳金服与赣州银行推出了票链,实现了区块链交易票据的落地。

从国际来看,区块链技术主要包括了以下主要应用。

1. R3联盟的银行间票据交易测试项目

由于R3联盟几乎囊括了现在国际上最著名的商业银行,所以其选取了商业票据为应用场景来测试银行间的交易市场。虽然R3没有公布具体的测试细节,但其公开确定的是测试的交易产品为商业票据,即公司发行的短期债券,并强调了并非测试商业票据本身的业务场景和功能,而是基于以太坊的众多参与机构和大型账本下的系统运行能力,通过强制联盟内的银行在平台上发行、交易和赎回票据来完成技术压力的测试。考虑到区块链技术对系统资源和存储资源的需求较大,并不是联盟中所有的银行都愿意参加,根据公开信息已有多家银行表示拒绝。

2. 意大利的票据托管项目

意大利的票据是指期限在3个月到1年之间的可转让本票,最低金额1亿里拉(52 000欧元),只有工业部门和财务公司可以发行。由于其商业票据是有纸形态的,因此交易时需要存放于一家名为Monte Titoli的集中证券托管中心,并通过其在二级市场上进行转让。为了回避纸质票据的风险,意大利政府在该托管中心尝试使用区块链技术进行纸质票据的登记,并完整记录其在二级市场的流转过程,但是并没有公开业务场景的详细描述和使用的技术手段,并且也没有公布如何进行清算。

3. 美国票据交换所基于区块链的研究

美国票据交换所(也称为中央对手票据交易局)在最新的公开媒体中指出他们正在致力于研究去中心化的票据交换网络,并作为未来技术应用的备选方案,但是并没有公布具体的研究论文和其他细节。由于美国的票据市场以商业票据为主,主要是服务于企业或者金融机构的直接融资,并且有专属的评级机构进行评级,与我国常用商业汇票类似的美属银行承兑汇票已基本不存在,其市场介入方种类包括银行、投资公司、政府、私人养老基金、公益基金、个人等,所以,对目前我国以商业汇票为主的票据市场,其研究的业务场景和技术应用的借鉴意义不大,只能反映政府层面对区块链技术在票据领域的应用态度。

4. 美国存管信托与结算公司(DTCC)使用区块链来跟踪回购业务

DTCC是专门进行金融交易处理的基础系统服务机构,其通过与金融区块链公司合作,将2万亿美元的短期借贷回购(包括商业票据、债券、短期借贷工具等)数据转移到一个共享的分布式账本,并构建了专属的数字账本,对全部的市场参与者进行共享。其透漏了两个关键信息:一是并没有将区块链技术应用在每天几百万次交易量的股权市场,而是应用在日交易量只有几千次的回购市场。二是通过建立数字账本共享了回购交易信息,便于追踪和回溯,并不会出现手动修改的可能性,未来还将增加金融交易的术语、代码等信息。

(五)科技应用于票据金融的作用

信息科技的出现,尤其是互联网和金融科技的飞速发展,不仅跨越了时间和区域限制,更重要的是通过全新的信息革命改变着人们生活习惯和思维模式,形成以科技为引导的经济和创新形态,并逐步渗透到社会的每个角落。

1. 科技能够实现信息的快速传播和公开透明

由于科技时代处理信息方便、传播速度快、不受时间和空间的限制,尤其是移动互联网等方面的升级,使得获取信息的渠道和途径更加便捷。每个享受科技成果的人,既是信息的获取或搜集者,也是信息的制造或传播者,这使得在科技时代信息的传播上出现无可比拟的速度优势。同时,由于当前常用的互联网技术、区块链技术等有隐匿身份、选择面广、机会均等、对比明显等优点,使得信息在多次传播、筛选和比较后,更接近事实的真相或事情的本质,使得以往少数人掌握的信息或以偏概全的内容得到及时调整。

2. 科技能够促进不同使用者之间的自由和平等

一是由于在科技时代,数据处理变为了程式化、标准化的方式,每个享受科技成果的用户,都面临同样的被选择和被处理规则,这使得每个用户都面临均衡的资源分配和排队机制。二是科技手段提供的各种信息(无论是主动发送还是被动接受)对权限相等的用户是均等的,这可以避免因信息不对称带来的判断上的不一致,将更多的主导权和决策权平等的还原给用户本身。三是由于科技时代的信息和数据井喷式发展,能够提供的信息量陡然庞大,限制的范围比较宽松,更容易为使用者提供自由发挥和头脑风暴的空间,有益于新思维、新理念和新方法的传播。

3. 科技能够提供更加简单、直接和方便的服务

正是基于科技时代的信息传播速度和数据处理上的优势,把很多线下的服务经过标准化建模、流程化处理后,用技术来实现会更加直观、简便的方式呈现给每个需要的人,并具有到达迅速、对象特定等优势。把现实生活或平面中的第三产业借助科

技的手段来实现并优化。同时,伴随着语义 Web 服务、人工智能、非结构化数据搜索等新兴技术的使用,更多看似非标服务也可以借助科技来逐步实现,并且更加贴近需求本身。

4. 科技能够实现单一业务与其他领域的无缝衔接和融合

科技是一个工具、一种载体、一项技术,同时也提供一个平台,以它为基础与其他行业进行深度融合、创新发展生态。"工业 4.0"、物联网应用等就是其中的突出代表。科技思维以它自身的独立性确保在跨界融合时不影响其他领域的根本效能;以它的创新性引导粗放的资源驱动型增长向紧凑、轻便、持续性转变;以它的开放性实现跨领域后的连接有效和层次分明。同时,加上科技自身更新和发展速度快,它与其他领域的融合衔接既不是把两者功能相加,也不是把原有功能从手工搬到自动化,而是催生了一种全新的思维模式和发展生态链,形成一场全新的社会革命。

(六)发挥科技作用,建设上海国际票据交易中心的可行性分析

上海作为国际金融中心,拥有众多的全国性金融交易市场以及众多的企业资源,并具备量质兼优的高等学府和充沛的专业人才储备,这些均为上海借助金融科技发展来打造国际票据交易中心提供了强有力的支撑。在发展金融科技时,上海着力于建设金融科技生态圈,主导"金融＋科技"双向布局,金融科技生态圈主要包括以上海票据交易所为核心的科技型企业、金融科技市场、金融中介机构以及政府部门。同时在这个生态圈中,上海积极推进上交所、期交所、金交所、联交所等机构改革创新,完善交易所定价功能,保护初创新兴企业产权,运用区块链技术服务场景,搭建大数据平台。同时做好金融科技监管,为新兴科技型企业在资本市场上融资保驾护航等,为上海打造国际票据交易中心提供了得天独厚的条件,归纳起来为以下几个方面。

1. 上海拥有丰富的金融资源

(1)上海票据市场体量发展全国领先。自 20 世纪 80 年代票据起源于上海人民银行后,上海一直保持全国票据发展领头羊的角色,不仅累计票据承兑量占 GDP 的比重逐年提升,且票据贴现余额全国占比一直位列第一,贴现余额在贷款余额中的占比也是全国最高。以 2017 年为例,2017 年上海金融机构累计承兑商业汇票 1.29 万亿元,比 2010 年(0.51 万亿元)增长 152.9%。同年,上海累计票据承兑量占 GDP 的比重,由 2010 年的 29.93%逐级提高至 2017 年的 42.5%,年均提高 2.28 个百分点;同期上海票据贴现发生额 8.52 万亿元(含在沪的总行机构),全国占比达到近 20%,位列第一。

(2)上海的票据参与主体丰富。上海的货币交易中心地位和资金活跃度,让上海票据市场的参与聚集作用凸显,多家商业银行在沪成立总行或者分行级票据集约机构,截至 2016 年末,上海已聚集了 5 家总行级、15 家分行级票据中心以及多家股份制商业银行和城商行的票据经营机构,近几年来非常多的外地城商行、农商行和农信社等也纷纷在上海设立资金中心、金融市场部或者类办事处机构,就是利用上海优质

的资金资源、便捷的信息渠道为自身的票据业务发展服务,使票据业务在专业化水平和人员素质上都得到显著提升,增强了上海票据市场对全国票据融资业务开展的影响力,上海作为全国最大的区域性票据市场中心的体系已初步形成。此外,政府还专门协同部分商业银行成立了"小额票据贴现中心",民间票据市场也异常活跃,基金、券商、信托和资产管理公司等间接参与票据市场并提供更多的产品对接和综合化服务的案例也层出不穷。

(3)上海票据市场的软实力较强。一是上海率先在中国发行长三角票据价格指数,引领了货币市场的价值发现和需求本源。二是中国唯一的《票据研究》杂志诞生在上海,其有效提升票据市场的研究分析水平,推动思想火花的碰撞,从理论研究领域推动票据创新发展。三是上海的票据业务产品创新和业务形式多样化,互联网票据理财、票据资管、远期利率互换等新产品不断涌现,信托、券商和基金公司等也纷纷与商业银行寻求合作,使得上海的票据市场业务需求多样化和升级态势明显,从而推动产品、交易中心乃至经营管理体制的创新。

2. 上海的信息化水平优势

(1)上海拥有全世界唯一一家票据交易所。上海票据交易所(简称上海票交所)是由央行牵头所成立的混合所有制公司,目前市场会员超过2 000家,市场参与者近10万家。其核心职能是开发、运作和维护票据交易和门户平台,该平台当前主要面向商业银行和非银金融机构,未来将拓展到正规民间经纪、企业客户和特定个人投资者等,其职能包含客户准入、市场交易、清算结算、登记托管、产品管理、风险管理、统计分析、端口对接等一系列功能。上海票交所自成立以来,起到了有序规范票据市场发展的核心作用:一是进一步推进票据市场向更高阶段发展,打破目前离散的票据市场格局,形成全国范围内高度集中化和统一化的市场形态,提高所有者的交易意愿和流转速度,进而强化票据承兑、贴现等对实体经济的支撑作用。二是进一步提升全市场的风险管理水平,通过电子化的交易为每张票据插上"隐形的翅膀",实现对其的全生命周期管理,并统一全市场参与者行为的合规性。三是进一步提升对实体经济的服务能力,通过透明化的再贴现操作积极主动引导社会资金流向,优化资源配置,增强货币政策实施效果,促进信贷结构调整,尤其配合国家宏观政策引导和扩大中小企业融资。四是进一步推动商业信用的发展,通过借助票交所推动对开票企业信用状况的研究、评估和评价,促进对企业征信体系的完善,并推动票据评级体系的建设,进而推动商业承兑汇票的发展。

(2)上海拥有"科技+票据"的活跃基因。上海的"科技+票据"应用层出不穷,非常活跃,有着良好的社会基础和传承基因。比如,在上海票交所成立以前,中国第一个官方的互联网票据产品就诞生在上海,是由中国外汇交易中心及全国银行间同业拆借中心在沪打造的"中国票据网"。再比如,以"汇票栈""融资线"等代表的民间互联网票据交易平台、以"金银猫"为代表的互联网票据理财平台等在上海发展迅速,并成为当前"互联网+票据"产品中的重要探索,吸引了相当的业界人士关注并参与。

(3)上海的电子票据发展较快。自2009年ECDS系统正式上线运行以来,上海票据经营机构纷纷加强了电子票据的推广与应用,多家驻沪外资银行、企业集团财务公司均已接入ECDS系统,上海电子票据多样化经营机构主体初步显现。以2017年为例,上海累计签发电子商业汇票15 259亿元,比2010年增长了67倍,在直辖市中位居首位;电子票据签发量在全部票据签发量的占比为56.3%。同时,整个"十二五"期间上海人民银行累计办理电子商业汇票再贴现149亿元,在上海票据再贴现市场占比达到57.93%;比2010年增长10倍,年均增长率221.83%;全国占比39.48%,位列首位。

(4)上海具有科技资源优势。一是以张江科学城、漕河泾、紫竹、临港高新产业基地等为代表一系列高科技园区发展态势良好,不仅吸引了大量高科技企业入驻,囊括了大量高科技人才,还诞生了大量以科技更好服务金融的实践经验。二是上海拥有大量金融交易中心的主机房和研发基地,也拥有多家大型商业银行的数据中心和软件开发中心等,可实现金融IT的无缝衔接和灵活应用。三是上海的科创中心建设将为金融发展带来更好的服务,以"互联网+"、物联网、"工业4.0"为代表的新型技术已经实现了与传统金融的有机融合,DT时代的到来让数据得到了前所未有的重视,让数据成为最重要的生产资料,为统一、集中和共享的金融交易中心或交易所模式提供最有效和最简便的解决方案。

3. 上海拥有多个政策利好

(1)上海的"五个中心"(经济中心、金融中心、贸易中心、航运中心和科创中心)是上海未来发展的核心途径,并对全国其他区域有着积极的示范和影响作用,尤其是金融中心和科创中心建设,两者有机结合,协同发展,缺一不可,又可以相互融合打造成"金融科技中心"。伴随着中国经济发展的新常态,经济增长换挡变速、产业结构优化升级、互联网影响深入、DT时代提前到来等,上海更有理由充分发挥其自身向好的金融主导政策和发展机遇,借助互联网技术实现与金融产业的融合和升级,选取票据作为切入点和尝试点,能够确保创新发展更快更早的在实践领域得到验证。

(2)上海拥有长三角一体化发展的龙头优势。目前,长三角一体化发展战略已经上升为国家战略,其稳定和高质量的发展对带动长江经济带的高速发展、服务全国改革开放具有极其深远的影响。一是上海作为核心和龙头,其充分利用此国家战略的优势更为明显,不仅可以带来更加标准和活跃的金融要素,还可最大限度发展票据在支付和融资领域的作用,鼓励商业信用发展,推动实体经济。二是上海历来拥有优于全国水准的商业信用环境,可以先行在长三角地区促进商业信用在票据领域的应用,使之成为重要的企业支付和直接融资工具,并推动产业链的资金运作效率,促进银行承兑汇票和商业承兑汇票均衡发展,在更广泛的区域以及不同行业和不同类型企业中推广使用商业承兑汇票。三是可以先行借助长三角战略促进票据关联产业链发展,通过集中的票据信用搜集、数据分析、风险评估、新产品营销平台,提升票据信用评估、担保、保理、鉴证、咨询等专业化票据金融服务的市场化程度和公开透明度,在长三角地区形成以票据为核心配套型产业链结构,为带动长三角地区总体发展、服务全国的改革提供新的思路和借鉴。

(3)中国国际进口博览会(CIIE)的持续打造为提升上海的城市能级提供契机。中国国际进口博览会是开放型的合作平台,也是我国新一轮高水平对外开放的重要举措,其本身就代表了未来的国家形象和发展战略。一是上海作为建设全球卓越城市的示范点,担负起了城市文化的象征,是中国改革开放发展的具体成效的体现,也是中国应对国际经济环境和变化的态度,更是中共十九大以来"两个一百年"中国新征程的主战场。二是每年举办一次将有效提升上海城市的硬实力和软实力,尤其是推动上海的金融产品和金融服务拥抱国际、走向国际,也无形为票据市场的国际化提供了最直接的展示平台和良好契机。三是进口博览会的持续推进将带来大量的国际贸易和相关产业,票据的支付、融资等功能将在其中得到更大和更有效发挥空间,有利于进一步探索票据在国际结算和国际贸易中的使用。

4. 上海拥有自贸区先行先试优势

(1)上海作为全国第一家设立自由贸易试验区的城市,以金融创新改革试验田的角色肩负在全国先行先试、应用推广的重任,并将根据中央指示进一步扩大范围。其核心职能将在原有推进人民币跨境支付、加快人民币国际化进程的基础上,进一步探索投融资汇兑便利、利率市场化试点、推动全球贸易发展、将中国的金融产品推向国际化平台等,票据最早产生在贸易的结算领域,自然在推进这些职能上有着得天独厚的优势,尤其是电子票据更适用于人民币跨境支付结算,而票交所的成立又恰恰能反过来大幅推动票据的电子化进程。在全国大幅推广自由贸易试验区、自主创新示范区的背景下,上海作为龙头有着更好的政策优势和实践先行的义务。

(2)自贸区与票交所相互推动金融产品创新应用。一方面自贸区的创新平台为票据产品创新提供了试验田,另一方面票交所对产品的主体管辖作用也为自贸区提供了产品创新试验的落地点。一是应用基于供应链金融的票据贸易融资组合业务,为自贸区企业衔接国际贸易和国内贸易的资金流、物流提供有效对接。二是自贸区可以创新发展多元化票据衍生产品,提升票据风险分担功能,鼓励创新发展远期票据贴现和转贴现、票据贴现期权和转贴现期权、票据转贴现利率互换和转贴现期限互换(掉期)等票据衍生交易业务,进一步提升商业银行应用票据业务有效配置信贷资金和管控市场风险的能力。三是借助自贸区探索票据资产证券化业务的创新路径,试点推出资产支持票据,有效盘活存量票据资产,进一步提升票据融资支持实体经济的作用。

(七)科技在上海国际票据交易中心运用的基本思路和推进计划

由于目前全球各个国家对于票据的概念、定义和法律规定存在一定区别,所以,在上海建立国际金融票据中心,必然以科技为抓手,在推进国际金融中心建设的过程中,率先将上海打造成为全球顶尖的科创中心,进而借助科技的标准化和金融科技发展推出全球认可的票据产品,通过扩充现有上海票交所的职能和人民币结算的职能,选取自贸区或者"一带一路"国家等作为试点,逐步建设为上海国际票据交易中心,相关思路和推进计划如下。

1. 加快推动上海科创中心建设

当前,全球新一轮科技革命和产业变革正在孕育兴起,加强科技创新中心的建设成为了提升国家或城市竞争力的核心内容。为了适应新的发展形势,国际主要城市大都明确提出了建设科技创新中心的要求,例如:早在2000年英国KOI制定了《伦敦科学、知识与创新战略规划》;2010年纽约提出成为"新一代的科技中心";2015年新加坡出台了《研究、创新、创业2015:新加坡的未来》纲要;上海也紧随步伐提出"要加快向具有全球影响力的科技创新中心进军"。上海汇聚了众多金融资源,具有全国乃至世界范围内的金融中心属性,充分发挥金融优势,促进科创中心与金融中心互动对于科创中心建设具有重要现实意义。金融中心和科创中心不是孤立的,而是相互融合、相互促进的。一方面金融行业可以为科技创新行业带来源源不断的金融资源,另一方面科技创新行业可以促进金融行业的繁荣和发展。

(1)政府政策引导是"双中心"建设的重要条件。金融中心和科技创新中心既有内在联系,又存在一定差别,"双中心"的建设无法单纯依靠市场来实现,政府政策支持是"双中心"建设的重要基础。从国际知名兼具金融中心和科技创新中心的城市发展来看,无论是在金融中心基础上建立科创中心,还是金融中心和科创中心同步发展,政府政策发挥了重要作用,即使在市场经济最为发达的美国,政府政策的作用也不容忽视。从政策内容来看,除了给予政策优惠、培育融资环境之外,政府直接资金支持也是重要内容,特别是在科技创新中心建设初期。

(2)突破关键环节,推动金融中心和科创中心融合发展。金融中心往往具有较高的生活成本和商务成本,是制约以鼓励高科技创业为核心的科创中心发展的主要因素,也是金融中心和科创中心内在矛盾的核心所在,破解高成本是"双中心"创新建设的关键。归纳起来,降低成本的政策主要包括:给予税收优惠,降低创业和企业运营成本;给予创业者资金补贴或奖励,提高创业者承受能力;选择核心区域周边成本较低区域,支持高科技创业;扩展市场需求,为创业者提供良好的客户资源,提高企业赢利能力。除了制约之外,金融中心和科创中心之间具有内在需求,一旦制约因素被减弱或消除,金融中心和科创中心相互支撑因素的作用将被释放,金融中心和科创中心将形成融合发展的态势。

(3)充分利用金融中心的优势,完善科技创新企业融资体系。传统金融机构与科技创新中心需求存在较大差异,完善以风险投资为核心的融资环境是科技创新创业的重要条件,而以传统金融机构为主体的金融中心体系对风险投资发展具有支撑作用,充分利用金融中心的支撑作用将极大推动风险投资发展。从国际金融中心的经验来看,首先要改变观念,将风险投资作为国际金融中心建设的重要组成部分;其次要积极推动银行等金融机构创新,开展适合高科技企业发展的金融服务产品;此外,充分利用国际金融中心在人才、制度和金融配套方面的优势,推动风险投资行业发展。

(4)积极推进金融科技创新,增强金融中心对科技企业吸引力。在信息技术、数字技术快速发展的背景下,金融领域的科技革命逐渐显现,推动金融和信息技术融合发展将成为未来金融领域发展的重要方向,金融科技的发展成为金融中心和科技创新中心共同发展的重要基石。从国际金融中心发展经验来看,充分利用金融科技发展契机,大力推进金融科技创新的发展,不仅有利于提升金融行业发展水平、巩固未来金融中心地位,对于科技创新中心的形成和发展也具有极大促进作用。

2. 努力将上海打造成为金融科技中心

目前,我国金融科技开启的3.0阶段,为上海国际金融中心建设闯出一条有别于现有国际金融中心和科创中心模式之路提供了重大机遇。新加坡、东京和纽约在国际金融中心建设方面具有代表性。其中,新加坡金融中心并不具备强大的国内经济实力和金融市场基础,但依靠政府政策主导汇集了全球高端的金融资源,发展成为国际重要的离岸金融中心;东京金融中心形成的原因是二战后日本经济实力的迅速提升,而日元的国际化则是实现国际金融资源向东京聚集的重要手段;纽约作为老牌的金融中心,聚集了全球最知名的金融巨头,融通全球资金,为美国经济及全球经济服务。这三个金融中心的形成和发展拥有各自的历史脉络、时机和条件。上海国际金融中心的建设发展条件与之相比既有相似之处,也有其自身的特点。与新加坡相比,我国是国际金融中心建设的后来者,但我国拥有规模庞大的国内金融行业和市场;与日本比,我国同样拥有经济实力快速提升和本币国际化不断推进的有利条件,但国内资本市场的开放进度相对较慢;与美国相比,我国国际金融中心的形成始于为国内经济服务的国内金融中心,在金融发展水平,包括金融创新、监管能力等方面差距较大。因此,闯出一条有别于现有国际金融中心的建设之路是上海国际金融中心建设成功的关键。

(1)打造金融创新与上海科技中心建设联动的"共赢"模式。设计数据治理和管理的新模式,从根本上创新数据技术和架构,升级数据整合与指标制定的程序,按领域对数据资产进行标准化。抓紧规划出国际金融中心信息数据库,启动监控系统需求框架设计,连通交易所监控系统,确保数据出口、传输、入口和使用、存储的安全,铺就以金融科技为特色的上海金融中心风险监控"天网"。

(2)再造金融科技创新与上海国际金融中心建设联动的生态链。跨越式支持数字银行(而不是人们通常说的"科技银行")发展,融"数字+人工智能+金融"为一体,不仅以第三方风控服务身份创新金融科技"多点融合"的生态链,对市场信息和数据,用机器学习技术替代传统的统计建模方法处理金融风险,更可以通过金融科技实验室,谋求边界创新,化解体制束缚,形成新生业态。在金融科技支撑下的金融创新从规模导向转为功能与结构导向。以上海国际金融中心的高起点错位发展,冲破老牌金融中心长期盘踞的"岛链",进而跻身世界前列。

(3)加强部门协同,形成风险管控合力。综合国内外做法,建议在上海金融综合监管联席会中增加财政、审计、自贸区管委会、公检法等部门及要素市场交易所、业界代表和人大代表,以便更直接、更有效地解决相关问题。同时,要加强综合服务,积极帮助交易所、要素市场协调解决信息畅通和共享、监管衔接和意见反馈等具体问题。对于风险管控中存在的混业经营"擦边球"、问题账户追踪系统"断板"、要素市场发展不平衡和跨市场联动难等比较突出且需要完善的问题,建议出台相关专项规定或实行"一事一议、一企一议",消灭监管真空,形成上海品牌的联动综合监管机制。

3. 进一步扩大上海金融业的对外开放

尽管上海作为国内最强的金融领地,在推动金融业对外开放方面取得了一些成绩,但当前国内外环境复杂多变,外资对我国金融业诉求也不断增加,上海金融业开放程度与实现自身发展需要相比仍存在较大差距。总体来看,上海的金融市场开放仍以"管道式"开放为主,金融市场深度和广度不足,便利性均有待提高,金融业国际竞争力仍需要加强,金融制度环境与国际接轨程度也有待提升,外资金融机构的营商环境也需进一步改进。

(1)继续推动全方位的金融业对外开放,确保各项措施真正落实实施。继续放宽对外资金融机构股比限制,以及设立形式和股东资质等方面的限制,确保已对外宣布的开放措施尽快落地。打造开放、包容、与国际接轨的金融市场,借助科创板在上交所上市的契机,积极探索并尽快推出"沪伦通"。同时进一步丰富外汇市场产品,增加外汇市场深度,提高外汇市场参与主体的多样化,降低外汇市场的顺周期性。同时,加快制度建设和法制建设,改善外资金融机构经营的制度环境,提高法律和政策制定的透明度。

(2)进一步深化人民币汇率形成机制改革,提高金融资源配置效率,完善金融调控机制。不断深化汇率市场化改革,完善以市场供求为基础、参考一篮子货币进行调节、有管理的浮动汇率制度,加大市场决定汇率的力度,增强人民币双向浮动弹性,保持人民币汇率在合理均衡水平上的基本稳定。

(3)稳妥有序推动资本项目开放,稳步扩大资本账户可兑换,营造公平、透明、可预期的营商环境。抓住有利的改革窗口期,按照"服务实体、循序渐进、统筹兼顾、风险可控"的原则,稳步推进人民币资本项目可兑换。实行负面清单管理,减少行政审批,弱化政策约束,提高政策透明度和可预期性,创造公平竞争的市场环境。同时,密切关注国际形势变化对资本流动的影响,完善针对跨境资本流动的宏观审慎政策。同时,将扩大开放与加强监管密切结合,做好相应配套措施,有效防范和化解金融风险。

4. 进一步提升上海票交所战略地位

(1)将上海票交所的发展与国家战略布局结合起来。目前,党中央交代给上海的三大任务,也就是上海未来发展所要遵循的三大国家战略。一是上海票交所应与上海自贸区新片区建设深入结合,尤其要探索将目前的票据产品应用在自贸区新片区、形成金融机制突破的领域,并逐步向整个自贸区和其他自贸区推广。二是要紧密结合长三角一体化上升为国家战略的契机,进一步提升上海票交所在推进长三角一体化示范区建设中的积极作用,尤其要发挥票据业务在推动示范区内产业机构转型和中小企业发展上的作用。

(2)充分发挥票交所在推动中国票据市场顶层设计中的作用。票交所的成立使得票据市场体系的统一归口管理有了落脚点。完整的票据市场体系包含承兑、直贴、转贴现、再贴现、经纪人、评级和衍生品七个子市场,且相互关联,不可分割。但从当前的实际情况来看,票据的多重属性使得各个子市场独立发展,并且往往归口不同的部门来管理。而上海票交所的建立将票据业务各个环节衔接成为统一的有机整体,从完整产品线和生命周期的角度来调动整个市场体系的发展,尤其有利于引导商业银行专业化经营票据业务,建立更多类型的票据经营机构,构建多元化票据市场参与主体并且推动企业票据金融服务体系的发展,逐步形成以银行业和非银金融机构提升票据金融综合服务为支柱,加快发展地方性和区域性直贴票据协同中心,规范引导民间票据金融中介服务机构和互联网票据平台为补充的票据体系格局,从而为建立起更为完善、有竞争力的金融机构参与体系打下良好基础。

(3)上海票交所的成立,使得建立统一的票据评级系统成为可能。在与票据市场类似的债券市场中,债项评级作为债权交易市场重要的基础信息和风控手段,直接影响投资者的判断。同样,票据评级也具有重要作用。上海票交所的成立,使得票据的统一评级成为可能。一是上海票交所能获取最完整的业务数据,依托于先进的大数据分析模型,能够建立更为科学完善的评级规范。二是采用统一系统使得评级模型能够更好地嵌入系统,更为直观地为境内外投资者提供票据信用评级信息,增强市场的透明度,使得票据交易市场更为公平,提升合格境外投资者的投资体验,吸引更多境外机构投资者,为提升上海票交所在国际上的影响力奠定基础条件。

5. 进一步探索跨境票据应用的可行性

2017年,央行推出了"债券通"业务,首日成交量即突破70亿元。票据和债券同为重要的有价证券,且票据的流动性更强,与实体经济的联系更为密切,以"债券通"为借鉴对进一步探索跨境票据业务具有十分广阔的前景,并将构成上海国际票据交易中心的核心基础设施。

(1)开展跨境票据的意义。一是票据是全球范围内标准化的产品。尽管不同市场的票据可能在签发人、期限、利率等要素上有细微的差别,例如,国内市场银行承兑汇票较为活跃,而美国票据市场商业承兑汇票更为普遍,但是从产品本身来看,全球狭义票据(即票交所可交易票据)的概念基本一致,都是指一定形式制成、注明承担付出一定货币金额义务的证件。由于标准化,境外投资者具备参与全球票据投资的可能性,同时标准化能增加投资者参与市场的热情,保持票据交易市场的交易活力。二是与债券相比,票据除了融资属性外,还具备支付属性,这使得票据的短期变现能力强于债券。目前,世界各国普遍将应收票据、现金及银行存款一起归为流动资产中的速动资产,而速动比率(速动比率=速动资产/流动负债)是常见的反映企业短期偿债能力强弱的指标。投资于票据,能使得投资人的财务报表在偿债能力方面表现更为稳健,同时在企业流动资金不足时能更为灵活地变现。此外,我国商业汇票的期限以一年内的短期票据为主,票据期限较债券更短,资金周转速度相对更快,更易形成活跃的市场。三是国内市场上,票据的平均信用担保层级相比债券更高,对投资者来说,投资于票据业务的信用风险更低。目前我国票据市场以银行承兑汇票为主,能够被金融机构认可并进行贴现的商业汇票,其出票人的信用评级远高于一般企业。与发行人为企业的债券相比,银行承兑汇票的信用度较高,极少出现兑付风险。投资于境内银行承兑汇票业务,不失为境外投资者兼顾风险和收益的理性之选。四是票据业务服务于经济实体,跨境票据业务对宏观经济的影响较债券业务更为广泛和深入。发行债券需要发行方与承销方具备高度的专业性,而票据业务更接地气,触角遍及城乡,服务于广大中小企业。相比债券发行业务,银行承兑汇票的承兑和贴现业务的准入门槛较低,模式成熟,单笔业务金额相对较小,以"聚零为整"的方式构建起了庞大的票据市场。开展跨境票据投资业务,促进票据市场繁荣,可以提升我国金融机构对票据业务的积极性,引导境外资金服务实体经济良性发展。

(2)跨境票据的可行性分析。一是从市场准入来看,债券和票据在金融市场业务层面的共性,使得现有的"债券通"机构准入模式对跨境票据有重要的参考作用,虽然"债券通"仍将投资者限定为机构投资者,但由于境外投资者不需在境内开户,只需要在央行上海总部备案即可,并通过香港金融管理局辖内的债务工具重要结算系统(CMU)进行开户,由CMS平台在境内开户进行交易,境外投资者无需直接进入境内市场。相比较,票据业务依托上海票交所的相关平台,具备了和"债券通"相同的审批和准入条件。二是从交易品种来看,目前债券市场共包含3万多种债券产品,而由于票据本身的特性,其出票及承兑环节不具备跨境投资的条件,但一级市场(贴现)和二级市场(转贴现)的参与者多为金融机构,交易品种(买断式、回购式)等与银行间债券市场具有较多的共性,也可以借鉴境外市场较为流行的资产支持商业票据等,具有跨境交易的产品和业务类型潜力。三是在交易和清算方面,上海票交所将中债登、上清所的登记、托管、结算和清算功能融为一体,能够满足境内部分的直接清算和结算需要,若能与外汇交易中心和中间市场(例如香港的CMU)合作,完全具备跨境票据交易和清算的可能性,同时利用上海自贸区的离岸人民币衍生工具对冲风险,或者直接利用在岸人民币账户执行在案人民币交易。

三、以科技为抓手,建设上海国际票据交易中心

(一)进一步发挥科技在票据市场中的作用

1. 进一步推行科技系统的标准化建设

(1)科学规划应用架构、坚持设计原则。一是科学的应用架构设计通常体现了最佳实践,是对各种需求、约束、质量的折中体现,能够实现可传递和重用。二是系统架构设计中要实现低耦合依赖关系,坚持独立演化、隔离变更,能独立适应业务需求的变化,减少对其他应用的影响。三是科技应用内部的设计要支持程序的重用性,要支持应用的高可用性,能够进行错误检测、错误的恢复及错误预防。

(2)借助科技应用推进票据发展是一项长期行为。科技应用的建设有着周期长、见效慢、易变更的问题。所以,积极借助科技应用,必须与积极推动票据业务发展放在同等重要的高度并排考虑,票据业务在拥有巨大市场发展空间的同时,必须依靠科技应用来帮助其实现量变到质变的转化,两者相互促进、相互融合、互为推动。

2. 进一步通过新技术推进票据业务创新

(1)加快基于互联网的新技术使用。一是人工智能在Web服务和大数据领域的应用将促使票据市场的智能化程度更加提升,未来依托互联网的票据业务模式将占据主流。二是物联网技术的快速发展给纸制票据的电子化提供了新的探索渠道。三是要加快基于智能穿戴设备、VR场景体验设备等新型电子平台的票据相关应用建设。

(2)规范发展科技金融跨界创新票据业务的应用。根据国家促进互联网金融产业健康发展若干意见的精神,鼓励互联网金融为符合国家产业导向领域的中小微企业和家庭居民提供多样、灵活的票据融资、票据理财等金融服务,加强支持互联网金融与电子商务、现代物流、信息服务、跨境贸易等票据融资业务领域的融合发展。

(3)加快数字票据的应用范围。一是要借鉴国际上R3联盟银行间票据交易测试、意大利集中票据托管中心、美国DTCC使用区块链来跟踪回购业务等实践经验,通过选取部分业务场景或恰当的交易频次,确定其最佳的应用领域。二是要综合考量国内外票据产品的差异,西方国家的票据大多是具备直接融资功能的本票或者是商业票据,与我们使用的有真实贸易背景、产生在支付结算领域的汇票有本质区别,需要在业务场景设计上着重考虑。

3. 进一步完善法律建设和制度监管

(1)在科技应用下完善票据相关法制配套。一是在短期内从法制层面推进票据法规制度建设完善,在我国现有法律体系框架内形成一些针对特殊应用场景的指导

意见和细则,比如电子背书的法律效力等。二是从远期来看应通过完善票据法律制度创造有利于票据市场创新发展的制度环境。推动《票据法》的修订完善,确立融资性票据、电子票据以及其他创新产品(如数字票据等)的法律地位,构建更有利于科技应用下的新型票据场景法律体系。

(2)在监管层面加强票据与科技应用相融合的合规管理。一是要加强对建设科技类票据应用系统合规意识的引导,提升系统建设期间的风险评估水平。二是人民银行或者银监部门要尽快明确对科技类票据应用系统监管对口部门,加强监管的针对性和有效性,并尽快出台对应的监管办法、实施准则、安全要求和评审制度等。三是要加大对科技类票据应用系统的监督检查,督促问题整改,建立长效机制。

(3)加快科技应用下符合票据全新特征的监管体系建设。一是构建后票交所时代票据市场监管协调机制,加强货币政策部门、监管部门和金融机构在业务监管方面开展协作。二是结合科技发展带来的票据市场创新发展实际,消除不同部门法规制定实施中的抵触和矛盾现象,使科技类票据应用在更为合理完善的监管框架下健康发展。

4. 进一步推进科技与票据的跨界融合

随着互联网金融的深入发展,使得互联网企业掌握越来越多的金融经营权,并获得了相对宽松的监管空间。一是互联网信息的公开透明和技术接口的标准化,让互联网企业和金融机构的科技类系统应用对接越来越容易,应用范围也越来越广泛。二是市场上主打互联网金融的企业在不断寻求新的业务机会和增长点的过程中,双方可通过系统接口的建立实现网络资源和信息存储的共享。三是充分发挥互联网企业公开透明的特点,以系统的信息共享和快速传播来加快实现资产负债与客户需求的双对接,推进票据资产类业务的转型。

(二)进一步发挥科技在上海票交所的作用

1. 进一步发挥科技对票交所发展的作用

票交所作为"传统+票据"的最高产物,其发展必然由科技的进步与应用来主导,不断与科技融合发展,形成新的业务操作形态和产品模式。一是数据的作用将会被进一步激发,票交所的集中模式将会沉淀大量有价值的历史数据,而数据本身将成为最重要的生产资料。通过对数据的使用有助于形成准确有效的全国统一的价格体系、资源共享的风险评价和信用管理体系、量化可依的研究评估体系及全程可控的数据全生命周期管理体系,使票交所成为重要的票据市场软载体。二是票据市场的信息化水平将进一步提升,票交所提供直连与终端两种模式,并提供多种标准化的接口供市场参与者调用,对于研发能力强的参与者会更多采用直连模式,通过系统的直接对接和数据接口的交互实现全流程自动化,采用终端模式的也将直接采用票交所提供的业务流程标准,实现电子化流转。三是电子票据将得到飞速发展,票据电子化交易的优势将逐步深入人心,加上电票直贴的非真实性贸易背景审查,电票将迎来市场自发行为的选择性发展,逐步成为重要的融资工具。

2. 进一步发挥区块链技术的作用

我国对区块链技术的发展一直十分重视,2016 年将其列入了国务院印发的《"十三五"国家信息化规划》。区块链主要特点是分布式账本、去中心化、去信任、集体维护、公开透明、不间断的时间戳、交易可追溯以及非对称加密技术等。从未来看,除扩大应用范围外,在以下方面仍具有进一步提升空间。

(1)从技术角度分析,区块链技术自身的去信任、时间戳、可追溯等特点与票据应用场景十分相近。在一定范围使用时,可以建立起数字票据的联盟链,将票据市场各方角色在联盟链中进行定义。如:将票交所设置为数字票据链条上的一个节点,通过制订买卖交易代码的匹配规则,待买卖双方的代码通过匹配规则达成共识并得到双方确认后,进入指定目标交易的票据流转环节。

(2)从监管部门分析,数字票据有望为监管操作带来更多便利,一方面可以将监管部门在数字票据链中设置为一个普通节点,通过前后相连构成不可篡改的时间戳,通过完全透明的数据管理体系所提供的可信任的追溯途径,来实现对监管信息的无成本调阅。另一方面也可以将监管方设置为具有一定角色的节点,通过在链条中发布智能合约,应用可编程性来建立市场统一的规则和秩序。既可以控制价值和限定流转方向,也可以实现监管政策的全覆盖和硬控制。

(3)从市场参与者分析,对于商业银行等市场参与者,可以将出票人、期限、金额、承兑行、保证增信行、贴现行等要素预先写入代码加载为智能合约,将数字票据定义为自带智能合约限制的数字货币。数字票据交易平台的上线将为我国探索发行国家法定数字货币提供重要的经验参考。

(4)从金融战略角度分析,数字票据将为发行数字货币打好基础,由于区块链最核心和本质的应用在于改变现有中心化的国家信用主权货币模式,考虑到票据这一产品在承兑阶段属于支付工具,一方面可以将出票人、期限、承兑行、金额等要素预先写入代码加载为智能合约,将数字票据定义为自带智能合约限制的数字货币;另一方面可以尽早在数字票据交易链中引入数字货币进行实时清算,对数字货币的应用在实际的业务场景中做进一步验证,为尽早发行数字货币提供试验田。

3. 进一步发挥大数据技术的应用

(1)票交所的大数据应用前景广阔。目前,央行已完成 ECDS 系统的移交迁移、纸电票据交易融合等工作,后续所有的票据相关信息都将纳入票交所来统一把控和运营。未来,票交所将成为全国票据市场最完整的数据拥有者,这些数据包括了全市场的票据承兑、贴现、转交易、回购、再贴现、第三方非法人产品的全部明细数据。随着时间的推移,线下票据业务逐步迁移至网上以及票交所自身建设的进一步完善,数据采集面和数据量将进一步丰富和提升,票交所将成为最大最全的票据市场数据提供商。票交所通过系统实现数据采集只是大数据应用的第一步,让数据说话并对外提供的数据服务则是一项系统工程,涉及到数据清洗、数据整理和应用规划等基础任务。同时,对于需要对外提供的涉及各参与会员的商业秘密时,在采用数据变形等技术的基础上,其应用还有一个达成市场共识的过程。值得期待的是,票交所未来可能还将把贴现业务纳入其中,随着众多企业的加入,其数据量可能成为我国经济活动中有史以来最全最大的一个,海量的数据将为各行各业提供重要的经营决策支撑,其潜在的应用和商机给人无尽的想象。

(2)票交所的大数据应用路径。票交所层面数据的应用除了面向政府层面的采集,包括公共服务和商业化运用两大类,公共服务和商业化运用可以根据需要互相转换。一是从公共服务看,可以包括有指数类、余额类、信息类的实时发布,比如票据市场贴现指数、转贴现指数、回购业务指数等,指数类数据的发布有利于促进我国统一的票据市场价格体系的形成,应成为票交所数据应用的重点和首选;余额类包括全市场承兑余额、贴现余额、回购余额,甚至全市场的法人备付金账户总余额等;信息类包括央行政策、公示催告、黑名单、信用评级信息;以及承兑人、保证增信人、贴现人的兑付履约行为的信息披露;票交所还应建立一整套自身的信息发布机制以引导市场行为,如对违反市场交易规则、扰乱市场交易秩序行为的处罚信息等。二是商业化运用,它包括基础数据与数据增值服务。基础数据服务首先以会员单位的接口或客户端形式提供给各参与机构其自身的基础业务数据。商业化大数据增值服务的应用前景广阔,如:分地区、分产业、分交易品种、分银行性质、分银行信用等级的分类数据;再如,票交所依自身大数据模型分析得出的票据市场利率预测、各银行或非银机构的风险偏好、风险点预判、主动/被动买卖盘,以及通过各类非结构化数据积累后,通过数据分析产生的咨询、信息类服务产品集等。

(3)大数据为票据监管部门提供实时监管手段。过去几年,监管的滞后一直引人诟病,票据市场大案频发的乱象归结起原因,是由于没有可供实时调阅和分析的数据平台,导致非现场监管信息滞后,这一局面在票交所时代将被彻底扭转。一是可以与票交所合作建立实时监管平台,运作大数据技术,实时监控甚至拦截可疑报价和交易,把系统性风险控制关口前移。二是可以对各类可能存在的违规操作能够建立起监控模型,实现类"T+0"的事后分析处理来维护金融秩序。三是可以在DVP模式下对银行流动性管理、资本充足率管理等结构化和非结构化数据结合起来进行逐日监测,实时发现问题所在。四是可以通过交易所采集一手数据来替代现行的各商业银行的票据业务监管报表的报送,提高监管效率并降低社会成本。五是票交所利用大数据给央行货币政策制定和实施提供实时依据,类似钱荒或资产荒而引发的市场波动将减少,在票交所发展到一定阶段后,央行再贴现工具进一步发展成为宏观货币政策重要工具之一是应有之义。

(4)大数据为银行及非银机构创造新的利润增长点。一是依赖大数据的市场利率走势预测方式逐步普及。基于票据市场数据市场化的有利条件,在票交所时代价格透明、公允的市场中,交易获利将更为考验商业银行利用大数据技术分析的手段和能力。二是跨市场套利更为便利。可以利用大数据的预测分析能力,在两个或者两个以上的市场监测并同时建立方向相反的头寸,以利用不同市场上资产价格的变化差异来赚取低风险利润。三是助力商业银行自身授信评级体系从定性分析迈向定量分析。在前票交所市场中,票据周转率指标一方面反映了票据市场的价格波动及各自的资产配置情况,另一方面也隐含着商业银行承兑和贴现票据增信的过程,通过票交所大数据分析,相信各参与方都将从多因素理论视角找出市场报价中的"信用变现"因素,在修正报价的过程中引导对自身信用的重视。四是助力商业信用的市场化。从票交所交易管理办法可以看出,票据承兑贴现保证业务直接提供了银行间买卖信用的市场,通过票交所海量交易和数据沉淀,更多的基于大数据分析的信用评估将体现出信用的价值,信用交易将从概念走入市场。

(5)大数据为第三方信用评级等带来新机遇。一是第三方票据市场数据公司获得新的发展机遇。在票据市场数据集中后,相信一批先知先觉的大数据公司将瓜分这一新市场,利用先进的数据挖掘分析工具,为市场提供数据增值服务和定制服务。二是掌握大数据技术并拥有多类数据库的社会信用评级机构将获得巨大商机,建立在大数据基础上的量化评级将率先得到市场的认可,并可能直接影响市场报价。当然,票交所也可以利用自身掌握的第一手信息,采用类似淘宝、蚂蚁金服的新型评级方法来自成一体或作为信用参考。三是票交所的集中模式将在票据业务链积累起全市场完整的明细数据,数据本身将成为最重要的资源,使票交所成为重要的票据市场数据载体,数据的价值将被大力挖掘,助推我国经济金融的大数据应用步伐。

4. 进一步加强人工智能技术的应用

新建总比重建来得容易,票交所对人工智能的应用可谓生逢其时,其前景同样十分广阔。一是票交所设立人工智能电话客服。在票交所上线并达到一定交易量后将面对各方参与者的咨询,建立人工智能客服将有效节约人力投入和管理成本,对后期信息的汇总分析同样带来益处。二是商业银行可以在大数据应用的基础上,进一步涉足人工智能领域开展多市场的套利交易、高频交易等,在快速变化的多个市场间实时捕捉交易机会,为参与者带来更大的交易利润。三是利用生物智能识别技术、虚拟现实技术等实现远程交易员身份识别,以及远程商务沟通谈判等。

(三)上海国际票据交易中心的建设目标和定位

1. 基本情况介绍

上海国际票据交易中心是一个综合性国际化票据资产交易平台,受我国金融监管部门监督与管理,交易产品为票据,会员类别包括:交易类会员、央行会员、非法人类会员、经纪类会员和评级类会员五大类。主要职能包括提供票据资产交易的场所、设施和服务;制定和修改上海国际票据交易中心业务规则;电子化审核、登记、托管票据资产;安排票据产品上市交易;提供票据资产交易国际清算服务;组织和监督市场交易及信用评级;组织和评审创新业务品种;对市场评级机构、经纪机构进行审查;对国内及国际会员进行监管;对相关信息披露义务人进行监管;管理和公布市场信息;开展投资者教育和保护等。

2. 建设目标

上海国际票据交易中心建设总体目标是在上海建设全球性的国际票据交易中心。具体可分为三个建设阶段:第一阶段需吸纳"一带一路"沿线国家加入上海国际票据交易中心,推动并拓宽"一带一路"沿线国家当地企业的间接融资渠道,促进区域内金融合作,加快区域内票据资产的流动与聚积。第二阶段应吸纳发达国家加入上海国际票据交易中心,进一步推动境内外货币市场开放,推进上海国际金融中心建设。第三阶段应向全球开放,以中国为核心推动全球开放金融体系建设,实现资本的全球有效配置,推动全球经济与金融合作不断加深,为实现全球经济相互开放与包容性发展提供全方位的资金融通平台,为更大规模全球资本流动与聚集创造更规范的市场条件。

3. 建设定位

上海国际票据交易中心依据国家总体经济战略安排,服务实体经济,制定交易中心会员、经纪、交易、托管、清算等业务规则及监管规则,推进国内金融票据市场发展,并不断推动国际票据市场活跃与繁荣,打造上海在国际票据交易市场的核心地位。

4. 建设原则

(1)求同存异、互惠互利。交易所会员来自不同国家或地区,考虑到各国(地区)经济发展水平、市场交易习惯存在差异,上海国际票据交易中心应聚焦业务规则,一方面应参考国际通行交易规则,最大限度满足各国会员交易需求,避免因规则问题引起纠纷;另一方面应坚持票据的独特性,对于一些特殊的业务规则应加强对会员的培训,尽可能减少分歧,实现互惠。

(2)风险自担,市场定价。交易中心应提供完善的交易场所及交易规则,实现市场化定价,市场交易应考虑采取交易保证金等制度规则,确保交易效率及可靠性。交易策略及业务风险容忍度由会员自行决定,交易中产生的市场风险应由会员自行承担。

(3)平等交易,央行协调。交易中心应按照会员制度要求,严格审核会员资格,并确保同类会员间地位、权利及义务完全对等。央行类会员可通过交易中心使用再贴现工具,规范票据融资投向,推动票据市场长期、协调、稳定发展。

(四)建设上海国际票据交易中心的计划

1. 组织形式

建议明确上海国际票据交易中心由中国人民银行牵头建设,总体协调各项工作,推进顶层设计,制定建设计划,协调境外央行,统筹规划相关筹备事项。

上海国际票据交易中心的业务模式、业务规则及系统建设等工作可考虑委托上海票据交易所负责制定,可授权上海票交所在现行模式下,先行小范围拓展国际会员试点推广,不断根据试点情况优化业务方案。

2. 发展规划

会员方面,可考虑以上海票交所为基础,先引入"一带一路"沿线国家金融机构作为会员单位,再开放符合条件国家的金融机构参与交易,最后对全球开放上海国际票据交易中心。

交易产品方面,初期以我国电子商业汇票为交易标的,后期可以我国及参与国家票据、信用证及其他票据类金融资产为交易标的,以推进商业汇票及人民币国际化进程。

3. 发展要求

在发展路径方面,建议采用小步快走的策略,首先加快完善上海票交所各项功能,做好跨境电子票据的相关规则及基础设施建设,鼓励商业银行办理跨境电子票据业务,为商业汇票国际化及引入国际金融资产交易做准备;其次,引入"一带一路"沿线国家金融机构,推进电子商业汇票在相关国家发展,补充国内信用证、国内保理等国内资产交易标的;再次,引入其他国家金融机构,并将上述国家"票据类"资产标的引入上海国际票据交易中心上市交易,实现全球"票据类"交易资产及资金配置。

四、建设上海国际票据交易中心方案

(一)会员管理方案

1. 会员分类

上海国际票据交易中心会员根据会员所属国家和地区可分为两大类:境内会员和境外会员;根据会员的权利义务可分为五大类:交易类会员(含境内和境外会员)、央行类会员(仅境内)、非法人类会员(含境内和境外会员)、经纪类会员(含境内和境外会员)和评级类会员(含境内和境外会员)(见表2-15)。

表 2-15　　　　　　　　　　　会员权限表

会员类别	会员权限				
	登记	托管	交易	经纪	评级
交易类会员	√	√	√	—	—
非法人类会员	—	—	√	—	—
央行类会员	—	—	√	—	—
经纪类会员	—	—	—	√	—
评级类会员	—	—	—	—	√

上海国际票据交易中心应对参与国家(地区)及境外金融机构设置准入要求,尽量选择政局稳定、法律及监管制度健全的国家或地区财务稳健、资信良好、资本充足、

存续时间相对较长的金融机构。

2. 会员权限

交易类会员包含经我国票据主管部门核准的境内及境外金融机构(含商业银行、财务公司、证券公司、基金公司、保险公司、信托公司、期货公司、资产管理公司、融资租赁公司、私募基金公司等),主要负责参与上海国际票据中心的票据转贴现、质押式回购、买断式回购、再贴现等产品的场内报价、询价及交易活动,参与相关票据登记、托管等市场活动。

央行类会员在上海国际票据交易中心成立初期可仅设置中国人民银行1名会员。央行类会员主要负责依据国家货币政策管理要求,通过再贴现工具对票据市场进行宏观调控,确保票据市场平稳运行。

非法人类会员指境内外金融机构等作为资产管理人,在依法合规的前提下,接受客户的委托或者授权,按照与客户约定的投资计划和方式开展资产管理业务所设立的各类投资产品,包括境内及境外证券投资基金、资产管理计划、银行理财产品、信托计划、保险产品、住房公积金、社会保障基金、企业年金、养老基金、私募基金等。其主要负责参与上海国际票据中心的票据贴现、转贴现、质押式回购、买断式回购、再贴现场内报价、询价及交易活动。

经纪类会员指经我国票据主管部门审核批准的境内外票据经纪公司、货币经纪公司或其他金融机构。经纪类会员主要针对上海国际票据交易中心票据转贴现、质押式回购、买断式回购等业务产品开展经纪服务,并为会员机构提供资金融通等增殖经纪服务。经纪类会员应接受我国票据主管部门监督管理,遵循"不发起交易、不创造价格、不参与交易"的"三不"原则,以进一步提高票据市场透明度,提升市场成交效率。

评级类会员指经我国票据主管部门审核批准的境内外信用评级机构,主要针对票据市场的票据承兑人、票据贴现人、票据保证人等关键信用节点进行信用评级评估。评级类会员应依据有关规章及上海国际票据交易中心评级管理要求,接受我国票据主管部门监督管理,遵循"诚实信用、客观公正、公平公开"原则,科学评定相关主体的信用等级,推动票据市场规范、有序运行。

3. 会员账户管理

上海国际票据交易中心应开设四类账户:交易账户、托管账户、资金账户、清算保证金账户。交易类会员、非法人类会员需开设上述四类账户,央行类会员应开立交易账户、资金账户和托管账户(见表2-16)。

表2-16 会员账户开设情况表

会员类别	会员账户分类			
	交易账户	托管账户	资金账户	清算保证金账户
交易类会员	需开设	需开设	需开设	需开设

续表

会员类别	会员账户分类			
	交易账户	托管账户	资金账户	清算保证金账户
非法人类会员	需开设	需开设	需开设	需开设
央行类会员	需开设	需开设	需开设	—
经纪类会员	—	—	—	—
评级类会员	—	—	—	—

会员单位在申请相关会员资格时应按上海国际票据交易中心要求提交各账户开户资料,审核通过后开通相关账户。如会员在交易中发生违反上海国际票据交易中心有关规则的情况,可能导致账户被冻结或关闭。

交易账户是会员参与票据交易的基本要求,交易账户一旦被冻结或关闭,则该会员无法通过上海国际票据交易中心买入或卖出票据。

资金账户是会员参与票据交易的前提,应为人民币账户。票据交易成交前系统会自动判断买方会员资金账户余额是否足额,并冻结相应的资金用于交割,如会员资金账户被冻结或余额不足,将导致该笔交易失败。境内交易类会员如有备付金账户,可将其备付金账户作为资金账户;无备付金账户的境内会员应在上海国际票据交易中心开立资金账户或在指定的存管银行开立资金账户;境外会员应在上海国际票据交易中心指定的代理行开立资金账户。

清算保证金账户应为人民币账户,主要用于支付会员到期已承兑票据款项或用于被追索扣款。上海国际票据交易中心系统应提前估算各会员单位每日应付承兑到期款项及可能被追索的款项,并提前通知会员存入足额资金。清算保证金账户如被冻结或余额不足,将导致违约。境内交易类会员如有备付金账户,可将其备付金账户作为清算保证金账户;无备付金账户的境内会员应在上海国际票据交易中心开立清算保证金账户或在指定的存管银行开立清算保证金账户;境外会员应在上海国际票据交易中心指定的代理行开立清算保证金账户。

托管账户主要用于委托管理会员所持有已确权的票据,并提供会员托管明细账务查询及核对服务。交易类、非法人类、央行类会员所持有的票据存于其托管账户。

上海国际票据交易中心应定期汇总各会员托管明细情况,并发送至各会员单位,以便会员单位进行账务核对,确保票据托管"账务清晰、权属明确"。

(二)登记托管方案

1. 登记

上海国际票据交易中心可沿用上海票交所登记相关业务规则。交易类会员将已贴现或已追索结清的纸质票据登记于上海国际票据交易中心,电子票据全生命周期均以电子方式登记于上海国际票据交易中心。

票据登记包括三个阶段:初始权属登记、变更登记和注销登记。

初始权属登记是指参与者将票据权属在票交所电子簿记系统中予以记载增加其票据托管账户余额的行为。参与者可将已贴现的票据提交上海国际票据交易中心系统平台,并正式开始进入平台托管体系,开市流通。

变更登记是指因交易、非交易等原因导致系统参与者票据权益变动,票交所在其票据托管账户中办理变更的行为。变更行为包括交易行为和非交易行为,参与者因办理票据转贴现、质押式回购、买断式回购等交易业务导致权益变动的,可办理交易变更登记,如票据转贴现业务结算时,上海国际票据交易中心将票据权属由卖出方变更为买入方;质押式回购业务首期结算时,上海国际票据交易中心将对相关票据进行质押登记,并在质押式回购到期结算完成后进行解除质押登记;参与者因办理票据质押、追索、非交易过户等业务导致权益变动的,可办理非交易变更登记。

注销登记是指因提示付款、追偿、除权判决等情况导致票据结清或作废的,上海国际票据交易中心对所涉票据进行注销并减少票据托管账户余额的行为。办理注销登记后,相关票据正式退出流通领域。

2. 托管

票据市场的托管是指对票据权属的委托管理,票据托管采用账户管理的方式,即上海国际票据交易中心开立全市场托管总账户,托管总账户为全市场所有参与者托管账户之和,票据权属的变化在参与者托管账户之间完成。托管账户采用电子簿记方式实现,通过系统平台自动记载市场参与者托管账户余额的增减变动情况。

市场参与者所持票据存于其托管账户中。市场参与者办理初始权属登记后,相关票据纳入参与者托管账户;市场参与者因交易或非交易行为,导致票据权属变更,相关票据权属变动通过参与者托管账户反映;市场参与者持有票据因结清或作废而办理注销登记的,参与者托管账户应做相应的减记操作。

(三)市场交易方案

上海国际票据交易中心基本可以采用上海票据交易所现行交易规则,仅需略作调整。

1. 交易要素

票据交易币种、成交方式、交易模式等可沿用上海票交所现有规则。成交方式包括:对话报价、点击成交、匿名成交等交易方式;交易币种统一为人民币,不支持其他货币交易;交易模式采用票款对付(DVP)交易模式,交易双方通过上海国际票据交易中心系统平台达成交易意向,成交时系统自动从买方资金账户中扣取相应的款项,并同步将票据权属过户至买方名下(即将票据划入买方托管账户)。如买方账户资金余额不足或卖方票据出现异常状况,则交易终止。

为提高跨境交易效率、防范伪假风险、规范市场行为,交易介质宜仅限于电子商业汇票,不再包含纸质商业汇票。

交易产品应增加票据贴现及衍生品交易,具体包括:票据转贴现、质押式回购、买断式回购、再贴现以及票据衍生品等业务品种。

2. 交易模式

针对上海国际票据交易中心可能存在大量境外会员的情况,需进一步丰富上海票交所现有业务开展模式,具体可包括:会员自主交易、经纪机构撮合、系统自动撮合3类。

(1)会员自主交易模式,即上海票交所现有交易模式,该模式是指交易双方在交易市场自主选择交易对手,通过对话报价或点击成交等方式,自主完成交易至清算的全过程。

(2)经纪机构撮合交易模式,通过票据经纪机构在上海国际票据交易中心平台代理持票人报价,撮合市场交易,成交后票据权属及资金分别划入交易双方账户。

(3)系统自动撮合交易模式(上海票交所已在尝试开展此模式),各交易主体可在系统中发出交易买入或卖出要约,并向系统发送明确的买入或卖出要求(如承兑行要求、利率要求、金额要求等),由系统平台买入或卖出要求统一进行匹配撮合,匹配一致后由系统自动完成交易。

3. 交易通道

交易通道可沿用上海票交所的"客户端+直连"模式,为参与者提供更多交易选择。客户端模式是指上海国际票据交易中心在系统平台中开发客户端程序,参与者熟悉系统使用手册后即可直接参与票据市场相关交易活动,采用客户端模式可以大幅缩短参与者系统软件研发时间,便于参与者在最短时间内参与市场交易;直连模式是指上海国际票据交易中心提供相关数据接口,由参与者自行研发内部票据交易系统相关模块并与交易所平台对接,采用直连模式有利于参与者将票据交易系统与内部其他系统整合,有利于机构各类交易及头寸的统筹管理。

4. 交易资金

上海国际票据交易中心的交易资金应采用全球化配置手段,既要吸收国内金融机构票据交易资金,更要下大力气拓展并吸引境外金融机构、境外资金,推动上海国际票据交易中心成为国际化的金融基础设施。

5. 做市商方案

长期以来,票据市场处于非规范化的市场交易环境中,市场价格不透明且波动频繁,市场流动性处于自发管理的状态,上海票交所成立后尚未建立有效的做市商管理机制。

上海国际票据交易中心应建立做市商机制,依据央行及交易所有关规定,选择部分在货币市场或票据市场经验丰富、有较强风险控制及内部控制能力的中资或外资机构做市商。票据市场做市商一方面应与票据市场连续提供有效且可交易的买卖双向价格同步,报价与市场价格的偏离度应在交易所规定范围之内;另一方面在市场低迷时,需主动加大交易频率,提升市场流动性,提振市场信心。票据市场做市商不得采用非法手段操纵票据市场价格走势,必须定期向央行或交易所汇报市场运行情况、持仓情况及做市情况,以保障票据市场稳定、健康运行。

(四)信用评级方案

1. 基本要求

上海国际票据交易中心应建立票据市场信用评级体系,建立信用评级公司、从业人员准入要求,建立信用评级评审机制及具体的评级要求。

评级对象应包括票据承兑人、保证人及贴现人,信用等级可按照行业惯例划分为从 AAA 级至 D 级,对于评级对象已评级的票据,上海国际票据交易中心应明确标注其信用等级;对于尚未评级的评级对象所涉票据,上海国际票据交易中心应明确标注其为"未评级"。

评级机构应按照上海国际票据交易中心制度要求,做好评级对象的首次评级和持续跟踪工作,及时出具定期及不定期跟踪评级报告,通过指定网站向公众披露,并及时报送上海国际票据交易中心,调整相关票据评级信息。评级信息在正式披露之前,评级机构负有对相关信息保密的义务。

对于评级机构未按制度要求尽职评级的,未能按规定保守秘密的或未履行信息披露义务,导致票据市场价格异常波动的,上海国际票据交易中心有权采取相应措施,维护市场秩序,保护市场投资者的合法权益。

2. 国际化要求

为适应交易所国际化发展需求,考虑到境内外评级体系存在一定差异,上海国际票据交易中心应针对境外的信用主体出台专门的评级规则,尤其对于境外评级主体材料的获取、国家信用的评定、财务指标及会计核算规则的差异等应做出相应的规定,如引入境外评级公司则应要求其按交易所规则评级、定期发布评级信息,并接受交易所的业务监督,以确保境外评级的真实性、准确性与可靠性。

(五)市场经纪方案

市场经纪机构在上海国际票据交易中心地位较为特殊,应对其提出相应的准入要求,并对其实施业务监管。市场经纪机构应具备较为完善的公司治理结构和内部控制制度、遵守上海国际票据交易中心各项规定,资本充足、资信良好、经营规范,熟悉境内或境外金融机构参与者,具备货币市场经纪服务经验。

市场经纪机构在票据市场具有两类职责,一是为符合入市标准的境内外企业及境外金融机构代理申请入市,经纪机构可以代理境外金融机构向上海国际票据交易中心递交入市及开户申请材料,并由上海国际票据交易中心审核会员资格。二是为票据市场提供各项交易经纪服务,经纪机构可以代理会员发布报价信息,可以为不同会员撮合交易,但不得直接使用客户账户交易,不得另行开户直接参与交易或私下交易。

上海国际票据交易中心应对经纪机构实施业务监督,关注其日常各项经纪业务行为,并对违规行为采取相应措施。

(六)资金清算方案

1. 清算分类

上海国际票据交易中心的清算包括交易清算和非交易清算。

(1)交易清算。交易清算指针对票据贴现、转贴现、质押式回购、买断式回购、再贴现等交易的资金清算过程,交易清算通过扣划会员资金账户实现,交易清算可采用"T+0"或"T+1"清算时间,清算时间可由买卖双方自行选择确定。

上海国际票据交易中心一般交易清算采用 DVP 清算方式,即当买卖双方交易达成时,系统自动查询买方资金账户,如买方资金可足额支付该笔交易,系统将自动冻结相应的资金用于交易支付,并在权属变更(通过质押式回购、买断式回购完成票据质押)的同时完成资金对付;如买方资金不足以支付该笔交易,系统将进入清算排队阶段,等待买方将资金划入资金账户,当清算时间终止时如资金足额将完成票据权属变更和资金交付,如清算时间终止时资金仍不足额则判定该笔交易失败。

对于同一会员内部不同参与者间的交易可采用纯票过户(FOP)清算方式,即买卖双方仅通过上海国际票据交易中心平台完成票据权属变更,不通过平台划转资金,由会员内部系统完成资金的划转。

对于质押式回购和买断式回购业务赎回时,系统将自动判断逆回购方资金账户余额是否充足,如逆回购方资金余额足以支付款项,将解除票据质押并通过划转款项,如逆回购方资金余额不足将导致赎回失败。

(2)非交易清算。非交易清算指针对票据提示付款、票据追索等业务资金清算过程,非交易清算通过扣划会员保证金账户实现。

票据到期持票人应通过平台向承兑人发起提示付款,电子银行承兑汇票由平台直接扣收承兑人保证金账户资金;电子商业承兑汇票由承兑人开户行代为扣款,并代商票承兑人做提示付款答复,出现承兑人拒绝付款或商票承兑人拒不应答的情况,持票人可向票据贴现人直接发起追索,并通过平台扣取贴现人保证金账户资金,贴现人有权向票据其他权益人发起线下追索。

2. 清算通道

上海国际票据交易中心清算通道统一采用我国央行的大额支付系统,该系统采用逐笔实时方式处理清算业务,可为票据市场提供快速、高效、安全的清算服务。境内会员的清算账户(含资金账户和清算保证金账户)为其在央行的备付金账户或在上海国际票据交易中心(或指定存管银行)开立的清算账户,满足大额支付系统清算要求;境外会员的清算账户(含资金账户和清算保证金账户)为其在境内代理行开立的清算账户,满足大额支付系统清算要求。

(七)风险管理方案

从交易所角度看,市场风险管理主要包括:风险识别与监测、风险警示以及风险处罚三方面。

上海国际票据交易中心应建立票据市场风险管理全流程的各项制度规则,对市场进行全方位风险监测,对于异常交易等违规现象应及时发现、及时认定、及时处理,以规范票据市场发展,维护市场运行秩序。

1. 风险识别与监测

风险识别主要通过识别参与者的异常行为,包括异常交易、异常撮合以及异常评级等,异常行为应依据上海国际票据交易中心相关制度规则认定。如对于交易类会员、非法人类会员是否存在实际控制关系账户内频繁互买互卖的行为,是否存在境内外交易会员互相勾结的情况,是否存在"木马会员"的情况,是否存在频繁报价、频繁撤单误导其他参与者的行为,是否存在大幅偏离市场价格的大单买卖,是否存在以自己为交易对象自买自卖的行为等;又如对于经纪类会员是否存在通过控制账户进场交易的行为,是否存在恶意撮合交易的行为,是否存在做庄控制市场价格走势的行为等;再如对于评级类会员是否存在未依据"合规审慎"的原则、故意调高或调低评级的行为,是否存在提前透露评级信息的行为,是否存在未及时跟进评级对象、导致评级延迟的行为等。

风险识别应采用量化规则,对于不同的异常行为应建立相应的风险模型,并应在系统中建立专门的风险管理业务模块,实时监测市场运行状况,以便尽早发现风险隐患,及早采取相应措施。

风险识别与监测是一项长期、渐进的工作,随着市场创新交易品种不断上市(尤其是衍生品的上市)、市场参与者数量的增加、市场交易行为的日趋复杂,上海国际票据交易中心应不断收集市场数据,研究交易者行为,不断丰富与完善风险识别模型,以适应票据市场的发展。

2. 风险警示与处罚管理

上海国际票据交易中心应实施风险警示管理,为了警示和化解风险,可以采取要求报告情况、谈话提醒、书面警示、公开谴责、发布风险警示公告等一种或者多种措施。

对于风险警示后仍未改进,且严重影响市场交易的行为或会员,上海国际票据交易中心可采取冻结会员账户、禁止交易、停止经纪业务等处罚措施,以维护市场秩序。

3. 风险防范机制建设

票据市场风险防范是一项长期的工作,首先,上海国际票据交易中心需加强投资者教育,加强引导市场参与者有序开展票据业务,通过风险案例督促参与者加强自身风险意识;其次,上海国际票据交易中心需加强风险机制建设,一方面需优化风险模型,适应不断变化的市场环境,另一方面需改进交易系统风险管理模块,加大市场风险的监测力度;再次,上海国际票据交易中心应加强与票据监管部门沟通,对于境外参与者应与其所在国金融监管部门沟通,加强监管协调,共同营造交易规范、风险可控的跨境票据交易市场。

(八)信息披露方案

长期以来票据市场一直处于信息不对称的局面,上海票交所成立后票据市场信息披露有一定的改善,上海票交所会定期发布市场交易总量数据,但在市场参与者交易信息、市场价格信息等方面仍有改进空间。

上海国际票据交易中心未来在信息披露方面可以做好以下几方面工作。

1. 市场交易信息

市场交易信息包括定期市场成交信息、定期收益率曲线信息的发布。市场成交信息在时间维度可以按日、按月、按季、按年发布,参与者维度可按不同会员单位汇总发布,交易类别维度可按贴现、转贴现、质押式回购、买断式回购、再贴现等维度发布,以便市场参与者及时掌握并研判市场交易格局;票据交易收益率曲线可定期发布,以便市场参与者及时了解市场价格变化,及时准确对所持有的票据进行估值,保障票据持票人权益。

2. 交易辅助信息

交易辅助信息包括定期登记托管、定期清算结算、票据结清以及票据到期违约等信息发布。交易辅助信息的发布有利于市场参与者估算票据市场总体规模,为交易决策提供参考,也有利于市场评级机构评价信用主体。

3. 风险票据信息

虽然上海国际票据交易中心采用电子票据交易,但仍可能发生司法冻结等情况,需要市场参与者(尤其是票据承兑人)在票据市场及时登记风险票据信息,避免出现交易及兑付问题。

4. 票据评级信息

票据市场评级会员需根据上海国际票据交易中心有关规则,参考票据市场相关业务数据,及时发布对相关信用主体的评级结果,为市场参与者进行票据定价提供依据。

5. 风险监测信息

上海国际票据交易中心应定期发布票据市场的风险监测情况,分析异常交易行为,对于违反交易所规定的会员应予以公开警示,以维护票据市场秩序。

6. 创新产品信息

上海国际票据交易中心新产品上线前,应公开发布创新产品的详细信息,包括新产品的会员准入条件、登记托管规则、交易规则、清算规则、业务操作要求以及风险管控要求,以便市场参与者及时、准确理解新产品,更好地参与新产品交易活动。

7. 信息披露渠道

上海国际票据交易中心可通过建立官方网站发布公开信息,同时可采用新兴技术手段通过微信公众号推送、采用平台交易软件发布或采用其他权威网站发布等方式,通过多渠道信息披露,进一步完善参与者信息获取方式并提升平台影响力。

(九)创新发展方案

票据市场的创新发展主要包括业务创新和技术创新两方面。其中业务创新包括交易产品创新、业务流程创新以及交易机制创新等。上海国际票据交易中心在创新发展方面,需要建立如下规则。

1. 业务创新

应加强对我国票据衍生产品、信用证或保理等类票据产品及不同国家类票据业务制度与产品创新的研究工作,不断丰富上海国际票据交易中心上市品种,加快研究境内外票据市场估值手段与避险工具,推动票据市场快速发展。

2. 技术创新

应加大对大数据、云计算、区块链及人工智能的研究,通过技术创新保障并推进票据业务发展,将技术的创新点应用于票据生命周期全过程的各个基础环节上,着力推进技术创新与业务应用相结合,为票据市场研究、流动性分析、风险控制预警、交易机制创新提供新的发展机遇,全面提升票据市场金融科技水平,推进我国金融基础设施的国际化进程。

(十)系统开发方案

系统是上海国际票据交易中心运转的保障条件,系统开发需要遵循完整性、可扩展性、相关性和可靠性原则,保障交易所平台能有效支持境内外参与者业务交易,支撑交易所产品创新,推动境内外票据市场有序联动、快速发展。

1. 完整性原则

上海国际票据交易中心系统平台需包括票据市场会员管理、登记、托管、交易、清算、统计分析、信息发布等不同子系统或业务模块,且由不同子系统汇聚组成的系统整体。平台开发应确保系统功能完整、数据采集统一、语言表述一致、信息资源共享等基本要求,确保各子系统、各业务模块协调一致,实现系统功能整体最优。

2. 可扩展性原则

可扩展性包括两方面含义,一是业务的可扩展性,在系统需求设计阶段应充分考虑未来业务的发展,一方面需为新交易产品上市提供便利(尤其是境外类票据产品),共享系统公用资源,避免系统功能重复开发,进一步提高业务创新效率;另一方面考虑到上海国际票据交易中心面向境内外市场参与者,需考虑提供多语种支持,以确保市场参与者能尽快熟悉交易平台。二是技术的可扩展性,当前金融科技发展日新月异,新技术、新工具不断引入金融科技领域,在平台设计时应为采用新技术应用预留空间,确保上海国际票据交易中心能尽快采用最新技术改进交易服务,保障市场安全。

3. 相关性原则

票据业务有着较为明显的生命周期,各业务环节之间衔接紧密,平台系统开发应遵循相关性原则,不能孤立地设计系统功能,应依据业务规则连通各子系统,使子系统间形成相互联系、相互作用的关系,提升平台系统适应外界环境变化的能力。

4. 可靠性原则

上海国际票据交易中心系统平台开发应遵循可靠性原则,设计系统相关安全措施,确保系统软硬件设备稳定可靠,确保业务数据完整安全。

五、上海国际票据交易中心相关政策的配套建设

上海国际票据交易中心建设应配合上海国际金融中心的相关建设。2018年上海市出台了提升上海城市能级和核心竞争力的指导意见,明确指出推进国际经济中心综合实力、国际金融中心资源配置功能、国际贸易中心枢纽功能、国际航运中心高端服务能力和国际科技创新中心建设,为国际票据交易中心建设提供了政策支持。在上海建设国际票据交易中心有利于推动国际资本流入,提升人民币国际化进程,推进我国金融科技发展,有利于上海市国际经济中心、金融中心及科创中心建设。

建设上海国际票据交易中心需要从政策配套、制度研究、政府支持等方面入手,成立项目筹备工作组,有条不紊、分步推进。

(一)政策配套

(1)货币政策方面,建议利用票据市场较为成熟的市场机制,进一步鼓励与支持再贴现业务发展,加大再贴现业务的投放力度,保障地方央行办理再贴现业务的相关资金,完善货币政策调控手段;建议重构再贴现利率生成机制,可考虑放宽再贴现利率浮动范围,或采用"Shibor+基点"的方式生成,改变再贴现利率长年不变、长期游离于市场价格之外及基准利率实效无法彰显等尴尬现状;建议充分运用金融基础设施,发挥上海国际票据交易中心在业务处理效率、资金流转速度及对实体经济支持等方面优势,进一步提升再贴现业务在投量、投放、利率引导和传导等方面的作用。

(2)信贷政策方面,建议重视票据承兑业务对实体经济的支持作用,加大对票据承兑业务的政策支持,鼓励商业银行针对中小企业开立银行承兑汇票,加快电子商业承兑票据的发展,实行融资性银行承兑票据的试点;建议进一步强化再贴现业务的窗口指导作用,引导商业银行将信贷资源投入重点行业及领域,扶持实体经济快速发展,并同步拓展票据市场票源,为票据市场国际化创造条件。

(3)外汇政策方面,进一步放宽人民币国际化条件,鼓励国内商业银行跨境开展人民币商业汇票服务,加强与国外央行的沟通联系,尝试创新境外金融机构开展人民币商业汇票业务,争取将人民币作为更多国家的外汇储备货币,鼓励境外金融机构参与上海国际票据交易中心市场交易,为人民币国际化创造更大发展空间及应用场景,为"一带一路"的顺利实施提供金融支持。

（4）金融改革创新政策方面，建议进一步加大金融改革力度，进一步放宽对票据市场的政策支持（如在风险资产计量、贸易背景、税收、境外机构入市等方面给予优惠政策），明确融资性票据地位，大力推动跨境项下票据业务开展，鼓励境外金融机构加大对票据市场的关注度，提升票据市场国际化水平，为建立上海国际票据交易中心做好准备。

（5）科技创新政策方面，建议出台政策，加大在金融领域的新兴技术应用，对于较为成熟的技术成果应优先应用于金融领域，对于尚未成熟的技术手段可成立专项基金，并尝试在金融领域小范围实验，通过金融科技水平的提升全面带动金融基础设施的交易与风控水平，提升金融机构服务实体经济的效率与能力。

（二）强化研究

（1）加强对各国经济金融政策的研究工作，包括税收、会计核算、金融监管以及法律环境等方面政策的研究工作，建议召集税收、会计、法律领域专家及金融监管部门、商业银行业务专家进行专题研究，尤其是针对中外票据市场的政策差异，对上海国际票据交易中心建设方案提出完善性建议。建议加强与相关国家政策制定部门沟通，求同存异，避免因相关政策差异而出现境外市场参与者无法入市交易、低市场流动性等方面问题，确保上海国际票据交易中心有序、快速、稳健发展。

（2）加强对各国票据产品的研究工作，虽然各国《票据法》存在一定差异，但各国均有大量的票据业务产品、衍生品及类票据产品，需要加强研究工作。一是需要研究相关票据产品的内在逻辑、业务办理条件及产品开展现状。二是需要研究产品所在国家的经济、金融发展状况，确保上市产品的流动性。三是需要研究相关产品登记托管、交易及担保的准入标准及可行性，保护投资者权益。

（三）政府支持

为推进上海国际票据交易中心建设，建议上海市政府在金融基础设施建设、金融人才引进、创新试点、财政税务等方面给予支持。

（1）金融基础设施建设方面，建议上海市政府为上海国际票据交易中心建设提供选址、土地、注册登记等方面便利，以缓解交易所筹备的后顾之忧。

（2）金融人才引进方面，建议上海市政府对引进票据专业人才提供落户、配偶就业、子女就学等方面便利，以便上海国际票据交易中心吸引相关金融人才，加快交易所建设进程。

（3）创新试点方面，建议上海市政府研究设立票据专业基金、票据经纪公司设立方面的相关政策，推进创新型金融企业的落户。

（4）财政税收支持方面，建议上海市政府设立相关税收减免政策，对上海国际票据交易中心适当减免赋税，支持其快速成长壮大。

（四）成立筹备组及分步推进计划

建议由央行牵头并召集上海票交所、央行有关部门及商业银行专业人才，成立上海国际票据交易中心筹备组。从我国票据市场国际化入手,逐步丰富票据市场参与者及上市产品,并逐步拓展其他国家类票据产品,分阶段、有条不紊地开展上海国际票据交易中心建设,推动"一带一路"及人民币国际化进程。

六、上海国际票据交易中心存在的障碍、风险和建议

(一)法律障碍及建议

1. 我国票据法与国外票据法存在差异

欧洲的票据起源于12世纪的意大利,随着票据的广泛使用,19世纪末欧洲各国对票据相继立法,目前包括以《英国票据法》为代表的英美法系,和以《日内瓦统一汇票、本票法公约》为代表的大陆法系,我国《票据法》始于1996年,英美法系《票据法》、大陆法系《票据法》与我国《票据法》之间存在较多差异。

在签发阶段,《日内瓦统一汇票、本票法公约》只允许采用签名方式;《英国票据法》未明确要求"汇票"字样的注明,允许出票日在票据签发后填写;我国《票据法》规定出票人签发时,签名、签章或签名+签章均有效。

在承兑阶段,我国《票据法》规定任何远期汇票必须承兑;《英国票据法》规定只有见票后定期付款的或规定必须揭示承兑的汇票外,其他可不作承兑;《日内瓦统一汇票、本票法公约》在《英国票据法》基础上另外要求在第三者住所付款的汇票应提示承兑。

我国《票据法》规定见票后定期付款的汇票,持票人应当自出票日起一个月内向付款人提示承兑;《日内瓦统一汇票、本票法公约》规定为1年,如出票人另有规定的,以票据上规定的期限为准;《英国票据法》规定提示承兑期限一般为半年。

在付款阶段,我国《票据法》规定见票即付的汇票,自出票日起1个月内向付款人提示付款。定日付款、出票后定期付款或者见票后定期付款的汇票,自到期日起十日内向承兑人提示付款;《日内瓦统一汇票、本票法公约》规定见票即付的汇票,持票人于出票后一年内可提示付款,除非另有规定,远期汇票应于到期日后两个营业日内提示付款;《英国票据法》规定即期汇票的提示付款为合理时间内(一般为半年),非即期应在到期日当天提示付款。

我国《票据法》规定付款人需足额付款;《日内瓦统一汇票、本票法公约》对付款未作规定;《英国票据法》规定付款人可部分付款。

2. 我国票据法亟待修订

我国《票据法》自1996年发布后,至今已逾20年,随着我国经济不断发展,技术手段、支付手段不断更新,货币市场在广度与深度上均发生较大变化,《票据法》已不适应当前经济发展需求,主要表现在:一是缺乏对电子票据的相关规定,《票据法》制定时电子票据尚未出现,其出发点均基于纸质票据,且缺乏对票据电子签名效力的法律规定。二是重视支付忽视信用功能,《票据法》第七十三条规定:"本法所称本票,是指银行本票。"该法未将商业本票纳入票据体系,一定程度上减少了企业的融资手段,而国外及我国台湾地区对本票的规定较为宽松,尤其是体现在出票人的广泛性方面。三是对票据无因性的规定较为片面,票据无因性是票据流通的前提,是指票据权利一旦产生,即与其基础关系相分离,即使基础关系被撤销或认定无效,也不影响票据权利,我国《票据法》是将票据原因关系作为票据权利和资金关系存在的基础,如第十条规定:"票据的签发、取得和转让,应当遵循诚实信用的原则,具有真实的交易关系和债权债务关系";第二十一条规定:"汇票的出票人必须与付款人具有真实的委托付款关系,并且具有支付汇票金额的可靠资金来源。不得签发无对价的汇票用以骗取银行或者其他票据当事人的资金"。

3. 建议

鉴于我国《票据法》与国外票据法之间存在一定的差异,且我国《票据法》仍然存在较多不足之处,建议在论证上海国际票据中心建设时应充分考虑法律问题,一方面需充分了解各国票据法律规定,加强与境外央行、立法部门沟通,求同存异,协调因票据法律差异而可能出现的票据交付、流动、兑付等问题;另一方面需尽快启动我国《票据法》的修订工作,从法律层面推动票据市场的国际化进程。

(二)制度方面的障碍及建议

1. 制度障碍

一是缺乏票据市场顶层设计类制度,全市场顶层设计方面缺少框架性制度文件,票据市场中具有里程碑意义的《支付结算办法》《票据承兑、贴现、再贴现管理办法》《电子商业汇票管理办法》《票据交易管理办法》等均侧重于业务产品或业务管理层面,缺乏对票据市场整体设计规划。二是部分政策要求不统一,如在票据贸易背景真实性方面,2016年央行《票据交易管理办法》明确规定,票据贴现业务不再要求提供贸易背景,但在实施的过程中,商业银行发现部分监管部门对该项规定并不认可,仍然要求商业银行提供票据贴现业务的贸易背景,否则将对商业银行进行惩罚,导致商业银行在实际贴现业务办理过程中依旧审查贸易背景真实性,相关政策未能落地实施。三是部分制度要求不合理,如2012年《资本管理办法》要求"信用风险仍在银行的资产销售与购买协议,信用风险转换系数为100%",导致办理票据二级市场交易,买入方和卖出方都必须计提同样的加权风险资产。四是部分制度要求不清晰,2018年央行发布《关于规范金融机构资产管理业务的指导意见》,其中对于"标准化债权资产"应当同时符合哪些条件做出如下定义:(1)等分化,可交易。(2)信息披露充分。(3)集中登记,独立托管。(4)公允定价,流动性机制完善。(5)在银行间市场、证券交易所市场等经国务院同意设立的交易市场交易。因相关要求过于宽泛,导致票据资产是否属于"标准化债权资产"仍存在争议。

2. 建议

鉴于票据市场制度体系仍不完善,建议票据市场主管部门统一认识,加强对票据市场的顶层设计,明确融资性票据的制度设计,在不断完善市场法制建设的基础上,推动票据市场制度体系建设,完善国内及跨境票据市场准入规定,实现票据全生命周期规范化管理,提升票据市场信息化水平,加强与境外央行、监管部门沟通协调,全面推进上海国际票据中心建设。

(三)风险防范方面的挑战及建议

一是信用风险,由于票据承兑人或票据融资业务交易对手的信用出现问题,造成票据的迟付或拒付,从而造成损失的风险。信用风险主要包括债务人的履约意愿出现问题和债务人的履约能力出现问题。可以引入规范的信息披露、信用评级、增信保险制度,参考债券市场,建立健全适合票据业务的评级评估指标体系,实行信用定期考评制度,推行票据担保支付机制和保险制度,积极推进全球票据市场信用生态环境建设,提高市场透明度和信息对称。

二是市场风险,主要包括利率风险、流动性风险以及汇率风险。可考虑推出票据衍生品,通过票据远期、期权、利率互换等衍生产品以及汇率市场已有的衍生产品进行搭配,增强经营主体的市场风险管理能力。

三是操作风险和道德风险,由不完善或有问题的内部程序、员工、信息科技系统,以及诈骗行为造成损失的风险。应建立会员准入管理,要求接入的会员必须具有完善的内部管理制度和科技系统,并建立完善的业务操作流程、IT刚性控制来防范操作风险。

四是可能会导致人民币汇率的大幅波动。上海国际票据交易中心的运营必将导致国际资本流动,这可能在特殊情况下导致人民币汇率产生剧烈波动,甚至成为国际金融大鳄投机的标的。建议在成立初期采用先行试点、逐步推进的步骤控制交易总量。同时,交易中心推行人民币结算制度,即上海国际票据交易所上的报价、交易和清算均以人民币计算,如此既可以推动人民币国际化,同时也可以一定程度上避免外汇的大幅流失。

(四)科技系统建设障碍和建议

上海国际票据交易所系统是一个国际化交易系统,在安全和效率上必须能满足大批量、集中性交易的需要,因此在硬件和软件上均有较高要求。要尽力满足参与国家的需求,达到国际标准,更需要有一支具有国际领先水准的科技团队。

建设上海国际票据交易中心的重点是在现有ECDS和中国票据交易系统的基础上,进一步扩建成为全球共用的核心系统,但由于各国的系统接入标准不一致、与跨境清算系统尚未实现实质性的有效对接、信息安全隐患日益突出、系统交互的效率等问题,使得在核心系统的推进上存在一定的困难,为此提出以下几点建议。

(1)推行全市场共同接受的系统构建标准。一是为了推行票据业务操作和风险管理的标准化和规范化,即在票据系统的业务处理、风险检验、联机记账等环节设定标准化的流程,业务系统根据标准流程的要求来设计,以实现全球各票据参与机构业务处理的规范统一、快速直接。二是为了与现有的 ECDS 和中国票据交易系统实现无缝对接,必须在技术平台、系统设计、接口标准等方面进一步形成统一的规范(比如目前不少外资银行为企业客户推行采用 Swift 方式来接入电票系统),并遵照相应的技术要求来实施。

(2)打好票据相关系统建设管理基础。一是面要加强对建设票据相关系统建设符合合规管理意识的引导、传导和指导,在系统建设期间全面落实风险评估。二是人民银行等银监部门要明确对票据相关系统建设监管对口部门,加强监管的针对性和有效性,并出台与国际信息系统监管要求相对应的监管办法、实施准则、安全要求和评审制度等,确保监管的合法性、全面性、有序性和长效性。三是要加大对票据相关系统建设及应用的监督检查,督促问题整改,建立长效机制,并将监督审查形成常态化。

(3)通过票据系统建设加快票据业务的资管转型。在票据国际化的背景下,传统的交易类业务将面临向资管业务转型的巨大压力,而系统建设恰恰是资产管理业务发展最不能缺少的工具。一是要整合现有的资产管理系统,为全球参与者搭建好资产管理通道和操作平台,选择技术更成熟的第三方进行合作,建立更具个性化体验的业务系统模式,借此扩大票据资产管理业务的覆盖面。二是要发挥互联网和系统建设中公开透明的特点,以系统的信息共享和快速传播来加快实现资产负债与全球参与者的双对接,实现票据资产管理业务的落脚点由让全球参与者"看的见"向"看的清"转变,进而提升国际信任度和影响力。

(4)加大金融科技技术在票据业务领域的应用。以目前的票据业务形态和法律法规直接向国际开放存在部分接受度的障碍,可以率先引入金融科技中的区块链、大数据、人工智能等技术,比如,创新使用数字票据等作为交易介质或者交易载体,先行先试,建立国际系统共识后再行探索业务共识。目前,人民银行已经率先在工商银行、中国银行、浦发银行和杭州银行试点数字票据实验性生产系统,通过采用"链上成交、线下清算"的方式取得了一定的经验,一方面可以推出数字货币或使用链上清算,另一方面可以进一步扩展试点范围,并纳入外资银行、机构投资者和外资企业等,进一步扩大国际接受度。

(本课题得到上海国际金融与经济研究院赞助)

第三章 票据市场四十周年专题

中国票据市场四十周年回顾与展望

肖小和 李 鹰 万 恺 陈 飞 王 亮

斗转星移、岁月峥嵘,转眼改革开放已经迎来了四十岁的生日,中华人民共和国的票据市场也伴随着改革开放的深入发展渡过了四十载光阴。四十载岁月,你从无到有,在风云变幻中凝心聚志;四十载征途,你茁壮成长,在星移斗转中锐意进取;四十载跋涉,你历经沧桑,在日新月异中勇敢开拓;四十载闯关,你披荆斩棘,在大浪淘沙中屡创辉煌。"雄关漫道真如铁,而今迈步从头越",本文正是在四十年的众多头绪中梳理思路,摒弃不惑、凝心聚志、回首过去、展望未来,旨在为票据市场的发展提供更多可行的建议和思路。

我国票据市场得益于改革开放,起步于1979年,国家开始有计划地发展商业信用,人民银行批准部分企业签发商业汇票,迄今已有四十年的发展历史。在这四十年里,票据市场从无到有,从单一到丰富,从青涩走向成熟,市场交易规模得到迅猛发展,市场参与者更趋多元化,制度建设逐步完善,利率市场化程度不断提高,风险因素从不断积累到集中爆发和防控,创新日新月异,票据市场发展也经历了从最初的起步阶段,到后来的高速发展,再到现在转入高质量发展阶段。

一、中国票据市场四十周年发展回顾

(一)票据市场规模迅速扩大

四十年票据发展历程根据市场规模增长速度可以大致划分为三个阶段(见图3-1)。

第一阶段:1979—1999年是起步探索阶段。1999年,票据市场累计贴现量2 499亿元,比1995年增长77%,年均增长率15.34%;累计承兑量5 076亿元,比1995年增长109%,年均增长率20.29%。随着社会主义市场经济的发展以及商品加速生产和流通,票据作为商业信用的载体获得新生,成为20世纪90年代解决企业间"三角债"问题的主要工具,因此这一阶段的特征是票据业务呈自然发展状态,承兑业务发展较快,贴现业务相对较少,票据交易极为不活跃。

第二阶段:2000—2015年是迅猛增长阶段。2015年,票据市场累计贴现量达到102.1万亿元,比1999年增长409倍,年均增长率达到45.61%;累计承兑量22.4万亿元,比1999年增长44倍,年均增长率26.71%。这一阶段,经济繁荣带动实体经济

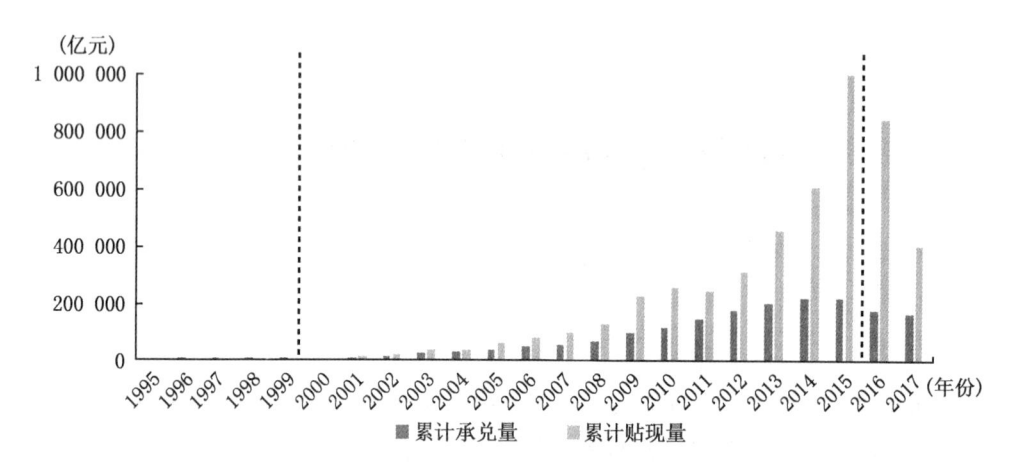

图 3-1 1995—2017 年票据市场规模发展情况

融资需求和票源增加,票据作为重要的信贷资产得到商业银行的广泛重视,票据的多重功能迎合了中小银行的需求。因此,票据市场规模快速增长,承兑业务增速高于宏观经济增长,票据资产交易属性更加明显,流通周转速度加快。

第三阶段:2016 年至今是规范稳健发展阶段。2017 年,票据市场累计贴现量 40.3 万亿元,比 2015 年下降 60.53%,年均降幅 37.17%;累计承兑量 17 万亿元,比 2015 年下降 24.11%,年均降幅 12.88%。这一阶段,经济发展进入转型期,金融去杠杆和监管强化逐步推进和深化,票据市场前期高速增长所积累的风险集中爆发,票据业务开始回归本源,资金内循环和嵌套减少,业务链条缩短,监管套利叫停,业务开展更趋规范和稳健,交易规模大幅萎缩。

(二)票据业务功能不断发掘和丰富

随着票据市场的不断深化发展,票据业务的功能也在不断发掘和丰富,大致也可以分为三个阶段(见图 3-2)。

第一阶段:1979—1999 年,票据主要作为支付结算工具,起到商业信用保证作用。20 世纪 90 年代,由于企业自身的问题和广泛的社会缘由造成三角债和多角债问题愈演愈烈,正常的商业信用受到严重损害,票据在此期间作为一种银行信用成为企业间的支付结算工具。此阶段主要特征有:(1)票据承兑量远远大于贴现量(即累计承兑/贴现比远远大于 1),1999 年该比值达到 200%。(2)银行承兑汇票占绝大部分票据业务,商业承兑汇票占比较小。

第二阶段:2000—2009 年,票据主要作为银行的信贷规模调节工具,起到"蓄水池"作用。21 世纪初,我国经济发展迅速,存款和信贷规模增长较快,由于票据资产兼具较好的流动性和盈利性,银行通过增持票据撑占多余信贷规模。此阶段主要特征有:(1)贴现余额不断增加,从 1999 年 0.06 万亿元逐渐增加到 2009 年 2.4 万亿

第三章 票据市场四十周年专题

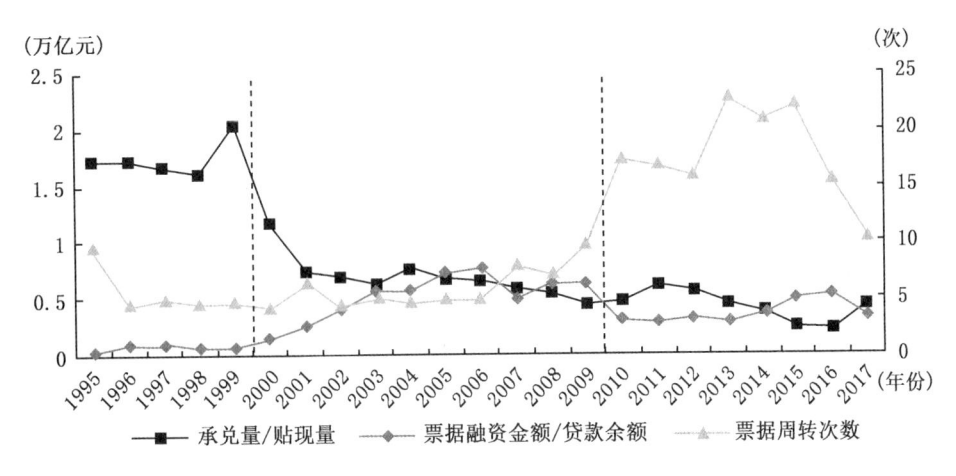

图 3-2　1995—2017 年票据市场发展特征

元,在贷款中占比由 1999 年的 0.59% 逐渐提高到 2009 年的 6%,达到历史峰值。(2)贴现增长速度快于承兑增长速度,累计承兑/贴现比由 1999 年 203% 不断下降至 2009 年的 44%。

第三阶段:2010 年至今,受信贷规模调控限制,票据调节规模的作用逐渐弱化,其交易、投融资和调控功能越来越显著。自 2008 年为应对次贷危机投放 4 万亿元以来,信贷的粗放式投放给经济带来很大隐患,2010 年以后央行加大了信贷规模的调控力度,银行在监管时点纷纷压缩票据资产为贷款让路,票据融资快速增长的时代进而终结。同时,银行加大了票据理财、票据资管等产品的运作,票据交易异常活跃,投融资功能不断挖掘深化。虽然 2016 年受票据风险事件影响,交易活跃度有所下降,但该阶段特征仍然较为明显:(1)累计贴现量大幅增加的同时贴现余额有所回落;票据周转次数(累计贴现/余额比值)从 2009 年 9.7 次迅速增加到 2015 年 22.2 次,提高了 2 倍多。(2)累计承兑/贴现比值进一步下降,从 2009 年 44% 进一步下降至 2015 年的 22%。

(三)市场参与者更趋多元化

2000 年以前,票据业务主要以企业支付结算用途为主,融资功能较弱,因此市场参与主体基本局限于国有独资商业银行、少数大型企业及企业集团。在中国人民银行有关政策措施的引导下,商业汇票的推广使用范围逐步扩大,参与的市场主体逐步增加,众多的中小金融机构和中小企业逐步成为票据市场的重要参与者。股份制商业银行、城市商业银行、财务公司和信用社等金融机构纷纷开展票据业务,票据市场活跃程度明显提高。

2000 年 11 月 9 日,我国第一家票据专营机构——中国工商银行票据营业部在上海成立,标志着票据业务经营模式迈入了集约化和专业化的发展轨道。此后,商业银行都陆续建立了票据中心、票据支行和总行票据营运中心等经营管理机构,使票据业务在专业化水平和人员素质上都得到显著提升,表明银行业已逐步形成专业化的票据经营机制。

随着票据市场活跃度的提高和票据业务投融资及调控功能的挖掘,农信社、外资银行等票据市场的新兴力量发展迅速,市场份额得到明显提升;跨界、跨市场发展加速,一些信托公司、资产管理公司、证券公司、基金公司等非银行金融机构,甚至个人均已或多或少的参与到了票据市场,参与者的丰富有效促进了票据市场的完善和发展。

2016年12月8日,由国务院决策部署、中国人民银行批准设立的票据市场基础设施——上海票据交易所正式成立,标志着票据市场迈入全国统一、信息透明、标准化资产的新时代。作为基础设施,上海票据交易所的建立本身就是票据市场参与者多元化的突破,同时,上海票据交易所还将非银行金融机构、非法人投资产品等纳入票据交易,进一步扩大了市场参与者的范围,丰富了市场参与者的类型,多元化的市场参与者必将促进票据市场更具活力、更有潜力。

(四)制度颁发与法规逐步完善

发展票据市场必须有完备的制度与法律为依据,以规范票据基本操作、保障持票人票据权利和维护金融市场秩序。1984年12月,中国人民银行颁布了《商业汇票承兑、贴现暂时办法》,决定从1985年4月1日起在全国范围开展票据承兑、贴现业务。1988年12月,中国人民银行颁布了《银行结算办法》,允许商业汇票背书转让,办理贴现、转贴现和再贴现业务,从而使票据制度在全国范围内得到恢复。

1995年5月10日,《中华人民共和国票据法》获得通过,这是中国第一部关于票据制度的法律,标志着我国的票据市场开始步入法制化轨道。1996年6月,中国人民银行颁布了《贷款通则》,将票据贴现计入贷款口径统计和信贷规模管理,票据业务正式列入商业银行主要信贷资产业务。1997年,中国人民银行印发了《票据管理实施办法》《支付结算办法》《商业汇票承兑、贴现与再贴现管理暂行办法》等一系列规章制度,加强了对商业汇票的宏观管理和制度建设。至此,商业银行开展票据业务的法律制度基础初步确立。该票据法律体系填补了我国票据领域的立法空白,确立了我国的基本票据制度,为推动我国票据市场发展起到巨大作用。

2009年10月,中国人民银行建成电子商业汇票系统并印发了《电子商业汇票业务管理办法》,遵循了《票据法》的基本规定和立法精神。为规范我国电票业务健康发展、推动我国电票广泛使用和流动提供了制度保障。2016年8月,中国人民银行印发《关于规范和促进电子商业汇票业务发展的通知》,大力提高电票使用率,对纸票单张出票金额做出限定。2016年12月,为配合上海票据交易所的成立运行,中国人民银行颁布《票据交易管理办法》,指出上海票据交易所是票据市场的基础设施,明确以电子方式完成背书和交付,规范票据交易资金划付流程,引入保证增信制度等,对规范票据交易行为、维护交易各方合法权益、促进票据市场健康发展具有重要意义。2016年12月8日,上海票据交易所发布了《票据交易主协议》《上海票据交易所票据交易规则》等十几项配套业务规则,有效解决了我国票据市场制度体系不健全的问题,对现行法律法规形成了有益补充,有助于推动票据市场向操作规范化、交易电子化、信息透明化的方向发展。

(五)票据利率市场化水平不断提高

票据利率是市场化最早、程度最高的市场利率之一,在货币市场上一定程度发挥了基准利率的作用;同时,票据资产兼具信贷产品和资金产品的双重属性,票据利率既能反映实体经济融资成本,也是金融机构资金融通的重要价格。

在我国恢复办理票据业务初期,票据利率的形成主要以行政手段进行规定。1984年中国人民银行颁布的《商业汇票承兑、贴现暂行办法》规定,"贴现率中国工商银行、中国农业银行、中国银行按略低于国营工商企业流动资金贷款利率计收;中国人民建设银行可按略低于建筑企业流动资金贷款利率计收"。1994年中国人民银行规定票据贴现利率按同期同档次信用贷款利率下浮3%执行,再贴现利率按同期同档次信用贷款利率下浮5%执行。

1998年3月,中国人民银行决定改进和完善票据再贴现利率和贴现利率形成机制,将再贴现利率单列为央行的一项法定基准利率,与再贷款利率脱钩,由央行根据市场资金的供求状况进行调整;贴现利率在再贴现利率基础上加点生成,与同期贷款利率脱钩,贴现利率的浮动幅度得以扩大。这项政策对后来的票据市场发展起到了积极作用,为票据市场利率率先市场化打下基础。

2007年1月,上海银行间同业拆放利率(Shibor)机制正式运行,中国人民银行积极推进以Shibor为基准的票据贴现利率定价模式。同年4月,工商银行率先推出以Shibor为基准的转贴现和回购报价利率,11月又实现了贴现利率与Shibor挂钩,越来越多的商业银行开始推广基于Shibor为基准加点生成票据利率的定价模式,票据业务定价方式开始由固定利率向浮动利率转变。在此期间,随着票据业务的快速发展和央行取消了对再贴现利率加点上浮的限制,金融机构也基本采用了市场化的方式确定贴现利率和转贴现利率。

2013年7月,中国人民银行取消贴现利率在再贴现利率基础上加点确定的方式,正式确立金融机构自主决定贴现利率的市场化定价机制。至此,票据利率完成了定价机制的最终变革,票据利率定价实现完全市场化后,更能真实、全面反映各市场因素对票据利率的影响。2014年2月,《商业银行服务价格管理办法》将"承兑银行应按票面金额向出票人收取万分之五的手续费"改为"市场调节价",银行承兑费率开始与企业信用等级、承兑保证金比例等因素挂钩,票据价格体系市场化进程更进一步。

(六)票据风险事件不断积累并得到有效控制

在票据市场初期,票据业务主要是解决企业三角债问题,商业银行重点关注的风险是承兑端的信用风险,因此往往要求承兑申请人提供较高的存款保证金或担保。此阶段票据交易并不活跃,市场化程度较低,转贴现买入主要是为了持有到期,因此交易中最大的风险是假票等欺诈风险,票据风险事件较少且金额小。

但进入票据市场高速增长阶段后,市场参与主体不断增多,外部市场环境日趋复杂,票据业务交易模式迅速演进,随之而来的票据风险因素不断积累,但风险防控意识却有所弱化。期间也偶有票据风险事件爆出,但金额较小且涉及面相对较窄;2013年年中"钱荒"事件导致票据市场出现银行间违约,部分银行也因过度杠杆和错配导致损失惨重,后因人民银行及时释放流动性避免了系统性风险的发生,但这次并未引起市场足够重视;直到2015年和2016年,票据风险事件集中爆发,已披露的涉及风险票据资金高达百余亿元,涵盖了国有银行、股份制银行、地方商业银行以及涉农金融机构等几乎所有的市场参与类型。这一阶段票据信用风险并没有减弱,市场风险因为杠杆和错配不断提高,合规风险也因监管套利盛行而日益凸显,但更主要的是,市场参与者的内部控制存在缺陷,票据风险意识仍停留在市场初期的低风险业务阶段,从而导致操作风险和道德风险成为票据案件的高发区。

随着上海票据交易所成立和电子化程度不断提高以及加强监管,票据市场进入规范稳健发展阶段,票据审验、交付、保管等环节的传统重大风险显著降低,票据风险管理重点开始转向频繁交易引发的市场风险和监管日趋强化导致的合规风险,风险管理方法也从以定性为主向定性和定量相结合转变,在上海票据交易所提供的实时全面的数据和信息基础上搭建了风险量化管理模型,对新环境下的票据风险能进行有效识别、科学计量、实时监测,并建立了完善的风险管控和风险缓释机制。

(七)创新产品不断涌现

伴随票据业务的快速发展,票据业务创新和产品创新不断涌现。在21世纪初期,票据创新主要基于传统业务进行改进和组合。以承兑业务为基础推出了商业汇票保证、质押开票、票据拆零、以票易票等业务;以贴现业务为基础推出了商票保贴、票据包买、见票即贴额度授信、第三方担保贴现、回购式贴现等贴现承诺业务,在贴现利息支付方面推出了买方付息、协议付息、他方付息、共担利息等方式;以转贴现业务为基础推出了票据资管搭桥、银行代理回购搭桥、票据代持及配资代持等业务模式;同时,还推出了票据咨询、顾问、经纪、鉴证、代理托收、代理查询、代理保管、票据池等增值服务创新。

2009年10月,中国人民银行建成电子商业汇票系统并投产运行,标志着我国票据市场进入了电子化发展阶段。2009—2011年,票据理财产品迅速兴起发展,并随着监管加强,从传统银行理财演化为银信合作等模式,延伸出票据信托业务。2013年以来,票据资产管理计划开始出现,并先后以证券公司和基金公司作为通道方。

2013年底,随着金融脱媒愈演愈烈,互联网票据理财模式开始兴起并迅速发展起来,一度成为票据市场热点。2016年,随着监管治理不断强化,基于票据收益权发行的资产证券化产品开始初步尝试,但由于发行周期长、成本高等原因未完全推广开来。这些票据创新增加了市场多样性,降低了交易成本,提高了市场流动性和运作效率,推动票据市场实现跨越式发展。

二、中国票据市场发展的经验和不足

(一)票据市场四十年的发展经验

1. 改革开放是我国票据市场发展的基础

正如吴晓波在《激荡四十年》中所言:"中国改革开放四十年的独特性是什么?我们究竟做对了什么?"在所有的答案中,最基础也是最根本的答案就是我们坚持了改革开放不动摇,从1978年我国经济总量占全球的1.8%到如今的14.8%,从人均GDP的384美元到如今的9 280美元,社会经济总量的巨大提升带动了金融市场的快速发展,各种金融要素都伴随着改革开放的红利得到了快速释放,票据作为与实体经济、货币市场乃至资本市场都密切相关的金融要素之一,也在这场改革大潮中得到了超乎寻常的发展机会。

2. 发挥票据本源功能是关键

在票据市场四十年的发展中,先后经历了从支付结算、企业融资、规模资金调节、交易投资、信用增级等多个功能主导阶段。但事物的发展总是遵循"否定之否定"规律,在经过反反复复的尝试、探索和否定后,尤其是随着电子票据占比的大幅提升,越来越印证了"从哪里来的就到哪里去"这个规律。票据产生在支付结算领域、发展在企业融资领域,对解决企业应收账款、商品流通乃至融资难、融资贵问题发挥了至关重要的推动作用,从近几年未贴现票据占比的不断提升也越来越印证了上述本源功能。当然,随着上海票据交易所的建立,交易和投资功能也将不断挖掘。

3. 票据制度及法律法规的推出是根本

1995年《票据法》的推出,2009年《电子商业汇票业务管理办法》的推出(2018年再次修订),2016年《票据交易主协议》的推出,不仅在票据市场发展和遇到瓶颈时指明了前进的方向,更在全市场的迷茫中奠定了基调、找到了突破口。合理、合适、合情的制度及法律推出有助于探索形成票据行业业务执行标准,进一步规范市场经营行为,从长期看对提升业务办理的标准化水平,促使票据市场健康有序规范发展发挥了根本作用。

4. 票据服务实体经济有利金融发展是重点

无论在票据发展的哪个阶段,其根本目的是服务实体经济发展,核心要义是有利我国的金融稳定和金融发展。票据业务的根源是实体经济,实质是金融工具,通过实证研究显示,票据市场与经济金额成高度正相关,且存在引起与被引起的格兰杰因果

关系,其四十年的发展历程也表明票据市场与经济金额密切相关、相互促进,票据市场的发展是以经济金融的增长为基础,而票据市场的发展又能带动经济金融的增长。

5. 票据的持续创新是主题

票据市场的持续繁荣与发展需要依靠创新驱动,虽然一直以来票据市场的创新产品主要集中在规避监管规定、逃避占用信贷规模等方面,实质性的创新较少,但仍不能妨碍创新才是发展主题的趋势,尤其是上海票据交易所的成立,更为票据市场的创新发展提供了"温床"。当前以"票据通"、数字票据等一系列创新产品在上海票据交易所的组织推动下持续上线,充分引领了票据市场转型发展,并吹响了票据市场向"高质量"发展的冲锋号。

6. 票据的风险防范是前提

事物总是在矛盾中发展的,市场发展与风险管理是相辅相成、密不可分的。在票据市场迅猛发展的阶段往往也是风险快速积累的时期,风险事件集中爆发的时候也是票据市场转型发展的转折点。两者并非对立的关系,而是相互制约、相互促进的关系。因此,不能为了快速发展而摒弃风险,更不能为了规避风险而放弃发展,需要坚持创新发展与风险防范"两手抓、两手都要硬",以抓风险促进高质量发展,以创新发展带动风险意识和防范手段的提升。

(二)发展中存在的主要不足

1. 票据的法律法规和监管制度修改严重时滞

一是融资性票据面临法律障碍。考虑到当前融资性票据客观存在,而且数量巨大,对于融资性票据的讨论重点,不再是承认不承认的问题,而是在商业汇票当中应该占多大比重的问题。二是新交易模式与传统的背书转让规定存在冲突,由于银行内部票据信息系统的无纸化票据转让未同步跟进实体票据的转让背书记载,与票据转让需背书的传统法律、监管规定相悖,带来托收风险处置障碍和诉讼举证保全不利。三是由于我国现行金融监管为多头监管模式,且表现为行业监管而非功能监管,造成不同机构办理相同业务的监管标准和政策尺度不同,不同监管主体和监管政策之间的不同步性可能导致票据业务存在制度障碍和政策壁垒,对票据市场的纵深发展带来诸多不确定性。

2. 票据市场参与主体还相对较窄

一是非银机构参与度仍不高。虽然上海票据交易所的成立将票据市场的参与主体扩充至众多非银机构,并且人民银行已在《关于做好票据交易平台接入准备工作的通知》(银办发〔2016〕224号)中明确"作为银行间债券市场交易主体的其他金融机构可以通过银行业金融机构代理加入电票系统,开展电票转贴现(含买断式和回购式)、提示付款等规定业务",但从市场实际来看仍放而未开,尤其是对于评级评估机构、保险机构以及经纪(中介)等机构仍未有明确定位和规范,制约了票据市场标准化和高效发展进程。二是参与主体良莠不齐,个别机构业务管理和风控机制不到位,其违规经营票据业务的风险便可能在票据链条内传染蔓延,造成票据市场参与主体风险管理成本的整体上升。三是目前在商业银行中成立具有法人资格的票据专营机构较少,仅有工商银行票据营业部和农行票据营业部两家,单独设立票据部门的机构也相对较少,绝大多数都合并在资产负债部、金融市场部等,票据往往成为银行调节信贷规模的工具,不能完全实现市场化运作。

3. 规模管理和资本计提的不规范带来制约

一是目前票据贴现余额尚未单独列表管理,仍遵循占据信贷规模的基本原则,考虑到票据业务仅是银行众多产品中一个较小的分支,导致银行的重视程度和资源投入力度往往不足,在月末季末等监管考核时点会大幅压降票据规模,而在信贷需求不足时也会大幅提高票据资产占比,因此周期性和银行操作同质性非常强,不仅不利于满足实体经济融资需求的稳定性,也加大了票据市场价格的波动性和不确定性,带来市场风险。二是风险计提不规范,尤其是票据转贴现业务。目前票据转贴现业务风险计提是按照新资本管理办法,"由于票据是通过背书转让的,所有背书人都有被追索的可能性,因此其风险未完全转让,因此卖断票据后,卖断行还需计提与买入时相同的风险资产,即风险权重为20%或25%",导致所有交易的经手行累计计提的加权风险资产远远超过该笔资产本身的风险计提。

4. 票据评级评估体系远远落后市场发展

票据评级是指借助有公信力的第三方实现对票据的评级评估,将非标资产转化为具有可量化属性的标的,进而为票据的直接交易提供便利,也为票据市场的定价及风险防范提供基础依据。一是虽然业内对于票据标准化的产品呼之欲出,但商业银行以及第三方评级机构对票据发行企业的流动性、短期偿债能力、盈利能力等评级指标、评级体系却鲜有研究,当前商业银行和第三方评级机构也还未形成市场化的票据评级理念和体系,票据评级体系的发展和建设已经明显滞后于票据市场的发展进程。二是票据专业评级机构和人才队伍也有待建立。商业银行及第三方评级机构主要侧重于对企业整体信用风险,或针对资本市场特定领域,如短期融资券、中期票据的评级研究。在票据评级领域,一方面票据市场缺乏专业的评级机构,阻碍了票据标准化产品的创新推进;另一方面评级机构对票据以及票据市场的了解较为有限,缺乏专门针对票据市场的评级人员。三是票交所的成立虽然为票据市场的信用评级、信用增级、经纪代理、投资顾问等业务模式提供了广阔的发展空间,但目前进展仍比较缓慢,票据市场各参与主体的参评意识不强。

5. 目前的票据经纪市场发展不成熟

票据经纪与货币市场、资本市场中的中介机构一样,都是一种金融中介行为。一是票据经纪缺乏行业制度规范,票据经纪行业准入门槛模糊。目前我国票据经纪行业尚未形成统一的行业准入标准、业务流程和规章制度。票据经纪公司从业人员良莠不齐,大多以追求收益为主要目的,票据经纪公司对操作风险较为漠视,以致于近年来票据大案要案频发,给票据市场的健康发展造成了十分不利的影响。二是票据经纪行为缺乏有效的内外部监管,比如票据经纪公司为了获得更低的贴现利率,往往会加强与银行内部关系人的联系。而银行内部关系人事实上也扮演着票据经纪人的角色,容易出现道德风险,同时,票据经纪机构通常与内控机制较弱的地方商业银行、农信社等中小金融机构合作较多,可能会涉及银行或企业资金安全。三是票据经纪公司缺乏明确的行业自律和外部监管部门,使得其票据交易行为完全处于自控状态。一旦票据经纪公司直接参与票据买卖,搅乱票据市场利率;或者在出售票据理财产品时出现票据期限过度错配风险时,票据经纪的行为偏差,监管部门难以及时察觉,不能及时有效监管并予以纠正。四是部分票据经纪行为缺乏法律认可,由于我国《票据法》规定票据必须具有真实贸易背景,没有基础债权债务关系而转让票据是否有效一直没有定论,虽然票据无因性原则是世界多数国家所承认和坚持的票据法基本原则,而我国票据法及相关司法解释对融资性票据贴现行为的规定较为模糊,使得票据经纪的部分行为合法性仍然受到质疑。

三、中国票据市场未来发展展望

(一)票据服务经济金融发展是必然选择

票据市场四十年发展历程证明脱离实体经济的票据繁荣犹如空中楼阁,回归服务实体经济的本源是票据市场实现可持续发展的必然选择。票据业务服务实体经济具有得天独厚的优势,票据签发的行业主要集中在制造业、批发和零售业,中小企业签发的票据占比约占2/3,对于促进"三农"、小微企业等国民经济重点领域和薄弱环节具有独特优势。同时,紧跟"一带一路"、长江中下游经济带、京津冀协同发展经济带"三大支撑带"和自贸区改革创新、"中国制造2025"等国家重大经济发展战略,推动实体经济供给侧结构性改革与自身发展转型有机结合,进一步增强票据业务支持实体经济的能力。

(二)统筹安排,总体设计票据市场发展规划

一是可由央行统筹规划中国票据市场的顶层设计。组织研究票据市场框架体系的创新发展,统筹票据市场基础设施建设,从宏观层面制定票据市场的发展规划、发展战略及长短期目标,积极研究探索我国市场经济条件下的票据制度和票据信用理论体系。二是可设立票据市场相关管理组织或委员会。统筹票据市场规划落实和具体工作推进,组织研究实施票据市场稳健、科学、创新发展,促进市场的沟通交流与信息资源共享,优化票据市场环境;建立相关行业公会,制订行业自律守则,规范行业发展。三是可充分发挥市场参与者的研究分析作用。可以采用课题、征文、评刊、入选公开出版增刊、出版精选集等多种形式,在公开刊物、高层研讨会、高层营销会等平台上加强宣传、推广力度,提高市场参与者参与票据市场的创新发展研究积极性,从实践和操作层面开展前瞻性的理论研究、思考和推导。加强与高校、研究机构联系,组织高层学术会议,逐步建立票据业务研究专家库,重点研讨影响票据市场宏观发展的理论性问题,为票据市场创新发展提供理论指导和智力支持。

(三)完善法规体系和监管协调机制

一是在法律层面,需要尽快推进票据法的修订工作,为票据市场体系的创新发展创造良好的法律环境。当前电子商业汇票、"互联网+"票据平台、融资性票据、全国票据交易所的出现以及票据资产证券化、票据衍生产品以及其他创新产品的尝试,彻底颠覆了《票据法》的相关规定,必须加快推进对《票据法》相关条款的修订,合理借鉴国际上的成熟做法,大胆引进其他法律部门的理论,通过完善票据法律制度建设促进电子化票据业务开展和票据市场创新发展。

二是在政策层面,需要央行、银保监、证监等监管机构通力协作,建立符合票据全新特征的监管体系建设,为票据市场创新发展清除政策障碍。构建票据市场监管协调机制,加强货币政策部门、监管部门和金融机构在业务监管方面开展协作,推进票据市场监管规则的修订完善,结合票据市场创新发展实际和未来趋势,消除不同部门法规制定实施中的抵触和矛盾现象,使票据市场在更为合理完善的监管法律框架下健康发展。可借鉴发达国家金融监管的"沙盒机制",利用票交所对新型的创新技术和产品进行试验,一旦证明有效,监管可随之进行调整,避免监管要求和业务发展节奏不一致的情形。

三是建议重新划分票据业务属性。将金融机构票据承兑业务纳入社会信用总量进行控制管理,把贴现(转贴现、回购)业务列为金融机构资金业务进行制度设计,从而理顺票据业务在金融机构经营管理中的业务定位。同时,票交所系统上的票据符合标准化资产的要求,应将其划为标准化资产,提高票据市场参与度和有效性。

(四)进一步完善票据市场体系

一是逐步建立统一的信用评级、资信评估、增信保险制度。信用发展是国家发展的千年大计,而票据信用体系建设对社会信用发展具有极大推动作用,其关键在评级评估。推行信用评价评估和信用增级制度,成立统一、规范、权威的信用评估机构,建立健全适合票据业务的评级评估指标体系,实行信用定期考评制度,推行票据担保支付机制和保险制度,引入外部信用评级公司和担保机构,建立违约失信的"黑名单"制度,提高企业信用意识和违约成本,积极推进社会信用生态环境建设。

二是进一步深化经营主体建设,引入票据做市商机制,促进商业银行转型发展,走集中经营之路。随着上海票据交易所建立和电子化进程加快,前中后台集中和流程一体化成为票据经营模式的发展趋势,总行集中经营同业交易以使规模效益最大化,分支行负责承兑、贴现等产品营销,以充分发挥地域和客户优势,从而形成总分行之间分工清晰、优势互补、高效流畅的一体化经营模式。走票据子公司之路,推动票据专营机构按照市场化、集约化、科学化原则向法人制票据子公司转变,从根本上摆脱现在银行内部票据经营机构受制于总行信贷规模调控及行政性分配资源的弊端,可以根据自身经营实际和客户需求推动业务发展,增强市场应变能力和业务创新能力。走股份制票据金融公司之路,可以以股东资本为依托在银行间市场募集负债资金,实现多元化、灵活自主的资金来源,整合当前所有市场主体的资源和自身优势,自主经营、自负盈亏、自求发展,适应市场发展需要,提升经营管理效率,走专业化、集约化、规范化、经纪化发展之路,实行集约经营和集控管理。

三是规范我国票据经纪行为,设立统一的行业准入门槛,明确票据经纪机构的经营范围,建立票据经纪机构和从业人员准入退出机制,形成票据市场进入与退出的动态管理,规范票据经纪的会计、税收制度,并配套相应的票据经纪监管制度等。

(五)大力发展票据产品链、产业链、供应链等综合性业务

一是发展全生命周期票据融资,做大商业银行票据产品链业务。所谓票据产品链是以承兑、贴现、转贴现、回购、再贴现等多环节为点,以这些业务的信贷属性(承兑、直贴)、资金属性(转让、回购交易、再贴现等)为线,上述的所有点、线等多环节以及关联衍生、增值、创新为产品链,发展票据业务,探索商业银行转型发展之路。

二是大力推广供应链票据产品,通过综合化的票据服务方案全面推进票据业务开展。供应链票据融资是指银行将核心企业及其上下企业关联在一起,提供灵活便利的票据融资服务。供应链票据产品是结合上下游企业支付结算、资金融资和资产管理等票据服务和产品链中企业资金流、物流和信息流基础上,为龙头企业及其上下游企业提供全方位票据服务,发挥票据业务和贸易融资相互促进发展。

三是大力发展产业链票据业务。产业链票据融资是指银行与企业以产品链核心企业为依据,针对产品链的各个环节,设计个性化、标准化的票据金融产品,为全产业链企业提供票据融资服务与模式。

(六)加强票据市场数据信息服务

一是健全全国统一的票据统计体系制度,规范统计口径,包括数据统计的口径、标准、频率,提高数据权威性、全面性、准确性和及时性,防范统计失真风险,全面提升票据市场信用环境和经营环境。

二是加快全国统一规范的票据信息平台建设。打造先进的数据库和信息库体系,建立一套完备的数据信息管理和使用机制,实现数据信息资料管理的集中化、科学化、规范化。强化数据信息的挖掘和分析工作,运用模型化、系统化手段实现对票据数据信息的多角度、多层次、精细化、准确分析。建立数据信息共享机制,实现智能分类、科学发布、高效共享。

三是研究票据市场的价值评估。票交所为形成全国统一的票据市场奠定了基础,也为研究票据的估值提供了可能,要进一步加大对票据基准利率、票据市场指数及收益率曲线的研究,推动商业银行改变原有的票据资产核算方式,合理计量所持有票据的公允价值,进一步推动票据市场规范化发展,扩大实体企业融资渠道,有效促进信贷资金的优化配置。

四是构建票据业务指数体系。作为市场化程度较高的货币子市场,票据市场应当建立类似于股票市场的指数化分析体系。通过建立全国票据发展指数和地区票据发展指数,衡量我国票据市场总体发展状况以及各地区票据市场发展情况,为全国和地区票据业务政策制定提供依据;通过建立票据价格指数体系,衡量票据业务规模、资金和利率价格的情况,为市场参与者研判市场走向和政策制定者掌握票据市场规模和资金等资源情况提供参考;通过建立票据创新指数和票据风险指数体系,衡量票据市场创新程度与风险前瞻指标,为了解和规范票据市场发展以及前瞻性预判风险形势提供指导。

(七)建设高质量票据市场

一是发挥票交所的关键、基础和引领作用。作为全国票据市场的基础设施,上海票据交易所发挥了培育市场、规范市场、引领市场、发展市场的作用。同时,要加强制度产品创新,建立覆盖全生命周期的中国票据市场体系;推动完善票据市场法律法规体系建设,优化票据市场的配套制度,促进票据市场法治建设;推动行业自律,培育健康市场的氛围。

二是积极推进票据资产标准化和非信贷资产认定工作。2018年4月27日,经国务院同意,中国人民银行、中国银行保险监督管理委员会、中国证券监督管理委员会、国家外汇管理局日前联合印发了《关于规范金融机构资产管理业务的指导意见》(银发〔2018〕106号),明确了标准化资产的标准,并规定"金融机构不得将资产管理产品资金直接投资于商业银行信贷资产",但对于票据资产是否属于标准化资产,以及是否属于信贷资产均存在争议。随着票据市场基础设施上海票据交易所逐步完善,交易票据集中登记、独立托管、票款实时交割、信息披露充分、交易活跃等特征已基本达到标准,进一步加快推进收益率曲线、等分化托管、评级、系统统一等工作,促进票据资产标准化;同时,考虑到票交所平台上的票据交易属于同业业务,与银行间债券投资无本质区别,应积极推动将其划为非信贷资产业务,促进票据市场高质量发展。

三是建立健全票据市场风险防控体系和制度。要建立健全适应票交所时代特点的票据风险防控体系和制度,强化票据风险集约化经营管理,建立从票据风险识别、提示、预警到风险监测、分析、评价、化解等全面风险管理框架,实现对票据业务全面风险管理;健全事前风险审查与评估、事中风险审核与控制、事后风险检查与跟踪等全方位、全流程管理。

健全和完善票据制度
更有效推动票据市场高质量发展

肖小和　金　睿

一、关于制度、票据制度

（一）制度

从社会学角度看，制度泛指以规则或运作模式来规范个体行为的一种社会结构。新制度主义者认为制度有两层含义：其一，制度是行为规则，它决定着人们在经济发展过程中能够与不能够做什么事；其二，制度是人们结成的各种经济、社会、政治等组织或体制，它决定着一切经济发展活动和各种经济关系展开的框架。制度与人的动机、行为有着内在的联系。任何制度都是人的利益及其选择的结果，人们的任何经济活动都离不开制度，什么事能做，什么事不能做，实际上就是一个制度（即规制）的问题。在没有制度的约束下，人人追求利益最大化，只会带来社会生活的混乱与低效率。

制度具有降低交易成本的特点，有效的制度通过界定和限制行动者的选择集合，能减少交易活动中的不确定性，抑制人的机会主义倾向，从而可以降低交易成本。制度为实现合作创造了条件，在复杂的市场经济条件下，制度规范人们之间的相互关系，减少获取信息的成本和不确定性，把阻碍合作的因素减少到最低限度。

（二）票据制度

票据制度是商品经济发展的产物，随着票据的出现而出现，并随着票据的发展而发展。票据的使用，客观要求形成有关的原理、原则和规范、规则，即票据制度。市场经济的发展对票据提出了多功能的要求，如要求票据成为结算工具、流通工具、信用工具、融资工具等，进而形成了票据基本原理：流通性原理、无因性原理、文义性原理和要式性原理。票据制度可以规范票据使用主体和票据市场参与主体的行为，一个国家一定时期的票据制度，只要在宏观上能够反映本国的经济发展水平和基本国情，能够代表先进生产力的发展方向，促进市场经济的发展，与时俱进；在微观上能够方便票据使用、减少经济参与主体之间的纠纷，充分发挥票据的功能，就是科学的、先进的、合理的。

(三)票据制度的基本特点

票据制度具有流通性、无因性、文义性、要式性、独立性的特点。票据的流通性,是指收款人或者持票人可以通过背书或者交付的方式转让其所享有的票据权利,一经转让,背书人所享有的权利就转让给了被背书人。作为受让人的被背书人,只要其取得票据的行为是善意的,其所享有的票据权利并不受实际上可能存在的背书人权利瑕疵的影响。纵观票据制度的发展历史就是票据规则不断发展完善以促进票据流通转让、适应商品经济发展需要的历史。票据的无因性是指票据一旦签发,其所产生的票据关系就独立于其赖以产生的票据基础关系,并与后者相分离,从而不再受后者的存废或效力有无的影响。在票据的流通过程中,第三人在接受票据时,无需去过问和注意票据基础关系。票据无因性的产生,方便了票据的流通,是社会经济生活对票据操作规则所提出的合理要求。票据的文义性是指一切票据权利、义务的内容,应当严格按照票据上记载的文义并根据票据法的规定予以解释或者确定,此外的任何理由和事项都不能作为依据。票据的文义性特征有利于保护善意持票人,保证了票据的流通性和交易安全。票据的要式性是指票据的制作格式和记载事项,必须按照法律规定的形式,才能产生正常的票据效力。如出票、背书、保证、承兑、提示付款等票据行为没有按照票据法律的规定进行,将导致票据的无效。票据的独立性是指当一张票据上存在多个票据行为时,每个票据行为都独立地产生各自的效力,互不影响。具体表现为:(1)无行为能力人或者限制行为能力人在票据上的签名,不影响其他人签名的效力,也不影响其他票据行为的效力。(2)票据的伪造或者票据上签名的伪造,不影响其他真正签名的效力。(3)即使被保证的票据债务无效,保证人仍应承担票据债务。

(四)票据制度的作用

票据制度的确立和完善,有助于票据功能的发挥,保证了票据能正常签发承兑、流通转让、贴现融资,方便了企业与企业之间的贸易结算,提高了企业融资的效率,降低了票据市场各参与主体的交易成本和操作风险。好的票据制度可以规范市场各方的票据行为,明确票据关系和票据当事人之间的权利义务,减少交易过程中的诸多不确定性,促进商品经济的发展。滞后于行业发展的制度会影响票据市场产品创新,监管制度在某些领域的重叠或缺位会阻碍票据市场健康发展,影响了票据服务实体经济的功能。

二、我国票据制度、功能及其对票据市场的贡献

(一)我国票据制度的发展历史

在改革开放之前,我国实行计划经济,当时理论界认为社会主义计划经济不存在商业信用,所以基于商业信用才能诞生的汇票和本票便不应该存在。中共十一届三中全会以后,随着改革开放事业的推进,社会主义市场经济蓬勃发展。1979年,国家

有计划的发展商业信用,人民银行批准部分企业签发商业汇票。

1. 1979—1994 年是我国票据市场起步与试点探索阶段

改革开放后,人民银行陆续出台了多项业务管理类办法。1984 年 12 月,人民银行颁布了《商业汇票承兑、贴现暂行办法》,规定从 1985 年 4 月 1 日起在全国范围内开展票据承兑、贴现业务,但持票人只能向银行申请贴现,不能背书转让。1986 年 4 月,人民银行颁布《再贴现试行办法》,率先在北京、上海、天津等 10 个城市试行办理票据再贴现业务。1988 年 12 月,人民银行颁发《银行结算办法》,确立了商业汇票、银行本票、支票、汇兑、委托收款等结算制度,并允许商业汇票背书转让、办理贴现、转贴现和再贴现,促进了票据市场的快速发展。1994 年,人民银行发布了《关于在煤炭、电力、冶金、化工和铁道行业推行商业汇票结算的通知》(银发〔1994〕163 号),以及《商业汇票办法》和《再贴现办法》,决定在当时国内经济的几个支柱行业和产业的企业之间货款结算中推行商业汇票,开展票据承兑、贴现和再贴现业务;并规定贴现利率按同期同档次信用贷款利率下浮 3% 执行,再贴现利率按同期同档次信用贷款利率下浮 5% 执行。随后,人民银行向其分支机构下发《关于下达再贴现额度的通知》(银传〔1994〕103 号),首次安排了 100 亿元的专项资金用于办理特定行业和企业的银行承兑汇票再贴现业务,人民银行开始将再贴现作为货币政策工具加以运用。

针对市场发展过程中产生的问题,人民银行陆续采取多种监管措施。1991 年 9 月,针对当时票据市场上的乱象,人民银行发布了《关于加强商业汇票管理的通知》,开始规范商业汇票的使用、银行承兑和贴现行为。1994 年 2 月,人民银行发布了《信贷资金管理暂行办法》(银发〔1994〕37 号),规定货币信贷资金管理方式由信贷规模管理为主的直接控制,逐步转向运用社会信用规划、再贷款、再贴现、公开市场操作、准备金率、基准利率、比例管理等多种手段的间接控制。

2. 1995—2000 年是我国票据市场制度建设与规范发展的阶段

1995—2000 年,全国人大常委会和人民银行相继颁布法律和规章,我国票据市场发展的法律框架基本形成。1995 年 5 月 10 日,第八届全国人大常委会第十三次会议审议通过《中华人民共和国票据法》,自 1996 年 1 月 1 日起施行。《票据法》的出台是我国市场经济立法的重大举措,为建立商业信用、规范流通秩序、打击违法犯罪创造了基本的法律条件,对于保证票据的正常使用起到了重要作用。1996 年 6 月,人民银行颁布了《贷款通则》(中国人民银行令〔1996〕第 2 号),将票据贴现与信用贷款、担保贷款并列为贷款的一种,把票据贴现计入贷款口径的统计和信贷规模管理,票据业务正式列入商业银行主要信贷资产业务。1997 年,为进一步加强对商业汇票的管理,促进国内商业汇票市场健康发展,人民银行印发了《票据管理实施办法》(中国人民银行令〔1997〕第 2 号)、《中国人民银行对国有独资商业银行总行开办再贴现业务暂行办法》(银发〔1997〕81 号)、《商业汇票承兑、贴现与再贴现管理暂行办法》(银发〔1997〕216 号)、《支付结算办法》(银发〔1997〕393 号)等一系列规章制度,加强了对商业汇票的宏观管理和制度建设,商业银行开展票据业务的法律制度基础初步确立。2000年2月,最高人民法院审判委员会通过《最高人民法院关于审理票据纠纷案件若干问题的规定》(法释〔2000〕32号),从司法审判角度对有关票据保全、票据背书、票据法律责任等方面的内容做了补充规定,并增加了诸如票据公示催告等票据行为规范。票据法律法规的建立、行政规章制度的完善以及司法解释的补充规定,为票据业务发展提供了制度保障和政策环境,标志着中国票据市场的发展进入了新的阶段。

这段特殊历史时期也是人民银行利用票据再贴现政策调控宏观经济运行的重要阶段。1998年3月,人民银行决定改进和完善利率形成机制,将再贴现利率单列为央行的一项法定基准利率,与再贷款利率脱钩,由央行根据市场资金的供求情况进行调整。1998年6月,人民银行发布《关于加强商业汇票管理、促进商业汇票发展的通知》(银发〔1998〕229号),首次开展对商业银行票据业务的专项检查,要求商业银行集中办理再贴现业务,严格控制基层行的再贴现,对符合政策要求的企业签发的票据优先办理再贴现,以便合理引导信贷资金的流向。从1999年6月起,人民银行在一年内多次下调再贴现利率,使再贴现利率显著低于当时货币市场利率,并加大对各分行的再贴现力度,旨在进一步发挥再贴现政策的引导作用,促进商业汇票承兑、贴现与再贴现业务的开展。1999年9月,人民银行发布了《关于改进和完善再贴现业务管理的通知》(银发〔1999〕320号),提出要重点支持一些资信状况良好,产供销关系稳定的企业签发商业承兑汇票,促进商业信用的票据化,要进一步完善再贴现操作体系,扩大再贴现的对象和范围,改进再贴现操作方式,提高效率。

3.2001-2008年是我国票据市场的专业经营和快速发展阶段

进入21世纪,我国票据市场规模呈现急速增长态势。人民银行不断调整业务管理办法以适应票据市场的变化。2001年7月,人民银行发布《关于切实加强商业汇票承兑贴现和再贴现业务管理的通知》(银发〔2001〕236号),要求商业银行单独设立会计科目核算票据贴现、转贴现和再贴现业务;提出中心城市要适度集中处理商业汇票业务,扩大规模效应,提高业务效率,为后来票据业务集约化经营管理改革提供了政策依据。2001年9月,人民银行开始上调再贴现利率,提高了商业银行向央行融资的成本,旨在降低商业银行对央行资金的依赖,再贴现利率作为货币政策工具逐步淡出历史舞台。2002年11月,人民银行颁布《关于办理银行汇票及银行承兑汇票业务有关问题的通知》(银发〔2002〕364号),决定取消《中国人民银行关于加强开办银行承兑汇票业务管理的通知》(银发〔2001〕346号)中规定的"办理银行承兑汇票业务实行总量控制,其承兑总量不得超过上年末各项存款余额的5‰"的承兑风险控制指标,这极大提升了商业银行办理票据承兑业务的积极性,为票据市场规模快速增长扩大了票源基础。2008年12月,人民银行发布了《关于完善再贴现业务管理支持扩大"三农"和中小企业融资的通知》(银发〔2008〕385号),沉寂多年的再贴现政策重新发挥定向调控的作用,引导信贷投向涉农行业和中小企业。

同时,银行间统一票据市场的基础设施也初具雏形。2003年6月,中国票据网上线,这个由中国外汇交易中心建成的"中国票据报价系统"为金融机构之间的票据转贴现和回购业务提供了报价、撮合、查询等服务,为全国统一票据市场的建设发展提供了宝贵的经验。

2007年1月,上海银行间同业拆借利率(Shibor)机制正式推出,人民银行积极推进以Shibor为基准的票据贴现利率定价模式。2007年4月,工商银行率先推出以Shibor为基准的票据转贴现和回购报价利率,11月实现了票据直贴利率与Shibor报价挂钩,票据业务定价方式由固定利率转向了浮动利率。2008年,多家金融机构共同签署了《银行承兑汇票转贴现标准合同文本》《商业承兑汇票转贴现标准合同文本》《票据承付公约》,对促进票据交易标准化、票据行业自律规范以及全国统一票据市场的形成起到了积极的推动作用。

4. 2009年到目前为止,是新业务发展与监管治理阶段

2009年开始,票据市场新业务诞生并发展迅速。2009年10月,人民银行研发投产的电子商业汇票系统(ECDS)正式运营,标志着我国票据市场进入电子化的新时代,技术创新有力促进了市场的发展。同时,人民银行印发了《电子商业汇票业务管理办法》(中国人民银行令〔2009〕第2号),作为规范和管理电子商业汇票活动的部门规章,给电子商业汇票系统运行和电子商业汇票业务的开展提供了制度支撑。2016年8月,人民银行发布《关于规范和促进电子商业汇票业务发展的通知》,主要内容包括:扩大系统覆盖率,扩充系统功能;提高服务水平,简化业务操作;规范操作,确保业务有序开展。2016年12月8日上海票据交易所成立后,人民银行制定公布了《票据交易管理办法》,明确上海票据交易所是人民银行指定的提供票据交易、登记托管、清算结算和信息服务的机构,对票据交易所新规则下的市场主体、票据行为、交易规则、结算清算等作了详细规范。2017年3月,人民银行印发《关于实施电子商业汇票系统移交切换工作的通知》(银发〔2017〕73号),决定将ECDS移交上海票据交易所运营。2018年9月,上海票据交易所在技术上完成了"纸电融合"工程,全国统一的票据市场加速形成,票据交易价格更加透明。

为了促进我国利率市场化和商业银行服务价格市场化,监管机构出台相关政策引导市场发展。2013年7月,人民银行发布《关于进一步推进利率市场化改革的通知》,取消贴现利率在再贴现利率基础上加点确定的方式,正式确立金融机构自主决定贴现利率的市场化定价机制。2014年2月,银监会、国家发改委颁布了《商业银行服务价格管理办法》,将银行承兑费率由《支付结算办法》规定的"承兑银行应按票面金额向出票人收取万分之五的手续费"改为"市场调节价",银行承兑费率开始与企业信用等级、承兑保证金比例等因素挂钩,票据价格体系市场化进程更进一步。

随着票据市场承兑规模和贴现规模的急速膨胀,各种乱象也逐步显现,监管机构

为了维护市场秩序,促进市场健康发展,陆续出台了多项监管政策。2009年4月,银监会发布《关于当前农村中小金融机构票据业务风险监管提示的通知》(银监办发〔2009〕162号),重点指出部分省市票据业务扩张过快、贴现资金流向不合理、拿贷款资金作保证金滚动签发银行承兑汇票虚增存贷款、合规风险和案件风险隐患加大,成为票据市场的监管新常态。

同时伴随着新产品、新业务不断涌现,监管部门对银行理财产品、票据信托产品以及非标投资业务的监管力度逐渐加大,先后发布了《关于进一步规范银信合作有关事项的通知》(银监发〔2009〕111号)、《关于规范信贷资产转让及信贷资产类理财业务有关事项的通知》(银监发〔2009〕113号)、《关于规范银信理财合作业务有关事项的通知》(银监发〔2010〕72号)、《关于进一步规范银行业金融机构信贷资产转让业务的通知》(银监发〔2010〕102号)和《关于进一步规范银信理财合作业务的通知》(银监发〔2011〕7号)等监管文件,要求遵守真实性、整体性和洁净转让的原则,审慎规范开展信贷资产转让业务。2012年2月,银监会印发《关于信托公司票据信托业务等有关事项的通知》(银监办发〔2012〕70号),禁止信托公司与商业银行开展任何形式的票据资产转受让业务,正式宣告了票据信托业务的终结。2013年5月,银监会发布《关于排查农村中小金融机构违规票据业务的通知》(银监办发〔2013〕135号),对中小金融机构的违规票据业务进行整顿,打击了部分商业银行利用中小金融机构会计制度不完善的漏洞消减信贷规模的违规行为。2014年4月,人民银行、银监会、证监会、保监会、外汇局联合发布《关于规范金融机构同业业务的通知》(银发〔2014〕127号),旨在规范同业业务发展,约束并压低同业业务中的非标业务,并规定了回购业务项下的金融资产属性,禁止办理商业承兑汇票的买入返售(卖出回购)。同月,银监会发布了《关于规范商业银行同业业务治理的通知》(银监办发〔2014〕140号),提出包括票据买入返售业务在内的同业业务要实行专营部门制改革,实行集中统一授权、集中统一授信、集中统一的名单制管理、集中审批和集中会计操作。2014年6月,人民银行发布《关于加强银行业金融机构人民币同业银行结算账户管理的通知》(银发〔2014〕178号),对商业银行同业银行结算账户的开立和日常管理做出严格要求,制止了票据贴现、转贴现资金打款"同业户"行为。2014年11月,银监会发布《关于全面开展银行业金融机构加强内部管控遏制违规经营和违法犯罪专项检查工作的通知》(银监发〔2014〕48号),决定在银行业全面开展专项检查,票据业务是其中检查的重点,包括无真实贸易背景的银行承兑汇票,关联企业之间的贸易合同审查不严,保证金来源为贷款或贴现资金,利用套开、滚动开票等方式套取银行贷款资金或掩盖票据风险等。2015年12月,银监会发布《关于票据业务风险提示的通知》(银监办发〔2015〕203号),对七种典型的票据业务违规问题进行了提示,并要求金融机构全面加强票据业务风险管理,将票据业务全口径纳入统一授信范围,同时完善绩效考核,防止资金空转,确保信贷资金有效服务实体经济。2016年4月,人民银行和银监会联合发布《关于加强票据业务监管促进票据市场健康发展的通知》(银发〔2016〕126号),要求严格审查贸易背景真实性,严格规范同业账户管理,有效防范和控制票据业务风险,促进票据业务健康发展。2017年3—4月,银监会陆续发布了《关于开展银行业"违法、违规、违章"行为专项治理工作的通知》《关于开展银行业"监管套利、空转套利、关联套利"专项治理工作的通知》《关于开展银行业"不当创新、不当交易、不当激励、不当收费"专项治理工作的通知》,对票据业务的检查内容涵盖了此前提出的几乎所有问题。2018年5月,银保监会发布关于规范银行业金融机构跨省票据业务的通知(银保监办发〔2018〕21号),进一步规范了银行业金融机构跨省开展票据业务,鼓励银行业金融机构尽快接入人民银行电子商业汇票系统和上海票据交易所中国票据交易系统,不断提高电子票据在转贴现、买入返售(卖出回购)等票据交易业务中的占比。

(二)改革开放四十年来我国票据制度种类及其功能

1. 业务类制度

从改革开放后我国票据市场诞生初始,人民银行就陆续出台了关于承兑、贴现、再贴现的相关管理办法。根据票据市场不同时期的发展特点,人民银行、银监会以及上海票据交易所都在原来政策制度基础上作了修改和完善。监管的与时俱进,有效维护了票据市场秩序,规范了票据承兑签发环节、直贴环节、转帖环节、再贴现环节的操作办法,保证了参与票据市场的企业和商业银行办理票据业务时有章可循,有法可依。

2. 管理类制度

票据市场起源于商品经济的发展,在我国特殊的国情下,商业银行一直是促进我国商品经济发展的中流砥柱,管理商业银行的票据业务行为是人民银行和银监会管理票据市场的一个重要抓手。近四十年来,监管机构陆续出台了督促商业银行加强自身内控制度建设、授信文化建设、风险管理能力建设、授权制度建设的管理办法,有效规范了商业银行开展票据业务时的流程,防止了部分商业银行过度、无序的开展票据业务,增强了票据市场防范风险、抵御风险的能力,间接促进了票据市场的健康发展。

3. 监管类制度

由于票据市场微观参与主体的个体理性并不能带来整个市场宏观上的集体理性,多年来,监管机构持续关注商业银行过度发展承兑业务的风险;关注利用农信社、信托计划、资产管理计划消减信贷规模、变相逃税等监管套利的风险;关注某些票据中介使用票据贴现资金滚动签发银行承兑汇票进行空转套利、虚增存贷款规模的风险;关注转贴现环节清单交易、倒打款、打款同业户的违规操作行为风险。正因为监管机构能及时根据票据市场发展情况制定相应的监管政策,才有效遏制了票据市场乱象,维护了市场正常秩序。

4. 创新类制度

电子商业汇票系统的上线运营有效地帮助票据市场规避了伪造票、变造票等操作风险和流通中的遗失风险,上海票据交易所的成立更是我国票据发展史上的里程碑事件,结束了我国票据市场区域割裂的状态,全国性的统一票据市场有助于票据的价格发现。随着ECDS系统功能移交至上海票据交易所和"纸电融合"工程的陆续推进,我国票据市场基础设施建设向前迈进了一大步,从此作为货币市场子市场的票据市场价格更加透明,降低了企业贴现融资的成本,促进了实体经济发展。

5. 基础类制度

《中华人民共和国票据法》《票据管理实施办法》《商业汇票承兑、贴现与再贴现管理暂行办法》《支付结算办法》的相继实施奠定了我国商业汇票的宏观管理和制度基础。票据的基础制度有效的指引了票据市场的发展,规范了票据市场参与者的行为模式,给市场参与各方对交易结果有了相对准确的预期,同时也明示了不守规矩的严重后果。没有票据市场的基础制度,就没有票据市场的健康发展和壮大,票据市场服务实体经济的功能也就无从谈起。

(三)我国票据制度对票据市场发展的贡献

1. 促进业务发展

我国票据制度的产生和完善有力保障了票据市场的健康发展。2017年票据累计承兑量超过17万亿元,是1995年的2 000多亿元的80多倍;2017年票据累计贴现量40多万亿元,是1995年1 400多亿元的280多倍。票据市场的基础设施包括法律制度建设、人民银行和银保监会的日常监管、电子商业汇票系统功能的完善和上海票据交易所的成立运营,有了这些基础设施,才有我国票据市场的蓬勃健康发展。

2. 服务实体经济

统计数据显示票据承兑签发额、承兑余额和贴现发生额与GDP高度相关。2017年票据承兑签发总额占GDP的比重约为21.5%,票据贴现发生额占GDP比重约为76.1%,票据市场的发展有力促进了我国经济增长。无论我国票据市场发展到哪个阶段,其根本目的是服务于我国实体经济的发展。从货币政策的传导机制角度看,我国票据市场是央行货币政策向实体经济传导效率最高的一个货币子市场,传导链条短,效率高。从人民币国际化的角度看,票据业务的发展可为跨境票据提供统一的、标准化的交易平台,并进一步推进人民币国际化战略的快速落地;从支持"一带一路"的角度看,对于"走出去"的中资企业,可继续考虑在"一带一路"沿线国家为其提供熟悉的票据结算与融资服务,实现国际间金融服务的无缝链接。

3. 扩大参与主体

上海票据交易所成立后,在制度层面极大地扩大了票据市场交易主体,促进市场主体多元化发展。现阶段主要呈现如下特点:一是引入了证券、基金、期货、保险等非银行金融机构,为非银机构提供了资金使用渠道,理论上会增强票据市场的活跃度;

二是引入了资管计划等非法人主体资格的产品,拓展了票据市场的广度,为票据市场后续产品创新奠定了基础。

4. 服务金融发展

我国货币市场的发展滞后于资本市场的发展,带来资金配置低效、企业资金头寸短缺、社会巨额游资得不到货币市场的吸纳和引导,致使货币市场功能缺失不健全。2018年8月末,票据贴现融资余额占全部银行流动资金贷款的10%以上,票据市场是银行投放信贷资金的重要渠道之一。同时,票据市场也是货币市场的有机组成部分,占比20%左右,并呈现逐年增长的趋势。良好的票据制度顶层设计可以有效服务我国金融发展,可以提高央行货币政策向金融机构和实体企业的逐级传导效率,促进金融经济良性循环。

5. 价格发现

任何一个交易市场都或多或少具备某种程度的价格发现功能,市场化程度越高、交易机制越完善,价格发现的效率越高、功能越强。对于我国票据市场而言,一方面,随着ECDS系统的完善成熟和商业银行的大力推广,越来越多的企业开始尝试签发电子商业汇票。为鼓励企业多使用电子商业汇票,人民银行规定:从2018年1月1日起,所有商业银行不得签发票面金额大于100万元的纸质商业汇票。另一方面,上海票据交易所的成立,基本结束了我国票据市场区域割裂的状态,2018年9月票交所在技术上完成了"纸电融合"工程,票据的贴现价格越来越透明。全国统一票据市场的建成有力地促进了价格发现的功能,有利于票据市场形成自身利率曲线,有利于完善我国货币市场的建设。

6. 丰富票据产品

从票据介质形态来看,目前票据有纸质票据和电子票据两种存在形式。从承兑主体看,分为银行承兑汇票和商业承兑汇票。从票据生命周期角度来看,涵盖票据承兑签发、票据直贴、票据转帖、回购、票据再贴现,其中票据承兑和票据直贴带有很强的信贷属性,而票据转帖、回购和票据再贴现则具有明显的金融机构间资金融通的属性。

7. 推动电子商业汇票发展

2008年1月,中国人民银行做出了建立ECDS系统、推广电子商业汇票业务的决策。2009年10月28日,中国人民银行建成ECDS系统并上线试运行。ECDS是依托网络技术和计算机技术而建立的,用于接收、存储、发送电子商业汇票数据电文,提供与电子商业汇票货币支付、资金清算等相关服务的业务处理平台。与传统的纸质商业汇票相比,电子商业汇票具有以数据电文形式签发,采用可靠的电子签名和安全认证机制代替实体签章的突出特点。电子商业汇票的出票、保证、承兑、交付、背书、质押、贴现、转贴现、再贴现等所有票据行为,均可在人民银行的ECDS系统上进行,开票方和收票方开通企业网上银行的电子票据功能即可操作。同时,传统纸质商业汇票的最长期限为6个月,而电子商业汇票的最长期限为1年,更加适用于结算周期较长的企业间贸易。

ECDS 是发展票据信用的基础设施,有助于降低交易成本和操作风险,还有助于全国统一票据市场的形成,促进了货币市场的连通和发展,降低了企业融资成本,为上海票据交易所的诞生奠定了基础。2017 年 10 月 9 日,上海票据交易所顺利完成了 ECDS 系统的移交切换工作,310 家 ECDS 接入点机构(含 2 722 家法人机构,90 038 家系统参与者)全部切换至上海票据交易所。到目前为止,无论是在票据承兑签发环节还是在票据贴现环节,电子商业汇票占比均超过 90%。

8. 防范风险

票据市场风险包括伪造、变造纸质票据的风险和银行业金融机构不当开展票据业务的风险。针对纸质票据的易涂改性,人民银行先后印发《关于商业银行跨行银行承兑汇票查询、查复业务处理问题的通知》(银发〔2002〕63 号)和《关于完善票据业务制度有关问题的通知》(银发〔2005〕235 号),通过完善票据查询查复制度,防范伪假票据风险。同时,银监会发布《关于银行承兑汇票业务案件风险提示的通知》(银监办发〔2011〕206 号),对纸票的审验流程、审验人员专业资格、双人查询以及空白重要凭证和业务用章管理等都提出了具体要求。

针对银行业金融机构票据业务乱象,2015 年 12 月 31 日,银监会印发《关于票据业务风险提示的通知》(银监办发〔2015〕203 号),总结了银行业金融机构开展票据业务存在的七大问题,包括票据同业业务专营治理落实不到位;通过票据转贴现转移规模、消减资本占用;利用承兑贴现业务虚增存贷款规模;与票据中介联手违规交易扰乱市场秩序;贷款与贴现相互腾挪掩盖信用风险;创新"票据代理"规避监管要求;部分农村金融机构为他行隐匿、消减信贷规模提供通道。该文件要求金融机构全面加强票据业务风险管理,将票据业务全口径纳入统一授信范围,同时完善绩效考核,防止资金空转,确保信贷资金有效服务实体经济。2016 年 4 月,人民银行联合银监会印发《关于加强票据业务监管促进票据市场健康发展的通知》,指出金融机构应强化票据业务内控管理,坚持贸易背景真实性要求,规范票据交易行为,严格执行同业业务统一管理要求等。

三、我国票据制度存在的问题

(一)融资性票据和票据无因性

融资性票据面临法律障碍,《票据法》第十条第一款规定,"票据的签发、取得和转让,应当遵循诚实信用的原则,具有真实的交易关系和债权债务关系"。《票据法》的出台有着当时的时代背景,立法者担心在票据承兑签发环节若无对真实贸易背景的要求,会导致套利活动猖獗和信用投放失序,进而影响金融系统稳定。但票据市场经过 20 多年的发展洗礼,当前融资性票据客观存在,而且数量巨大,贸易背景的相关规定已严重影响了票据市场进一步创新与发展。对于融资性票据的讨论重点,不再是承认不承认的问题,而是在商业汇票当中应该占多大比重的问题,是如何设计制度使得融资性票据能够良性发展的问题。正是由于我国票据制度过分注重票据基础关系,所以在实务运作上不具有无因性。司法实践中,常常会碰到基层法院裁定:"票据的签发、取得、转让具有真实的交易关系和债权债务关系",是出票行为、票据权利转让行为有效的要件,而这显然违背了国际通行的票据法原理。从法理角度看,票据的无因性必然要求票据关系同票据的签发及取得的原因相分离,不能以票据基础关系对抗基于票据关系而产生的票据权利或义务,否则会极大阻碍票据的正常流通和转让。

(二)市场参与主体单一、贴现受信贷规模约束、过度计提资本

票据市场的参与主体相对较窄。上海票据交易所成立后,虽然名义上将票据市场的参与主体扩充至非银行金融机构,并且人民银行在《关于做好票据交易平台接入准备工作的通知》(银办发〔2016〕224号)中明确"作为银行间债券市场交易主体的其他金融机构可以通过银行业金融机构代理加入电票系统,开展电票转贴现(含买断式和回购式)、提示付款等规定业务"。但从票据转帖市场的实际运作来看,仍未有非银机构参与市场,处于放而未开的状态;尤其是对评级评估机构、保险机构以及票据经纪(中介)公司等机构仍未有明确定位和规范,制约了票据市场和其他货币市场子市场之间的互联互通,不利于票据市场健康高效发展。

目前各大商业银行没有将票据贴现余额单独管理,票据贴现余额跟其他存量贷款共享信贷额度,共占信贷规模。在商业银行的日常经营中,票据业务仅是银行众多信贷产品中的一个较小的分支,导致银行,尤其是国有大中型银行对票据业务的重视程度和资源投入力度往往不足,在月末、季末、年末等监管考核时点会大幅压降票据规模;而在实体经济下行信贷需求不足时也会增配票据资产。因此信贷的周期性和各家银行操作的同质性非常强,不仅不利于满足实体经济融资需求的稳定性,同时也加大了票据市场价格的波动性和不确定性,带来潜在的市场风险。从2016年起央行将现有的"差别准备金动态调整和合意贷款管理机制"升级为"宏观审慎评估体系(MPA)"后,这种考核广义信贷的规则,使得各大银行无法通过各种通道削减票据信贷规模,间接使得票据交易市场的活跃度和交易量出现了下滑。同时,票据的转贴现交易,是一手交钱一手交票的资金市场行为,不应被当成贷款来看待,转贴现交易的资金融出方发生额不应被纳入贷款规模的统计。

商业银行配置票据资产时的风险资本计提不尽合理,尤其是票据转贴现业务。目前票据转贴现业务风险计提是按照新资本管理办法:"由于票据是通过背书转让的,所有背书人都有被追索的可能性,因此其风险未完全转让,所以卖断票据后,卖断行还需计提与买入时相同的风险资产,即风险权重为20%或25%",导致交易的所有经手行累计计提的加权风险资产远远超过该笔资产本身的风险水平。

(三)票据被认定为非标资产

票据的承兑主体可以是银行、财务公司、企业,市场对不同的银行、不同的财务公

司、不同的企业作为承兑人的票据接受程度不同。票据资产的流动性和价格因承兑人不同而出现差别,实务操作中,银行会在给定相应承兑人的授信额度内开展票据业务。人民银行1996年下发的《贷款通则》第九条第六款规定:"票据贴现,系指贷款人以购买借款人未到期商业票据的方式发放贷款";人民银行1997年下发的《商业汇票承兑、贴现与再贴现管理暂行办法》(银发〔1997〕216号)第二十二条规定:"贴现人应将贴现、转贴现纳入其信贷总量,并在存贷比例内考核"。票据业务的贴现与转贴现被法规赋予了信贷属性,一直没能够独立成为标准化的资产。2018年4月27日,经国务院同意,中国人民银行、中国银行保险监督管理委员会、中国证券监督管理委员会、国家外汇管理局联合印发了《关于规范金融机构资产管理业务的指导意见》(银发〔2018〕106号),明确了标准化资产的标准,并规定"金融机构不得将资产管理产品资金直接投资于商业银行信贷资产",但对于票据资产是否属于标准化资产,以及是否属于信贷资产还是存在争议。

(四)票据评级和票据经纪

当前对票据的信用评级主要依赖于商业银行内部信贷评级体系,对票据流通、企业短期盈利能力、偿债能力和流动性研究不足,第三方评级公司对票据市场的了解有限,未开发出相关的评级产品,导致票据市场出现以下问题:一是评级资源的重复与浪费;二是票据市场无法形成真正全生命周期的标准化市场;三是影响了票据市场的量化定价。亟须组建专业为票据市场服务的专项评级机构,对票据承兑主体、贴现主体等参与方进行多层次、全方位、系统性、动态化的信用评级与跟踪,提升票据市场各参与主体的参评意识,为票据市场的投资者提供权威、科学的投资依据。

长期以来,票据中介游走于企业与商业银行之间、商业银行与商业银行之间,渗透于票据的全生命周期中,借助票据市场参与主体之间的信息不对称获利。票据中介在一定程度上提高了票据市场的流动性,但大部分票据中介都或多或少用自有资金直接参与了票据交易。比如票据经纪公司为了获得更低的贴现利率,往往会加强与银行内部关系人的密切联系,而银行内部关系人也事实上扮演着票据经纪人的角色,容易出现道德风险。同时,票据经纪机构通常与内控机制较弱的地方商业银行、农信社等中小金融机构合作较多,可能会涉及银行资金安全。近年来票据市场上的大案要案都有票据中介涉案,影响了票据市场的健康发展。应进一步研究明确票据经纪的监管部门,落实票据经纪的准入与退出机制和经营范围,以及相应的责任与义务,实现票据经纪市场的优胜劣汰。建议尝试发展票据咨询、撮合、报价等经纪服务,鼓励和培育部分经纪业务量大、业务发展规范、风险防控机制健全和市场认同度高的票据经纪机构,使其进一步发展壮大以推动票据市场向规范化、专业化方向发展。

(五)监管不统一、统计信息割裂、税收不尽合理

我国现行金融监管为多头监管模式,且表现为行业监管而非功能监管,造成不同的机构办理相同业务的监管标准和政策尺度不同,不同监管主体和监管政策之间的

不同步性可能导致票据业务存在制度障碍和政策壁垒。目前人民银行和银保监会对票据市场都承担管理责任,但存在具体分工不明晰并且双方缺乏有效沟通,部分政策存在矛盾等情况,导致商业银行票据业务处理无所适从,难以同时满足两个监管主体的要求。比如:2016年人民银行《票据交易管理办法》明确规定,电子银行承兑汇票贴现业务不再审核贸易背景,但在实施的过程中,商业银行发行银保监会对该项规定并不认可,银监系统例行检查时仍然要求商业银行提供票据贴现业务的合同和发票,否则将对商业银行进行处罚,导致部分商业银行在办理票据直贴业务时不敢依照央行的规定执行,企业办理贴现的流程依旧烦琐,央行政策落地难。

目前关于票据市场的统计数据散布于央行、银保监会、商业银行、财务公司、票据经纪、企业、工商行政管理部门及司法机关的各层级单位中,由于缺乏综合的票据评级体系和信息整合的牵头部门,海量的票据信用信息未能得到有效的整合与利用,在一定程度上延缓了票据市场的统一和票据标准化产品的推进,阻碍了票据信用风险的整体防范与创新型票据业务的发展并最终影响了票据市场的高效健康发展。

财税〔2017〕58号文规定票据贴现、转贴现机构持有票据期间取得的利息收入为贷款服务销售,但未对票据贴现、转贴现转让中产生的价差收入作出明确规定。将票据贴现、转贴现产生的价差收入与贷款服务产生的利息收入混同会导致以下几个方面问题:一是财税〔2016〕36号文规定贷款是指将资金贷与他人使用而取得利息收入的业务活动。票据在交易中,如果转出价格与转入价格存在价差就会产生收入,但这部分收入发生的原因是票据转让这一业务活动,而非资金贷与他人使用。二是票据是一种可转让的金融资产。对于金融产品的转让,财税〔2016〕36号文规定转让金融商品出现的正负差,按盈亏相抵后的余额为销售额。若相抵后出现负差,可结转下一纳税期与下期转让金融商品销售额相抵。但对于贷款服务而言则不可能发生负差,因此贷款服务不存在按盈亏相抵后的余额为销售额的情况。将贷款服务收入与票据转让收入混同则会出现票据转让价差收入与贷款利息收入互抵的情况,甚至出现转让收入负差大于贷款服务收入时整笔业务收入销售额呈现负差,如何处理这种负差需要进一步明确。三是目前各类交易场所的金融商品都是为区分贷款服务产生的利息收入和转让价差收入进行缴税的。票据是一种有价证券,票据税收政策与其他金融商品税收政策的差异会导致票据市场与其他金融市场的割裂,间接影响金融资源在票据市场和其他市场间的充分流通。

四、完善我国票据制度的设想

(一)充分认识票据制度对发展票据业务的重要性,建设和培育高质量票据专业队伍

2017年,票据市场累计贴现量40.3万亿元,累计承兑量17万亿元;截至2018年8月末,2018年前8个月票据市场累计贴现量34.5万亿元,累计承兑量11.3万

亿元。中小企业占据了票据承兑签发量的 2/3 左右，人民银行的再贴现政策也一直倾向于精准帮扶小微企业、"三农"企业的发展，票据业务有力支持了中小企业融资需求，促进了实体经济的发展。票据市场的发展壮大始终离不开票据市场的法律制度、监管部门规章制度、行业组织自律规范和商业银行内控制度建设。只有明确了业务开展的范围、方式和边界，才能降低票据市场参与主体的交易成本，减少交易过程中的诸多不确定性，促进我国票据业务发展，更好地为实体经济服务。同时票据市场高质量发展离不开高素质专业人才队伍的建设，要实行票据从业资格认证制度，明确各个岗位的上岗条件，通过对管理能力、专业水平、操作规范程度进行分类管理和定期考核，促进从业人员能力的不断提升。要发挥院校培养人才、智库培养人才以及票据市场参与机构培养人才的功能，推动票据市场稳健、合规、高质量的发展。

（二）按照国际票据法的规则，突破融资性票据的法律障碍和无因性制度的瓶颈

《票据法》《支付结算办法》分别于 1995 年、1998 年正式颁布，由于当时我国处于国内市场经济刚起步阶段，在这个市场经济不发达的特定时期，监管部门担心一旦票据承兑签发环节无需对应真实贸易背景和债权债务关系，部分商业银行将过度开展承兑业务，会导致信用投放失序，票据到期时银行承兑的垫款率上升，有潜在金融风险隐患。囿于这种时代背景，我国票据被设计成企业支付结算工具，忽视了票据的其他功能。监管要求的真实贸易背景，加重了银行类金融机构的业务负担和风险，影响了票据业务的发展，制约了企业通过票据贴现进行融资，以致有些中小企业迫于资金压力往往寻求中介机构进行融资，一定程度催生了民间票据市场，埋下风险隐患。时至今日，我国经济金融环境发生了翻天覆地的变化，商业银行的内控制度建设、风险控制能力和市场运作能力已经大幅增强，并且票据市场的业务量已经数十倍于 20 年前，同时监管的手段和工具大为丰富，但贸易背景相关规定已严重影响票据市场的进一步创新与发展。建议向立法部门提议修订《票据法》，适度开放融资性票据市场，允许企业有条件开立融资性票据，拓宽企业融资渠道。

商品经济对票据高流通性的要求，产生了国际票据法法理中的票据无因性理论，要求票据一旦签发，其所产生的票据关系就独立于其赖以产生的票据基础关系，并与后者相分离，从而不再受后者的存废或效力有无的影响。在票据的流通过程中，第三人在接受票据时，无需去过问和注意票据基础关系。票据无因性是票据能正常流通的根本保证，而我国司法实践中，某些基层法院严格按照《票据法》《支付结算办法》的条文规定执行，影响了票据业务的开展。虽然根据 2000 年《最高人民法院关于审理票据纠纷案件若干问题的规定》第十四条，票据债务人以《票据法》第十条、第二十一条的规定为由，对已经背书转让的票据持有人进行抗辩的，人民法院不予支持，说明司法解释支持票据的无因性，但是司法解释并不能代替创设法律。无论是从票据法理论还是从我国票据市场发展的现实需要来说，都有必要修改《票据法》相关规定及相应的监管制度。肯定票据无因性原则，既能消除现行制度体系的内在冲突，又能进

一步保障票据流通性,活跃繁荣票据市场。

(三)探索票据作为标准化资产的制度设计,扩大票据市场参与主体

如果将票据资产认定为信贷资产,作为一种非标准化债权来处理的话,则将影响票据资产出口、资金来源,进而影响后端交易和创新,并传导到前端承兑和贴现业务。因此,必须积极争取票据产品的标准化和非信贷资产认定,才有利于票据市场高质量发展。随着票据市场基础设施上海票据交易所各项功能的逐步完善,票据的集中登记、独立托管、票款实时交割(DVP)、信息披露充分、交易活跃度等特征已基本达到标准,应进一步加快推进完善票据市场的收益率曲线建设、等分化托管、评级、系统统一等工作,促进票据资产的标准化。同时,考虑到票交所平台上的票据交易属于金融机构同业间的资金业务,与银行间债券市场的债券交易无本质区别,应积极推动将票据划定为非信贷类资产,促进票据市场高效发展。

上海票据交易所成立后,为了促进票据市场参与主体多元化发展,允许证券、基金、期货、信托、保险等非银行金融机构可以找银行做代理参与票据二级市场的交易,但是在实践中,目前尚未有非银机构参与票据市场的交易,票据市场的参与主体一直局限在企业跟银行申请贴现、银行与银行之间的票据转贴现、质押回购等。这就导致了票据市场一直处于跟其他货币市场子市场之间的割裂状态,不利于我国统一货币市场的形成。另外,非法人主体资格的资管计划、自然人是否可以参与票据市场值得研究商榷。应该选择时机引入票据做市商制度,整合当前所有市场主体的资源和自身优势,自主经营、自负盈亏、自求发展,适应市场发展需要,提升经营管理效率,走专业化、集约化、规范化的发展之路。加大跨业、跨界创新的力度,探索与其他货币子市场、保险投资市场、信托证券基金市场、票据 ABS 市场融合的可能性,促进票据市场不断涌现更多的跨市场的组合产品,以及与资产业务和中间业务相融合的综合服务产品。

(四)改进规模管理及风险计提办法,设计并出台票据评级及票据经纪管理办法

应深化票据市场经营主体建设,促进商业银行转型发展,走票据子公司之路,推动票据专营机构按照市场化、集约化、科学化原则向法人制票据子公司转变,从根本上摆脱现在银行内部票据经营机构受制于总行信贷规模调控及行政性分配资源的弊端,可以根据自身经营实际和客户需求推动票据业务发展,增强市场应变能力和业务创新能力。同时应按照实事求是的原则计提风险资本,商业银行之间进行转贴现交易时,卖断行所卖的票据如果在买入时已经计提了风险资本,则卖断票据的操作无须重复计提风险资本,以促进票据转贴现市场的活跃度,从而使票据市场作为货币子市场的正常功能可以得到有效的发挥。

应逐步建立统一的票据信用评级、资信评估、增信保险制度。社会信用体系建设是国家发展的百年大计,而票据信用体系建设对社会信用发展具有极大的推动作用,其关键在评级评估。大力推进信用评价评估和信用增级制度,成立统一、规范、权威

的信用评估机构,建立健全适合票据市场的评级评估指标体系,实行信用定期考评制度,推行票据担保支付机制和保险制度,引入外部信用评级公司和担保机构,建立违约失信的黑名单制度,提高企业信用意识和失信成本,积极推进社会信用生态环境建设。同时,规范我国票据经纪公司的中介行为,设立统一的行业准入门槛,明确票据经纪机构的经营范围,建立票据经纪机构和从业人员的准入和退出机制,形成票据市场进入与退出的动态管理,明确票据经纪公司的监管主体并配套相应的票据经纪监管制度。

(五)建立统一的票据监管规定,出台票据 IT 系统管理办法及信息披露制度

票据市场的高质量发展离不开良好的监管制度,在政策这个层面,需要央行、银保监会、证监会等监管机构通力协作,建立符合票据业务特征的监管体系,为票据市场创新发展清除政策障碍。构建票据市场监管协调机制,加强货币政策部门、监管部门和金融机构在业务监管政策方面的探讨,推进票据市场监管规则的修订完善,结合票据市场创新发展的实际和未来趋势,消除不同部门法规制定实施中存在的抵触和矛盾现象,使票据市场在更为合理完善的监管制度框架下健康发展。可借鉴发达国家金融监管的"沙盒机制",利用票据交易所对新型的创新技术和产品进行试验,一旦证明有效,监管可随之进行政策调整,避免监管要求和业务发展节奏出现不一致的情形。

依托上海票据交易所,应尽快出台票据 IT 系统管理办法和票据信息披露制度。一是建设标准化、覆盖面广的信息采集录入平台。信息采集录入平台应来源广泛,实现各数据源平台数据的接入汇总,并拥有海量相关非结构化信息,可按"科学规划、统一标准、规范流程"的原则,统一采集归口、利用数据信息技术建立索引,实现信息资料管理的科学化、规范化,实现信息集中管理和披露,并建立数据质量控制机制,提高分类数据的准确性。二是打造模型化、手段先进的信息分析预测平台。运用科学模型建立宏观经济预警、区域检测评价等系统,从而对票据信息数据进行多角度、多层次、精细化、系统化的分析,并展示出区域市场主体的发展情况。同时,能对机构交易行为和合规信息进行动态分析,并提供个性化、可定制的直观展示功能。三是实现智能化、时效性强的信息咨询发布平台。信息咨询发布平台要实现智能分类、科学发布、高效共享,建立业务库、案例库、营销库、经验库、文化库、知识库,实现集中展现各类报表、信息的功能。

改革开放四十年中国票据信用发展和思考

肖小和　金　睿

票据业务的本质在于经营信用。改革开放以来 40 年,中国特色社会主义市场经济蓬勃发展,票据信用在我国经济发展的各个阶段都发挥了重要的作用。尤其是 1995 年《票据法》的出台、1996 年《贷款通则》将票据贴现列为贷款的一种及 1997 年人民银行《票据管理实施办法》《支付结算办法》《商业汇票承兑、贴现与再贴现管理暂行办法》的相继实施,推动了票据信用的发展,奠定了商业汇票的宏观管理和制度基础。经过多年发展,目前票据年承兑签发额一直保持在 20 万亿元左右,票据贴现、转贴现年发生额一直保持在 50 万亿元左右。作为央行货币政策向实体经济传导过程中链条最短、最直接的媒介,积极发展票据信用有利于更好的服务实体经济。

一、信用及票据信用概念特点作用

(一)信用

从法律的层面看,"信用"有两层含义,一是指当事人之间的一种关系,但凡"契约"规定的双方的权利和义务不是当时交割的,存在时滞,就存在信用。二是指双方当事人按照"契约"规定享有的权利和履行的义务。这个"契约"的另外一个非常重要的特点,这是构成法律上的信用的必要条件,那就是非即时交割。如果权利和义务的实现是同时进行的,那么就不会构成信用,这两者之间必须存在一定的时间差才会出现信用。

从经济学层面看,"信用"是指在商品交换或者其他经济活动中授信人在充分信任受信人能够实现其承诺的基础上,用契约关系向受信人放贷,并保障自己的本金能够收回和增值的价值运动,偿还和付息是经济和金融范畴中的信用的基本特征。在市场经济发展初期,市场行为的主体大多以延期付款的形式相互提供信用,即商业信用;在市场经济较发达时期,随着现代银行的出现和发展,银行信用发展迅速,成为现代经济活动中最重要的信用形式。现代市场经济成为建立在错综复杂的信用关系之上的信用经济。

(二)票据

票据指出票人根据票据法签发的,由自己无条件支付确定金额或委托他人无条件支付确定金额给收款人或持票人的有价证券。广义的票据泛指各种有价证券和凭证,如债券、股票、提单、国库券、发票等。狭义的票据仅指以支付金钱为目的的有价证券,在我国,票据即商业汇票(银行承兑汇票和商业承兑汇票)、支票及本票(银行本票)的统称。本文笔者主要想探讨的是企业在贸易结算中最为经常使用的商业汇票。

(三)票据信用及特点

票据信用是用票据来反映企业之间经济往来中债权债务关系的信用形式,票据是信用的载体和工具。正常的票据信用可以促进商品流通和经济发展,降低企业应收应付账款的风险,发挥票据应有的功能和作用。不良的票据信用制约经济发展和商品流通,影响票据市场发展及其功能作用发挥。按承兑主体的不同,票据信用可细分为银行票据信用、商业票据信用。

1. 银行票据信用

银行承兑汇票是商业汇票的一种,指由在承兑银行开立存款账户的企业签发,向开户银行申请并经银行审查同意承兑的,由银行保证在指定日期无条件支付确定的金额给收款人或持票人的票据。对出票人签发的商业汇票进行承兑是银行基于对出票人资信的认可而给予的信用支持。

2. 商业票据信用

商业承兑汇票指由法人或其他组织签发的,银行以外的付款人承兑的,由付款人在指定日期无条件支付确定的金额给收款人或持票人的票据。商业承兑汇票是建立在商业信用基础上的信用支付工具,具有权利义务明确、可约定付款期限、可转让贴现等特点。银行在商业承兑汇票指定的付款日只担任资金清算的角色,到期资金是否兑付看承兑企业本身信用。

3. 银行与企业票据信用融合

与银行承兑汇票相比,商业承兑汇票的付款人一般是企业,由于我国的商业信用体系尚未完全建立,贸易链上的企业对商业承兑汇票的接受程度较差。如果银行对符合相关条件的商业承兑汇票进行保贴,以书函的形式承诺为其签发或持有的商业承兑汇票办理贴现,这种给予保贴额度的授信行为可以很好的融合银行信用与企业信用。

(四)票据信用作用

在日常经济活动中,票据的应用已相当普遍。其作用包括:一是支付作用,在企业跟上下游贸易往来中,票据跟现金一样可以用来付款;二是结算作用,企业之间的债权债务,可以通过票据背书转让来结算;三是信用功能,票据的签发承兑环节本身就是基于真实贸易背景而开立和流转的,由于汇票开立和实际兑付之间有时间差,扩张了债务人的信用;四是融资作用,持票企业可以找银行贴现快速回笼资金,持票的银行也可以通过转贴现、回购和再贴现融入资金;五是交易功能,票据作为一种高流动性的金融资产,可以随时在票据市场交易变为现金;六是投资功能,票据市场是货币市场的一个重要组成部分,投资者可以向企业、商业银行或其他机构买入票据或票据衍生品作为短期投资品;七是调控功能,票据是商业银行调节信贷规模和资金最灵活、最有力的工具,人民银行在特定历史时期也通过再贴现利率调节基础货币的投放。

二、四十年我国票据信用的发展状况

(一)四十年票据信用发展及对经济发展的贡献

四十年票据信用及发展历程根据市场规模增长速度可以大致划分为三个阶段。

第一阶段:1979—1999年是起步探索阶段。1999年,票据市场累计贴现量2 499亿元,比1995年增长77%,年均增长率15.34%;累计承兑量5 076亿元,比1995年增长109%,年均增长率20.29%。随着社会主义市场经济的发展以及商品加速生产和流通,票据作为商业信用的载体获得新生,成为20世纪90年代解决企业间"三角债"问题的主要工具,因此这一阶段的特征是票据业务呈自然发展状态,承兑业务发展较快,贴现业务相对较少,票据交易极为不活跃。

第二阶段:2000—2015年是迅猛增长阶段。2015年,票据市场累计贴现量达到102.1万亿元,比1999年增长409倍,年均增长率达到45.61%;累计承兑量22.4万亿元,比1999增长44倍,年均增长率26.71%。这一阶段,经济繁荣带动实体经济融资需求和票源增加,票据作为重要的信贷资产得到商业银行的广泛重视,票据的多重功能迎合了中小银行的需求。因此,票据市场规模快速增长,承兑业务增速高于宏观经济增长,票据资产交易属性更加明显,流通周转速度加快。

第三阶段:2016年至今是规范稳健发展阶段。2017年,票据市场累计贴现量40.3万亿元,比2015年下降40.53%,年均降幅20.17%;累计承兑量17万亿元,比2015年下降24.11%,年均降幅12.88%。截至2018年7月末,2018年前7个月票据市场累计贴现量29.8万亿元,累计承兑量9.7万亿元,基本与2017年同期持平。这一阶段,经济发展进入转型期,金融去杠杆和监管强化逐步推进和深化,票据市场前期高速增长所积累的风险集中爆发,票据业务开始回归本源。央行宣布从2016年起将现有的差别准备金动态调整和合意贷款管理升级为宏观审慎评估体系(MPA),直接让票据市场上"消贷款规模"业务再无市场,内循环和嵌套减少,业务链条缩短,监管套利被叫停,业务开展更趋规范和稳健,交易规模萎缩。

2004—2017年票据贴现、承兑及GDP发展情况,如图3-3、图3-4所示。

票据信用发展为业务为实体经济发展提供了金融支持,对经济发展产生积极的作用。一是票据承兑信用业务能为实体经济提供支付便利,加快资金周转和商品流通,有效推动了企业间国内贸易往来。对于购货方而言,签发票据作为货款支付方式可以获得延期支付的益处,节约了财务成本;而销货方因为在未来某个时间点才能拿到货款,在商业谈判上可以以此为筹码减少买方要求的折扣率等优惠条件。二是票

(亿元)

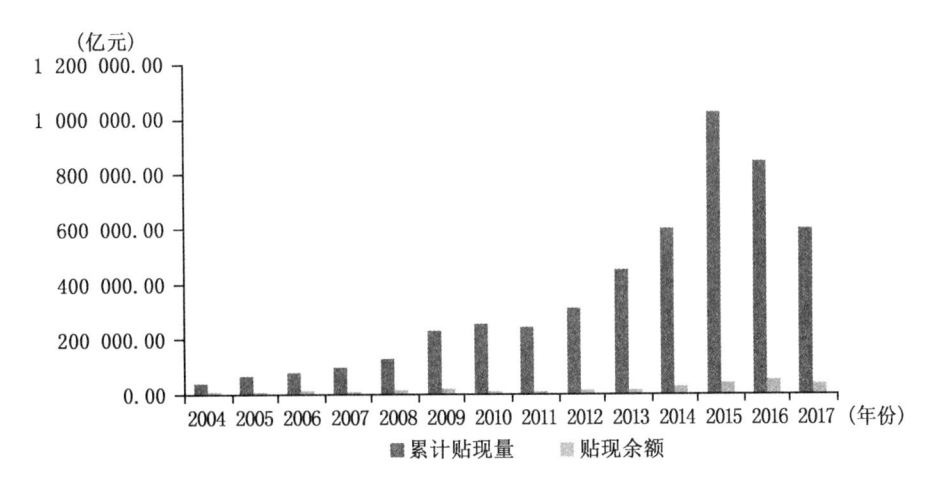

数据来源:依据上海票据交易所数据整理。

图 3-3　2004—2017 年票据贴现业务发展情况

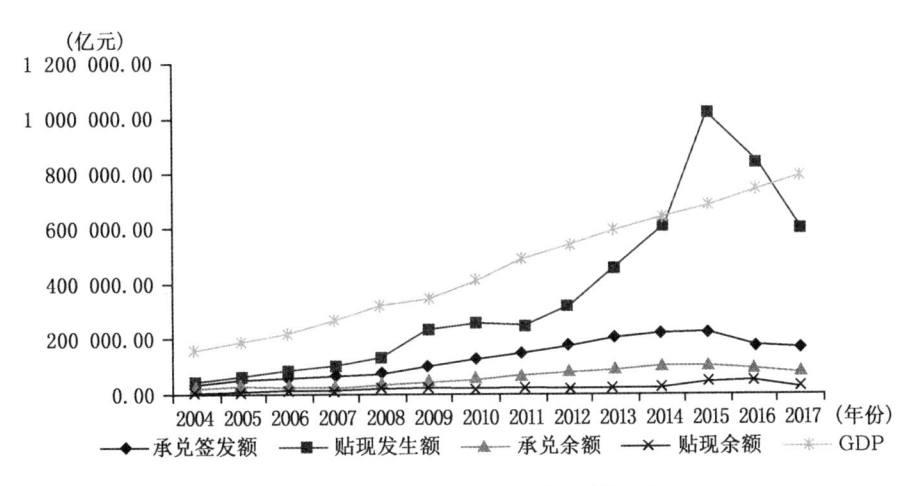

(亿元)

数据来源:依据中国人民银行官方网站及中国统计年鉴数据整理。

图 3-4　2004—2017 年票据承兑、贴现及 GDP 走势

据贴现信用业务能为实体经济特别是中小企业提供便捷的融资渠道和低成本的资金,减少了企业财务成本,有效扶持了企业做大做强。特别是银行承兑汇票背靠银行信用,与普通的流动资金贷款相比其融资成本往往较低,且申请贴现流程简单,所需提供材料少,审批通过率高,获得资金周期短,尤其对于信用等级相对较低的中小民营企业而言,银行承兑汇票所具有的银行信用、贴现利率低和放款速度快等特点,对解决我国中小企业融资难,融资贵的问题发挥了独特的优势和作用。

通过统计分析可以计算出承兑签发额、贴现发生额、承兑余额、贴现余额与经济增长(GDP)的相关性矩阵,如表3-1所示。

表3-1　　　　　　　　　　　　统计分析计算结果

项目	承兑签发额	贴现发生额	承兑余额	贴现余额
经济增长(GDP)	0.917 5%	0.881 4%	0.915 8%	0.445 5%

数据显示(见图3-5)票据承兑签发额、承兑余额和贴现发生额与GDP高度相关,发展票据信用,可以更好地促进经济增长。

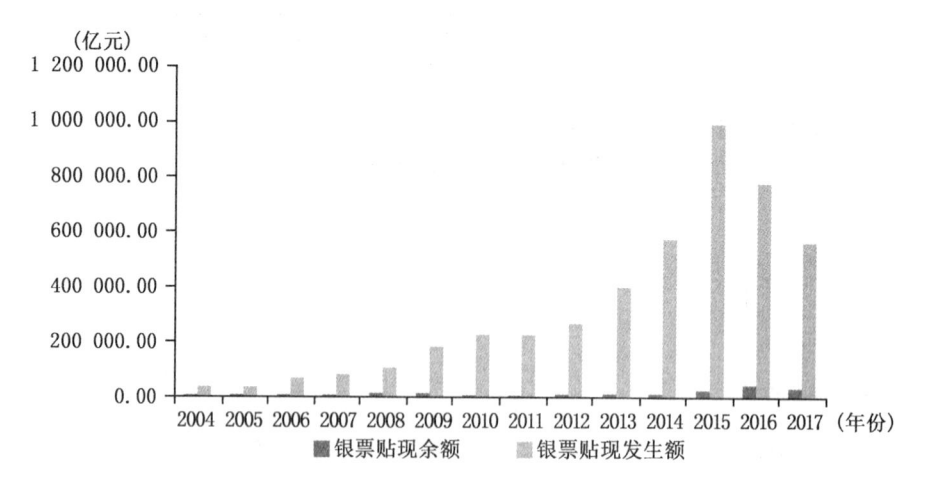

数据来源:依据上海票据交易所数据整理。

图3-5　2004—2017年银票贴现业务发展情况

(二)四十年银行票据信用发展

1981年2月,人民银行上海市杨浦区办事处和黄浦区办事处办理了第一笔同城商业承兑汇票贴现业务,同年10月,人民银行上海市徐汇区办事处与人民银行安徽省天长县支行合作,办理了第一笔跨省份的银行承兑汇票贴现业务。经过将近40年的发展,近几年银行承兑汇票贴现发生额均保持在50万亿元以上的水平,并于2015年达到顶峰98.8万亿元的历史最高水平。

(三)四十年商业票据信用的发展

从20世纪80年代的萌芽状态开始,商业承兑汇票贴现业务也稳步发展,近年来保持在年均3万亿元左右的水平,并于2015年达到顶峰7万亿元左右的历史最高水平(见图3-6)。

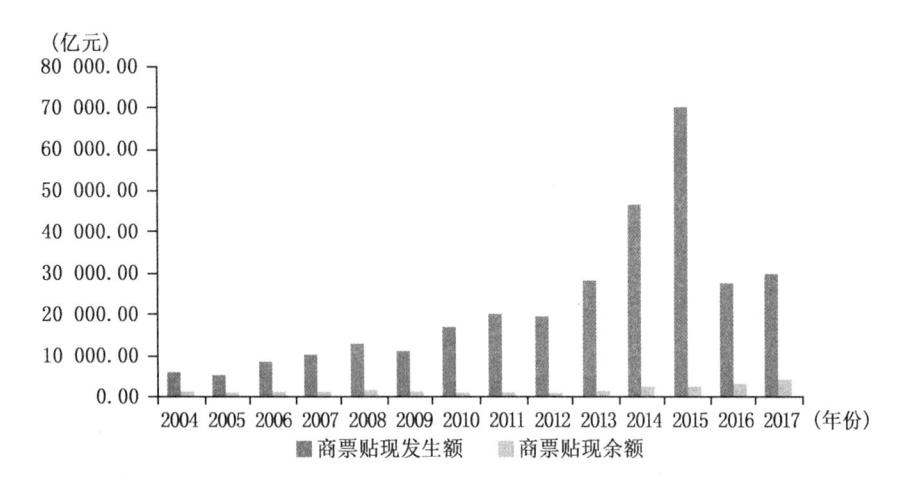

数据来源：依据上海票据交易所数据整理。

图 3-6 2004—2017 年商业票据贴现业务发展情况

（四）电子科技发展促进票据信用发展

2008 年 1 月，中国人民银行做出了建立电子商业汇票系统（ECDS）、推广电子商业汇票业务的决策。2009 年 10 月 28 日，中国人民银行建成电子商业汇票系统并上线试运行。ECDS 是依托网络技术和计算机技术而建立的，用于接收、存储、发送电子商业汇票数据电文，提供与电子商业汇票货币支付、资金清算等相关服务的业务处理平台。

与传统的纸质商业汇票相比，电子商业汇票具有以数据电文形式签发，采用可靠的电子签名和安全认证机制代替实体签章的突出特点。电子商业汇票的出票、保证、承兑、交付、背书、质押、贴现、转贴现、再贴现等所有票据行为，均可在人民银行的电子商业汇票系统上进行，开票方和收票方开通企业网上银行的电子票据功能即可操作。同时，传统纸质商业汇票的最长期限为 6 个月，而电子商业汇票的最长期限为 1 年，更加适用于结算周期较长的企业间贸易。

ECDS 是发展票据信用的基础设施，具有以下几个方面作用。一是降低交易成本，传统的纸质商业汇票被商业银行视为重要凭证存放金库保管，由专人传递，而企业使用电子商业汇票可以节约保管传递成本和在途资金成本，并且可以有效规避票据丢失的风险。二是提高交易效率，传统的纸质商业汇票在签发、背书、托收、流转环节需要多人经办复核，流程长，耗时多，而电子汇票的要素记载全程电子化，背书流通也均通过银行的网上银行进行，方便快捷，可以做到收票、托收时"票据零在途"。三是降低操作风险，电子商业汇票没有实物，全部要素以电子信息的形式存在银行的系统内，一切票据活动均在 ECDS 上记载生成，该系统具有银行级的系统安全及信息灾备保障，彻底杜绝了假票克隆票，并且有效避免了纸质商业汇票在流通过程中因背书不规范、盖章不清、票据缺损等造成的退票,以及在操作过程中出现差错等操作风险。四是有助于提高管理水平,电子商业汇票的所有资料均在网银和ECDS上,能帮助企业实现内部信息、资金管理与外部运营的无缝对接;同时有助于全国统一票据市场的形成,促进了货币市场的连通和发展,降低了企业融资成本,为上海票据交易所的诞生奠定了基础。可以说,没有电子科技的发展就没有2009年以来商业汇票承兑和贴现的蓬勃发展。

三、四十年我国票据信用发展中的问题

(一)社会信用环境影响票据信用

票据信用的发展跟票据的出票人、承兑人所处的整个社会信用环境息息相关。由于历史原因,在社会主义市场经济发展初期,随着商品的扩大生产和加速流通,生产与销售不同步、商品转移和资金转移不同步的情况越来越多,赊销和预售等交易方式开始盛行,但这类交易往往以挂账信用的方式开展,"三角债"问题严重。企业信用意识淡薄,企业间商业信用缺乏基础,全国性的企业信用体系建设滞后于经济发展的需要。这些因素客观上影响了票据信用的发展,对商业承兑汇票信用发展的阻碍尤为严重。

(二)票据制度规范制约票据信用

在我国市场经济发展的初期,我国立法者担心对融资性票据在法律上放开将造成银行资金空转、市场信用投放失控和通货膨胀,危及金融稳定,于是《票据法》第十条第一款规定:"票据的签发、取得和转让,应当遵循诚实信用的原则,具有真实的交易关系和债权债务关系"。这一设计在一定时期内维护了金融秩序的稳定,限制了融资性票据泡沫,促进了以商品交易为核心的票据流通。但是随着我国市场经济持续向纵深发展,融资性票据已经悄然存在多年,为不少企业提供了短期的资金周转,实现了流动资金贷款的票据化,不仅如此,一些银行为了留住客户资源,往往积极帮助客户提供虚假交易发票和证明,使这一规定名存实亡,反而扰乱了金融秩序。票据实务操作中,虽然《最高人民法院关于审理票据纠纷案件若干问题的规定》明确规定不能将《票据法》第十条作为抗辩条款予以适用,但仍有基层法院将该条第一款当作票据有效性的条款加以引用,这就造成了不必要的纠纷,极大限制了票据的流通和票据信用的发展。大量没有真实交易背景的票据的产生,在客观上要求我国立法应将融资性票据纳入票据法加以规范。

(三)票据市场参与主体和经济结构影响票据信用发展

我国经济体系由少数大型国有企业和多数中小微企业组成,大型银行出于自身的风险和经营目标考虑,开展票据承兑信用业务对中小微企业存在选择性,往往要求缴纳全额保证金才能签发票据,众多中小微企业无法得到大型银行的信用担保,只能和农村信用社、农村商业银行合作签发票据。但市场从安全性考虑,对此类票据的认

可度远低于大型商业银行签发的票据,影响了票据的流通并提高了融资成本,制约了中小微企业通过票据进行融资,影响了票据信用的发展。另外,虽然上海票据交易所成立后,名义上非银行金融机构可以找银行做代理参与票据二级市场的交易,但是在实践中,目前尚未有非银机构参与市场,票据市场的参与主体一直局限在企业跟银行间、银行与银行之间。这就导致了票据市场一直处于跟其他货币市场子市场之间的割裂状态,不利于我国统一货币市场的形成,也间接影响了票据信用的发展。

(四)银行票据信用的发展制约了商业票据信用的发展

我国商业信用体系尚不健全,票据市场缺乏专业的票据评级授信机制,商业承兑汇票的信用无法得到市场的广泛认可,银行承兑汇票市场占比比较大,商业承兑汇票交易量小,并局限在少数大中城市的少数国有大中型企业。目前,商业承兑汇票的使用领域主要集中在石油、石化、电力、钢铁等国家重点发展的交通、能源等垄断性行业的国有大型企业和信誉度较高的大中型企业以及大型跨国公司,或者在一些关联企业,或者产业链上下游关系紧密的企业之间使用。从商业银行的角度看,金融机构对商票融资的积极性普遍不高,因为商业承兑汇票以企业信用为基础,商业银行普遍担心商业承兑汇票到期后不能兑付而形成新的不良资产。同时,大型企业集团通过签发商业承兑汇票可以减少对银行流动资金贷款的需要,基于银行自身利益和风险的考虑,银行对商业承兑汇票贴现等融资行为存在短视现象,缺乏主动办理业务的积极性。商票贴现业务在银行办理的准入门槛较高,受商票承兑人在银行的信用等级、授信额度、审批流程、银行可贴现资金等因素限制,一般银行仅认可在自己银行系统内建立了信贷关系、信用评级较高的企业,并有限度的给予商票贴现的额度。以上实际情况均导致了商业承兑汇票流通转让困难、融资困难,商业信用难以快速发展。银行票据信用的过度发展在一定程度上让承兑风险集中在银行体系内,无法做到有效分散,易滋生系统性风险,并同时制约了商业票据信用的发展。

(五)票据经纪公司的缺乏影响票据信用发展

票据经纪是指在票据活动中,以赚取佣金或手续费为目的,从事票据直贴、转帖、再贴现、买入返售、卖出回购、票据咨询、票据见证、票据代保管、票据理财、票据资管等一系列票据买卖信息服务的活动。目前市场上大多数票据中介都通过注册贸易公司、实业公司的形式先行垫资从企业方买入票据,进行一系列包装后再在银行办理直贴,这种直接参与票据交易的票据经纪模式占据了市场主流,而真正意义上的纯票据信息经纪比较稀缺,在一定程度上制约了票据信用的发展。纯粹的票据经纪公司应该向债券市场上的货币经纪公司的业务模式靠拢,做一个交易报价的撮合平台,负责在企业与银行之间、银行与银行之间询价、报价,为市场双方匹配信息,解决票源和资金间的对接并主动帮助调整票据交易各方的盈利预期,努力撮合交易完成。

(六)信息披露体系影响了票据信用发展

作为我国货币市场重要的细分领域,商业银行及第三方评级机构对票据市场的出票人、承兑人的流动性、短期偿债能力、盈利能力等评级指标、评级体系研究不够深入。目前票据的信用信息散布于央行、银保监会、商业银行、财务公司、票据经纪、企业、工商行政管理部门及司法机关的各层级单位中，由于缺乏综合的票据评级体系和信息整合的牵头部门，海量的票据信用信息未能得到有效的整合与利用，在一定程度上延缓了票据市场的统一和票据标准化产品的推进，阻碍了票据信用风险的整体防范与创新型票据业务的发展并最终影响了票据信用的普及与发展，关键也影响了实体经济尤其中小企业发展。

四、进一步发展票据信用，支持经济发展的思考

（一）充分认识票据信用对经济社会发展的作用

无论是从微观的经济主体行为看还是从宏观的经济运行角度看，票据信用对促进社会经济的发展都产生了积极的作用。从微观层面看，发展票据信用可以使市场微观经济主体之间的债权债务关系更加清晰，能够高效地为企业融资提供便利。票据作为设权凭证，拥有票据的所有权即意味着拥有票据上所记载的债权。票据的承兑签发和流转是以出票人或债务人的信誉为前提的。在票据未到期前，持票人在财务流动性紧张时可以向银行申请票据质押贴现贷款，实现资金融通。商事主体也可以签发以自己为承兑人的商业承兑汇票，实现短期资金的调节和补充。同时票据信用被普遍接受和信赖，能够使经济主体更加自律，有利于逐步改善社会信用环境和微观经济主体财务运作的规范化。票据信用功能可以给微观经济主体带来低成本的融资，这种巨大的经济利益会使市场参与主体更加珍惜自己的商业信誉和口碑，在经济往来中更加严谨诚信。单个经济主体的诚信自律叠加在一起可以营造一种集体诚信的氛围，从而提高经济发展的质量。

从宏观层面看，票据信用被经济参与主体接受和认可，可以减少央行对基础货币的投放量。企业之间多用票据结算，只在需要变现的时候去银行申请贴现，可以显著减少货币发行总量，减轻通货膨胀压力；可以多发票据，少发货币，减轻流动性压力。商业银行可以通过向央行申请再贴现来融通资金，可以避免央行通过传统的再贷款形式给商业银行补充流动性，使得货币发行机制正常化、可控化，从而有利于完善政府对市场经济的宏观调控机制，提高政府的宏观管理水平。随着商业信用的发展和票据化程度的提高，货币政策的传导机制和效率得到改善，当经济形势不稳定时，央行可以灵敏地通过提高或降低再贴现率来调节商业银行的信贷规模，从而使经济更平稳、高效的发展。

（二）推进商业票据信用发展

商业承兑汇票具有支付结算和投融资功能的双重属性，具有很多天然的优点。一是作为最直接的信用工具，对解决当前企业融资难的问题有得天独厚的优势。商业承兑汇票签发流程简单，使用方便，不需要向银行交纳保证金和承兑手续费，企业可以根据生产经营的实际需要,在承兑能力范围内进行自主签发,避免银行贷款审批限制,拓宽了企业的融资渠道;同时,由于商业承兑汇票可以背书转让,可在一定程度上遏制货款拖欠等挂账行为,增强了应收账款的流动性,降低了企业的融资成本。二是商业承兑汇票可以改善企业对银行信用过度依赖的现状。目前银行承兑汇票保证金比例总体维持在40%左右,这意味着对银行而言有60%的信用敞口,多使用商业承兑汇票可以防止信用风险过分集中在银行体系内,可以优化票据市场的结构。

不同的银行可以针对在本行有授信余额的商业承兑汇票进行贴现和托收,与一些信誉等级高、发展前景好、产供销比较稳定的大中型企业建立保贴、保证等长期合作关系,提高这些企业签发的商业承兑汇票的市场认可度。中国人民银行要积极运用再贴现政策,优先定向支持商业承兑汇票业务的发展,对符合条件的商业承兑汇票进行再贴现,增加再贴现总量,给予再贴现率的优惠,营造使用商业承兑汇票的良好氛围。因此,需要大力宣传商业承兑汇票的有关知识,转变观念,使整个社会都充分认识到使用商业承兑汇票的优越性并积极签发和使用商业承兑汇票。

(三)借力电子票据系统拓展商业承兑信用

2016年12月8日,由中国人民银行牵头筹建的上海票据交易所成立,终结了票据市场的区域割裂状态,标志着中国统一票据市场的逐步形成,深刻影响了票据市场业务经营和管理模式,票据市场进入了电子化新时代。使用电子商业承兑汇票可以有效降低票据的伪造、变造风险,提高签发效率。可以从以下几方面借力电子票据系统发展商业承兑信用:一是借助上海票据交易所的平台,整合各方信息。随着票交所系统的开发和完善,未来可以在平台上统一发行主体信用评级、票据评级、金融机构评级等信息,以电子商业承兑汇票为载体,通过票据交易量和交易价格来反应客户信用状况。二是大力推广企业使用电子商业承兑汇票,发挥供应链核心企业的带动作用,推动集团内部企业和上下游企业积极使用电子商业承兑汇票,拓宽票据来源。电子商业承兑汇票由签发的企业直接承兑,省却了商业银行信用担保环节,既缩短了业务流程,节约了票据承兑费用,降低了企业的财务成本,同时也释放了商业银行之间的同业授信额度。因此要利用好报刊媒体、央行征信等媒介的宣传功能,通过对企业签发、使用电子商业承兑汇票结算的真实案例分析,正面引导舆论,让更多企业接受并认可。三是要加强银企合作,疏通电子商业承兑汇票在商业银行贴现的渠道。商业银行应加快研究落实商业承兑汇票贴现的授信办法和办理流程,划出一块票据贴现规模,专门用于商业承兑汇票贴现业务,实现票据和资金的结合。四是完善央行对中小微企业电子商业承兑汇票的再贴现政策。通过给予中小微企业电子商业承兑汇票专项再贴现额度和再贴现利率,调动商业银行积极性,鼓励、引导商业银行重视、发展电子商业承兑汇票贴现业务,从制度设计上保证电子商业承兑汇票业务链条的完整,以满足企业在使用电子商业承兑汇票时,既能快速用于支付结算,又能灵活方便进行融资。

(四)建立经纪公司及评级公司

长期以来,票据中介游走于企业与商业银行之间、商业银行与商业银行之间,渗透于票据的全生命周期中,借助票据市场参与主体之间的信息不对称获利。票据中介在一定程度上提高了票据市场的流动性,但大部分票据中介都或多或少的直接参与了票据买卖,直接参与了票据交易,近年来票据市场上的大案要案都有票据中介涉案,影响了票据市场的健康发展。为此,应进一步研究明确票据经纪的监管部门,落实票据经纪的准入与退出机制和经营范围,以及相应的责任与义务,实现票据经纪市场的优胜劣汰。建议尝试发展票据咨询、撮合、报价等经纪服务,鼓励和培育部分经纪业务量大、业务发展规范、风险防控机制健全和市场认同度高的票据经纪机构,使其进一步发展壮大以推动票据市场向规范化、专业化方向发展。

当前对票据的信用评级主要依赖于商业银行内部信贷评级体系,对票据流通、企业短期盈利能力和偿债能力和流动性研究不足,第三方评级公司对票据市场的了解有限,未开发出相关的评级产品。上海票据交易所的成立,以及纸电融合和ECDS改造到位,将为票据市场的信用评级、经纪代理、投资顾问等业务模式提供广阔的发展空间。建议组建专业为票据市场服务的专项评级机构,对票据承兑主体、贴现主体等参与方进行多层次、全方位、系统性、动态化的信用评级与跟踪,提升票据市场各参与主体的参评意识,为票据市场的投资者提供权威、科学的投资依据。

(五)建立政府信息平台,发展票据信用

根据国务院《社会信用体系建设规划纲要(2014-2020年)》,社会信用体系诚信建设的重点领域包括政务、商务、司法等领域。这其中包含的商务领域信用就指日常经济活动中,各类机构以及企业之间的商业活动而形成的信用关系。票据信用体系的建立有助于经济、金融市场的管理机构对失信主体进行联合惩戒,可由政府牵头建立信息平台,纳入工商注册登记信息、纳税信息、法院判决信息和执行信息、商业银行支付系统信息、央行、银保监会信息、企业财务信息等,争取建成"全国统一的金融信用信息基础数据库"。通过这样一个大而全的征信数据系统,可以对票据市场相关参与主体的债务偿还能力、偿还意愿进行分析和综合评价,引导金融资本做出理性决策,对票据贴现利率做出合理定价,完善货币市场利率的形成机制,从而进一步促进票据信用的发展。

(六)发挥科技作用,推广票据信用

2009年,电子商业汇票系统正式上线;2015年4月20日,电子商业汇票系统进行了业务升级改造,以二代身份加入大额支付系统,并顺利投产上线;2016年8月,人民银行银发〔2016〕224号文明确取消电票贴现环节对于贸易背景的审查,企业申请电票贴现不再需要提供合同、发票等资料;从2018年1月1日起,原则上单张出票金额超过100万元的商业汇票应全部通过电票办理。由此可见,政策鼓励企业多使用电子商业汇票,但是印刷厂数据显示,纸质商业汇票的印刷量并没有显著下降,部分月份反而同比上升,原因在于部分经济不发达地区以及多数中小企业仍然没有使用企业网银系统进行电票操作,多年使用纸质票据的惯性加之单张纸质出票金额被限制在 100 万元以下使得对纸质票据的需求不减。因此,各商业银行应该对在本行开立结算账户的企业加大电子商业汇票业务的宣传力度,简化电票系统的开立手续和流程,加快研究电子商业汇票票据池业务、供应链业务等其他票据类金融服务方案,为中小企业提供结算及融资安排,降低中小企业的用票风险,提高票据融资效率。

(七)完善制度法规,释放票据信用能量

无论是美国和英国,还是日本和我国台湾地区,背靠企业信用的商业票据都占据着票据市场的主要地位。普通的商业票据实质上是一种无担保短期融资工具,一般由信誉好,实力雄厚的大公司和金融机构通过货币市场发行,而小企业一般通过资产支持票据、信用支持票据等方式发行商业票据融资。但我国的《票据法》规定:"票据的签发、取得和转让,应当遵循诚实信用的原则,具有真实的交易关系和债权债务关系"。这一规定从法律上否定了融资性票据的存在,不利于票据信用能量的释放。但融资性票据又存在巨大的需求空间,由此导致了部分企业通过虚构贸易背景进行票据空转,扰乱了票据市场秩序。应该尽快完善制度法规,大力发展商业信用体系,提升企业融资效率,释放票据信用能量。

(八)创造票据信用生态环境,有效服务经济发展

创造票据信用生态环境,需要社会各方面共同努力。就票据市场自身信用体系而言,至少牵设到票据承兑市场、票据直贴市场、票据转帖市场、票据再贴现市场、票据经纪市场、票据评级市场、票据创新业务市场、票据交易市场这 8 个子市场,各子市场之间互联互通、环环相扣,组成了票据信用的生态环境,且需要社会各方面共同建设好、维护好、管理好。同时可考虑设立票据信用市场的相关管理委员会,统筹票据信用市场的框架体系和顶层设计,制定票据信用市场的发展规划、发展战略及短期、中期、长期目标,提供票据信用市场与其他货币信用市场子市场对接的思路,疏通央行货币政策向实体经济传导的效率,更好地为经济发展服务。

四十年中国票据业务风险管理的实践与再思考

肖小和　金　睿

改革开放四十年来,我国票据市场从无到有,从小到大,由弱变强,发生了翻天覆地的变化。票据业务是支持实体经济发展的重要金融工具之一,票据市场是利率市场化最早、最充分的货币子市场,票据融资也成为社会融资总规模的重要组成部分。随着票据市场规模增长和参与者增多,票据业务风险管理的内容更趋复杂,对宏观经济、金融体系的影响也越来越大。四十年来,全国票据市场的规模体量迅速增长,票据承兑签发量由2001年的1.28万亿元增至2017年的17万亿元,票据贴现量由2001年的1.83万亿元增至2017年的40.3万亿元,并于2015年达到历史性的102.1万亿元。当前,票据业务整体风险状况可控,但也面临新的风险和挑战。在经济结构持续调整和转型升级的形势下,如何进一步发挥风险管理的服务支撑作用,创造经营价值,成为票据经营机构和监管部门亟须思考的具有现实意义的重要命题。

一、票据业务风险管理

(一)票据业务定义

票据业务是指以商业票据为媒介进行的信用投放、资金融通的经济活动,包含票据签发业务、票据交易业务和票据衍生业务。其中票据签发业务包括评级、授信、保证金管理、承兑等票据一级市场业务;票据交易业务包括票据直贴、转贴、回购、再贴现等票据二级市场业务;票据衍生业务包括票据资管、票据资产证券化、票据期权等票据市场派生的业务。

(二)票据业务风险管理概念及其种类

票据业务风险是指未来损失的不确定性。票据业务风险管理即通过精细化管理和全流程控制降低开展票据业务的风险,从而保证票据市场健康发展。票据业务风险包括信用风险、合规风险、操作风险、市场风险、道德风险,在具体业务实践中,这五类风险常常相互间串联在一起,错综复杂。

1. 信用风险

票据业务的信用风险,是指由于票据承兑人或票据融资业务交易对手迟付或拒付票据,从而造成损失的风险。信用风险主要取决于票据承兑人的履约意愿和履约能力,两者缺一不可。票据业务信用风险主要体现在受国内经济增速下行及变化影响,在去产能、去库存、去杠杆的过程中,产能过剩行业以及部分中小企业遭遇经营困难,企业亏损、资金链断裂、跑路逃债等现象频频曝光,一些产业集群、区域性融资风险逐渐暴露,一些大型集团财务违约事件屡见报道,甚至个别财务公司通过恶意承兑票据套取资金也时有耳闻,而这些企业、公司的票据很多都流进银行体系,在银行承兑汇票仍占市场主流的情况下,企业的信用风险不可避免的传导至商业银行。另外在"票交所时代"信用风险主体发生变化,信用主体的重要性凸显,承兑行、贴现行、保证增信行的兑付责任加重。

2. 合规风险

票据业务的合规风险,是指开展不符合监管规定的业务或者开展业务时没完全按照监管文件要求来办理从而被监管机构处罚的风险。前期票据市场过度"繁荣",关联企业相互对开票据套取资金,通过虚假贸易背景开立融资性票据,"票据空转"屡见不鲜。随着一些大中型商业银行较大金额风险事件的不断爆出,监管政策不断趋严,针对脱离实体经济需要、无序违规发展票据业务等情况,监管机构就商业银行风险管理、规范经营、服务实体经济等方面出台了一系列规范性文件,并对票据业务开展了银行业自查和监管机构专项检查,加大了对同业业务、票据业务的监管力度和处罚力度,合规风险显著提升。"票交所时代"票据创新日新月异,跨市场、跨区域、跨产品的票据创新可能超出当前监管政策允许范畴,新兴互联网票据法律地位模糊、操作流程不规范,未贴现票据在企业间直接买卖,部分平台提供未贴现票据撮合买卖交易等服务处于法律灰色地带,合规风险矛盾突出。

3. 操作风险

票据业务的操作风险,是指由于操作失误从而导致潜在经济损失的风险。"票交所时代"主要以电子票据为主,之前纸票被伪造、变造风险显著弱化,但纸票电子化过程的操作风险显著提高,一旦录入错误将由"录入行"承担相应损失,对信息登记的准确性要求更高。票交所系统上可由交易员完成交易所有步骤,可能存在对新模式新流程不熟悉从而因操作不慎产生操作风险。票交所交易均在系统中完成,且对银行和非银金融机构开放,这有利于提高市场活跃度,但每家金融机构的科技水平参差不齐,如果存在技术漏洞可能导致交易失败甚至损失,因此要十分关注金融机构特别是中小银行及非银金融机构在科技系统衔接、维护、升级过程中可能存在的操作风险。

4. 市场风险

票据业务的市场风险,是指由于市场利率波动、流动性变化而导致的潜在风险。票据市场利率市场化程度较高,对市场利率走势和流动性变化情况非常敏感。近几年宏观环境发生变化,央行多次降低法定准备金率,市场资金时紧时松,而国际黑天鹅频出、国内资金面波动加大、跨市场波动传导,且新产品、新渠道、新市场主体也将影响票据利率的走势,波动频率和幅度料将增强。随着票交所上线后,票据交易节奏加快,价格波动引发市场风险上升的情况应高度关注。由于当前处于风险事件消化期以及监管趋严,票据经营机构的错配和杠杆情况有所下降,但随着金融去杠杆和MPA政策推进,银行信贷、资产规模压缩,票据信贷属性增强,月末季末等关键时点票据利率波动加大,且各家商业银行的票据业务具有同质性,需要格外重视票据的流动性风险;另外在"票交所时代"票据交易环节实行DVP清算模式,票据的线上托收、追索也都通过直接扣划参与者账户款项实现,提高了对资金流动性管理的要求。

5. 道德风险

票据业务的道德风险,是指票据从业人员为了谋取自身利益从而出卖所服务机构的利益,里外勾结作案导致损失的风险。"票交所时代"票据交易资金化发展趋势明显,在给票据业务的开展带来便利、提高效率的同时,传统的前台、中台、后台分离制衡的制度目前尚未得到有效的传承。"票交所模式"下交易员单人即可完成交易,这种新旧模式切换的过渡转型初期,弱化了对道德风险的防范,极易产生风险隐患。票据市场参与主体日趋多样,部分经营机构经营管理水平、技巧、策略都参差不齐,对票据业务关键风险点的把控缺乏经验,制度建设上也存在缺失,操作风险有所提升,也容易发生道德风险和内外部勾结的欺诈风险,并将票据风险通过交易的形式向金融机构予以渗透和扩散。

(三)票据业务风险管理的特点

票据市场在不同的发展时期面对的风险有很大不同,相对应的风险管理手段也不同。在纸票时代,操作风险尤为突出,表现为伪造票、变造票以假乱真,验票人员稍有不慎会收进假票;另外纸质票据在背书转让过程中容易发生遗失,挂失止付、公示催告流程烦琐;在转贴现过程中"清单交易"容易造成一票多卖,造成重大风险事件。在电票时代,操作风险表现为票据诈骗,俗称票据"打飞",即把电票背书转让给看似熟悉的交易对手,对方签收票据后立即贴现并转移贴现资金到国外,诈骗方从此消失不见;某些中小机构科技实力较弱,需通过其他机构代理接入票据交易所的系统,业务衔接过程中的漏洞容易滋生欺诈风险;另外,电票时代票据签发规模和交易规模增长迅速,随之而来的信用风险、市场风险、流动性风险、合规风险不容忽视,并且过渡时期制度上的不完善容易造成某些关键岗位权力不受监督进而酿成道德风险。

二、四十年票据业务的风险管理实践

(一)票据业务的风险管理架构

一是以"一行二会"(原一行三会)为牵头单位构建的票据业务风险监管主体,银保监会陆续出台政策规范了票据市场"银信合作模式""农信社模式""票据资管模式"和放松对出票环节贸易背景审查的"滚动签发票据的空转模式"等其他逃避监管的"伪创新"。二是以上海票据交易所系统(含 ECDS 系统)为核心的覆盖票据市场承兑、贴现、转贴现、回购、再贴现等环节的电子化风险防范体系,大大降低了票据业务的操作风险。三是商业银行、财务公司内部风险管理部门制定的风险防范制度,从实务操作细节上控制潜在票据业务风险事件的发生。

(二)票据业务风险的制度办法

随着票据市场承兑规模和贴现规模的急速膨胀,各种乱象也逐步显现,监管机构为了维护市场秩序,促进市场健康发展,陆续出台了多项监管政策。2009年4月,银监会发布《关于当前农村中小金融机构票据业务风险监管提示的通知》(银监办发〔2009〕162号),重点指出部分省市票据业务扩张过快、贴现资金流向不合理、拿贷款资金作保证金滚动签发银行承兑汇票虚增存贷款、合规风险和案件风险隐患加大,成为票据市场监管的新常态。

同时伴随着新产品、新业务不断涌现,监管部门对银行理财产品、票据信托产品以及非标投资业务的监管力度逐渐加大,先后发布了《关于进一步规范银信合作有关事项的通知》(银监发〔2009〕111号)、《关于规范信贷资产转让及信贷资产类理财业务有关事项的通知》(银监发〔2009〕113号)、《关于规范银信理财合作业务有关事项的通知》(银监发〔2010〕72号)、《关于进一步规范银行业金融机构信贷资产转让业务的通知》(银监发〔2010〕102号)和《关于进一步规范银信理财合作业务的通知》(银监发〔2011〕7号)等监管文件,要求遵守真实性、整体性和洁净转让的原则,审慎规范开展信贷资产转让业务。2012年2月,银监会印发《关于信托公司票据信托业务等有关事项的通知》(银监办发〔2012〕70号),禁止信托公司与商业银行开展任何形式的票据资产转受让业务,正式宣告了票据信托业务的终结。2013年5月,银监会发布《关于排查农村中小金融机构违规票据业务的通知》(银监办发〔2013〕135号),对中小金融机构的违规票据业务进行整顿,打击了部分商业银行利用中小金融机构会计制度不完善的漏洞消减信贷规模的违规行为。2014年4月,人民银行、银监会、证监会、保监会、外汇局联合发布《关于规范金融机构同业业务的通知》(银发〔2014〕127号),旨在规范同业业务发展,约束并压低同业业务中的非标业务,并规定了回购业务项下的金融资产属性,禁止办理商业承兑汇票的买入返售(卖出回购)。同月,银监会发布了《关于规范商业银行同业业务治理的通知》(银监办发〔2014〕140号),提出包括票据买入返售业务在内的同业业务要实行专营部门制改革,实行集中统一授权、集中统一授信、集中统一的名单制管理、集中审批和集中会计操作。2014年6月,人民银行发布《关于加强银行业金融机构人民币同业银行结算账户管理的通知》(银发〔2014〕178号),对商业银行同业银行结算账户的开立和日常管理做出严格要求,制止了票据贴现、转贴现资金打款"同业户"行为。2014年11月,银监会发布《关于全面开展银行业金融机构加强内部管控遏制违规经营和违法犯罪专项检查工作的通知》(银监发〔2014〕48号),决定在银行业全面开展专项检查,票据业务是其中检查的重点,包括无真实贸易背景的银行承兑汇票,关联企业之间的贸易合同审查不严,保证金来源为贷款或贴现资金,利用套开、滚动开票等方式套取银行贷款资金或掩盖票据风险等。2015 年 12 月,银监会发布《关于票据业务风险提示的通知》(银监办发〔2015〕203 号),对七种典型的票据业务违规问题进行了提示,并要求金融机构全面加强票据业务风险管理,将票据业务全口径纳入统一授信范围,同时完善绩效考核,防止资金空转,确保信贷资金有效服务实体经济。2016 年 4 月,人民银行和银监会联合发布《关于加强票据业务监管促进票据市场健康发展的通知》(银发〔2016〕126 号),要求严格贸易背景真实性审查,严格规范同业账户管理,有效防范和控制票据业务风险,促进票据业务健康发展。2017 年 3—4 月,银监会陆续发布了《关于开展银行业"违法、违规、违章"行为专项治理工作的通知》《关于开展银行业"监管套利、空转套利、关联套利"专项治理工作的通知》《关于开展银行业"不当创新、不当交易、不当激励、不当收费"专项治理工作的通知》,对票据业务的检查内容涵盖了此前提出的几乎所有问题。2018 年 5 月,银保监会发布《关于规范银行业金融机构跨省票据业务的通知》(银保监办发〔2018〕21 号),进一步规范了银行业金融机构跨省开展票据业务,鼓励银行业金融机构尽快接入人民银行电子商业汇票系统和上海票据交易所中国票据交易系统,不断提高电子票据在转贴现、买入返售(卖出回购)等票据交易业务中的占比。

(三)票据业务内控管理要求

票据业务的内控是指票据市场的参与主体通过既定的管理制度、程序和方法,对票据业务的潜在风险进行事前防范、事中控制、事后监督和纠正的动态过程,以降低开展票据业务的风险,从而确保经营目标的高质量完成。管理票据业务风险客观上要求市场参与主体加强内部控制,按照全面性、制衡性、成本效益原则建立健全票据业务的规章制度,完善授权、授信、审批控制体系,开发涵盖全业务、全流程的风险管理系统,建立责任分离、资格认证和关键岗位人员的定期轮换制度,同时还要完善会计控制系统和管理信息系统平台,确保系统有能力及时纠错和持续改进。票据业务的内控重点包括不相容岗位的分离控制、授信以及审查审批的内部控制、资金管理的内部控制和会计结算的内部控制。

(四)票据业务风险管理的基本理念

1. 坚持服务实体经济

一是承兑业务为实体经济支付结算提供便利。票据本身作为一种支付结算工具,特别是经银行承兑后的票据具有信用增级、延期支付和背书转让等优势,成功满足了供销企业间的短期资金支付需求。发展票据承兑业务,既可以加快市场上的资金周转和商品流通,又可有效促进企业之间的贸易往来。二是贴现业务为实体经济提供便捷融资渠道和低成本资金。相对于普通贷款,银行承兑汇票贴现具有低风险业务特征,银行办理业务流程短、环节少、时间快、所需业务资料少、审批通过率高等便捷性,可以帮助企业通过票据贴现来快速实现短期融资需要。由于票据贴现利率一般低于同期贷款费率,也在一定程度上降低了企业融资成本。三是再贴现业务有效促进央行对实体经济进行"滴灌"。相对于其他货币政策工具,再贴现可以选择国家鼓励发展的行业、类型等标识进行精准投放,也可以选择投量、结构、比例和利率,增强货币政策工具的灵活性、针对性、有效性和主动性,在增强货币政策实施效果、促进信贷机构调整、引导和扩大中小企业融资范围等方面发挥重要的作用。同时,要提高再贴现占贴现中的比重。管理票据业务风险要以服务实体经济的理念作为制定政策、完善制度的出发点和落脚点。

2. 坚持制度流程先于业务操作

开展票据业务需做到有章可循,有据可依,做到先制定制度、操作流程,而后规范展业以避免风险事件发生。一是制定全面涵盖各项票据业务的、系统规范业务各操作环节的制度和程序,以统一标准和要求,确保不受管理人员更迭的影响,同时能根据法律法规、经营环境、经营状况的变化而变化。二是明确各岗位办理业务的权限范围、审批程序和相应责任,建立有效的授信决策机制,保证各级管理人员在授权范围内行使职权和承担责任。三是按照职责分离、相互监督和制衡原则设立部门和岗位,从业人员应接受上岗培训,关键岗位人员实行定期轮换。四是建立票据业务管理信息系统,实现票据业务操作和管理的电子化,发挥计算机信息系统的监控功能,加强电子档案的维护和保管,保证合同、契约等资料的安全、完整。

3. 坚持树立风险意识,建立健全风险管理体系

一是牢固树立风险意识。随着经济下行和各类风险因素交织,资产质量将出现一定程度下滑,票据风险逐步暴露,因此银行需要高度重视票据业务风险,坚持审慎经营理念,增强全面风险意识。同时,建立科学的考核机制,结合自身特点和实际情况确定票据业务发展的目标和规划,不盲目追求发展速度和规模扩张。二是建立健全适应"票交所时代"特点的票据风险防控体系和制度。要从大处着眼,从细节入手,强化票据风险集约化经营管理,建立从票据风险识别、提示、预警到风险监测、分析、评价、化解等全面风险管理框架,实现对票据业务全面风险管理;健全事前风险审查与评估、事中风险审核与控制、事后风险检查与跟踪等全方位、全流程管理,对"票交所时代"交易员流程化操作管理至关重要。此外,特别要注意防范道德风险。

4. 坚持把握风险规律

票据市场作为货币市场子市场之一,天然具有金融业风险属性、收益的当期性和风险滞后性的行业基本特征。市场参与主体应牢记开展业务过程中所面临的信用风险、操作风险、市场风险、流动性风险、合规风险、道德风险。随着市场参与者的日趋复杂和宏观经济形势的变化,盲目追求规模和利润的粗放经营模式走到尽头,只有对各类风险进行精细化管理,把握风险基本规律,才能在未来的竞争中取得长远优势。

5. 坚持全流程控制,防范风险于未然

从微观实务操作上,应将防范风险始终贯穿业务开展的全过程,从法律审查、风险评估、合同条款、流程设计、动态风险跟踪等角度切入,对资金募集、资金投向、资金

使用、资金回收等资金流动过程进行监督,从岗位分离、授信控制、审查审批、资金管理、会计结算等多方面完善"全流程"风险防控,发挥经营风险和管理风险的职能作用,防范风险于未然。

从票交所功能角度看,高质量风险控制体系的建设需要加强对票据业务全流程及全生命周期风险监控。全流程风险监控应从事前、事中和事后等三方面入手:事前风险监控需进一步完善信用评级标准、风险预警机制与模型,将对信用主体的评级及市场风险事前评估引入票据市场;事中风险监控需强化上海票据交易所对市场的把握能力及实时监控能力,通过不断优化交易、托管、清算、监控等业务规则,完善系统功能,实时判断处置突发市场风险;事后风险监控需建立相应监测模型和系统,对票据全市场、全生命周期、全交易结算时段进行监控,优化异常及复杂情况处理机制。

6. 坚持加强对员工的教育

盈利是票据经营机构生存和发展的第一目标,但是片面追求经济利益而忽视了对员工精神层次的教育往往会酿成道德风险。尤其是在行业众多机构都"重业绩、轻风险""重指标、轻管理"的氛围下,久而久之从业人员会过度看重个人物质利益得失,向所服务机构索取的心态日渐加重,加上金融风险的暴露往往都滞后于当期业绩的形成,更助长了某些员工利用机构资金为个人谋利的投机心态。所以要加强新员工上岗前的职业道德培训,并关心其成长成才;对于老员工也要定期作思想上沟通,建立科学的考核激励制度和内部控制制度,形成一个员工不想动歪脑筋、不敢动歪脑筋、不能动歪脑筋的体制机制。

三、四十年票据业务风险管理存在的问题

(一)制度和基础设施问题

在制度上需解决融资性票据的合法性问题,可以缓解企业融资困境,促进商业银行业务发展,优化社会信用环境,目前市场上存在相当比例的融资性票据,因没有法律承认和规范处于灰色无序发展之中,给票据市场正常秩序带来不良影响,因此可以尝试有计划有限度的开放融资性票据,推动票据市场稳健快速发展。在基础设施上,2009年10月28日中国人民银行组建的电子商业汇票系统正式投产运行,电子商业汇票签发、背书、贴现、托收等环节均被纳入平台管理,但由于接入电票系统的基础设施和技术要求较高,普通企业以及小型金融机构无法直接使用电票,需要通过其他金融机构代理接入,从而限制了电票的接受度和流通性,并在代理接入环节容易造成风险事件的发生。

(二)参与主体风险管理问题

一是经济增速下行导致企业违约向银行传染。近年来,在去产能、去库存、去杠杆、贸易战的过程中,产能过剩行业以及部分中小企业遭遇经营困难,企业亏损、资金链断裂、跑路逃债等现象频频曝光,一些区域性系统性融资风险逐渐暴露,很多大型

民营企业集团出现债务违约,某些财务公司超越自身承兑能力过度签发银行承兑汇票套取他行贴现资金到期后无法兑付,这些企业、财务公司的票据流入银行体系后,企业的信用风险传染给了银行。

二是票据中介挪用资金的风险向银行转嫁。前几年票据融资需求大幅增加以及票据交易量迅猛增长,中介大规模参与票据市场,且逐渐渗透到票据链条的全过程之中,起初以撮合民间交易为主,后来一些不规范的票据中介直接参与到票据业务交易,从租借金融机构账户、开设虚假同业账户、"消规模"等,发展到严重期限错配投资、一票多用甚至套取资金另作高风险投资。随着近年来经济增速趋缓、股市快速下行、房市僵持,中介很多高风险投资失败,无力填补资金窟窿,原票据业务到期无法偿还,风险事件爆发,并转嫁至银行。

三是票据经营机构迫于利润考核压力不审慎经营。随着经济下行、金融改革深化,"金融脱媒"加剧,银行资金成本不断抬高,利差收窄,利润增速趋于放缓,而竞争更趋激烈,不良"双升"持续发酵,迫于业绩考核压力和急于求成,银行出现抢客户、抢票源、争资金、争规模等现象,风险意识淡化,未经风险评估和充分论证即尝试各种新产品、新模式,制度执行变形走样,业务流程违规现象增多,监督检查力度下降,放松了对风险的防范和把控。

四是商业银行内控管理不到位诱发操作风险和道德风险。票据业务通常办理流程长、环节多、专业性较强、涉及人员多,风险防控难度大。一些银行对票据业务的操作和管理缺乏一系列行之有效的管理制度,没有建立起完善的风险防控体系;还有一些机构内控薄弱、有章不循,制度形同虚设。特别是在票据保管出入库被挪用,票据交易中资金划付与票据交割不同步,流转过程中票据或资金被挪用,非法机构冒用银行的名义以同业账户开展票据业务等环节。同时,存在对员工的道德风险缺乏有效的控制手段,违规办理票据业务,为票据中介等提供便利及个人从中谋取利益。

(三)创新问题

随着票据市场跨市场合作的日趋增多,票据产品的综合服务化和衍生化趋势日益明显,出现过如下问题:一是脱离实体经济的金融自我循环、自我膨胀和为逃避监管而创新,如利用"银信合作模式"腾挪信贷规模,利用"农信社模式"会计规则漏洞减少资本计提,利用"票据资管模式"将信贷资产出表等,利用"票据P2P理财"非法吸收公众存款,这些"伪创新"不仅无助于服务实体经济,反而积聚了系统性风险。二是商业银行开展表外业务时,在中间业务"外衣"下随意承诺,带来规模不小的或有负债,从而引发资金垫付和利润减损的风险。部分机构利用开具银行承兑汇票不占用信贷规模的特点,通过大量签发银行承兑汇票揽取保证金存款,风险敞口随着整体保证金比例的下降而增大,在经济下行期容易导致承兑业务到期时资金垫付率过高从而影响其承兑能力,并将风险交叉传染给其他同业机构。

票据领域的创新应本着有利于节约客户财务成本,提高客户资产收益,提高服务效率;有利于降低银行运营成本和简便操作,增强盈利能力;有利于减少资本消耗,降低资本占用压力的原则,加强对表外业务的管理,改变表外业务发展过快且期限错配较为严重的状况,综合考虑资本成本、综合收益和风险防范的问题。在产品设计上,通过开展组合风险量化分析,把握跨市场业务产品的流程、特点、风险要点和当前存在的主要问题,强化风险管控,强调规范运作,深入评估分析各个操作环节可能存在的风险点,严格按照监管要求做好表内与表外业务直接的防火墙,防止表外业务的风险向表内蔓延;控制好产品周期内各个环节的操作风险、流动性风险,做好应对预案,有效处置可能发生的各类风险事件,尤其是在中间业务和理财产品的设计和发行环节,既要对各类客户有吸引力,也要做好综合成本收益的测算,不涉足不熟悉、不擅长的领域。

(四)信用问题

一是社会整体信用环境影响票据信用,企业间商业信用缺乏基础,全国性的企业信用体系建设滞后于经济发展的需要。二是票据制度规范制约票据信用,《票据法》第十条第一款规定:"票据的签发、取得和转让,应当遵循诚实信用的原则,具有真实的交易关系和债权债务关系。"《票据法》否认了融资性票据的合法性,这与融资性票据事实上的存在构成矛盾。三是银行票据信用的发展制约了商业票据信用的发展,我国商业信用体系尚不健全,票据市场缺乏专业的票据评级授信机制,商业承兑汇票的信用无法得到市场的广泛认可,银行承兑汇票市场占比比较大,商业承兑汇票签发和贴现体量均过小,银行承兑汇票的过度发展在一定程度上让承兑业务的信用风险集中在银行体系内,无法做到有效分散,易滋生系统性风险,并同时制约了商业信用的发展。四是信息披露体系不完善影响了票据信用的发展,商业银行及其他参与主体对票据市场的出票人、承兑人的流动性、短期偿债能力、盈利能力等评级指标、评级体系研究不够深入。目前票据的信用信息散布于央行、银保监会、商业银行、财务公司、票据经纪、企业、工商行政管理部门及司法机关的各层级单位中,由于缺乏综合的票据评级体系和信息整合的牵头部门,海量的票据信用信息未能得到有效的整合与利用,在一定程度上延缓了票据市场的统一和票据标准化产品的推进,阻碍了票据信用风险的整体防范与创新型票据业务的发展,并最终影响了票据信用的普及与发展。

(五)道德风险防范问题

多年来,票据市场的各种案件包括大案要案都显示出"里外勾结"的特点,对员工道德风险的防范刻不容缓。内控合规制度的执行最终还是要落实到人这个层面,案发机构通常岗位制约机制失衡,印章、合同、账户、营业场所等管理混乱,大额异常交易监测失效;一些员工违规参与票据中介或资金掮客的交易,突破法律底线,与不法分子串通,谋取私利;违规通过签订显性或隐性回购条款、"倒打款"甚至"不见票""不背书"开展票据交易,项目投前调查不尽职、投后检查不到位,丧失合规操作的底线。

四、未来提升票据业务风险管理水平的再思考

(一)充分认识新时代票据业务风险防范的重要性

一直以来我国经济增速保持中高速增长,经济金融环境向好,银行贷款不良率较低,经营重点逐步由信用风险缓释、治理转向市场拓展和业务创新,加上我国直接融资市场发展相对缓慢,实体经济仍然主要依靠银行信贷维持流动性,导致银行形成了信贷规模高增长、高投放的业务发展惯性,风险防控意识相应有所弱化。随着宏观去杠杆、调结构、贸易战的持续进行,经济下行和各类其他风险因素交织,银行利润减少,经营压力明显加大,资产质量出现一定程度下滑,票据业务领域的风险逐步暴露。很多风险表面是外部环境问题,核心是风险观、业绩观、发展观问题,是风险管理体制与业务发展不尽适应的问题。"重盈利、轻风险""重指标、轻管理"的问题需要在变革中进一步根除,坚持审慎经营的理念,坚持业务发展与风险管理相适应,持续推进精细化管理,深化对电子商业承兑汇票信用风险管理和票交所时代市场风险和道德风险管理将成为银行业和票据经营机构长期可持续发展的必然选择。

(二)创造良好信用环境,从源头上防范风险

创造良好的信用环境,需要社会各方面共同努力。就票据市场自身信用体系而言,至少牵涉到票据承兑市场、票据直贴市场、票据转贴市场、票据再贴现市场、票据经纪市场、票据评级市场、票据创新业务市场和票据交易市场这8个子市场,各子市场之间互联互通、环环相扣,共同组成了票据信用的生态环境,需要票据市场各参与主体共同建设好、维护好、管理好。同时可考虑设立票据信用环境的相关管理委员会,统筹票据信用市场的框架体系和顶层设计,制定票据信用市场的发展规划、发展战略及短期、中期、长期目标,加强对每个环节的风险精细化管理,进而从源头上防范风险。

(三)进一步完善票据业务制度,堵住风险漏洞

一是完善票据产品线全面风险管理框架,将票据融资业务纳入授信、授权管理体系,执行统一的风险管理政策和风险偏好,持续完善有效制衡的风险治理架构,并建立前中后台分离的业务管理体系和风险管理体系,实现调查、审查、操作等职能的分离,统一风险标准。明确票据产品线由前台管控、中台制衡、后台监督的风险管理"三道防线",落实各道防线具体职责,在强调前台机构和岗位作为风险第一道准入关的主体责任的同时,加强中后台的独立性,强化制衡与监督作用。二是优化票据融资业务制度与流程,持续修订发布票据融资业务制度文件,强化票据实物、客户准入、资金划付和合同签订四个关键环节的实质性风险防控,为票据产品线经营管理奠定制度基础。结合外部市场风险特点和自身实践,制定各产品线票据业务禁止性规定,明确风险底线。及时下发业务管理通知,全面规范电票业务和票交所线上业务操作流程,深刻揭示各业务品种风险点,进一步优化经营行为。三是强化产品、机构、客户准入

管理,根据资源禀赋不同制定相应的产品管理策略,逐步形成基层专注于承兑与贴现业务、票据总部专注于转贴现和回购业务的经营格局,通过持续实施系统内票据存管机制,将基层票据集中到票据总部进行风险检测和集中保管,提升票据产品线系统化运作管理水平。强化票据融资业务机构准入管理,细化准入标准、明确岗位分工,切实把好机构与人员准入关,根据客户风险变化情况,实时对票据融资业务进行动态调整,推动贴现业务持续健康发展。四是通过内部邮件、内部网络、监测通报等载体,持续落实票据产品线运行情况、工作提示、业务政策风险信息的传达互通机制;强化产品线教育培训,定期组织业务线开展"票据讲堂",向基层机构进行业务制度解读、产品流程讲解,加强风险防范理念传导。五是加快修改票据法,推出银行承兑融资性票据试点和允许全部非银行业金融机构参与票据市场。

(四)进一步建立参与主体风险科学考核机制,把牢风险关

各持牌金融机构是票据市场最重要的参与主体和资金、信用提供方,银保监会可以建立一套科学评估票据风险的考核办法,通过管理好参与票据市场的持牌金融机构来防范票据市场风险事件的发生。一是建立票据风险指标,可从票据承兑垫款率、票据贴现逾期率、票据案件发生率、票据资金损失率等维度进行评估,定期发布和监测被管辖机构的总体风险情况。二是建立风险管理体系,要求各持牌金融机构的内控合规部应从票据风险评估、提示、预警到风险监测、分析、评价等搭建全面风险管理框架,实现对票据业务风险控制的全流程覆盖,银保监会根据落实情况予以考核。三是建立监管机构与市场主体之间的信息共享和良性互动机制,完善审慎监管、机构内控和市场约束三位一体的票据业务风险管理模式,促进票据市场可持续发展。

(五)建立全生命周期,提升风险防范水平

1. 完善票交所的功能

票交所具备全面、实时的海量数据,需要对这些交易数据进行监测,制定应急预案,一旦出现异常情况及时采取措施,维护市场稳健运行。一是搜集整合票据风险信息,包括公示催告、挂失止付、风险票据、票据案件或事件以及可能产生票据风险的其他信息,也要建立黑白名单制度,对具有欺诈、恶意拖欠票款等票据不良行为的客户进行黑名单管理,而对信誉良好、交易活跃、推动票据市场创新发展的客户予以升级,鼓励商业信用发展。二是票交所可以通过市场变动趋势和客户的风险偏好,借助数据模型建立以情景分析、压力测试为手段的前瞻性风险管理模式,合理的为客户推荐交易对手,匹配其风险收益,并可以通过专业队伍的打造,加强对业务和产品模块中各个环节的风险管理和控制,提高客户合规经营意识,推动监管要求在整个市场的传导。三是借助大数据分析完善风险计量和内控评价模型,不断的推动风险的量化管理体系,通过嵌入业务和产品模块推动量化监测风险的尝试,并对合规操作和管理进行全方位分析,提升会员的风险防范水平和合规管理能力。四是提供应对票据风险场景和具体问题的咨询,处置票据风险资产的介绍、案例和相关办法等功能。

2. 建设票据一级市场直贴平台

可以由地方政府、财务公司和公正机构等牵头成立区域性、行业性的票据直贴平台，使票据的融资属性得到有效的发挥。众多中小企业和银行之间存在信息不对称，并且每家银行办理票据贴现业务时对承兑人的涵盖范围不同，企业所持有票据的承兑人不一定在其开户行的贴现白名单内；另外，企业开户银行客户经理对贴现业务不熟悉从而拒绝企业办理贴现的情况也时有发生，这就导致了众多中小企业贴现难的问题，某些企业被逼无奈寻找票据中介进行民间贴现（即企业之间的商业汇票买卖），不仅违法违规，还存在"背飞"的欺诈风险。建设票据直贴平台可以把区域内各家商业银行、企业都吸引到平台上注册成为相应的银行会员、企业会员，企业会员把贴现需求发布在平台上，由银行会员报价，贴现价格低者可对接办理业务。平台只负责信息的采集和发布，不参与票据和资金的流转交易。模式运行成熟后可以考虑申请监管牌照成立直贴交易中心，进一步完善票据市场体系，服务实体经济。

3. 推进银票、商票的信用评级、授信、风险敞口管理

根据独立、公正、客观、科学的原则设定票据信用评级、授信体系，采用宏观与微观、动态与静态、定量与定性相结合的科学分析方法，确定评级对象的信用等级。票据评级对象包括出票人、承兑主体。一是对企业主体（出票人）信用评级，可借鉴现有成熟的对企业主体评级方法，按企业所处行业的不同分别制定细分评级指标体系，每个行业所选取的指标项及指标权重均有所区别。最终评级结果由评级得分、所对应的级别符号和评级报告组成，评级得分由定性指标和定量指标得分加总得出。定性指标涵盖经营环境、企业自身股东背景、信用记录、票据签发记录以及发展前景等方面。定量评价体现为企业财务分析，从财务结构、偿债能力、运营能力和盈利能力四个方面考量。二是对承兑主体信用评级，票据承兑主体的当期信用直接决定票据的到期偿付与票据交易、流通的顺畅程度，故对承兑主体进行信用评级是票据评级的重要环节。承兑主体根据票据种类不同分为银行与企业。最终评级结果同样是由评级得分、所对应的级别符号和评级报告组成，评级得分由定性指标和定量指标得分加总得出。评价商业银行定性指标涵盖经营环境、基本素质、风险控制、票据交易记录等方面；定量指标体现为对商业银行财务分析，主要包括银行资本充足率、资产质量、流动性、盈利能力等方面。评价承兑企业的定性指标应参照企业主体（出票人）信用评级，考虑到票据交易期限较短，定量指标的评价方法与企业主体（出票人）信用评级应有所区别，企业短期偿债能力和盈利能力应是考察承兑主体的重点，故在上述两部分指标的选项设置及评分权重上将给予一定倾斜。做好了票据评级这项基础工作，可以建立交易对手白名单数据库，进一步确定对某个特定银行或企业的授信额度，并在票据管理系统中实时显示剩余额度，进而有效的控制最大风险敞口。

（六）建立票据风险信息平台

票据业务具有流动性强、区域跨度大、时效性突出的特点，信息不对称是票据风

险频发的主要成因。一是建设标准化、覆盖面广的信息采集录入平台。信息采集录入平台应来源广泛,实现各数据源平台数据的接入汇总,并拥有海量相关非结构化信息,可按"科学规划、统一标准、规范流程"原则,统一采集归口、利用数据信息技术建立索引,实现信息资料管理的科学化、规范化,实现信息集中管理,并建立数据质量控制机制,提高分类数据的准确性。二是打造模型化、手段先进的信息分析预测平台。运用科学模型建立宏观经济预警、区域监测评价等系统,从而对票据信息数据进行多角度、多层次、精细化、准确化的系统分析,并展示出区域市场主体的发展情况。同时,能对机构交易行为和合规信息进行动态分析,并提供个性化、可定制的直观展示功能。三是实现智能化、时效性强的信息资讯发布平台。信息资讯发布自平台要实现智能分类、科学发布、高效共享,需建立业务库、案例库、营销库、经验库、文化库、知识库,集中展现各类报表、信息功能。应尽快将票据全生命周期的各项信息纳入统一信用信息平台,建立完善的信用登记、咨询体系和严格的监督、执行体系,实现票据信息共享、透明,减少信息不对称,有效消除交易风险、降低交易成本,提高交易效率,进一步促进全国统一票据市场的形成。

(七)进一步加强对各级经营管理人员的培养和教育

票据业务的风险复杂多样,但归根结底还是人的风险。一是加强票据风险教育和相关培训,提高票据业务各级经营管理人员的风险意识。商业银行应该把职业道德教育和风险意识放在重要位置,在加强业务培训的同时强化对风险意识的培养,实时了解和分享市场风险信息,提升各级经营管理人员对风险的敏感性,及时对已经发生的重大风险案件进行深入剖析,从中吸取经验和教训,不断强化提升员工风险意识。二是建立合理的人员管理制度。要密切关注交易员、管理人员和其他关键岗位人员的思想和行为动向,实施定期、不定期的抽查检查、轮岗交流、考核激励等制度,同时要建立完善与票据业务相联系、发展相适应的纪律处分和经济处罚条例,以此来规范和约束员工的行为,防止个别员工因思想上的偏向而形成行为上的偏差。

我国票据制度四十年的实践与未来完善设想

肖小和　万　恺

一、票据制度及其特点

(一)票据市场制度

1995年《中华人民共和国票据法》(简称《票据法》)正式发布,并于1996年1月正式施行,《票据法》保障了票据活动中当事人的合法权益,为各项票据市场制度(简称票据制度)的制定及修订提供了法律依据。票据制度是指根据《票据法》相关规定,票据市场参与者共同遵守的,由中国人民银行、监管部门或其他有权部门下发的,涉及票据市场的规章制度总称。票据市场规章制度属于上层建筑范畴,其与我国的经济基础、社会环境、信用发展等高度关联,科学、合理的票据制度能促进经济发展、商品流通,能推动信用提升、降低风险、加快创新,有利于票据更好地服务经济金融发展,而迟滞的票据制度,对票据市场发展、风险防控、信用提升、票据功能发挥及经济推动却有相当的约束作用。

应当说《票据法》及相关票据制度的发布在我国计划经济向市场经济过度发挥了积极作用,但市场经济发展到今天,票据制度在不少方面上一定程度影响了票据功能的发挥。

(二)票据制度的特点

1. 指导性

票据制度由央行或监管机构发布,对金融机构开展票据业务品种、对象、准入要求均做出了较为明确的规定,有较强的指导性。

2. 科学性

在经济发展的不同时期票据主管部门均对票据制度做出了及时、有效的调整,票据业务管理要求基本符合市场发展规律,符合金融机构的发展特点,满足了实体企业的融资需求。

3. 权威性

票据制度由权威机关发布,可以作为衡量金融机构业务票据开展状况的依据。

4. 强制性

票据制度具有较强约束力,任何金融机构不得违反,具备强制性特征。

二、四十年票据制度实践与对经济金融的贡献

(一)四十年票据制度的发展阶段

中国的票据市场起步于改革开放之后,1979 年中国人民银行总行批准部分企业签发商业承兑汇票,并于 1981 年分别开展了第一笔商业承兑汇票和银行承兑汇票业务,在票据市场近四十年发展历程中,票据制度体系从无到有、逐步完善,总体看可分为三个阶段。

1. 起步阶段(1984—1995 年)

在此阶段,央行发布了大量文件制度,初步建立起票据市场框架。1984 年 12 月,中国人民银行总行在总结上海、重庆等地试办商业票据承兑贴现业务经验的基础上,正式颁布了《商业汇票承兑贴现暂行办法》,决定从 1985 年 4 月起在全国开展此项业务。1986—1994 年,央行相继发布了《中国人民银行再贴现试行办法》《银行结算办法》《商业汇票办法》《再贴现办法》《信贷资金管理办法》《关于在煤炭、电力、冶金、化工和铁道行业推行商业汇票结算的通知》等制度,明确了票据结算、贴现、转贴现、再贴现等业务的办理要求,大力推广使用商业汇票,建立了票据市场雏形。

2. 规范化阶段(1995—2009 年)

1995 年,作为规范票据法律关系根本制度标志的《票据法》正式颁布,为票据市场的发展奠定了法律基础,对有效规范票据行为起到了重要作用。在此期间,中国人民银行陆续下发了《支付结算办法》《票据管理实施办法》《商业汇票承兑、贴现与再贴现管理暂行办法》《关于切实加强商业汇票承兑贴现再贴现管理的通知》《关于完善票据业务制度有关问题的通知》《关于促进商业承兑汇票业务发展的指导意见》等一系列规章制度,加强了对商业汇票业务的宏观管理和制度建设,票据市场进入了快速发展的新阶段。

3. 电子化阶段(2009—2016 年)

2009 年 10 月 16 日,中国人民银行正式发布《电子商业汇票业务管理办法》及配套的八项制度,票据市场正式进入电子化时代,市场潜力被不断激发,票据创新不断涌现。

4. 票交所阶段(2016 年至今)

2016 年 12 月 8 日,央行正式下发《票据交易管理办法》宣告票据市场正式进入了票交所时代,进一步规范了票据市场主体行为,明确了票据的流通、交易、托管与清算规则,票据市场的规范化程度大幅加强,票据市场风险大幅下降。

(二)票据制度的种类

近四十年来,央行、监管部门及其他有权部门在票据领域下发数百个政策文件,总体上看可分为三大类,即:票据基础类、业务产品类和业务管理类等。

1. 票据基础类

基础类票据制度是票据市场发展的根基,此类制度全面规范了票据市场的各类

业务行为,如《支付结算办法》《票据交易管理办法》等。

2. 业务产品类

业务产品类票据制度是票据市场发展的动力,如《票据承兑、贴现、再贴现管理办法》《电子商业汇票业务管理办法》等,相关制度的出台增强了票据市场服务实体经济的能力,提升了金融机构融资效率和服务能力,丰富了我国金融市场体系。

3. 监督管理类

监督管理类票据制度是票据市场发展的保障,如《关于加强票据业务风险的通知》《资本管理办法》等,此类制度规范了票据市场发展路径,防范了票据市场各类业务风险,推动票据市场合规、有序发展。

(三)票据制度对票据市场的贡献

1. 促进票据业务发展

我国票据制度体系的建立与完善是一个渐进过程,在此过程中商业银行逐步熟悉研究票据业务,票据业务产品不断创新,各项票据业务规模不断扩大。2017年,票据市场累计贴现量已达40.3万亿元,累计承兑量17万亿元。票据制度对票据业务发展起到了关键性作用,推动票据市场不断壮大。

2. 提升服务实体经济能力

票据是一类与实体经济关系紧密的金融产品,业务产品类票据制度明确了各项业务产品的准入要求、办理对象、办理条件及管理要求,推动金融机构加大对实体经济的投入,如通过票据承兑、票据贴现等业务打通企业供应链上下游,通过票据背书转让实现企业间资金结算,通过再贴现业务强化了金融机构对中小企业的信贷投放,提升票据对实体经济的贡献。

3. 拓展市场参与主体

2016年发布的《票据交易管理办法》在票据市场中具有里程碑意义,其不仅明确了票据市场登记、托管、交易、清算等基本规则,同时大幅拓展了票据市场参与主体,将证券、基金、信托、期货、保险等金融机构引入票据二级市场,提升了票据市场的活跃度,活跃的二级市场将进一步反推票据承兑、贴现市场的发展,并进一步推动票据服务实体经济。

4. 推进市场创新发展

上海票据交易所的成立,是近年来票据市场最大的创新。《票据交易管理办法》明确了上海票据交易所的职责,引入了票据托管、票据登记,全面优化了票据清算与结算,并进一步推动实现了票据DVP交易,票据市场就此告别了野蛮发展的线下交易阶段,进入了全面规范化发展的新阶段。

5. 丰富票据业务产品

20世纪80年代央行发布《商业汇票承兑贴现暂行办法》及《中国人民银行再贴现试行办法》,票据承兑、贴现及再贴现业务正式登上历史舞台;2009年,《电子商业汇票业务管理办法》正式推出了电子商业汇票承兑、贴现、转贴现、再贴现等一系列新型票据业务产品;2016年,《票据交易管理办法》明确了票据资管业务相关要求。通过票据制度的不断创新,极大丰富了票据业务产品种类,为实体企业和金融机构提供了更多融资及交易选择。

6. 推动电子票据业务发展

2009年《电子商业汇票业务管理办法》的正式下发,标志着票据电子化进程已经到来,截至2017年12月,电子商业汇票承兑业务量达13.02万亿元,电子商业汇票融资量达58.35万亿元。尤其是上海票据交易所成立后,大力推动纸质票据电子化及线上DVP交易,为电子商业汇票的发展创造了更为优越的外部条件,电子商业汇票项下各类业务发展迅速,我国票据市场电子化进程大幅提速。

7. 提升票据市场防范风险水平

近年来票据市场风险防控水平有所提升,票据风险事件总体呈现下降趋势,这与《票据交易管理办法》的发布以及上海票据交易所的成立密切相关。上海票据交易所成立后,纸质票据承兑、贴现要求登记、纸质票据必须先托管而后才能交易、纸质票据二级市场持票人被拒付后可直接追索贴现行等业务规则有效规范了票据交易前及交易后的各项业务行为,在风险事件多发且易发的纸质票据领域,压缩了违规操作空间,降低了纸票交易及持票风险,保障了善意持票人的权利,推进了纸质票据电子化进程,提升了票据市场整体风险防控能力。

8. 强化商业银行综合能力

商业银行通过票据承兑业务可以获取相应的保证金存款和手续费收益;通过票据二级市场可以较为便利地调节资金头寸,优化本行资产负债结构,获取票据价差收益。票据市场丰富了商业银行产品体系,强化了商业银行服务实体经济的效率,提升了商业银行资产负债管理及盈利能力。

三、四十年票据制度存在的相关问题

(一)缺少票据市场顶层设计类制度

票据市场已发展了近40年,在全市场顶层设计方面缺少框架性制度文件,票据市场中具有里程碑意义的《支付结算办法》《票据承兑、贴现、再贴现管理办法》《电子商业汇票管理办法》《票据交易管理办法》等均侧重于业务产品或业务管理层面,缺少对票据市场整体设计规划的制度文件,不利于票据市场的创新及长远发展。

(二)部分政策要求不统一

当前我国票据市场存在政策不统一的问题,如在票据市场参与者、票据贸易背景真实性等方面。

1. 票据市场参与者

2016年上海票据交易所正式开业,央行随即发布了《票据交易管理办法》放开了

票据市场参与主体的限制,券商、基金公司、保险公司、信托公司、期货公司、资产管理公司等非银机构可以自有资金参与票据二级市场交易,也可以通过设立资管计划的方式参与。目前,票据市场参与主体多元化处于"放而未开"的尴尬境地,非银机构(不含财务公司)办理的场内票据业务依旧较少,主要原因在于:一方面由于非银机构(不包括财务公司)监管部门尚未出台明确的制度文件同意上述机构参与票据二级市场交易;另一方面,非银金融机构对于票据业务普遍不熟悉,上海票据交易成立之前其在资管业务中仅负责提供通道,业务风险等均由商业银行把控,一段时期内非银机构难以将业务重心转向票据业务。

2. 贸易背景真实性

2016年央行《票据交易管理办法》明确规定,票据贴现业务不再要求提供贸易背景,但在实施的过程中,商业银行发现部分监管部门对该项规定并不认可,仍然要求商业银行提供票据贴现业务的贸易背景,否则将对商业银行进行惩罚,导致商业银行在实际贴现业务办理过程中依旧审查贸易背景真实性,贴现业务办理流程依旧烦琐,相关政策未能落地实施。

(三)部分制度要求不合理

2012年《资本管理办法》要求"信用风险仍在银行的资产销售与购买协议,信用风险转换系数为100%",而票据是通过背书转让的,所有背书人都有被追索的可能性,因此其风险未完全转让,因此卖断票据后,卖断行还需计提与买入时相同的风险资产,即风险权重为20%或25%;同样,在票据卖出回购和买入返售业务中,资金融出行(买入返售方)对返售资产按原始期限3个月以上的普通商业银行债权计算风险权重,比例为25%,3个月以内票据则按照20%计算加权风险资产。资金融入行(卖出回购方)的风险资产权重不变。也就是一笔业务,买入返售和卖出回购方都必须计提同样的加权风险资产。

上述规定存在明显的问题,即未考虑票据等流动性较强业务产品的实际情况。假设原始期限3个月以上的票据在银行间转让5次,商业银行将重复计量5次风险资产,总共计提票面金额125%的风险资产,如果再加上票据承兑时所占用的风险资产(票据承兑按100%计提风险资产),单张票据所计提的风险资产将达到票面金额的225%。重复计量风险资产将影响商业银行正常经营活动,影响市场参与者在票据市场的交易策略及定价策略,导致票据市场流动性下降,并会影响企业的票据融资成本。

(四)部分制度要求不清晰

1. 关于票据贴现、转贴现业务是否具有信贷属性

根据中国人民银行1996年下发的《贷款通则》第九条第六款规定"票据贴现,系指贷款人以购买借款人未到期商业票据的方式发放的贷款",所以,商业银行对企业的票据贴现业务显然应纳入贷款范畴。同时,中国人民银行1997年下发的《商业汇票承兑、贴现与再贴现管理暂行办法》第二十二条规定"贴现人应将贴现、转贴现纳入

其信贷总量,并在存贷比例内考核"。票据业务的贴现和转贴现业务,从此就被赋予了信贷属性,一并纳入贷款总量计算。

票据贴现与银行贷款相比,具有显著的区别,将票据纳入贷款总量计算有待商榷。一是从业务行为方式看,银行贷款是借款人与贷款人之间的资金借贷行为,遵循资金的有偿性原则,即借款人要按期如数偿还资金,并按规定计付利息;票据融资是票据买卖和资金让渡的过程,是一种票据的买断行为,遵循给付对价原则,即融资银行取得票据要给付资金,融资申请人转让票据要取得相应对价,并贴付一定利息。二是从业务属性看,银行贷款具有较为明确的信贷属性;对票据而言,目前国内有较为发达的银行间票据二级交易市场,客观上推动了票据融资业务的发展,银行办理票据融资的目的在于融通资金及获取票据买卖之间的差价,票据融资具有较为明确的资金属性。三是从法律关系看,银行贷款体现了贷款银行与借款人之间的民事法律关系,主要受民法、经济合同法和有关金融法规的规范和约束;票据融资体现了融资银行与票据付款人(承兑人)之间的权利义务关系,融资申请人只负责担保该票据到期付款的责任,这种关系主要受《票据法》的规范和约束。四是从款项用途看,银行贷款均需约定明确的贷款用途,而企业申请票据融资,无须就融资所得款项的用途做出任何承诺或说明。五是从利息收取方式看,银行贷款的利息都在贷款到期或按约定时期定期收取,通常称之为先贷款后收利息;票据融资是票据的买入,除票据到期不获付款而向企业进行追索之外,融资后银行与融资申请人已无任何关系,所以票据融资采用前收息。

2. 关于标准化债权资产认定

2018年央行发布《关于规范金融机构资产管理业务的指导意见》,其中指出标准化债权资产应当同时符合以下条件:(1)等分化,可交易。(2)信息披露充分。(3)集中登记,独立托管。(4)公允定价,流动性机制完善。(5)在银行间市场、证券交易所市场等经国务院同意设立的交易市场交易。

由于相关要求较为宽泛,对于票据资产是否属于"标准化债权资产"存在争议,一是票据资产进入上海票据交易所之后,是否实现了等分化。二是票据市场信息披露机制是否足够充分。三是票据市场能否独立公允定价。

(五)部分票据管理制度缺失

1. 融资性票据

《票据法》立法之初,为防范商业银行业务风险对融资性票据采取了"一刀切"的态度,规定票据的签发、取得要有真实的交易背景,禁止企业签发融资性票据,后续监管部门下发的各项规定延续了此项要求。由于贸易背景的硬性要求,部分企业不再通过银行获取融资,转而直接开立商票,并通过民间票据经纪公司融资,导致大量票据融资在银行体外循环,限制了票据市场规模,提升了票据市场风险,影响了票据市场进一步创新与发展。

当前国内经济、票据市场规模已较发展初期大幅增加,监管手段较为丰富,商业银行风险控制能力、市场运作能力已大幅增强,开发融资性票据已迫在眉睫。

2. 票据评级管理

目前票据市场缺乏统一的、权威的评级管理要求,缺少相应的票据专项评级管理制度,各商业银行依据内部评级体系对企业及交易对手(机构)评级,评级的标准、方法、数据等方面均存在差异,且评级信息不对外披露,导致票据市场出现以下问题:一是评级资源的重复与浪费。二是票据市场无法形成真正全生命周期的、标准化的市场。三是影响了票据市场定价的科学性。

3. 票据经纪管理

票据经纪公司是票据市场长期存在的现象,其游走于企业与商业银行之间、商业银行与商业银行之间,渗透于票据的全生命周期中,目前票据制度仅简单要求商业银行不得与票据经纪公司开展业务,尚无任何规章制度定义票据经纪公司或其他明确规定。一方面票据市场缺乏票据经纪公司的准入要求,导致票据市场存在大量经纪公司,其资质良莠不齐,一定程度上扰乱了票据市场秩序;另一方面缺乏对票据经纪公司的行为约束,部分票据经纪运作极不规范,甚至存在勾结商业银行内部人员牟利等行为,制约了票据市场的健康发展。

票据经纪公司在一定程度上活跃了票据市场,但该领域存在"劣币驱逐良币"效应,未来如何甄别、如何引导票据经纪公司合规发展,值得票据市场管理者深入探讨,并出台相应制度予以规范。

4. 统计信息管理

当前票据市场缺乏统一的统计信息披露制度,市场参与者难以掌握全市场完整、详细的票据统计数据等相关信息。一是统计指标不规范,票据市场统计指标缺乏权威定义,不同主体所发布数据在维度、口径等方面存在差异,市场参与者难以整理分析。如银行与企业之间办理贴现的统计指标,部分发布机构称之为"贴现",部分发布机构称之为"直贴";又如反映包含银企间贴现及银行间转贴现的统计指标,部分发布机构称之为"贴现",部分发布机构称之为"票据融资"。二是估值体系待建设,成熟的交易市场需要稳定、公允的价值评估体系,票据市场长期以来缺乏统一的市场价格,上海票据交易所虽已成立,但尚未发布统一、公允的市场价格,不利于市场参与者对持有票据估值,不利于改变商业银行粗放式经营理念。

四、未来完善票据制度的设想

(一)统一认识,加强票据市场顶层制度设计

票据制度是票据业务开展的基础,是票据市场不断发展壮大的前提。建议票据市场主管部门加大对票据制度的关注度,依据国家相关法规、政策要求,加强票据市场顶层制度设计,统一推进票据制度的更新与调整,废止或调整不适应市场发展的相

关制度规定,进一步改善票据市场经营环境,推动票据市场健康、快速、有序发展。

(二)修改《票据法》,明确融资性票据制度设计

《票据法》颁布于1995年、修订于2004年。当前我国经济及金融形势较10年或20年前已发生较大变化,现有《票据法》对票据市场进一步创新发展已产生一定阻碍作用,主要体现在融资性票据方面。建议加快《票据法》的修订工作,补充融资性票据的相关法律规定,并同步制定融资性票据的实施细则,推动融资性票据尽早落地,促进金融机构更好支持、服务实体经济。

(三)扩大参与主体,完善票据市场准入规定

建议票据市场主管部门加强与各类金融机构监管部门沟通,对非银类金融机构参与票据市场做出明确的制度规定,鼓励非银金融机构参与票据市场交易,为非银金融机构提供全新的业务渠道,充分运用上海票据交易所稳定、安全的市场机制,丰富非银金融机构的资产配置手段,进一步提升票据市场活跃度、流动性。

(四)探索标准化设计,实现全生命周期规范管理

上海票据交易所成立后,票据二级市场交易已经实现规范化运作,但票据承兑、贴现市场尚未规范,仅办理承兑及贴现登记。当前部分不良票据经纪机构运用民间资金,绕过上海票据交易所,实现票据融资在银行系统的体外循环。建议进一步健全票据市场制度体系,细化票据承兑、贴现市场业务规则,将票据全生命周期规范化发展作为票据市场下一步工作重心,规范票据承兑签发环节,在票据贴现领域引入全市场报价与撮合机制,加大对市场参与者交易行为的监测与预警,实现票据业务全生命周期、全流程透明化、无缝化管理。

(五)改进票据业务规模管理,改善风险资产计提方式

从票据市场发展角度看,部分已过时或不明确、不合理的规章制度急需完善,一是建议重新讨论票据资产是否属于信贷资产的问题,科学界定票据资产与信贷资产的边界,鼓励市场参与者加大对票据业务投入。二是建议票据市场主管部门与监管部门加强协调,在票据市场已全面规范化的背景下,调整不合理的票据风险资产计提规则,避免因重复计提风险资产而出现票据市场流动性下降,及实体企业票据融资成本上升等问题。

(六)研究评级管理,维护票据市场秩序

建议出台票据评级管理制度规定,对票据市场信用主体(如票据承兑人、票据贴现人)进行全方位信用评估,实时调整票据信用评级,定期发布信用评估报告,及时提示场内票据信用风险,维护票据市场运行秩序,保护善意持票人权益,推进票据市场标准化进程。

(七)加强部门协调,统一票据政策步调

建议票据市场主管部门牵头,协调相关监管部门及有权部门,统一票据监管要求,加强部门间协调,避免因沟通不畅出现政策差异等问题,推动票据市场协调稳定

发展。

(八)明确科技及统计要求,提升整体信息化水平

建议票据市场主管部门出台票据信息系统建设的相关制度,明确金融机构票据系统研发的基本要求,对有条件的系统参与者可提出大数据、云计算、人工智能等新型技术手段的研发要求,对上海票据交易所可提出收益率曲线、市场明细统计数据等研发和披露要求,提升全市场的金融科技水平,加快票据市场信息化建设进程。

(九)建设高质量人才队伍,推进票据专业化进程

票据业务岗位可分为票据交易、票据产品设计、票据运营、票据风险控制和票据科技研发等五类,建议票据市场主管部门出台票据市场人员资质管理的相关制度,依据不同业务岗位提出相应的从业人员素质要求,建立相关票据专业资质培训及考试机制,走高质量、规范化的人才培养道路,提升票据市场从业人员整体素质,推进专业化队伍建设。

中国票据市场四十年若干问题研究综述

肖小和　金　睿

我国票据市场起步于改革开放之后,自 1979 年人民银行开始批准部分企业签发商业汇票以来,迄今已有四十周年的发展历史。笔者见证了我国票据市场从无到有、从小到大、从弱到强,直至 2016 年底我国成立了全球首家票据交易所的发展历程。从宏观层面看,有必要进一步探讨票据市场的基础理论、法律规章制度、服务功能定位、未来发展方向;从中观层面看,需要进一步深入研究票据市场基础设施建设、信息系统建设、金融属性、价格形成机制;从微观层面看,需要进一步研究票据市场参与主体的经营模式、信用主体、创新业务品种、票据流通介质、面临的风险种类、风险处置方式等。现将四十年若干问题研究综述如下。

一、理论问题

票据是反映企业之间经济往来中债权债务关系的信用形式,票据是信用的载体和工具。正常的票据信用可以促进商品流通和经济发展,降低企业应收应付账款的风险,发挥票据应有的功能和作用。不良的票据信用制约经济发展和商品流通,影响票据市场发展及其功能、作用的发挥。

(一)信用

按承兑主体的不同,票据信用可细分为银行票据信用、商业票据信用以及银行与企业票据融合。

1. 银行票据信用

银行承兑汇票是商业汇票的一种,指由在承兑银行开立存款账户的企业签发,向开户银行申请并经银行审查同意承兑的,由银行保证在指定日期无条件支付确定的金额给收款人或持票人的票据。对出票人签发的商业汇票进行承兑是银行基于对出票人资信的认可而给予的信用支持。

2. 商业票据信用

商业承兑汇票指由法人或其他组织签发的,银行以外的付款人承兑的,由付款人在指定日期无条件支付确定的金额给收款人或持票人的票据。商业承兑汇票是建立在商业信用基础上的信用支付工具,具有权利义务明确、可约定付款期限、可转让贴现等特点。银行在商业承兑汇票指定的付款日只担任资金清算的角色,到期资金是否兑付看承兑企业本身信用。

3. 银行与企业票据信用融合

与银行承兑汇票相比,商业承兑汇票的付款人一般是企业,由于我国的商业信用体系尚未完全建立,贸易链上的企业对商业承兑汇票的接受程度较差。如果银行对符合相关条件的商业承兑汇票进行保贴,以书函的形式承诺为其签发或持有的商业承兑汇票办理贴现,这种给予保贴额度的授信行为可以很好的融合银行信用与企业信用。

(二)功能

在日常经济活动中,票据的应用已相当普遍。其功能包括:一是支付功能,在企业跟上下游贸易往来中,票据跟现金一样可以用来付款。二是结算功能,企业之间的债权债务,可以通过票据背书转让来结算。三是信用功能,票据的签发承兑环节本身就是基于真实贸易背景而开立和流转的,由于汇票开立和实际兑付之间有时间差,扩张了债务人的信用。四是融资功能,持票企业可以找银行贴现快速回笼资金,持票的银行也可以通过转贴现、回购和再贴现融入资金。五是交易功能,票据作为一种高流动性的金融资产,可以随时在票据市场交易变为现金。六是投资功能,票据市场是货币市场的一个重要组成部分,投资者可以向企业、商业银行或其他机构买入票据或票据衍生品作为短期投资品。七是调控功能,票据是商业银行调节信贷规模和资金最灵活、最有力的工具,人民银行在特定历史时期也通过再贴现利率调节基础货币的投放。

(三)作用

无论是从微观的经济主体行为看还是从宏观的经济运行角度看,票据对促进社会经济的发展都产生了积极的作用。从微观层面看,票据可以使市场微观经济主体之间的债权债务关系更加清晰,能够高效的为企业融资提供便利。票据作为设权凭证,拥有票据的所有权即意味着拥有票据上所记载的债权。票据的承兑签发和流转是以出票人或债务人的信誉为前提的。在票据未到期前,持票人在财务流动性紧张时可以向银行申请票据质押贴现贷款,实现资金融通。商事主体也可以签发以自己为承兑人的商业承兑汇票,实现短期资金的调节和补充。同时票据信用被普遍接受和信赖,能够使经济主体更加自律,有利于逐步改善社会信用环境和微观经济主体财务运作的规范化。票据信用功能可以给微观经济主体带来低成本的融资,这种巨大的经济利益会使市场参与主体更加珍惜自己的商业信誉和口碑,在经济往来中更加严谨诚信。单个经济主体的诚信自律叠加在一起可以营造一种集体诚信的氛围,从而提高经济发展的质量。

通过统计分析可以计算出承兑签发额、贴现发生额、承兑余额、贴现余额与经济增长(GDP)的相关性矩阵,如表3-2所示。

表 3-2　　　　　　　　　　　　统计分析结果

项目	承兑签发额	贴现发生额	承兑余额	贴现余额
经济增长（GDP）	0.9175%	0.8814%	0.9158%	0.4455%

数据显示票据承兑签发额、承兑余额和贴现发生额与GDP高度相关，票据的使用和流通对于促进实体经济增长发挥了一定作用。

从宏观层面看，票据被经济参与主体接受和认可，可以减少央行对基础货币的投放量。企业之间多用票据结算，只在需要变现的时候去银行申请贴现，可以显著减少货币发行总量，减轻通货膨胀压力。可以多发票据，少发货币，减轻流动性压力。商业银行可以通过向央行申请再贴现来融通资金，可以避免央行通过传统的再贷款形式给商业银行补充流动性，使货币发行机制正常化、可控化，从而有利于完善政府对市场经济的宏观调控机制，提高政府的宏观管理水平。随着商业信用的发展和票据化程度的提高，货币政策的传导机制和效率得到改善，当经济形势不稳定时，央行可以灵敏地通过提高或降低再贴现率来调节商业银行的信贷规模，从而使经济更平稳、高效的发展。

二、票据法

我国票据法出台已有20多年，并且一定程度上受到当时经济发展情况和时代背景的影响，目前票据法中有关真实贸易背景、融资性票据及本票的相关规定已经和当前票据市场发展的实际情况相差较远。

（一）真实贸易背景

1995年颁布的《票据法》第十条第一款规定："票据的签发、取得和转让，应当遵循诚实信用的原则，具有真实的交易关系和债权债务关系"。《票据法》的出台有着特定的时代背景，当时我国处于国内市场经济刚起步阶段，在这个市场经济不发达的特定时期，监管部门担心一旦票据承兑签发环节无需对应真实贸易背景和债权债务关系，部分商业银行将过度开展承兑业务，会导致信用投放失序，票据到期时银行承兑的垫款率上升，有潜在金融风险隐患。囿于这种时代背景，我国票据被设计成企业支付结算工具，忽视了票据的其他功能。监管要求的真实贸易背景，加重了银行类金融机构的业务负担和风险，影响了票据业务的发展，制约了企业通过票据贴现进行融资，以致有些中小企业迫于资金压力往往寻求中介机构进行融资，一定程度催生了民间票据市场，埋下风险隐患。时至今日，我国经济金融环境发生了翻天覆地的变化，商业银行的内控制度建设、风险控制能力和市场运作能力已经大幅增强，并且票据市场的业务量已经数十倍于20年前，同时监管的技术手段和工具大为丰富，贸易背景相关规定已严重影响票据市场的进一步创新与发展。建议向立法部门提议修订《票据法》，修改对票据签发、取得、流通转让必须具有真实贸易背景的要求，拓宽企业融资渠道。

(二)无因论

商品经济对票据高流通性的要求,产生了国际票据法法理中的票据无因性理论,要求票据一旦签发,其所产生的票据关系就独立于其赖以产生的票据基础关系,并与后者相分离,从而不再受后者的存废或效力有无的影响。在票据的流通过程中,第三人在接受票据时,无需去过问和注意票据基础关系。票据无因性是票据能正常流通的根本保证,而我国司法实践中,某些基层法院严格按照《票据法》《支付结算办法》的条文规定执行,影响了票据业务的开展。正是由于我国票据制度过分注重票据基础关系,所以在实务运作上不具有无因性。虽然根据2000年《最高人民法院关于审理票据纠纷案件若干问题的规定》第十四条,票据债务人以《票据法》第十条、第二十一条的规定为由,对已经背书转让的票据持有人进行抗辩的,人民法院不予支持,说明司法解释支持票据的无因性,但是司法解释并不能代替创设法律。无论是从票据法理论还是从我国票据市场发展的现实需要来说,都有必要修改《票据法》相关规定及相应的监管制度。肯定票据无因性原则,既能消除现行制度体系的内在冲突,又能进一步保障票据流通性,活跃繁荣票据市场。

(三)融资性票据

融资性票据是指票据持有人通过非贸易的方式取得商业汇票,并以该票据向银行申请贴现获取资金,实现融资目的。融资性票据贴现后的资金往往被用于投资或偿债,融资性票据的产生缺乏贸易背景,使该票据缺乏自偿性。融资性票据产生于出票环节,而不是转让环节;或者说产生于承兑环节,而不是贴现环节。票据究竟是贸易性的还是融资性的,完全取决于出票时的交易用途,贸易项下的票据,到期时能用商品回笼款来进行自偿;被用作投资或偿债的融资性票据,到期时因缺乏自偿性而给兑付带来一定不确定性。

监管当局在对真实贸易背景控制上缺乏比较有效的手段,融资性票据日渐增多。目前,在对真实贸易背景的审查方面,主动权在银行,监管当局要求银行在开票时要对贸易合同进行检查,要求企业事后补备增值税发票,贴现时也要求审查商品贸易合同和增值税发票,并从贸易合同、增值税发票和银行承兑汇票三者的日期和金额之间的对应关系来控制贸易背景的真实性。但事实上,由于现实贸易结算方式的复杂性和企业之间关联关系的隐秘性,所有这些形式要件即便在真实的情况下,也并不能完全证实一笔银行承兑汇票背后贸易背景的真实性。这样,监管当局对真实贸易背景的要求往往缺乏有效的监督控制措施。对于融资性票据的讨论重点,不再是承认不承认的问题,而是在商业汇票当中应该占多大比重的问题,是如何设计制度使得融资性票据能够良性发展的问题。

商业票据融资成本低、周转速度快,是国外盛行的一种短期融资方式,但对市场信用环境和企业信誉要求很高,一旦监管不慎,整个社会资金链断裂,风险不言而喻。

所以票据融资性功能的进一步开发应是一个渐进的过程,不可一蹴而就。可采取的做法包括:在一些区域信用环境较好的地区开展试点,并选择一些资信情况较好、经营状况正常、现金流量稳定的非银行金融机构(如财务公司、信托投资公司等)或大型企业率先试点发行短期商业票据;建立票据发行审核机制和信用评级制度,强化外部监督力量;设立票据发行机构的主管银行制度,由企业的基本开户行负责对发行企业的日常监控,对企业融资性票据实行比例限制等。

(四)本票

本票指出票人签发的,承诺自己在一定日期无条件支付确定金额给收款人或持票人的票据。本票的基本当事人只有出票人与收款人,为自付证券。本票上应记载的事项与汇票基本相同。其绝对应记载事项一般包括:标明"本票"的字样、无条件支付的承诺、确定的金额、出票日期、出票人签名或签章。本票未记载付款日期的,为见票即付;未记载收款人的,以持票人为收款人;未记载出票地点的,以出票人的住所或营业场所为出票地点;未记载付款地点的,以出票地点、出票人的住所或营业场所为付款地点。

我国《票据法》第七十三条将本票的种类限定为银行本票,排除了商业本票,且要求见票即付,不承认远期本票效力。结合《支付结算办法》第二十六条规定,可以发现我国的本票仅仅是一种支付工具,并且只能在人民银行规定的同一票据交换区域内使用。这与国际通行的规定不符,限制缩小了本票的信用与融资功能。在实际的经济活动中,一方面,银行本票作为特定区域银行间支付结算的方式不够便捷,一般无须签发;而另一方面,有融资需求的企业却无权签发商业本票,这使得现有本票基本丧失了生存空间。

本票与汇票的本质区别在于凭借谁之信用担保付款并履行付款义务。虽然我国《票据法》未明确商业本票的效力,但是实务中出票人自己进行承兑的商业汇票其实质与商业本票无异,出票人就是凭借自身信用担保并付款的。商业本票作为本票的一种,由于出票人自己担保付款,与汇票相比,有以下优势:一是本票基本当事人只有两方,即出票人(付款人)和收款人,相对汇票而言,法律关系较为简单。二是本票无须承兑,收款人向出票人请求付款的权利一经出票即确定,而汇票往往需要承兑。发展商业本票,有利于优化企业融资结构,降低企业融资成本、提升票据市场活跃度。

三、票据创新

票据市场一直面临的问题之一就是被商业银行视为信贷业务、被投资机构视为非标债权,导致票据市场的发展受商业银行整体的资本金实力、风险计提权重、信贷规模管控等因素干扰。积极探索票据资产管理、票据资产证券化及票据衍生产品可以帮助票据市场开辟一条新的发展道路。

(一)资管

2016年12月5日,中国人民银行颁布《票据交易管理办法》(人民银行公告〔2016〕29号),明确允许资管产品作为"非法人类参与者"在上海票据交易所开立产品账户参与票据交易,包括转贴现、质押式回购和买断式回购等。基于票交所场内交易,商业银行与资管产品在票交所场内进行票据转贴现交易,由于场内转贴现互免追索,因此商业银行转贴现卖断票据可以实现收益和风险的整体转移,即实现真正的"出表"(会计出表、资本出表),从而可以更加合规地缓释商业银行信贷规模制约这一痛点。电子商业汇票系统已于2018年10月并入上海票据交易所(即"纸电融合二期工程"),未来场内票据资管将成为票据市场的重要参与者。因此,票据资管能不能做,很大程度上取决于人行、银监会(以投资代替贴现)的尺度统一,毕竟根据征求意见稿,"商业银行信贷资产受(收)益权的投资限制由人民银行、金融监督管理部门另行制定",但是其允许的前提是通过上海票据交易所进行"场内"交易。

如果票据资管可以做,那票据是标准债权还是非标债权?根据资管新规对于"标准债权"的定义,标准化债权须"在银行间市场、证券交易所市场等国务院和金融监督管理部门批准的交易市场交易的具有合理公允价值和较高流动性的债权性资产",且"具体认定规则由人民银行会同金融监督管理部门另行制定"。票据是否非标,直接关系到银行理财资金的成本与规模。随着非标认定标准的趋严,可以预期银行理财的非标可用额度将更为紧张,出价高的非标资产才能拿到额度。对此,鉴于上海票据交易所是中国人民银行指定的提供票据交易、登记托管、清算结算和信息服务的机构,票据也具有公允价值和较高的流动性,因此从形式上符合征求意见稿的要求。但是票据资管界定问题尚未清晰,其在上海票据交易所场内交易处境尴尬。从目前签署的主协议看,2 200多家签署主协议的机构中资管产品只占1%左右,且由于票据是否能纳入集合资管计划的投资范围亦不明确,资管产品类型全部为券商定向资管和基金子公司一对一专项计划。此处同样涉及人行、银监会的尺度。总体看来,票据资管未来能否进一步发展在很大程度上取决于人行、银监会的管理口径的统一,而在此过程中,需要票据管理部门发挥积极的顶层协调作用。

(二)证券化

受票据风险资产计提政策变化、商票停止办理买入返售业务、营改增等影响,票据业务遭遇资金成本大幅上升、转贴现出口严重受阻、税负上升等瓶颈,票源分流、业务明显承压。作为应对方案,同业相继开展针对票据资管的业务,但随着监管的日益趋严,例如银监会在《关于开展银行业"监管套利、空转套利、关联套利"专项治理工作的通知》(银监办发〔2017〕46号)中明确点名票据业务,不能以投资替代贴现和转贴现,不能用理财资金投资票据;随后,证监会也首提全面禁止通道业务。监管力度不仅超预期,而且多方管控效应叠加。

在此背景下,既然票据资产进入银行资产负债表之后再出表变得烦琐困难,那就在票据贴现资产进表之前以表外轻资产化形式运作,即收票人收票之后的贴现并不由银行直贴完成,而是在满足银行票据贴现业务要求的基础上,通过资产证券化(ABS),以票据收益权或票据结算应收债权转让的形式嫁接行内金融市场资金或第三方资金,在满足客户资金融通需求的同时,实现降低银行资本占用及交易税负的目的,即以"投资银行的思路做商业银行业务"。

目前,票据资产证券化业务分为两大子模式,分别为票据收益权资产证券化模式和票据结算应收债权资产证券化模式。就产品架构而言,票据收益权资产证券化项目和票据结算应收债权资产证券化项目的差别仅存在于基础资产的"形式",前者是原始权益人合法持有的未到期商业汇票票据收益权,后者是其持有的以商业汇票结算的应收账款。"形式"上的差别源于我国《票据法》等立法要求落后于市场创新需要,不同法律流派对于法律的认识存在差别。某证券交易所认可票据收益权资产证券化模式,而另一证券交易所认可票据结算应收债权资产证券化模式。

（三）衍生产品

发展票据衍生产品可以帮助经营票据业务的机构规避利率波动的风险和信贷规模管控带来的不确定性,可以发掘票据业务新的利润增长点,提高票据业务整体收益水平。票据市场已基本实现市场化定价,票据业务兼具信贷属性和资金属性,票据定价不受法定利率的约束,但和银行间市场的拆借、回购利率相比,票据价格还受信贷规模管控的影响。因此,票据市场利率波动较大,票据经营机构需要票据远期等衍生工具锁定利率,规避价格大幅波动的风险。面对某些特殊时点的信贷规模管控,如果能利用票据期权等衍生工具,则可以通过支付期权费的方式用较低的成本换取票据贴现规模调节的主动权,从而消除政策不确定性带来的风险。一般情况下,票据贴现的收益率低于普通贷款的收益率,这在一定程度上影响了商业银行开展票据业务的积极性。开展票据衍生产品交易,可以捕捉票据价格波动产生的交易收益,提高票据业务整体收益水平,大型票据专营机构还可以扮演票据衍生品市场的中介角色,在活跃市场的同时拓宽票据业务盈利渠道。

（四）跨市场创新

上海票据交易所成立后,为了促进票据市场参与主体多元化发展,允许证券、基金、期货、信托、保险等非银行金融机构可以找银行做代理参与票据二级市场的交易,但是在实践中,目前尚未有非银金融机构参与票据市场的交易,票据市场的参与主体局限在企业跟银行申请贴现、银行与银行之间的票据转贴现、质押回购等。这就导致了票据市场一直处于跟其他货币市场子市场之间的割裂状态,不利于我国统一货币市场的形成。另外,非法人主体资格的资管计划、自然人如何正常参与票据市场交易值得研究商榷。应该选择时机引入票据做市商制度,整合当前所有市场主体的资源和自身优势,自主经营、自负盈亏、自求发展,适应市场发展需要,提升经营管理效率,走专业化、集约化、规范化的发展之路。加大跨业、跨界创新的力度,探索与其他货币子市场、保险投资市场、信托证券基金市场、票据 ABS 市场融合的可能性,促进票据市场不断涌现更多跨市场的组合产品,以及与资产业务和中间业务相融合的综合服务产品。

四、票据业务方向

商业银行需要深入研究企业供应链和票据全生命周期及票据产品链,才能有针对性地为企业提供结算和融资服务,才能在服务实体经济的同时实现自身的转型创新和发展壮大。

(一)票据产品链和全生命周期

商业银行推动票据产品链业务发展,主要是以承兑、贴现、转贴现、回购和再贴现各环节为点,以信贷属性(承兑、直贴)和资金属性(转贴现、回购、再贴现)为产品线,以上述所有点、线以及关联衍生、增值、创新为产品链发展票据业务,建立体系、健全制度、统筹规划、明确定位、确定目标、完善机制、精细运作、打造团队,实现以服务实体经济、中小企业,以及商业银行自身转型创新为目的的战略。

1. 推动票据产品链业务需要加强银行内部协同

总行从战略层面制定票据业务中长期发展规划,全面指导全行票据业务发展。各分行结合分行区域发展的实际情况,制定分行票据业务发展计划,建立并完善考核、监督、激励及资源分配等管理机制。

2. 推动票据产品链业务发展需要突破重点环节

首先,需要做大做强票据承兑、直贴业务,实现承兑费、承兑保证金等多元化盈利和节约经济资本占用,稳步提高票据承兑、贴现业务量。其次,要搭建全行票据交易平台,以市场化原则,实现全行票据业务内部交易,促进票据交易系统化、集中化、集约化。

3. 推动票据产品链业务需要建立和完善票据业务运营机制

首先,建立全行票据产品考核机制,改变目前分散的经营管理状态,可以通过分级考核、整体考核的方式创新考核的内容和方法。其次,建立资源分配机制,商业银行总行可以根据上一年度系统内各行票据业务的经济资本占用及回报作为主要依据,对全行票据业务的规模、资金等进行分配,并根据季度情况进行微调。各分行应运用经济资本工具提高经济资本回报水平并推动业务协调发展,坚持将规模资源投向回报水平高的经营单位和业务产品。健全全行资金资源配置机制,完善资金资源的分配管理,坚持价格优先、合规经营的指导原则,促进资金类业务高效稳健开展,提升同业融资业务的收益贡献。最后,完善激励约束机制,根据票据业务资金成本,准确核算全行票据业务的成本、收益及盈利水平,对全行票据业务经营机构进行客观的业绩评价与考核。

4. 推动票据产品链业务需要加强对票据全生命周期的监控

需建立相应监测模型和系统,对票据全市场、全生命周期、全交易结算时段进行监控,优化异常及复杂情况处理机制。全周期风险监控应包括承兑、贴现、转贴现、质押式回购、再贴现、托收等票据全生命周期,实现跨机构全周期监控,确保票据市场规范发展。

(二)供应链票据融资

从传统的贷款和授信机制来看,不论是从公司运营的产品还是公司为贷款、融资所能提供的抵质押物来说,中小企业均是劣势尽显,怎样化解中小企业融资难的问题将依赖于中小企业的发展前景以及中小企业可以提供的抵质押物。供应链票据特点是利用核心企业与其上下游企业密切的生产经营关系,在保护贷款人利益的前提下,解决小微企业在融资环节面临的个体资质差、信息披露成本较高、信息不透明等问题,以缓解上下游中小企业融资难的困境,进而推动整个产业链协调发展。供应链票据除了能够降低企业的融资成本,其资金的快速循环利用提升了资金的效率。商业银行在参与供应链票据业务时可选择帮助供应链核心企业开具银行承兑汇票用于支付结算,接受供应链其他企业向银行申请票据贴现。供应链核心企业也可以开具商业承兑汇票用于支付结算,然后商业银行给予保贴额度,保证链条上企业支付和融资的顺畅。

五、票据风险

票据市场风险无处不在,受经济增长放缓和结构调整的影响,信用风险加速暴露;受货币政策影响,利率波动幅度加大,走势较难判断;受监管政策影响,监管部门对粗放经营容忍度变低,处罚变得严厉,机构合规成本上升;受市场参与主体逆向选择和道德风险的影响,需要重视票据市场的交易风险。

(一)信用风险

近年来,经济增长速度趋缓,经济结构处于进一步优化调整中,提质增效成为未来的经济发展主题,高新技术产业迎来发展良机,但部分行业和企业也会遭遇发展瓶颈和困难,尤其是部分产能过剩行业和不切实际的过度城镇化地区,票据信用风险有加速暴露的可能。在加大对实体经济特别是小微企业信贷扶植力度的同时,小微企业主营业务单一,抗风险能力差的固有特点,在当前国内信用环境尚不健全、企业信用信息披露不完整的情况下,也进一步加剧了信用审查和信用风险管理的难度,如把控不严将导致票据承兑业务垫款率大幅增加的风险。而且信用风险往往会牵涉到诉讼、仲裁,连带加大了业务开展的法律风险。

(二)利率风险

票据市场利率市场化程度比较高,除了受资金供求因素和信贷规模管控的影响,全球金融一体化、银行经营综合化、货币资本市场逐渐融合趋势增强,经济资本约束、新产品、新渠道、新市场主体都可能影响票据利率走势,短期波动频率、方向和幅度都将增强。在业绩考核压力下,某些机构在票据转贴现市场上加大资金期限错配的力度和杠杆倍数,利率风险凸显,一旦预测跟实际利率走势相悖,将面临大幅亏损的风险。

(三)合规风险

从2009年开始,中国人民银行和银监会对票据市场的监管逐步加强,合规风险显著提升。2009年4月,银监会发布《关于当前农村中小金融机构票据业务风险监管提示的通知》(银监办发〔2009〕162号),重点指出部分省市票据业务扩张过快、贴现资金流向不合理、拿贷款资金作保证金滚动签发银行承兑汇票虚增存贷款,合规风险和案件风险隐患加大,已然成为票据市场监管的新常态。同时伴随着新产品、新业务不断涌现,监管部门对银行理财产品、票据信托产品以及非标投资业务的监管力度逐渐加大,先后发布了《关于进一步规范银信合作有关事项的通知》(银监发〔2009〕111号)、《关于规范信贷资产转让及信贷资产类理财业务有关事项的通知》(银监发〔2009〕113号)、《关于规范银信理财合作业务有关事项的通知》(银监发〔2010〕72号)、《关于进一步规范银行业金融机构信贷资产转让业务的通知》(银监发〔2010〕102号)和《关于进一步规范银信理财合作业务的通知》(银监发〔2011〕7号)等监管文件,要求遵守真实性、整体性和洁净转让的原则,审慎规范开展信贷资产转让业务。

2012年2月,银监会印发《关于信托公司票据信托业务等有关事项的通知》(银监办发〔2012〕70号),禁止信托公司与商业银行开展任何形式的票据资产转受让业务,正式宣告了票据信托业务的终结。2013年5月,银监会发布《关于排查农村中小金融机构违规票据业务的通知》(银监办发〔2013〕135号),对中小金融机构的违规票据业务进行整顿,打击了部分商业银行利用中小金融机构会计制度不完善的漏洞消减信贷规模的违规行为。

2014年4月,中国人民银行、银监会、证监会、保监会、外汇局联合发布《关于规范金融机构同业业务的通知》(银发〔2014〕127号),旨在规范同业业务发展,约束并压低同业业务中的非标业务,并规定了回购业务项下的金融资产属性,禁止办理商业承兑汇票的买入返售(卖出回购)。同月,银监会发布了《关于规范商业银行同业业务治理的通知》(银监办发〔2014〕140号),提出包括票据买入返售业务在内的同业业务要实行专营部门制改革,实行集中统一授权、集中统一授信、集中统一的名单制管理、集中审批和集中会计操作。2014年6月,中国人民银行发布《关于加强银行业金融机构人民币同业银行结算账户管理的通知》(银发〔2014〕178号),对同业银行结算账户的开立和日常管理做出严格要求,制止了票据贴现、转贴现资金打款"同业户"行为。2014年11月,银监会发布《关于全面开展银行业金融机构加强内部管控遏制违规经营和违法犯罪专项检查工作的通知》(银监发〔2014〕48号),决定在银行业全面开展专项检查,票据业务是其中检查的重点,包括无真实贸易背景的银行承兑汇票,关联企业之间的贸易合同审查不严,保证金来源为贷款或贴现资金,利用套开、滚动开票等方式套取银行贷款资金或掩盖票据风险等。

2015年12月,银监会发布《关于票据业务风险提示的通知》(银监办发〔2015〕203号),对七种典型的票据业务违规问题进行了提示,并要求金融机构全面加强票据业务风险管理,将票据业务全口径纳入统一授信范围,同时完善绩效考核,防止资金空转,确保信贷资金有效服务实体经济。2016年4月,中国人民银行和银监会联合发布《关于加强票据业务监管促进票据市场健康发展的通知》(银发〔2016〕126号),要求严格贸易背景真实性审查,严格规范同业账户管理,有效防范和控制票据业务风险,促进票据业务健康发展。2017年3—4月,银监会陆续发布了《关于开展银行业"违法、违规、违章"行为专项治理工作的通知》《关于开展银行业"监管套利、空转套利、关联套利"专项治理工作的通知》《关于开展银行业"不当创新、不当交易、不当激励、不当收费"专项治理工作的通知》,对票据业务的检查内容涵盖了此前提出的几乎所有问题。2018年5月,银保监会发布《关于规范银行业金融机构跨省票据业务的通知》(银保监办发〔2018〕21号),进一步规范了银行业金融机构跨省开展票据业务,鼓励银行业金融机构尽快接入中国人民银行电子商业汇票系统和上海票据交易所中国票据交易系统,不断提高电子票据在转贴现、买入返售(卖出回购)等票据交易业务中的占比。

在市场竞争趋于白热化的情况下,部分票据经营机构和从业人员在利润指标和考核压力下,丢掉了合规意识、放松了合规要求,从事高风险票据业务以及经营管理违规行为,稍有不慎可能导致监管罚款或暂停业务,带来无法估量的经济损失。

(四)交易风险

近年来,票据市场发展进一步加快,交易区域扩大,交易更趋频繁,背书流通次数增多,代持代保管、逆流程操作等都对业务操作的规范性、票据转移的真实性、票据保管的安全性带来了风险隐患,也加大了贴现议价过程中的道德风险以及交易纠纷出现的可能性,如管理不到位就可能发生案件。票据市场参与主体日渐多元化,部分经营机构经营管理水平、技巧、策略都参差不齐,对票据业务关键风险点的把控缺乏经验,制度建设上也存在缺失,操作风险有所提升,也容易发生内部人道德风险和内外勾结的欺诈风险,并将票据风险通过交易的形式向金融机构交易对手扩散。

六、票据属性

票据业务的全生命周期很长,监管机构和商业银行都未明确票据业务的金融属性,倘若票据业务被认定为信贷业务,则票据市场的发展很大程度上受商业银行信贷规模管控、经济资本占用、风险资本计提等因素影响;若票据业务被视为资金业务,则有利于票据业务的标准化、节约资本占用及信贷规模释放。

(一)信贷或资金属性

商业银行为企业办理票据承兑业务、票据直贴业务,具有较强的信贷业务属性。商业银行通过票据交易所跟其他金融机构之间发生的回购、转贴现交易,以及商业银行向人民银行申请的再贴现交易,具有较强的资金业务属性。

(二)规模管理

目前各大商业银行没有将票据贴现余额单独管理,票据贴现余额跟其他存量贷款共享信贷额度,共占信贷规模。在商业银行的日常经营中,票据业务仅是银行众多信贷产品中的一个较小的分支,导致银行,尤其是国有大中型银行对票据业务的重视程度和资源投入力度往往不足,在月末、季末、年末等监管考核时点会大幅压降票据规模,而在实体经济下行信贷需求不足时也会增配票据资产。因此信贷的周期性和各家银行操作的同质性非常强,这不仅不利于满足实体经济融资需求的稳定性,同时也加大了票据市场价格的波动性和不确定性,带来潜在的市场风险。从2016年起央行将现有的"差别准备金动态调整和合意贷款管理机制"升级为"宏观审慎评估体系(MPA)"后,这种考核广义信贷的规则,使得各大银行无法通过各种通道削减票据信贷规模,间接使得票据交易市场的活跃度和交易量出现了下滑。同时,票据的转贴现交易,是一手交钱一手交票的资金市场行为,不应被当成贷款来看待,转贴现交易的资金融出方发生额不应被纳入贷款规模的统计。

(三)经济资本

如果单从票据贴现后持有到期的角度看,票据资产收益率比不上同期限的短期贷款。但是票据业务经济资本占用仅为同期限短期贷款业务的10%左右,可以为银行节约大量具有高回报要求的经济资本,从而寻求其他相对高收益的投资渠道,这也是票据业务综合收益高的主要原因。由于经济资本占用低,票据业务经风险调整后的资本收益(RAROC)指标远优于短期贷款,对银行满足股东较高的资本回报要求十分适合。考虑到经济资本占用因素的综合收益能够合理反映票据业务所同时具有的短期资金融通收益较高和低风险的优良资产特性,如果能够灵活运用票据交易便捷的特点增加资金周转效率,票据业务的综合收益则更为可观。即使考虑到在票据业务实务中,银行只是提供了某个环节的票据业务服务,即仅参与分配了全环节票据基础收益的一部分,其票据业务综合收益也不像原先设想的那么低[①]。

(四)票据风险计提

商业银行配置票据资产时的风险资本计提不尽合理,尤其是票据转贴现业务。目前票据转贴现业务风险计提是按照新资本管理办法中的规定,"由于票据是通过背书转让的,所有背书人都有被追索的可能性,因此其风险未完全转让,所以卖断票据后,卖断行还需计提与买入时相同的风险资产,即风险权重为20%或25%",导致交易的所有经手行累计计提的加权风险资产远远超过该笔资产本身的风险水平。

[①] 详见汪办兴:《基于经济资本占用视角的票据业务基础收益的模拟测算与比较》,《金融理论与实践》2008年第7期。

七、票据基础设施

构建票据业务良性发展的生态体系离不开顶层设计,顶层设计中的重要一环便是完善票据业务的基础设施建设,包括建立全国性的票据直贴平台、票据转贴现与回购平台、票据评级评估公司、票据经纪公司等。尽管市场上现有秒贴、快贴等,但是无法解决票据市场信息共享问题。

(一)票交所

2016年12月8日,上海票据交易所正式成立,对中国票据市场乃至货币市场的发展产生了深远的影响。

第一,票据交易所的建立有助于全国统一票据市场的形成,有助于解决原先票据市场离散、分裂、点对点交易、信息严重不对称等问题。第二,票据交易所有助于提升整个票据市场的风险管理水平。第三,票据交易所有助于合理票据价格的形成。第四,通过票据交易所的运作和历史数据分析,可以推动对开票企业信用状况的研究、评估和评价,促进企业征信体系的完善,进而推动商业承兑汇票的发展,使之成为重要的企业支付和直接融资工具。同时推动票据评级体系的建设,发掘票据签发、流转、兑付等各类信息流,培育票据产品的分类评级,进一步完善企业及商业银行的经营管理机制,在更广泛的区域以及不同行业和不同类型企业中推广使用商业承兑汇票,推动票据的深层次发展,提高其市场占比,进而推动商业信用的发展。第五,票据交易所有助于通过再贴现传导国家货币政策。第六,完整的票据市场体系包含承兑、直贴、转贴现、再贴现、经纪人、评级、衍生品和交易八个子市场,且相互关联,不可分割。第七,过去这些年来,票据业务的创新更多地集中在监管套利、交易方法等方面,实质性的产品创新并没有得到机制的保障和市场的接受,与资本市场的融合也进展较慢。而票据交易所的成立无疑为票据产品创新从理念上奠定了基础,从实践上带来了试验阵地,从前景上带来了无限发挥的空间。

(二)直贴平台缺乏

上海票据交易所的成立为金融机构之间的转贴现提供了一个统一交易的平台,但目前企业与企业、企业跟银行之间的流转、直贴业务还没有统一的交易平台,依然靠企业去银行先开立结算账户,然后建立信贷关系,再线下点对点申请票据贴现交易,流程比较繁琐,且存在着一定的信息不对称。囿于地理条件和信息缺乏,某些偏远地区的企业想要拿票据融资,仍然靠跟票据中介合作,无形中提高了中小企业融资成本。全国性票据直贴平台的缺乏滋生了票据中介生存的土壤,近年来票据市场的大案要案幕后都有票据中介的参与,加大了市场正常运行的风险。

(三)评级评估公司与经纪公司基本没有

当前对票据的信用评级主要依赖于商业银行内部信贷评级体系,对票据流通、企业短期盈利能力、偿债能力和流动性研究不足,第三方评级公司对票据市场的了解有限,未开发出相关的评级产品,导致票据市场出现以下问题:一是评级资源的重复与浪费。二是票据市场无法形成真正全生命周期的标准化的市场。三是影响了票据市场的量化定价。亟须组建专业为票据市场服务的专项评级机构,对票据承兑主体、贴现主体等参与方进行多层次、全方位、系统性、动态化的信用评级与跟踪,提升票据市场各参与主体的参评意识,为票据市场的投资者提供权威、科学的投资依据。

长期以来,票据中介游走于企业与商业银行之间、商业银行与商业银行之间,渗透于票据的全生命周期中,借助票据市场参与主体之间的信息不对称获利。票据中介在一定程度上提高了票据市场的流动性,但大部分票据中介都或多或少用自有资金直接参与了票据交易。比如票据经纪公司为了获得更低的贴现利率,往往会加强与银行内部关系人的密切联系,而银行内部关系人事实上也扮演着票据经纪人的角色,容易出现道德风险。同时,票据经纪机构通常与内控机制较弱的地方商业银行、农信社等中小金融机构合作较多,可能会涉及银行资金安全。应进一步研究明确票据经纪的监管部门,落实票据经纪的准入与退出机制和经营范围,以及相应的责任与义务,实现票据经纪市场的优胜劣汰。建议尝试发展票据咨询、撮合、报价等经纪服务,鼓励和培育部分经纪业务量大、业务发展规范、风险防控机制健全和市场认同度高的票据经纪机构,使其进一步发展壮大以推动票据市场向规范化、专业化方向发展。

八、票据系统

到目前为止,纸质票据承兑额和贴现额占整个票据市场规模均不足5%,电子商业汇票已成为主流,因此票据的承兑、流通、融资、交易等功能的实现也日益依赖于IT系统的建设,包括商业银行自身的企业网上银行、手机银行系统、信贷管理操作系统以及承载电子商业汇票的ECDS系统、上海票据交易所的票据转贴现、回购系统。

(一)IT系统

票据IT体系,是指以功能完备的票据IT系统为核心,配套为系统建设服务的票据IT架构、IT制度、IT流程、IT团队等标准或资源,进而形成相互制约和推动的整体性IT解决方案。票据IT系统建设的完善与否是由票据IT体系内其他各个配套环节共同决定的,所以,票据IT体系的建设是打造信息化票据IT系统的根本和基础,也是进一步拓展票据业务的保障。信息化IT系统在票据领域的应用面临如下问题。

1. 缺乏对票据IT体系建设的关注和认识

从当前的情况来看,绝大多数票据从业机构已经摆脱了纯粹手工的操作模式,或多或少的辅以IT系统来协助业务拓展,但是却往往停留在对系统关注的本身,忽略了IT体系的打造,导致产生了各种使用问题,甚至还不如没有IT系统时的工作效率高。一是IT架构不清晰,导致系统的后续功能完善滞后、系统的运行效率逐步下降,系统的功能跟不上业务发展的速度。二是IT制度和流程配套不完备,除了系统的刚性控制,在系统能实现的功能以外,制度在管理上的要求也是确保业务健康发展的保障,更可以通过流程来规范系统和业务操作。三是IT团队不稳定,很多机构认为IT系统一旦建设完毕,IT团队就可以不需要了,其实在系统运行维护和不断升级的过程中,更需要足够的人手和完整的团队来辅助。以上虽然是IT体系各个要素建设中存在的问题,看似与IT系统的建设无关,其实这些问题的存在都将是导致IT体系建设不完善,进而影响IT系统的方方面面。

2. 缺少统一的票据IT架构标准

票据IT架构,由于是完全为系统建设服务的,也可以称为票据IT系统架构,从业务的角度说,其包含了系统功能设计的完备性、独立性和不重复性,从技术的角度说,其是指系统开发和运行所采用技术平台的统一性。当前我国票据市场的主要参与方主要是企业和金融机构,由于缺少独立的第三方来牵头,各个参与方往往根据自己的需要和理解来满足自身当下的IT需求,这使得当前市面上的票据系统也是多种多样,缺少统一的规范和整合。由于各家机构的风险偏好不同,业务体量不同、科技实力不同、机构设置和人员特点也不同,导致对待票据业务的管理要求也不同,所以各家机构在进行配套的票据业务系统设计时,往往从自身的实际出发,在系统功能设计上以单纯的满足自身为主,自成体系。比如,有些科技实力较强的商业银行有着完整的全流程票据管理系统,有些就只包含一些信息登记和查询,差别较大。

3. 票据IT系统的管理缺少统一的牵头方

对于业务系统来说,其功能是降低手工操作强度,但是其背后代表的是业务管理的思想。每一个业务系统代表的是这一个业务产品自身的管理和运作方式,这对具有多重业务属性的票据来说,其每个业务属性所对应的业务系统,就反映了相应的业务管理思想,这对票据的核心参与者之一商业银行来说感受更是明显。比如,票据自身的信贷属性受信贷管理部门约束,支付功能受结算与现金管理部门约束,资金和调节货币市场属性又受资金管理部门约束,电子票据对口人民银行的支付结算受运行管理部门约束,当前流行的票据资管业务受资产管理部门约束,所以,每个业务属性对应的业务产品和相应的IT系统会受不同条线部门的管理,导致整个票据业务的管理缺少统一的牵头方,对信息传导和数据共享不利,也给票据业务的整体发展增加了沟通协调成本和系统整合代价。

(二)信贷系统

票据直贴业务的信贷属性比较明显,部分商业银行开发了独立于企业信贷管理系统的票据融资管理系统,专门用于本行票据直贴业务、分支机构跟总行票据专营部门之间的内部交易等。独立的票据管理系统的开发运营大大提高了企业向银行申请票据融资的放款效率,方便了票据专营部门对全行票据业务的统一管理和宏观把控。

(三)票交系统

票交所制度下,票据贴现后的主要业务环节全部在票交所系统上操作。由于转贴现环节不再需要人工送票、验票、保管、托收等工作,前中后台集中运作非常必要。随着全部金融机构接入票交所系统,原来的线下交易转到线上,交易主体、监管主体、交易资金、票据信息等交汇于票交所系统,票据市场达到前所未有的集中程度。未来有可能票据的承兑、保证、质押、贴现、交易(转贴现买卖断和回购)、投资及清算等都将在票交所系统上操作,全流程实现电子化,且部分业务环节由系统自动触发。交易集中化和流程电子化将改变传统交易过程中的询价、议价、送票、验票、保管、托收等方式,原来的客户经理转为票据市场交易员,在票交所客户端或直连系统进行对话报价、报价修改、成交确认等操作,类似债券交易模式。

(四)电子商业汇票系统(ECDS)

2008年1月,中国人民银行做出了建立ECDS、推广电子商业汇票业务的决策。2009年10月28日,中国人民银行建成ECDS系统并上线试运行。ECDS是依托网络技术和计算机技术而建立的,用于接收、存储、发送电子商业汇票数据电文,提供与电子商业汇票货币支付、资金清算等相关服务的业务处理平台。与传统的纸质商业汇票相比,电子商业汇票具有以数据电文形式签发,采用可靠的电子签名和安全认证机制代替实体签章的突出特点。电子商业汇票的出票、保证、承兑、交付、背书、质押、贴现、转贴现、再贴现等所有票据行为,均可在人民银行的电子商业汇票系统上进行,开票方和收票方开通企业网上银行的电子票据功能即可操作。同时,传统纸质商业汇票的最长期限为6个月,而电子商业汇票的最长期限为1年,更加适用于结算周期较长的企业间贸易。ECDS是发展票据信用的基础设施,具有以下几个方面作用:一是降低交易成本,传统的纸质商业汇票被商业银行视为重要凭证存放金库保管,由专人传递,而企业使用电子商业汇票可以节约保管传递成本和在途资金成本,并且可以有效规避票据丢失的风险。二是提高交易效率,传统的纸质商业汇票在签发、背书、托收、流转环节需要多人经办复核,流程长、耗时多,而电子汇票的要素记载全程电子化,背书流通也均通过网上银行进行,方便快捷,可以做到收票、托收时"票据零在途"。三是降低操作风险,电子商业汇票没有实物,全部要素以电子信息的形式存在银行的系统内,一切票据活动均在ECDS上记载生成,该系统具有银行级的系统安全及信息灾备保障,彻底杜绝了假票克隆票,并且有效避免了纸质商业汇票在流通过程中因背书不规范、盖章不清、票据缺损等造成的退票,以及在操作过程中出现差错等操作风险。四是有助于提高管理水平,电子商业汇票的所有资料均在网银和ECDS上,能帮助企业实现内部信息、资金管理与外部运营的无缝对接;同时有助于全国统一票据市场的形成,促进了货币市场的连通和发展,降低了企业融资成本,为上海票据交易所的诞生奠定了基础。可以说,没有电子科技的发展就没有2009年以来商业汇票承兑和贴现的蓬勃发展。

(五)网银系统

ECDS系统自身不具有交易处理功能,企业向银行申请开立银行承兑汇票以及票据贴现融资均需要在银行开立结算账户并开通企业网上银行和电子票据功能。企业网银系统是票据业务电子化的起点,承担着企业客户的支付结算、贴现融资、票据池管理等众多职能。

九、票据制度

票据制度的确立和完善,有助于票据功能的发挥,保证了票据能正常的签发承兑、流通转让、贴现融资,方便了企业与企业之间的贸易结算,提高了企业融资的效率,降低了票据市场各参与主体的交易成本和操作风险。好的票据制度可以规范市场各方的票据行为,明确票据关系和票据当事人之间的权利义务,减少交易过程中的诸多不确定性,促进商品经济的发展。滞后于行业发展的制度会影响票据市场产品创新,监管制度在某些领域的重叠或缺位会阻碍票据市场健康发展,也会影响票据服务实体经济的功能。

(一)业务类制度

从改革开放后我国票据市场诞生初始,人民银行就陆续出台了关于承兑、贴现、再贴现的相关业务管理办法。根据票据市场不同时期的发展特点,人民银行、银监会以及上海票据交易所都在原来政策制度基础上作了修改和完善。监管的与时俱进,有效维护了票据市场秩序,规范了票据承兑签发环节、直贴环节、转帖环节、再贴现环节的操作办法,保证了参与票据市场的企业和商业银行办理票据业务时有章可循、有法可依。

(二)监管类制度

由于票据市场微观参与主体的个体理性并不能带来整个市场宏观上的集体理性,多年来,监管机构持续关注商业银行过度发展承兑业务的风险;关注利用农信社、信托计划、资产管理计划消减信贷规模、变相逃税等监管套利的风险;关注某些票据中介使用票据贴现资金滚动签发银行承兑汇票进行空转套利、虚增存贷款规模的风险;关注转贴现环节清单交易、倒打款、打款同业户的违规操作行为风险。正因为监管机构能及时根据票据市场发展情况制定相应的监管政策,才有效的遏制了票据市场乱象,维护了市场正常秩序。

(三)创新类制度

ECDS系统的上线运营有效地帮助票据市场规避了伪造票、变造票等操作风险和流通中的遗失风险,上海票据交易所的成立更是我国票据发展史上的里程碑事件,结束了我国票据市场区域割裂的状态,全国性的统一票据市场有助于票据的价格发现。随着ECDS系统功能移交至上海票据交易所和"纸电融合"工程的陆续推进,我国票据市场基础设施建设向前迈进了一大步,从此作为货币市场子市场的票据市场价格更加透明,进一步降低了企业贴现融资的成本,促进了实体经济发展。

(四)管理类制度

票据市场起源于商品经济的发展,在我国特殊的国情下,商业银行一直是促进我国商品经济发展的中流砥柱,管理商业银行的票据业务行为是人民银行和银监会管理票据市场的一个重要抓手。近四十年来,监管机构陆续出台了督促商业银行加强自身内控制度建设、授信文化建设、风险管理能力建设、授权制度建设的管理制度与办法,有效规范了商业银行开展票据业务时的流程,防止了部分商业银行过度、无序的开展票据业务,增强了票据市场防范风险、抵御风险的能力,间接促进了票据市场的健康发展。

(五)基础类制度

《中华人民共和国票据法》《票据管理实施办法》《商业汇票承兑、贴现与再贴现管理暂行办法》《支付结算办法》的相继实施奠定了我国商业汇票的宏观管理和制度基础。票据的基础制度有效的指引了票据市场的发展,规范了票据市场参与者的行为模式,让市场参与各方对交易结果有了相对准确的预期,同时也明示了不守规矩的严重后果。没有票据市场的基础制度,就没有票据市场的健康发展和壮大,票据市场服务实体经济的功能也就无从谈起。

总体而言,我国现行金融监管为多头监管模式,且表现为行业监管而非功能监管,造成不同的机构办理相同业务的监管标准和政策尺度不同,不同监管主体和监管政策之间的不同步性可能导致票据业务存在制度障碍和政策壁垒。目前人民银行和银保监会对票据市场都承担管理责任,但存在具体分工不明晰并且双方缺乏有效沟通,部分政策存在矛盾等情况,导致商业银行票据业务处理无所适从,难以同时满足两个监管主体的要求。比如,2016年人民银行《票据交易管理办法》明确规定,电子银行承兑汇票贴现业务不再审核贸易背景,但在实施的过程中,商业银行发现有些监管部门对该项规定有些疑虑,系统例行检查时仍然要求商业银行提供票据贴现业务的合同和发票,导致部分商业银行在办理票据直贴业务时不敢依照相关的规定执行,企业办理贴现的流程依旧繁琐,政策落地难。

十、票据参与主体模式

票据市场参与主体以何种模式运营一直是业界讨论的话题之一,目前大部分商业银行票据业务部仍然归公司信贷部、金融市场部、资产负债部管理;少部分商业银行成立了专营票据的票据营业部,属总行直接管理的单独部门;也有少部分商业银行按类似事业部制度管理票据业务部;完全独立的股份制票据金融公司尚未出现。

(一)专营

1. 我国票据市场专营机构概况

21世纪以来,商业银行设立的票据专营机构已发展成为最重要的专业化票据中介机构,它的出现和发展促进了票据市场运行效率的整体提升。严格意义上讲,我国的票据专营机构是指经中国人民银行正式批准的,专门从事商业汇票买卖和咨询等业务的金融机构;票据专营机构相对独立,实行独立核算,内部机构设置和经营管理机制建立完全以票据业务为中心。2000年11月9日,经中国人民银行总行批准,中国工商银行票据营业部在上海成立,成为国内首家票据专营机构。此后,多家银行相继成立总行级票据专营机构或资金运营中心或金融市场部,专事或重点开展票据业务经营,还有部分银行虽然目前未获批准,但这些银行已在内部按此模式设立机构开始运作,也已具备了票据专营机构的雏形。从更广泛意义上讲,在21世纪我国票据市场繁荣发展中出现的民间票据中介机构,可以视为是对商业银行票据专营机构的有益补充。

2. 票据专营机构的作用

第一,票据专营机构的成立和发展推动票据转贴现业务发展成为货币市场重要交易工具。第二,票据专营机构的建设发展推动了区域票据市场的融合发展。第三,票据专营机构的集约化经营模式推动票据市场稳健发展。第四,票据专营机构的集聚为上海国际金融中心建设做出积极贡献。第五,民间票据中介机构和互联网票据成为票据市场创新发展的有益补充。21世纪票据市场的繁荣发展,民间票据贴现业务迅猛发展,使民间票据市场成为正规票据市场之外的重要补充。在这过程中,民间票据中介机构发挥了重要的作用。

(二)事业部

1. 票据事业部制的组织管理体系和组织架构

(1)总行直属。

(2)自主经营。

(3)依据票据产品线实施条线管理。

(4)设立总、分部两级垂直管控。

(5)成立区域管理总部,辅助扁平化管理。

2. 票据事业部制的业务运行模式

(1)建立多渠道资金来源。

(2)服从总行整体战略的票据资产规模管理。

(3)适应利率市场化的票据产品定价权。

(4)给予一定额度票据融资专项授信。

3. 票据事业部与内部分行的关系

(1)以整体效益最大化为目标,实施两条线利润考核。

(2)共同做好客户关系维系。

(3)业务集中和代理的合理设置。

4. 票据事业部制的经营管理模式

(1)进一步扩大人力资源管理的自主权。

(2)赋予一定独立财务支配权。

(3)一体化风险防控体系的有效复制和推广。

(4)建立一体化的激励约束机制。

(三)公司化

组建股份制票据金融公司,实行公司化、市场化经营机制,彻底摆脱现有银行票据经营机构"资金规模两头在外"的业务模式以及调节工具的附属地位,避免出现银行监管时点的周期性波动,从根本上促进票据功能的发挥。可以通过股份募集资金、发行金融票据债券、参与银行间同业拆解、办理央行再贴现、再贷款等多种形式筹措资金,改变现有票据机构资金不足、不独立、不稳定的局限,一方面能够提高日均票据持有量,加大实体经济融资的支持力度;另一方面可以根据市场需要调节票据资产规模,发挥市场缓冲器作用。根据我国当前票据市场和票据发展的现状、存在的问题,以及股份制票据金融公司将在支持实体经济、推进票据市场发展中所发挥的重要作用,急需整合当前相互割裂的监管体系、各自为营的市场经营主体、乱象横生的中介机构,优化电子票据系统、支付结算系统、交易清算平台,以股份制运作、市场化经营、专业化管理、标准化建设、团队文化打造为途径,构建股份制票据金融公司,发挥做市商作用,为推动全国票据市场统一做好坚实的铺垫。

1. 股份制运作

整合当前所有市场主体的资源和自身优势,以股份制形式构建票据金融公司。

(1)公司性质和宗旨。票据金融公司是专门经营票据业务的金融机构,经营范围既包括商业汇票的直贴、转贴现、回购、再贴现等传统票据业务(但不含票据承兑业务),也包括票据托管、票据资信评估、票据代理交易、票据担保、票据咨询、票据资产管理、票据资产证券化、互联网票据、票据理财及票据衍生品等票据增值服务和创新业务。

(2)组织形式。票据金融公司以股份制形式建立,由人民银行、商业银行、证券、基金、保险等金融机构、集团企业等投资设立,充分整合政策引导、银行成熟经营管理经验与各自优势资源,并积极吸收、规范民间中介机构的信息对接,在对民间票据中介机构进行严格资质审查和甄别的基础上,鼓励吸纳民间票据中介作为股东。同时,可以考虑引进国外战略投资者,吸收有实力的外国金融机构参股,在条件成熟时还可向社会公众公开募集股份乃至IPO上市,从而成为一家股权相对分散的混合所有制票据股份有限公司,同时也可在业务需要时下设分公司。

(3)治理结构。票据金融公司要建立产权清晰、责权明确、管理科学、相互制衡的公司治理结构,即在股份制基础上搭建以股东大会、董事会、监事会和高管层为核心的法人治理结构,明晰所有者、公司法人和经营者之间的权力、责任和利益关系,形成各司其职、协调运转和有效制衡的现代公司治理结构。经营中的重大问题由董事会充分讨论民主决策;高管层由股东组成,确保投资者利益;同时引入股权激励机制完善公司治理,推行员工激励股权计划,增强员工主体地位意识,促进票据金融公司更好发展。

2. 市场化经营

股份制票据金融公司应以市场化方式运作,摒弃现在银行内部票据经营机构行政性分配资源的局限性,自主经营、自负盈亏、自求发展。

(1)资金来源市场化。票据金融公司的资金来源可以分为三部分:一是靠初始设立各家机构出资组成的资本金。二是发行金融票据债筹集资金。三是主动参与银行间同业拆解市场融入短期资金。四是业务融资,即通过再贴现、再贷款向央行获取资金,开展正回购业务获得交易对手资金,以及持有票据到期回笼资金。五是后续增发股份募集资金。

(2)资产运用市场化。票据的定价机制、客户的选择、票据种类、期限、纸电票比例的调整均遵从市场化管理,票据金融公司根据自身经营目标和市场变化灵活实施和调整交易策略,而央行实现经济目标可以通过再贴现、再贷款、规模临时或长期调整等政策进行间接调控。同时,票据金融公司作为市场的专业、长期经营机构,需要以公司长期利润最大化为目标,从而会自发履行社会责任维护自身名誉,推进票据市场稳健、持续、健康的发展。

3. 专业化管理

适应市场发展需要,提升经营管理效率,必须走专业化、集约化、规范化发展之路,实行集约经营和集控管理。

(1)板块化管理。通过科学合理的部门设置和职能划分建立前中后台相分离与契合的板块化管理模式,提高内部管理的效率和适应能力。

(2)标准化管理。搭建业务制度化和流程标准化管理体系,实现制度流程的规范化、标准化和电子化,打造清晰、直观的制度和流程层级。

(四)传统式

传统银行票据业务归属于公司业务部(信贷业务部),承兑环节需要先评级授信再开票;直贴环节被视为票据质押类的流动资金贷款。贴现利率和额度都服从于全行信贷业务的大局分配,常碰见贴现利率非市场化或无贴现规模的情况,客户体验较差。

第四章 票据指数与预测

2017年票据市场企稳
中国票据发展指数回升至12 207点
——中国票据市场发展指数的构建与应用分析

肖小和　王　亮

一、票据市场的概述

商业汇票(简称票据)是指由付款人签发,由承兑人承兑,并于到期日向收款人或被背书人支付款项的一种票据。21世纪以来,票据市场发展迅速,2015年全国金融机构商业汇票累计承兑量和累计买入量分别为22.4万亿元和102.1万亿元,比2001年分别增长17.5倍和55.8倍,年均增速分别达到22.7%和33.3%;2016年和2017年受票据风险事件频发、监管趋严以及金融去杠杆等因素影响,票据市场回归理性发展,全国金融机构商业汇票累计承兑量分别为18.1万亿元和14.63万亿元,同比分别回落19.2%和19.17%;累计贴现量分别为84.5万亿元和59.34万亿元,同比分别回落17.2%和29.78%。票据作为一种重要的支付结算和投融资工具,其迅猛发展对我国经济金融的发展以及互联网应用都有极大的推动作用。

(一)票据为实体经济特别是中小企业发展提供便捷融资渠道和低成本资金

2000年以来,金融机构累计票据承兑量占GDP的比重逐年提高,由2000年的7.5%逐级提高至2015年的32%(2017年回落至17.69%),年均提高2个百分点。根据上海票交所发布的《2017年票据市场运行分析报告》披露,2017年票据承兑、贴现主要集中在制造业、批发和零售业;从企业结构看,由中小型企业签发的票据约占2/3,中小型企业申请贴现的票据占比达到83.63%;涉农和绿色企业承兑、贴现占比超过一成。实证研究指出,票据业务与实体经济的相关系数均超过了0.8,表明二者之间存在密切的关联关系。

(二)票据为金融市场特别是银行业发展提供了一个重要工具

票据贴现成为同业拆借和债券回购之后货币市场又一重要的交易工具,2015年票据业务在全国货币市场交易量中的占比达到16%(2017年回落至7.86%),丰富了货币市场交易工具,提高了金融市场活跃度。从银行角度,一方面票据业务能为银行主动增加存款提供抓手。2016年16家上市银行承兑保证金/承兑为34.71%,其中8家股份制银行达到了35.93%,同时票据贴现后企业往往也会有一定存款的沉淀;另一方面票据业务可以提高银行盈利水平,据估算包括承兑、贴现、回购及交易服务等票据全产品线的年度利润达到 2 700 亿元,占银行业年利润的 10% 以上。

（三）票据为金融市场创新提供了产品源和突破口

票据市场发展推动了金融创新,市场参与主体更趋多元化,非银行金融机构对票据创新业务和产品的参与力度和深度不断加大,跨界、跨市场、跨区域的发展趋势愈发显著,企业、银行、信托、基金、证券公司、财务公司以及个人均已或多或少的参与到了票据市场,票据产品种类、票据交易模式、票据交易主体正在发生深刻变革,必将激发金融市场创新活力。

因此,我们有理由相信,随着票据市场稳健规范发展,未来对我国调整经济结构,服务实体经济,提高金融效率,深化金融改革,必将发挥更为独特的作用。

二、中国票据发展指数的概念及意义

中国票据发展指数是通过对系列指标体系进行数量处理,构建出一个旨在反映我国票据市场发展状况与结构变化情况的指数,它还至少包括了中国票据生态指数、中国票据金融指数、中国票据价格指数、中国票据创新指数和中国票据风险指数等二级指数。

构建中国票据发展指数的主要意义：一是可以量化我国票据市场的发展水平,科学合理地划分发展阶段,研究和评价历史的发展轨迹,进而规划市场未来发展方向并制定相应政策。二是票据业务对经济增长特别是中小企业融资具有重要作用,票据生态指数可以准确判断全国以及各个地区票据发展对经济的影响程度,以制定适合经济发展要求和区域发展特点的票据发展战略。三是票据市场作为市场化时间最早、程度最高的金融子市场之一,其活跃程度和参与度都已经成为货币市场乃至金融市场重要的组成部分,票据金融指数能够衡量票据市场化程度,以此判断金融市场化进程,从而为进一步推进票据市场化和金融体制改革提供理论依据。四是票据价格指数够衡量票据市场利率的总体走势,既可以成为市场参与者判断当前市场价位以及未来走向,也能为政策制定者或研究者提供市场资金、规模紧缺与否的参考。五是票据市场的活跃度高,新产品新业务层出不穷,同时监管政策也频频出台,创新与监管的博弈较为激烈,票据创新指数既可以测量票据市场的创新程度和创新冲动,又能使监管机构清楚了解市场发展和创新情况,从而可以制定科学合理的监管政策,引导票据创新走向健康可持续发展之路。六是票据的流动性较强,市场的参与主体多样,涵盖了企业、银行、财务公司、信托等,票据风险指数通过测度票据市场的风险因素,综合反映市场的信用风险、欺诈风险等状况,并能前瞻性地预判部分系统性风险。

三、中国票据发展指数的构建及实证分析

（一）中国票据生态指数

该指数用来衡量我国实体经济增长情况以及票据对实体经济的支持作用,因此

第四章 票据指数与预测

选择了国内生产总值(GDP)、社会融资总量(SHR)指标以及承兑余额(CY)、票据累计承兑量(LC)、贴现余额(TY)、累计贴现量(LT)6个变量。

本文采用主成分分析方法构建中国票据生态指数模型,并进行实证分析。主成分分析是利用降维的思想,将众多指标转化为一个或几个综合指标的多元统计分析方法。综合指标不仅保留了原始变量的主要信息,而且去除彼此之间的相关部分,可以去粗取精,非常适合用于指数的构建。具体步骤如下:

(1)数据选取。考虑到数据的可得性和统一性,我们选择自2002—2017年的GDP和票据年度数据,共16期。同时进行主成分分析必须进行的标准化处理,

$$X_{ij}^* = \frac{X_{ij} - \bar{X}_j}{S_{ij}}, i=1,2,\cdots,14; j=1,2,\cdots,6。$$ 其中,X_{ij}^*表示第i期第j个指标的标准化值,$\bar{X}_j$和S_j分别表示第j个指标的平均值和标准差。进行标准化处理后每个变量的平均值为零,方差为1,以消除量纲的不同而带来的一些不合理的影响。

(2)数据检验。对变量进行相关性观察及KMO和Bartlett的检验(见表4-1),可以看出票据市场交易情况与GDP之间存在很高的相关性,且KMO和Bartlett的检验值均符合主成分分析的标准。

表4-1　　　　　　　　　票据市场与实体经济相关性矩阵

	CY	LC	TY	LT	GDP	SHR
CY	1	0.997 6	0.643 0	0.970 3	0.987 1	0.944 8
LC	0.997 6	1	0.674 6	0.978 4	0.989 9	0.955 1
TY	0.643 0	0.674 6	1	0.694 1	0.697 4	0.731 2
LT	0.970 3	0.978 4	0.694 1	1	0.965 3	0.964 3
GDP	0.987 1	0.989 9	0.697 4	0.965 3	1	0.953 9
SHR	0.944 8	0.955 1	0.731 2	0.964 3	0.953 9	1

KMO和Bartlett的检验		
取样足够度的Kaiser-Meyer-Olkin度量		0.854 2
Bartlett的球形度检验	近似卡方	135.755 8
	df	15
	Sig.	0.000 0

(3)主成分分析。通过SPSS软件对承兑余额(CY)、票据累计承兑量(LC)、累计贴现量(LT)和GDP、社会融资总量(SHR)进行主成分分析,结果显示第一主成分的方差提取率(即累计贡献率)达到90.31%,根据因子载荷矩阵计算出各标准变量的权重系数,由此计算出标准化的中国票据生态指数(BEI^*):

$$BEI_j^* \text{(标准化)} = 0.421CY_j^* + 0.4245LC_j^* + 0.3288TY_j^* + 0.4224LT_j^*$$
$$+ 0.424GDP_j^* + 0.4199SHR_j^*$$

根据变量的平均值和标准差进行还原得出：

$$BEI_j^* \text{(标准化)} = -4.1088 + 0.1488CY_j + 0.0681LC_j + 0.6136TY_j$$
$$+ 0.0314LT_j + 0.0275GDP_j + 0.0728SHR_j$$

鉴于常规指数均为正数，因此假设将中国票据生态指数（BEI）基期定为2002年，并将基值定为1 000点，从而得出中国票据生态指数（BEI）公式为：

$$BEI_j = \frac{BEI_j^* + 4.1088}{BEI_1^* + 4.1088} \times 1\,000$$

$$= \frac{0.1488 \times CY_j + 0.0681 \times LC_j + 0.6136 \times TY_j + 0.0314 \times LT_j + 0.0275 \times GDP_j + 0.0728 \times SHR_j}{0.1488 \times CY_1 + 0.0681 \times LC_1 + 0.6136 \times TY_1 + 0.0314 \times LT_1 + 0.0275 \times GDP_1 + 0.0728 \times SHR_1} \times 1\,000$$

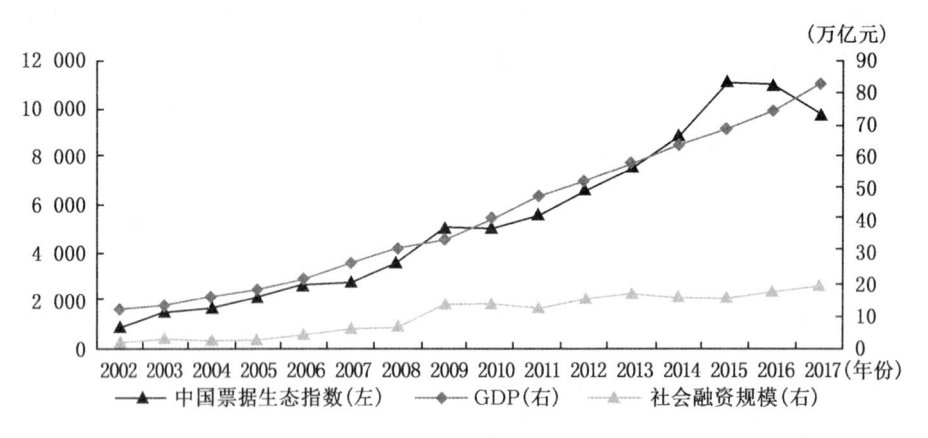

图 4-1　2002—2017 年中国票据生态指数走势

从图 4-1 中可以看出：(1)我国票据生态指数和国内生产总值、社会融资规模走势保持较高一致性，他们的相关性都在 0.98 左右，说明中国票据生态指数能够代表票据市场经济环境的变化。(2)我国票据生态指数和国内生产总值的相关系数略高于社会融资规模(0.987>0.977)，表明指数反映 GDP 更多一些。因为 GDP 代表我国总体经济情况，是票据业务的本源，而社会融资规模则代表了金融对实体经济资金支持的总量，涵盖的票据业务主要是新增票据余额和未贴现银行承兑汇票，但二者数据往往较小且不稳定。(3)2002—2015 年我国票据生态指数和国内生产总值、社会融资规模都在不断走高。随着 2002 年以来我国经济的快速增长以及金融支持实体经济力度的加大，票据市场的经济环境不断改善，于 2015 年达到 11 133 点；2016—2017 年由于我国经济增速转轨，金融去杠杆，票据市场理性回归，中国票据生态指数回落至 9 788 点。

(二)中国票据金融指数

该指数用来衡量我国票据市场与金融市场发展的契合度,选择了代表信贷市场的贷款余额(DY)和代表货币市场的交易量(LHB),以及票据市场的承兑余额(CY)、票据累计承兑量(LC)、贴现余额(TY)、累计贴现量(LT)共 6 个变量。仍采用主成分分析方法构建中国票据生态指数模型,数据选取了 2002—2017 年的金融市场和票据年度数据,共 16 期。通过表 4-2 可以看出,各个变量之间的相关程度都比较高,检验指标也非常适合进行主成分分析和指数的构建。数据处理过程与票据生态指数一致,在此不再赘述。通过 SPSS 软件对上述指标进行主成分分析,结果显示第一主成分的方差提取率(即累计贡献率)达到 90.87%,根据因子载荷矩阵计算出各标准变量的权重系数,最终得出中国票据金融指数。

$$BFI = \frac{0.1495 \times CY_j + 0.0683 \times LC_j + 0.5933 \times TY_j + 0.0314 \times LT_j + 0.0213 \times DY_j + 0.0053 \times LHB_j}{0.1495 \times CY_1 + 0.0683 \times LC_1 + 0.5933 \times TY_1 + 0.0314 \times LT_1 + 0.0213 \times DY_1 + 0.0053 \times LHB_1} \times 1000$$

表 4-2　　票据市场与金融市场相关性矩阵

	CY	LC	TY	LT	DY	LHB
CY	1	0.9976	0.6433	0.9703	0.9966	0.9912
LC	0.9976	1	0.6748	0.9784	0.9985	0.9908
TY	0.6433	0.6748	1	0.6942	0.6622	0.6665
LT	0.9703	0.9784	0.6942	1	0.9824	0.9767
DY	0.9966	0.9985	0.6622	0.9824	1	0.9938
LHB	0.9912	0.9908	0.6665	0.9767	0.9938	1

KMO 和 Bartlett 的检验		
取样足够度的 Kaiser-Meyer-Olkin 度量		0.7676
Bartlett 的球形度检验	近似卡方	170.0347
	df	15
	Sig.	0.0000

同理,鉴于常规指数均为正数,假设将中国票据金融指数(BFI)基期定为 2002 年,并将基值定为 1 000 点,得到 2002—2017 年我国票据金融指数走势图。从图 4-2 中可以看出:(1)我国票据金融指数与贷款余额、货币市场交易量的走势非常温和,相关系数都超过了 0.99,说明票据金融指数可以代表我国金融市场的整体情况。(2)我国票据金融指数与货币市场交易量的相关系数略高于与贷款余额的相关系数(0.993>0.990),表明票据资产虽然兼具信贷和资金双重属性,但偏向于资金属性,特别随着近年来票据资金化趋势越来越明显,票据业务的货币属性和交易属性进一

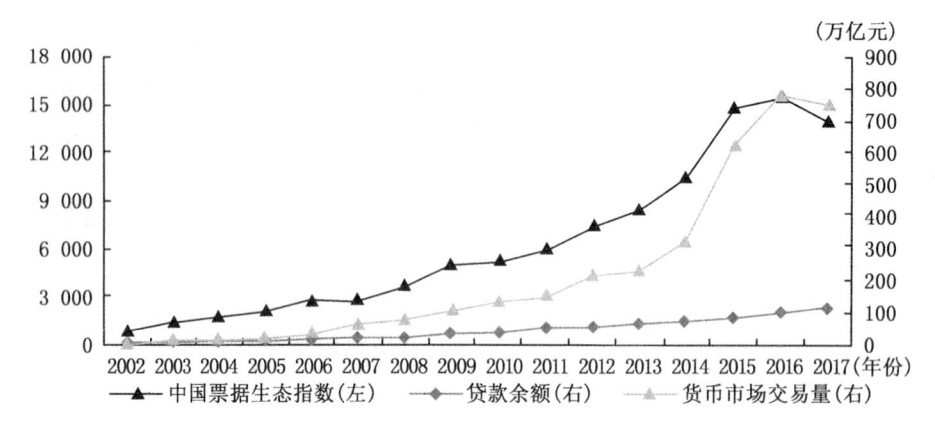

图 4-2 2002—2017 年中国票据金融指数走势

步增强,而贷款余额总体受央行管理,票据的信贷调节作用有所下降。(3)2002—2016 年我国票据金融指数和贷款余额、货币市场交易量都在不断走高,票据市场的金融环境不断提升,2016 年中国票据金融指数达到 15 624 点。随着金融去杠杆和监管强化,2017 年成为金融市场的转折点,货币市场和票据市场交易量均出现下滑,中国票据金融指数相应略回落至 14 084 点。

(三)中国票据价格指数

该指数用来衡量我国票据价格走势情况和趋势,由于没有官方发表的权威数据,因此选择了中国票据网的利率报价加权平均值,分别是转贴买入利率(MR)、转贴卖出利率(MC)、正回购利率(ZHG)和逆回购利率(NHG)4 个变量。数据选取时间段为相对较全且具有可比性的 2010—2017 年,由于时间短,因此使用了季度数,共 32 期。仍采用主成分分析方法构建中国票据生态指数模型,通过表 4-3 可以看出,各个变量之间的相关程度都较高,检验指标(KMO 和球形度检验)也非常适合进行主成分分析和指数的构建。数据处理过程与上述一致。通过 SPSS 软件对上述指标进行主成分分析,结果显示第一主成分的方差提取率(即累计贡献率)达到 92.332 5%,根据因子载荷矩阵计算出各标准变量的权重系数,可以得出标准化的中国票据价格指数:

$$BPI_j^* (标准化) = 0.499\,3 MR_j^* + 0.507\,6 MC_j^* + 0.479\,7 ZHG_j^* + 0.512\,8 NHG_j^*$$

根据变量的平均值和标准差进行还原得出:

$$BPI_j^* (标准化) = -6.908\,7 + 27.200\,8 MR_j + 29.465\,6 MC_j \\ + 42.158\,3 ZHG_j + 41.079\,1 NHG_j$$

鉴于常规指数均为正数,因此假设将中国票据价格指数(BPI)基期定为 2010 年第一季度,并将基值定为 1000 点,从而得出中国票据价格指数(BPI)公式为:

第四章 票据指数与预测

$$BPI_j = \frac{BPI_j^* + 6.9087}{BPI_1^* + 6.9087} \times 1000$$

$$= \frac{27.2008 \times MR_j + 29.4656 \times MC_j + 42.1583 \times ZHG_j + 41.0791 \times NHG_j}{27.2008 \times MR_1 + 29.4656 \times MC_1 + 42.1583 \times ZHG_1 + 41.0791 \times NHG_1} \times 1000$$

表 4-3　　　　　　　　　　　　票据价格相关性矩阵

	MR	MC	ZHG	NHG
MR	1	0.9909	0.7815	0.9103
MC	0.9909	1	0.8220	0.9326
ZHG	0.7815	0.8220	1	0.9448
NHG	0.9103	0.9326	0.9448	1

KMO 和 Bartlett 的检验		
取样足够度的 Kaiser-Meyer-Olkin 度量		0.7237
Bartlett 的球形度检验	近似卡方	113.0570
	df	6
	Sig.	0.0000

从图 4-3 中可以看出：(1)2010—2017 年我国票据价格指数与票据市场利率走势基本保持一致，相关性均在 0.92 以上，说明中国票据价格指数能够代表票据价格的整体走势。(2)中国票据价格指数与转贴卖出利率契合程度最高，两者相关性达到 0.976，这与转贴卖出利率实质是目前货币市场基准利率[1]相一致，表明中国票据价格指数也能一定程度反映货币市场利率的走势情况，可以作为资金紧缺与否以及紧缺程度的"晴雨表"予以参考。(3)2015—2016 年在全球量化宽松和我国保增长政策背景下，中国票据价格指数不断走低；随着宏观政策逐渐收紧，2017 年中国票据价格指数开始有所回升。

（四）中国票据创新指数

该指数用来衡量我国票据业务和产品的创新情况，这可以从票据业务和产品的创新数量、交易量、总收入以及在票据传统业务中的占比等维度进行测评，通过中国票据创新指数的构建来反映不同时期票据市场的活力以及未来的发展趋势和持久力，同时也可以成为监管机构出台政策的依据和效果反映指标。但由于目前这三个指标均没有公开的官方统计数据以及其他权威性较强的替代数据，因此仅提出相关

---

[1] 详见肖小和、王亮：《票据市场利率市场化程度实证研究》，《金融理论与实践》，2012 年第 7 期。

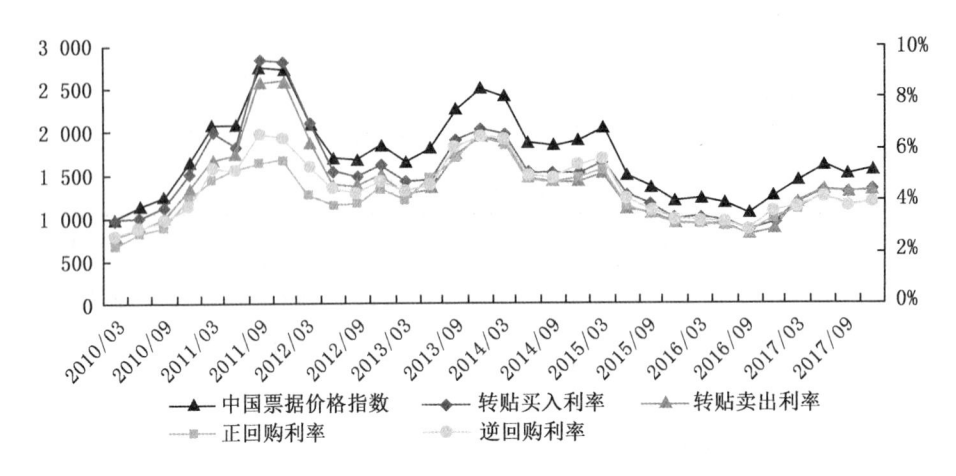

图 4-3 2010—2017 年中国票据价格指数走势

想法供探讨和完善。当然,通过监管机构建立票据创新统计制度体系及系统之后也可以取得。

(五)中国票据风险指标

该指数从票据承兑垫款率、票据贴现逾期率、票据案件发生率、票据资金损失率等维度进行评估,用来衡量我国票据市场的综合风险状况,可以成为票据经营机构把控风险、制定经营策略的重要参考指标。但是,目前这些指标难以搜集到适合的数据,票据承兑垫款率只有 2007—2009 年的季度数,缺少最新数据,据典型调查约在 0.15%~0.25%之间,但不够准确。因此,此处仅提出相关想法供探讨和完善,当然如果监管机构能建立票据风险统计制度和相关系统即可公开发布。

(六)中国票据发展指数

该指数用来衡量我国票据市场发展的总体情况,选择了代表票据市场的承兑余额(CY)、票据累计承兑量(LC)、贴现余额(TY)、累计贴现量(LT)、转贴买入利率(MR)、转贴卖出利率(MC)、正回购利率(ZHG)和逆回购利率(NHG)和未贴现银行承兑汇票(WYC),代表实体经济方面的 GDP、社会融资总量(SHR),代表金融方面的贷款余额(DY)和代表货币市场的交易量(LHB),代表创新方面的票据理财产品占比(PLC),代表风险方面的票据承兑垫款率(PCD),共 15 个指标,虽然票据理财产品占比和票据承兑垫款率不能完全代表票据创新和风险情况,但限于公开可得数据考虑将其纳入指标体系。数据选择 2003—2017 年的季度数,共 60 期数据,但由于票据理财产品占比和票据承兑垫款率数据限制,实际自由度只有 17 个。对上述数据运用主成分分析方法进行计算,结果显示存在 3 个主成分,累计贡献率达到 89.11%。通过合并转化计算综合主成分,即中国票据发展指数(BDI)。鉴于常规指数均为正数,假设将中国票据发展指数基期定为 2003 年第一季度,并将基值定为 1 000 点,得到 2003—2017 年各季度我国票据发展指数走势图(见图 4-4)。

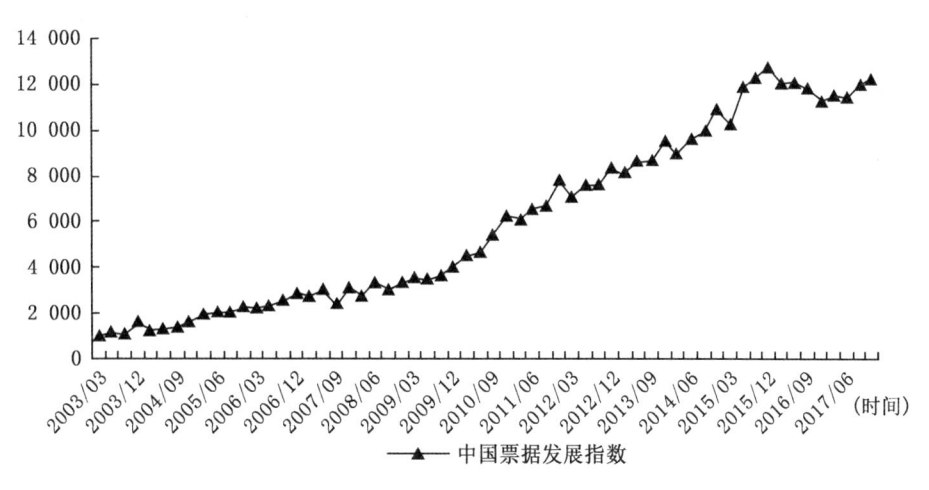

图 4-4 2003—2017 年中国票据发展指数走势

通过分析可知:(1)随着近年来我国经济金融环境的不断改善,票据市场得到了迅猛发展,中国票据发展指数在 2015 年末达到了 12 778 点,比基期增长了近 12 倍,年均增长率超过 21%。2016 年末理性回归至 11 305 点,2017 年逐渐回升至 12 207 点。(2)图 4-4 可以看出中国发展指数自 2009 年之后增长明显加速,这主要归因于次贷危机爆发后政府实施四万亿刺激政策,促使经济金融环境迅速改善所致。(3)图 4-4 显示中国票据发展指数存在明显的周期性波动,即年末迅速升高、年初回落的特点,这与 GDP 等经济金融指标存在周期性变化是相一致的。(4)构建的指标中与中国票据发展指数相关性较高的有票据承兑余额、累计承兑量、贴现量、GDP、贷款余额、货币市场的交易量、票据理财产品占比和票据承兑垫款率,而票据利率与发展指数相关程度相对较低。这主要因为票据利率多跟市场资金、信贷规模等资源有关,跟票据市场发展阶段和发展程度的关系相对较小。(5)与中国票据发展指数呈负相关的指标只有票据承兑垫款率和贴现余额。前者因为票据市场的发展与风险的发生比例往往呈反比,后者主要是票据贴现余额作为信贷调节工具受宏观政策影响巨大。

四、中国票据发展指数的应用

(一)区域票据发展指数的构建

中国票据发展指数除了可以用来衡量我国票据市场总体发展状况以外,也能够借鉴用来编制全国各个省市的区域票据发展指数,从而比较各地区票据市场的发展情况,进而有利于地方监管机构出台适合区域特色的票据发展政策,也方便各类型、各地区的市场参与主体制定相适应的经营策略、设计适销对路的票据产品。由于区域性数据比全国性更少,因此本文选择了承兑余额、承兑发生额、贴现余额、贴现发生额、GDP 和贷款余额 6 个指标,并假设 2006 年全国平均水平为基值,同样运用主成分分析法得出 2006—2016 年全国 31 个省、自治区和直辖市(香港、澳门、台湾地区除外)票据发展指数如表 4-4。

表 4-4　　　　　　　　　2006—2016 年中国各区域票据发展指数

地区	2006 年	2007 年	2008 年	2009 年	2010 年	2011 年	2012 年	2013 年	2014 年	2015 年	2016 年
全国平均	1 000	1 795	1 822	1 925	1 902	1 969	2 064	2 010	1 985	1 882	1 907
江苏	3 272	5 607	5 734	5 356	6 132	6 420	7 088	7 252	7 167	6 695	6 515
广东	3 478	5 539	5 319	5 760	5 349	5 853	6 085	6 207	6 437	5 276	5 604
山东	2 808	4 804	4 687	4 958	4 677	4 885	5 269	5 220	5 108	4 820	5 077
浙江	2 561	5 753	5 868	5 873	5 590	5 470	5 464	4 981	4 999	5 309	4 873
河北	1 205	1 914	1 781	1 996	2 040	2 142	2 227	2 414	2 390	2 420	3 684
辽宁	1 451	2 587	2 614	2 928	2 600	2 554	2 707	2 720	2 540	2 583	3 019
北京	1 701	2 738	2 871	2 886	2 802	2 744	2 764	2 615	2 615	2 614	2 732
四川	1 044	1 815	1 687	1 912	2 041	2 018	2 240	2 162	2 031	1 923	2 448
湖北	857	1 631	1 104	1 381	1 268	1 519	1 617	1 997	1 950	2 036	2 137
上海	2 504	4 261	4 795	4 439	3 362	3 478	3 396	3 557	3 666	2 779	2 129
福建	770	1 546	1 544	1 707	1 777	2 056	2 155	2 192	2 179	1 769	1 957
河南	1 235	2 328	1 522	3 291	3 568	3 132	2 258	2 224	2 212	2 181	1 902
重庆	772	1 387	1 402	1 770	1 543	1 635	1 905	1 981	1 976	1 858	1 678
安徽	632	1 155	2 773	1 802	1 746	1 741	1 916	1 701	1 675	1 568	1 590
天津	635	1 182	1 266	1 491	1 660	1 791	2 015	2 026	1 864	1 741	1 469
湖南	562	1 095	153	714	920	847	960	1 423	1 470	1 199	1 367
陕西	507	1 066	1 092	1 148	1 109	1 156	1 159	1 171	1 172	1 327	1 268
山西	701	1 088	941	930	1 080	1 304	1 357	1 645	1 273	1 127	1 249
内蒙古	376	795	790	819	930	1 034	1 019	1 087	1 057	984	1 121
江西	405	767	766	877	968	1 090	1 114	1 122	1 185	1 438	1 037
黑龙江	529	898	911	934	875	912	1 055	909	716	884	962
云南	427	857	814	882	864	909	1 018	1 135	1 022	913	926
新疆	282	515	480	536	734	591	682	763	707	731	893

续表

地 区	2006年	2007年	2008年	2009年	2010年	2011年	2012年	2013年	2014年	2015年	2016年
吉林	334	665	772	766	751	936	1 267	1 072	961	1 157	845
广西	312	617	1 044	193	174	203	218	867	982	970	713
贵州	196	397	370	403	456	481	517	628	707	631	510
甘肃	223	370	662	451	404	468	541	534	642	583	487
宁夏	94	186	178	206	228	283	292	285	298	267	317
海南	82	156	623	1 223	1 256	1 243	1 437	192	258	304	291
青海	45	120	107	119	153	179	186	203	221	216	270
西藏	—	—	—	—	—	—	—	38	68	39	32

(1) 全国各地区历年的票据发展指数

对于全国各地区历年的票据发展指数,如表4-4所示,我国的票据发展水平总体上呈现提高的趋势,特别是江苏、广东、山东、浙江、河北、辽宁等地上升幅度较大。从供给方看,随着近几年我国经济的飞速发展,企业通过票据的结算需求和融资需求都有了大幅提升;从需求方看,伴随我国金融改革的推进和利率市场化的提速,票据市场越来越受金融机构的青睐,参与主体和票据业务、产品不断丰富,市场活跃程度和条线收入占比都在快速提高。

(2) 全国各地区票据发展指数的分析

2006—2016年全国各地区票据发展指数的差距情况如表4-5所示,从中可以看出,全国各地区全距与标准差正在逐步增大,极差由2006年的3 433点增加到2016年的6 483点,标准差由2006年的974增加到2016年的1 661。票据发展状况在不同维度上并不均衡,地区之间的差距正在逐步加大,东部经济发达地区的票据发展指数明显高于西部欠发达地区,形成东西部之间较为明显的区域差异,即一个地区票据市场的发展情况基本与该地区的经济总量和贷款总规模是相一致的。同时,我们也发现近几年中部地区票据市场的增长速度较快,经济发达的东部地区增长速度反而较慢,这与我国整体经济结构调整、中西部经济金融发展速度加快是相辅相成的。

表4—5　　　　　　　2006—2016年全国各地区票据发展指数差距

年份	地区数	极小值	极大值	全距	均值	标准差
2006	30	45	3 478	3 433	1 000	974
2007	30	120	5 753	5 633	1 795	1 700

续表

年份	地区数	极小值	极大值	全距	均值	标准差
2008	30	107	5 868	5 761	1 822	1 731
2009	30	119	5 873	5 754	1 925	1 731
2010	30	153	6 132	5 979	1 902	1 666
2011	30	179	6 420	6 241	1 969	1 702
2012	30	186	7 088	6 902	2 064	1 768
2013	31	38	7 252	7 214	2 010	1 769
2014	31	68	7 167	7 099	1 985	1 776
2015	31	39	6 695	6 656	1 882	1 622
2016	31	32	6 515	6 483	1 907	1 661

(二)区域票据发展指数的聚类分析

本文采用聚类分析方法对我国各地区历年的票据发展指数进行归类,通过对输出结果的分析,按照地区来确定票据发展指数的类别,并研究票据发展指数对各个地区的影响。

在聚类方法上,选择组间连接法,即当两类合并为一类后,使所有的两两项之间的平均距离最小。同时,运用标准差标准化方法(Z-Scores),把数值标准化到Z分布,标准化后变量均值为0,标准差为1。最后,输出结果的树状聚类图如图4-5所示。由树状聚类图可以得出,当把距离设定为7时,全国各地区可以明显分为4大类。

第一类:江苏、广东、山东、浙江。这四个省份在GDP和贷款规模上均是全国前四名,共同特点主要是东部沿海地区经济发达,企业贸易结算和融资需求旺盛,票据资源和金融资源丰富,市场交易活跃,创新能力强。因此这些地区从票据承兑、银行直贴到金融机构的转贴现都很活跃,因此票据发展指数在全国遥遥领先。

第二类:河北、辽宁、北京、四川、湖北、上海、福建、河南。这些地区属于经济金融发展第二梯队,经济基础相对较好,金融活跃度相对较高,票据在企业间的支付结算需求和金融机构间的周转融资需求均较为旺盛。因此这些地区各类票据业务均处在全国的中上游。

第三类:重庆、安徽、天津、湖南、陕西、山西、内蒙古、江西、黑龙江、云南、新疆、吉林、广西。这些省份(直辖市)大多位于中部地区,经济总量和金融资源存量处于全国中等水平,随着我国经济结构调整加快,中部经济增速逐渐超过东部沿海地区。因此这些地区的票据一级市场(承兑业务)相对活跃,二级市场正在迅速成长,该类型的特点就是票据市场发展迅速且潜力巨大。

第四章 票据指数与预测

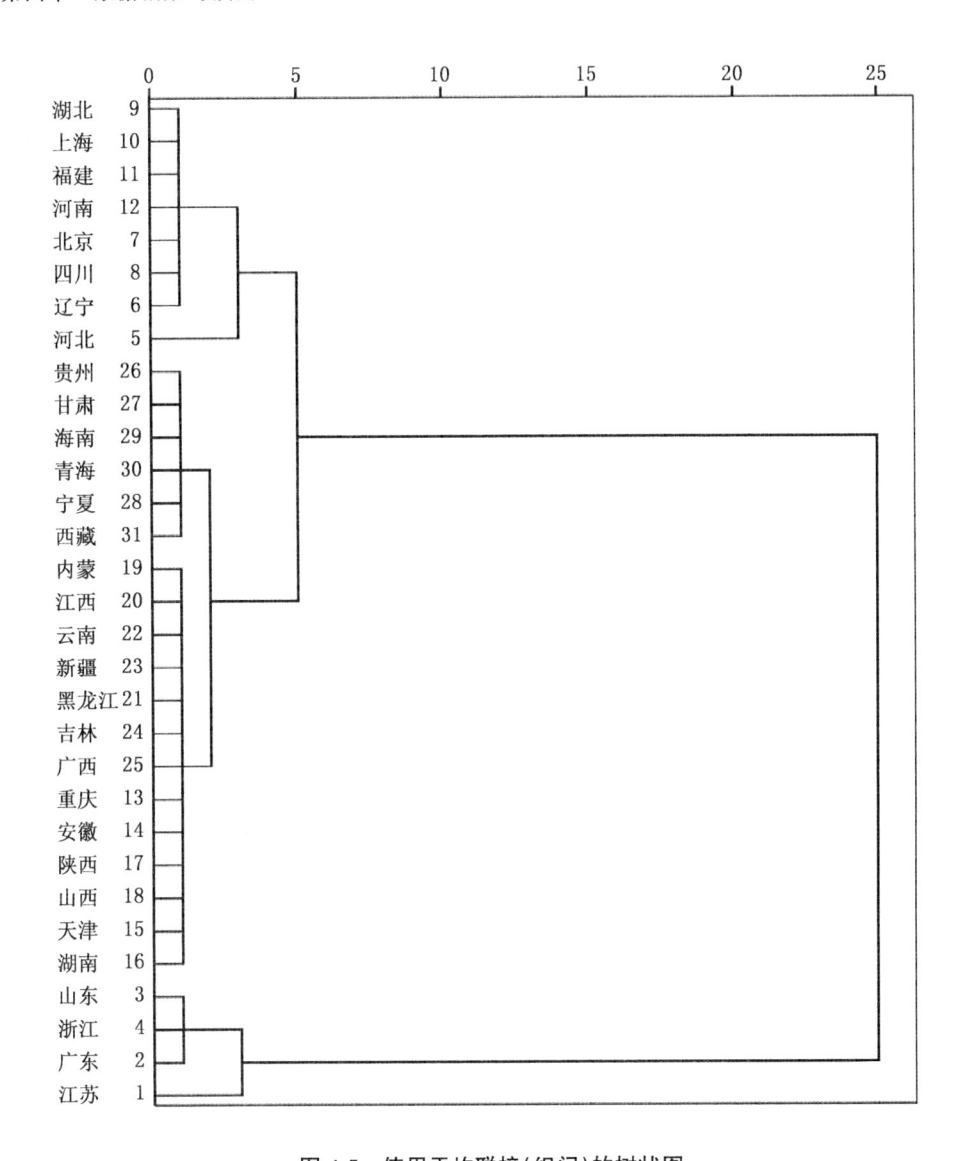

图 4-5 使用平均联接(组间)的树状图

第四类:贵州、甘肃、宁夏、海南、青海、西藏。这些省份多位于中西部欠发达地区,综合经济和金融资源相对较为落后,票源较为稀缺,参与主体相对较少,投入票据市场的金融资源也不足,票据市场发展相对落后。

参考文献
[1]中国人民银行货币政策分析小组.历年中国区域金融运行报告[R].

［2］雷宏.金融发展指数构建与中国金融市场化进程评价［J］.中北大学学报:社会科学版,2007(6):28－32.

［3］曹颢、尤建新、卢锐、陈海洋.我国科技金融发展指数实证研究［J］.中国管理科学,2011(3):134－140.

2017年票据价格指数逐渐回升至常态区间

肖小和　王　亮

一、指数及票据价格指数的概念、意义及现状

统计学上，指数是反映由不能直接相加的多种要素所构成的总体数量变动状况的统计分析指标。比如所熟知的股票价格指数或债券价格指数就是用来衡量股票市场或债券市场的价格波动情形。票据价格指数就是对票据利率进行采样并计算出来的用于衡量票据市场价格波动的指数。

构建票据价格指数的意义主要有：一是可以综合反映票据市场价格总体的变动方向和变动幅度。目前我国还没有形成统一的票据市场，任何单一机构的票据利率都无法综合代表整个票据市场的价格变动情况，因此构建票据价格指数来反映整个市场票据利率的变化情况和发展趋势，方便票据市场参与者及时准确地了解市场价格变化。二是分析和测定各个因素对票据价格变动的影响方向和程度。票据业务兼具资金和信贷双重属性，影响票据利率的因素主要是资金面和信贷状况，因此可以根据二者的内在联系建立票据价格指数体系，从而测定各构成因素的变动对市场价格的影响情况。三是分析研究票据市场价格在长时间内的发展变化趋势。票据价格指数的综合性和代表性较强，能够反映票据市场价格的总体变化，通过对指数的长期跟踪和分析从中找出规律，并结合自身经验对未来票据价格的走势作出预判，从而减少买卖票据的盲目性，可以获得更多的收益。四是对市场进行综合评价和测定。票据利率作为市场化时间最早、程度较高的利率品种，一定程度发挥了基准利率的作用，因此反映票据利率变化的票据价格指数既可以代表票据市场的供需情况以及市场资金和信贷状况，也能成为货币市场乃至金融市场的"晴雨表"。

目前市场中已经存在的票据价格指数主要有长三角票据贴现价格指数和工银票据价格指数，但都有各自的局限。长三角票据贴现价格指数是根据长三角样本金融机构最近两周买入全部贴现票据的加权平均利率计算而来，并接受当地人民银行和监管机构的监督，因此其代表性和公信性比较高，缺陷是只能代表区域性的票据市场情况。工银票据价格指数是由工商银行票据营业部收集全国重点金融机构样本报送的交易价格统计计算得出，其全国性和代表性是不言而喻的，但由于没有监管部门的监督,样本机构的报价未必是本机构的加权平均利率,其公信力要略打折扣。同时,虽然两种价格指数包含了贴现、转贴现以及回购价格指数,能够反映出相应票据业务种类价格的波动情况,但没有反映出票据市场的综合情况以及影响票据价格的各个因素情况。本文力求建立一个票据因素价格指数体系,既能体现票据价格的总体走势情况,又能反映票据市场资金松紧程度和信贷状况。

二、票据价格指数的编制及其应用

影响票据利率的因素主要是资金和信贷规模,而不同业务种类的票据价格反映的信息侧重也不尽相同。直贴业务与一般贷款业务而非常相似,都将直接导致信贷规模的增加,因此直贴利率更能反映信贷的宽松状况;而回购业务不会导致规模的变化,因此是一种资金业务,回购利率更能反映资金面的情况;转贴现业务介于两者中间,既与信贷有关,也涉及资金。根据不同业务的特点,本文建立了票据资金价格指数、票据信贷价格指数和票据综合价格指数,票据资金价格指数是由回购利率和转贴利率构成,票据信贷价格指数是由直贴利率和转帖利率构成,而票据综合价格指数不仅包含了票据利率,还考虑了报价金额。

价格指数必须具有全国性、代表性和公信力三大特点,因此票据价格的样本选取了"中国票据网"以及其他网站的报价。"中国票据网"是经中国人民银行批准由中国外汇交易中心暨全国银行间同业拆借中心承办的为票据市场提供交易报价、信息查询和监管服务的专业网站,于2003年6月30日正式启用,截至2016年末票据网成员涵盖了包括5家国有银行、17家股份制银行、3家政策性银行、多家城商行、农商行、农信社等金融机构在内的2 855家机构。因此"中国票据网"涵盖了全国各个区域及绝大多数的银行业机构,具有较强的市场代表性和公信力。但自2017年6月30日开始"中国票据网"下线,所以相关数据也截至2017年上半年末。本文建立的指数是通过对票据利率进行计量建模确定一个比较稳定的系数比例关系,从而形成票据因素价格指数,因此需要一个能够准确反映市场资金面和信贷规模状况的核心指标,本文选取了银行间同业拆借加权平均利率(月)和金融机构贷款加权平均利率(季)。

(一)票据资金价格指数

票据资金价格指数是指通过对"中国票据网"的回购利率报价和转贴现利率报价进行系数确定而计算得出的指数,旨在反映票据市场的资金状况和变化趋势。样本数据选择为2005年1月—2017年6月的"中国票据网"报价及银行间同业拆借加权平均利率,变量之间的相关系数和模型详见表4-6。可以看出回购利率的系数要远远大于转贴利率,这符合票据资金价格指数更注重资金价格的变化,回购是纯资金业务,而转贴还包含信贷的因素。

第四章 票据指数与预测

表 4-6　　　　　　　　　　票据资金价格指数的系数

	正回购利率（ZHG）	逆回购利率（NHG）	买入利率（MR）	卖出利率（MC）	银行间同业拆借利率(TY)
与 TY 相关系数	0.802 3	0.817 8	0.792 4	0.804 5	1
系数确定模型	TY=0.006 2 +0.494 3ZHG (R^2=0.666 5)	TY=0.005 8 +0.456 0NHG (R^2=0.685 7)	TY=0.009 2 +0.323 3MR (R^2=0.587 0)	TY=0.009 2 +0.357 4MC (R^2=0.588 7)	—
系数	0.494 3	0.456	0.323 3	0.357 4	—
票据资金价格指数的公式	即期票据资金价格指数 $=\dfrac{0.494\,3\times\text{正回购利率}+0.456\times\text{逆回购利率}+0.323\,3\times\text{买入利率}+0.357\,4\times\text{卖出利率（即期数）}}{0.494\,3\times\text{正回购利率}+0.456\times\text{逆回购利率}+0.323\,3\times\text{买入利率}+0.357\,4\times\text{卖出利率（基期数）}}\times 1\,000$					
与票据资金价格指数相关系数	0.982 3	0.991	0.988	0.986 4	0.815 0

根据对历年各月银行间同业拆借利率进行简单平均，发现 2013 年 3 月比较接近该平均值，即将该时点定义为常态，因此本文也将该时间点选为票据资金价格指数的基期，并将基值定为 1 000 点，基期前后的指数则根据利率变化情况发生相应变动。通过统计可知，票据资金价格指数与票据平均报价的相关性都超过 0.98，说明指数能够反映票据市场价格的走势，同时银行间同业拆借加权平均利率与指数的相关性也在较高区域，表明指数能反映票据市场的资金价格走势情况。通过历史数据可以发现，当票据资金价格指数超过 1 400 点的时候表示市场资金面较为紧张，当超过 1 800 点的时候代表非常紧张；而指数低于 700 点的时候表示市场资金面较为宽裕，低于 350 点代表非常宽松（见图 4-6）。

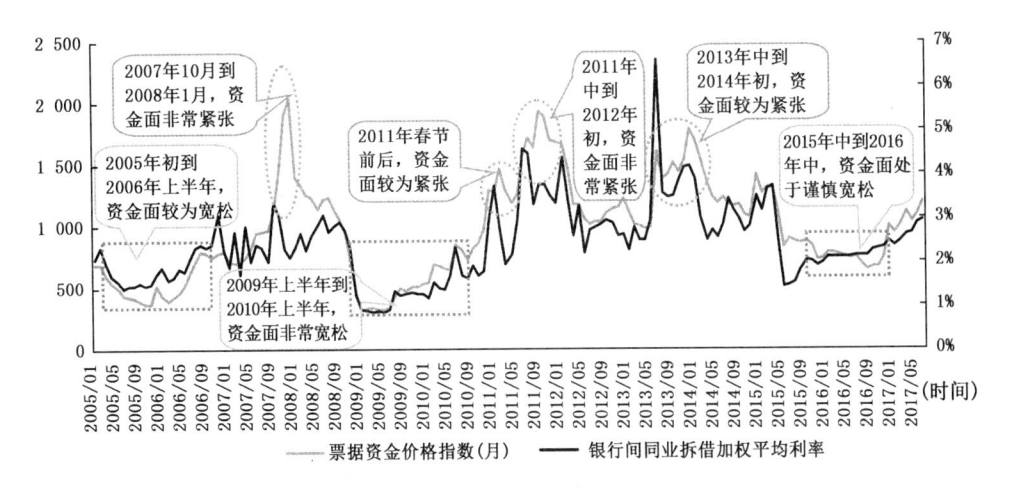

图 4-6　2005—2017 年票据资金价格指数走势(月)

自 2005 年至今票据市场大约经历了 4 次资金紧张和 3 次资金宽松分别为：

从 2005 年初—2006 年上半年,资金面较为宽松。票据资金价格指数逐渐回落至低点 366,随后缓慢回升;1 天期银行间同业拆借加权平均利率基本维持在 1.1%～1.9%范围内震荡,平均值仅有 1.4%。主要原因为:(1)受宏观调控和货币政策实施影响,市场整体呈现"宽货币、紧信贷"特征。(2)央行下调超额准备金存款利率,大量挤出资金进入市场。(3)外汇储备达到 8 189 亿美元高位,热钱加速流入迹象明显,导致市场资金面非常宽裕。

2007 年 10 月—2008 年 1 月,资金面非常紧张。票据资金价格指数剧烈波动,从 1 000 点飙升至 2 034 点后迅速回落,Shibor 隔夜利率一度高达 8.52%,2 周期限的 Shibor 最高达到 13.58%。这一时期经济运行呈现出由偏快转向过热的迹象,央行加大了货币政策的从紧力度,无论是货币政策工具、种类还是出台频率都是前所未有的。2007 年央行连续 10 次上调法定存款准备金率,最后一次直接提高 1 个百分点,同时 6 次上调存贷款基准利率,这对市场资金面和信贷规模都产生重大影响。同年票据利率也已完成了以 Shibor 为基准的市场化进程,因此伴随资金价格一路走高。

2009 年上半年—2010 年上半年,资金面非常宽松。票据资金价格指数在 350 点以下震荡,Shibor 隔夜利率处在底部 0.8%左右。由于 2008 年次贷金融危机爆发,全球面临经济衰退,我国政府为应对危机于 2008 年末推出"四万亿"计划,信贷规模和资金大量投放,2009 年上半年开始显现,整个市场呈现出了资金、规模双宽裕的景象,资金价格创下了历史最低点。

2011 年春节前后,资金面较为紧张。票据资金价格指数攀升至 1 400 点左右,Shibor 隔夜利率最高达到 8%。主要原因有:(1)2010 年末存款环比大幅增加 1.55 万亿元,因此 2011 年 1 月 5 日商业银行需补交存款准备金 2 000 多亿元。(2)季后 15 日前所得税预交,当月纳税入库 2 182 亿元;虽然当月央行为缓解春节资金压力投放基础货币 8 773 亿元,但存款准备金净冻结资金 6 370 亿元,超额准备金更是减少 8 370 亿元,市场资金面出现紧张。

2011 年中—2012 年初,资金面非常紧张。票据资金价格指数在 1 464 点～1 940 点之间震荡,其实资金紧张主要是 2011 年 6 月末和 2012 年初,Shibor 隔夜利率最高达到 8.166 7%。主要原因是 2011 年 5 月企业所得税汇算清缴入国库 2 687 亿元,6 月末临近半点时点考核,央行又再次上调法定存款准备金率 0.5 个百分点,约冻结 3 700 亿元资金,市场预期相应发生剧烈变化,惜金情绪蔓延,导致资金价格上涨。2012 年春节前后的资金面骤紧情况与 2011 年非常相似,都是上年末存款大幅增加需补交法定准备金、企业纳税入库、春节备付金等因素导致市场流动性短期稀缺。然而除了这两个时点,2011 年下半年市场资金面整体较为平稳,资金价格也趋于正常水平,但票据利率在 9 月突然"高歌猛进"一路飙升,这主要受央行新规所致。央行要求从 2011 年 9 月开始将信用证、保函和银行承兑汇票保证金存款纳入存款准备金的缴纳范围,分批补缴,当月大约冻结资金9 000亿元,加上9月信贷规模紧张,票据资金价格指数飙升至1 940点。

2013年中—2014年初,资金面较为紧张。票据资金价格指数在1 379点~1 786点震荡,资金紧张主要集中在2013年年中的"钱荒"时期,主要原因一是资金方面:5月企业上缴所得税入库4 691亿元,当月新增存款1.09万亿,6月需补交存款准备金1 000亿元。二是监管政策方面:央行加强了外汇资金流入管理,原虚假贸易导致的还汇需求增加,国内流动性减少;银监会8号文对商业银行非标化债权理财产品要求压缩达标,增加了流动性需求。三是商业银行操作方面:部分商业银行通过期限错配和杠杆交易进行业务盈利,当资金趋紧时加剧了流动性压力。随着央行出手救市以后资金面有所缓解,但金融机构预期已经发生较大变化,市场惜金情绪浓厚,票据资金价格指数在较高位置延续震荡,年末受规模紧张影响再度冲高,详见票据信贷价格指数部分。

2015年中—2016年末,资金面谨慎宽松,银行间同业拆借加权平均利率最低已至1.42%,相当于2005年外汇占款大幅增加的宽松时期,但票据资金价格指数维持在650点~1000点之间震荡,基本相当于正常水平。一方面,我国经济处于"增长速度换挡期、结构调整阵痛期、前期刺激政策消化期"三期叠加新常态,货币政策总体保持稳健偏松总基调,央行共6次下调存款准备金率,引导市场利率适当下行,降低社会融资成本。另一方面,票据市场加强监管,表外票据业务回归表内,票据融资余额大幅增加,受规模限制制约了票据利率下行速度和空间。随着近期金融去杠杆政策影响,资金面总体处于紧平衡状态,利率中枢从底部不断上升,票据资金价格指数也已回至1 000点常态附近。

(二)票据信贷价格指数

票据信贷价格指数是指通过对转贴报价和直贴报价进行系数及时调整而建立的指数,旨在反映票据市场的规模状况和变化趋势。

由于央行公布的金融机构贷款加权平均利率是从2008年第三季度开始的,因此样本数据选取了2008年三季度到2017年期间,变量之间的相关系数以及系数确定模型详见表4-7。票据信贷价格指数以2013年一季度为基期,基值亦定为1 000点,基期前后指数根据利率变化情况相应发生变动。通过统计可知,票据资金价格指数与票据平均报价的相关性都在0.99以上,说明指数能够反映票据利率的走势,同时金融机构贷款加权平均利率与指数的相关性也在较高区域,并高于单个票据业务品种报价与贷款利率的相关,表明票据信贷价格指数更能反映票据市场的规模稀缺程度。通过图4-7可以看出,当票据资金价格指数超过1 400点的时候表示信贷规模较为紧张,而指数低于700点的时候表示信贷规模较为宽松。

表 4-7　　　　　　　　　　票据信贷价格指数的系数表

	直贴利率(ZHT)	转贴现利率(ZT)	金融机构贷款加权平均利率(DK)
与 DK 相关系数	0.946 8	0.977 2	1
系数确定模型	DK=0.041 2 +0.463 3ZHT (R^2=0.896 5)	DK=0.04 +0.556 4ZT (R^2=0.954 9)	—
系数	0.463 3	0.556 4	—
票据信贷价格指数的公式	即期票据信贷价格指数＝$\dfrac{0.463\ 3\times 直贴利率+0.556\ 4\times 买断式利率(即期数)}{0.463\ 3\times 直贴利率+0.556\ 4\times 买断式利率(基期数)}\times 1\ 000$		
与票据信贷价格指数相关系数	0.998 4	0.996 9	0.935 3

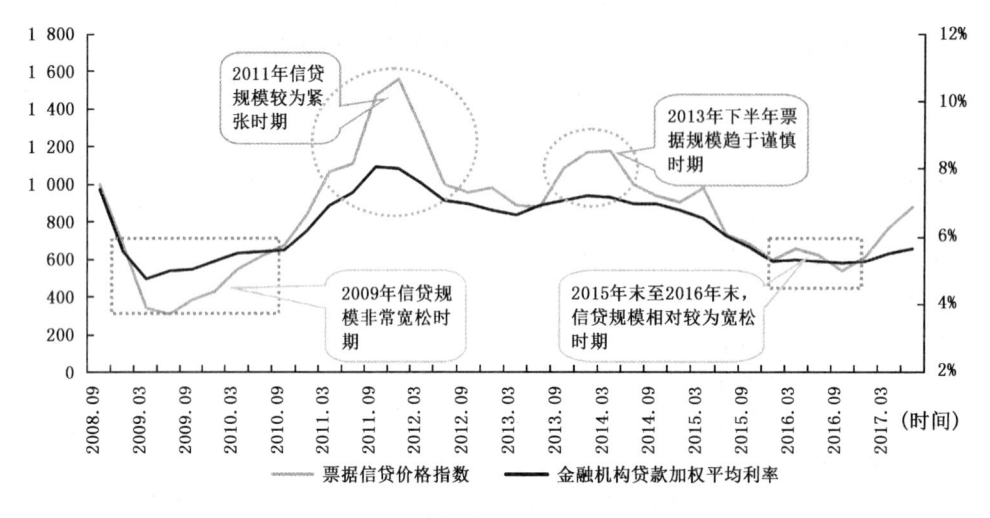

图 4-7　2006—2017 年票据信贷价格指数走势

从图 4-7 可以看出票据信贷价格指数要比金融机构贷款加权平均利率波动更为剧烈,这比较容易理解,票据作为银行的信贷调节工具,蓄水池作用显著,当规模紧张时银行首选卖断流动性较好的票据资产,同理当存在闲置资源时银行也会通过大量增持票据"撑规模",因此票据利率的波动往往比贷款利率大。从 2008 年至今票据信贷价格指数大约经历了四个非常态阶段。

2009 年信贷规模非常宽松时期,票据信贷价格指数在 310 点～490 点之间震荡。我国为应对金融危机推出"四万亿"经济刺激计划,2009 年上半年新增贷款就达到7.37 亿元,全年新增了 9.59 亿元;而 2011 年全年新增贷款还不到 7.5 亿元,贷款利率回落至年利率5%以下。规模的宽松迅速传导到票据市场,2009年上半年票据融资增加了1.7万亿元,占比新增贷款23%,票据利率也创下了历史最低点,2009年第二季度票据信贷价格指数仅为308点,相当于年利率1.52%,随后新增贷款下降明显,票据融资进入减持阶段,票据信贷价格指数逐渐升高。

2011年信贷规模紧张时期,票据信贷价格指数攀升至1 400点以上。为调控"四万亿"所产生的通货膨胀,央行先后7次上调法定存款准备金率,3次上调存贷款基准利率,并严格控制新增贷款的数量和投放节奏,全年新增贷款仅有7.47万亿元,比2009年的9.59万亿元和2011年的7.95万亿元都少,票据信贷价格指数随贷款利率逐渐走高。而9月新增贷款只有4 700亿元,是当年新增最少的一个月,同时监管机构加大了票据市场的监管力度,对部分金融机构办理票据"绕规模"等不合规行为进行了检查,并要求金融机构开展票据业务自查,这都促使票据规模紧张,当月票据融资余额减少了200亿元,而上月却增加了近1 000亿元,票据信贷价格指数飙升至2 161点,相当于年利率10.65%。随后新增贷款有所增加,票据融资回归至正增长阶段,票据信贷价格指数开始慢慢回落。

2013年下半年票据规模趋于谨慎时期,票据信贷价格指数在1 200点附近震荡。由于6月部分银行资金期限错配引起的"钱荒"以及上半年信贷投放力度过大,此后银行倾向于减持票据回笼资金,票据融资大幅减少了5 235亿元,票据信贷价格指数维持在1 200点上下。

2015年末至2016年末信贷规模较为宽松,票据信贷价格指数在600点~700点之间震荡。为应对经济下行压力以及经济结构调整,中央采取稳中求进的政策总基调,适时5次下调贷款及存款基准利率,2015年和2016年新增贷款分别达到11.7万亿元、12.6万亿元,2015年票据融资新增为1.5万亿元,票据信贷价格指数不断下行;2016年受风险事件频发以及央行窗口指导控制票据规模等影响,票据融资新增量降至0.6万亿元,票据信贷价格指数有所回升。

(三)票据综合价格指数

票据综合价格指数是指以"中国票据网"报价金额为系数权重对加权平均利率建立的综合指数,旨在反映票据市场的总体状况和变化趋势。实际上票据综合价格指数应该包含直贴报价情况,但由于目前"中国票据网"仅有转贴现和回购报价,因此暂不考虑直贴业务。票据综合价格指数公式为:

$$\frac{买断式报价金额 \times 利率 + 回购报价金额 \times 利率(即期数)}{买断式报价金额 \times 利率 + 回购报价金额 \times 利率(基期数)} \times 1\,000$$

样本数据选择为2005年1月—2017年6月的"中国票据网"报价,票据综合价格指数以2013年3月为基期,基值设定为1 000点,基期前后的指数则根据市场变化情况发生相应变动。通过统计可知,票据综合价格指数与票据平均报价的相关性都超过0.982,说明指数能够反映票据市场的总体趋势。通过历史数据可以发现,当票据综合价格指数超过 1 400 点的时候表示市场总体较为紧张,而指数低于 700 点的时候表示市场较为宽裕,当超过 2 000 点或低于 350 点时说明市场处于异常情况(见图 4-8)。

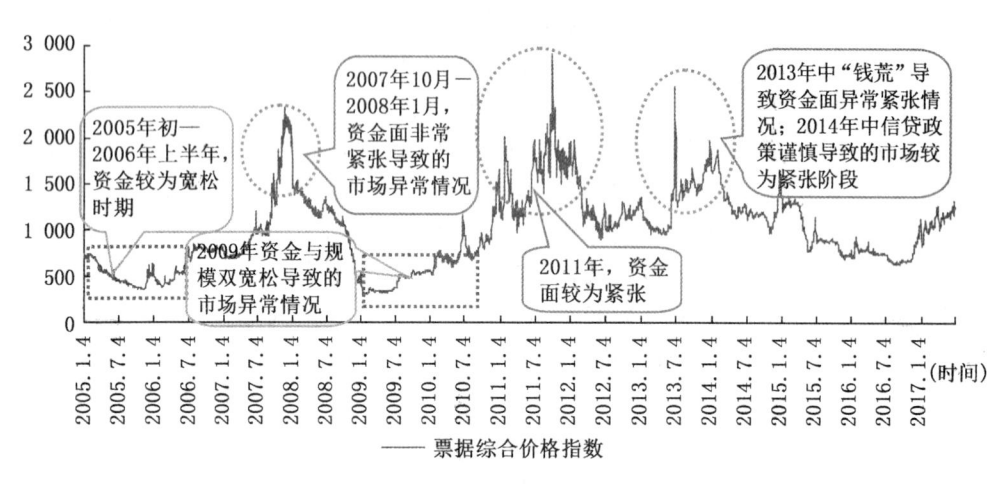

图 4-8　2005—2017 年票据综合价格指数走势

从图 4-8 可以看出票据综合价格指数基本涵盖了票据资金价格指数和票据信贷价格指数的波动情况,自 2005 年至今票据市场大约经历了 5 次紧张和 2 次宽松,按照导致原因可以分为四种情况。

情况一:资金起主导作用

从 2005 年初到 2006 年上半年,资金较为宽松时期,票据综合价格指数在 500 点~700 点之间震荡。

2007 年 10 月—2008 年 1 月,资金面非常紧张导致的市场异常情况,票据综合价格指数最高达到 2 332 点,相当于年利率 9.67%。

2011 年春节前后,资金面较为紧张时期,票据价格不断走高,票据综合价格指数也一路冲高至春节前 2016 点后迅速回落。

2013 年中,"钱荒"导致资金面异常紧张,6 月末票据综合价格指数迅速飙升至 2 553 点,相当于年利率 10.58%,创历史次高水平。

情况二:信贷起主导作用

2013 年下半年至 2014 年春节,信贷政策谨慎导致的市场较为紧张阶段,票据综合价格指数在 1 400 点~2 000 点之间震荡。

情况三:两者共同起主导作用

2009 年上半年,资金与规模双宽松导致的市场异常情况,票据价格不断回落,票据综合价格指数在 350 点以下震荡,最低达到 297 点,相当于年利率 1.23%,创历史最低票据利率。

情况四:监管政策等其他因素起主导作用

央行将保证金存款纳入存款准备金范围以及银监会加大票据"逃规模"检查导致市场预期发生剧烈变化,2011年中—2012年初,票据综合价格指数不断升高,并创出历史最高水平2 906点,年利率12.04%,随后保持高位震荡。

原因前面都已经详述,在此不再重复。2015年以来,货币政策总体稳健偏宽松,票据综合价格指数在常态范围内逐渐下行;至2016年末政府采取去杠杆抑泡沫措施,票据交易回归理性,票据综合价格指数逐步回升至1 000点左右;2017年金融去杠杆与监管强化叠加,票据综合价格指数进一步走高至1 200点以上。

三、发挥票据价格指数作用,完善市场价格体系建设

票据价格指数体系能够反映票据市场价格总体走势,同时也可以清晰展现各主要因素对票据利率的影响方向及程度。既可以让市场主体及时准确地了解市场现状并进行分析和预判,也可以被监管机构用于观测市场,或作为货币政策的中介指标,同时也可以成为专家学者研究讨论的重要市场指标。但由于目前市场不统一、票据标准化程度低、票据制度落后等制约因素,票据价格指数的代表性和权威性都受到一定程度的影响,作用也难以发挥到最大,因此本文根据实际和现有的研究成果提出需要尽快完善票据市场的相关建议,以进一步释放票据价格指数的真正作用。

(一)加快推进统一票据市场建设进程,完善票据交易所功能

票据价格指数的有效性取决于样本的全面和准确。目前我国还没有形成统一的票据市场,各地区、各机构的票据报价分散割裂,票据价格的有效性大大降低,已经严重阻碍了票据市场的健康可持续发展。虽然全国统一的上海票据交易所已上线,但由于时间短、任务重,仅实现纸质商业汇票交易功能以及会员交易客户端。建议完善票交所平台功能,尽快实现电票线上交易功能以及会员全覆盖,建立鼓励金融机构统一报价的机制,进一步增加信息共享功能,促进票据市场的透明度和公平竞争,提高票据市场有效性和规范性。

(二)加快票据市场的开放式发展,提高票据市场的活跃程度

活跃的票据交易对于价格发现至关重要。2016年受票据风险事件频发、监管趋严以及央行窗口指导控制规模等因素影响,全国金融机构商业汇票累计承兑量和累计买入量分别为18.1万亿元和84.5万亿元,同比分别回落19.2%和17.2%,在货币市场的占比也从2015年的16%回落至10.8%;2017年票据交易进一步萎缩,累计承兑量和累计贴现量分别为17万亿元和40.3万亿元,同比分别回落6.07%和52.31%。同时,由于票据市场存在真实贸易背景、参与主体、产品合规等诸多要求,限制制约了市场的发展。随着我国金融改革的不断推进和金融开放程度的不断提高,且票据市场具有产品简单、交易活跃、易放易收等特点,符合成为金融改革的试点要求,因此可以从以下几个方面进行尝试:一是尝试融资性票据,目前《票据法》规定

票据必须具有真实贸易背景,这与票据已经逐渐演变成一种融资工具的趋势不相适应,建议应该面对票据市场发展的现实,对融资性票据进行试点,在试点成熟后可以进一步修改《票据法》相关规定。二是增加票据市场参与主体,认可并规范票据中介机构的发展。票据中介机构能够促进市场活跃程度并提高票据融资效率,但由于法律的缺位导致票据中介机构一直游走在灰色地带,建议明确票据中介机构的法律身份和行业标准,丰富票据市场参与主体。三是尝试票据衍生产品,随着票据市场体量的扩大,常规票据产品将无法满足市场的需求,因此可以对票据业务证券化、票据远期、票据期权、票据期货等衍生产品进行尝试和实验。

(三)票据价格指数的编制和发布建议

1. 编制时间

如果票据价格指数模型被相关部门采纳,拟在编制使用时,可以划分三个阶段进行:第一阶段为指数核证阶段;第二阶段为指数试运行阶段;第三阶段为正式发布运行阶段,即通过官方网站、媒体等途径正式对外发布。

2. 发布时间和渠道

对外发布按照编制时间,即票据综合价格指数为每日编制和每周发布;票据资金价格指数为每月编制和发布;票据信贷价格指数为每季编制和发布。发布渠道包括《金融时报》《国际金融时报》等新闻媒体及票交所等网站。

票据市场 2017 年回顾与 2018 年展望

肖小和

2017年,在金融去杠杆、去影子银行,银监会"三三四十"文件出台以及票交所制度频出、税改58号文下发、流动性管理新政、资管新政等多重因素叠加下,票据市场逐步回归理性。2018年,在国际经济有望继续保持温和复苏、国内步入深化改革、金融回归服务实体经济的背景下,以及票交所纸电完全融合,各种票据新政开始实施后,各票据经营机构面临重大转型,是票据市场转型发展的关键一年。

一、票据市场 2017 年回顾

(一)票据业务总量降幅趋缓,电子票据持续增长

2017年,票据业务量步入正常回归期。1—9月,企业累计签发商业汇票13.2万亿元,同比下降3.1%;9月末商业汇票未到期金额8.1万亿元,比6月末下降2.4%。票据承兑余额降幅趋缓,9月末银行承兑汇票承兑余额8.07万亿元,较6月末余额下降1 475亿元,下降2.77%,降幅比上季度收窄12.5个百分点。1—9月,金融机构累计贴现31.2万亿元,同比下降55.6%,较1—6月少降1.3个百分点;期末贴现余额为3.7万亿元,同比下降34.4%。第三季度票据融资余额在各项贷款中占比3.18%,比上季末仅下降0.2个百分点。商业银行持有票据资产的意愿开始恢复,票据市场呈现企稳迹象。

从电子票据方面来看,9月末,电子银行承兑汇票承兑余额6.63万亿元,比上季度末增加1 836.81亿元,增长2.85%;电子商业承兑汇票承兑余额1.34万亿元,比上季度末增加859.81亿元,增长6.84%,电子票据继续保持一定的增长。9月末电子银行承兑汇票余额占未到期商业汇票余额的81.8%。

(二)资金价格震荡上行,"票据资金化"特征显著

2017年票据市场资金化特征显著,受全年货币政策和资金市场影响,票据利率走势整体呈现逐步走高并趋于平稳。相比2016年,2017年票据价格水平有所上涨,年内波动有所扩大。

总体看,上半年价格基本属于走高状况,下半年前半段价格有所下降,后半段又继续回升;一季度资金趋紧,进入3月在美国加息的影响下,央行连续上调常备借贷便利(SLF)、中期借贷便利(MLF)、公开市场操作(OMO)利率,向市场传递明确的利率上涨信号。二季度银监会"三三四十"自查和进场检查使整个市场有所变化,在资金不松动的情况下,票据利率继续一路上涨。三季度随着检查影响逐渐趋弱,资金面有所宽松,利率整体有所下行。四季度长期资金成本继续上移,特别是12月在美国加息、跨年资金紧和宏观审慎评估体系(MPA)考核等多种因素影响下,票据价格一路上行。综合来看,2017年票据资产价格受资金面市场影响较大。

(三)票据业务创新迭出,跨市场创新趋势增强

当前我国正处于"金融加速深化"期,金融市场层次不断丰富,不同类型市场间、不同层次市场间的连通性增强,金融机构业务合作加强,票据业务在跨市场合作和业务创新中的运作模式日益多样。2017年以来,区块链技术在金融领域的应用研究如火如荼。数字票据是借助区块链技术,结合现有的票据属性、法规和市场,开发出的一种全新的票据介质形式,既具备电子票据的功能和优点,又融合了区块链技术的优势,是更安全、更智能、更便捷的票据形态。年初浙商银行基于区块链技术的移动数字汇票产品上线,并完成首单交易;3月15日深圳金服公司与赣州银行发布了国内首单票链业务;11月,江苏银行应用"区块链"技术成功办理票据跨行贴现业务;据悉,央行已启动数字票据的研究等。

同时,尽管2016年票据风险案件频发,但是在其自带的消规模属性产生的巨大诱惑下,各家银行在2017年初仍未有削减票据资管的趋势。2017年3月底,银监会部署开展"三三四十"专项治理工作,突如其来的强监管态势让各家银行票据资管短暂停摆以静观其变。5月开始,在利润及MPA考核双重压力下,市场低调恢复票据资管业务,部分银行还开展了资管贴现业务,尽管是小范围内尝试,也是创新产品的继续。

2017年是MPA考核实施的第一年,票据市场也以创新面对新监管态势。市场上几家银行成功发行了以票据为底层的资产支持证券(ABS),其中主要是以银行保贴商票为底层资产的票据ABS。票据ABS一方面缓解银行信贷规模受控带来的信贷资源紧张,另一方面以保贴代替贴现减少了风险资本占用,以此来提高MPA考核分数。

(四)监管政策密集出台,规范发展呼之欲出

2017年监管政策频出,票据相关制度不断推出。2017年3月27日,央行发布73号文《中国人民银行关于实施电子商业汇票系统移交切换工作的通知》,确定票交所将于10月正式接受ECDS系统,同日,票交所发布16、17、18号文,明确票交所交易、支票操作、登记托管清算三种业务规则。2017年4月7日,银监会连续下发七个文件,分别为银监发4号文(服务实体)、5号文(整治十大乱象)、6号文(防十大风险)、7号文(完善各项制度)以及银监办发45号文(三违反)、46号文(三套利)、47号文(四不当),文件之多、要点之细可谓历史罕见,主旨内容可以概括为去杠杆、防风

险、回归服务实体经济的本源。上海票交所集中发布《上海票据交易所交易规则》《上海票据交易所纸质商业汇票业务操作规程》和《上海票据交易所票据登记托管清算结算业务规则》等,各参与主体,尤其是商业银行对这些规范票据业务的制度研究了许多措施,这些制度的实施进一步规范了票据市场的业务发展。

(五)票据智库崭露头角,市场研究初见成效

2016年11月6日,江西财经大学九银票据研究院成立;2017年中央财大云票据研究中心及上海票交所和上海财经大学共同组建的中国票据研究中心等专业研究机构也相继成立,中国票据市场应用理论研究阵地进一步扩大,为我国票据市场长远发展提供智库支撑。

2017年可以说票据市场研究和自我学习蔚然成风,来自央行、票交所、研究机构、协会、经纪等各方的力量多管齐下,开办各类研讨会、学习班和培训班,共同面对票据市场发展。一是2017年票交所平台的启用,各项规章制度较之以前大不相同,各类市场参与主体自主加强学习票交所相关交易规则,学习意愿增强。二是票据研究机构开展各类研讨和培训会,研讨票据市场发展的新变化、新趋势,引导票据市场规范发展。2017年以江西财经大学九银票据研究院为代表的研究机构深入研究票据市场,并以研讨会的形式把研究成果传导于市场,引领高端票据研究。三是2017年各类票据相关政策的出台,对票据市场未来方向有一定的影响,如监管机构的"三三四十"文件、税制改革、资管新规等等,这些都是票据从业人员急需了解的内容,商业银行、非银行金融机构和票据经纪机构纷纷组织人员学习培训。四是传统票据经纪机构向专业化票据经纪机构转型,大量民间票据从业人员开展集中学习,以期适应后续票交所时代业务转型和发展。这股学习新风共同促进了票据业务集约化、合规化发展,同时降低票据可能带来的信用风险、操作风险,推动票据市场规范化、专业化发展。

(六)内外政策齐抓并管,风险防控收效显著

在监管强化、监管新政出台背景下,金融机构的外部检查、内部自查齐头并进,特别是票交所的开业,使得票据市场风险防范效果明显。一是信用风险总体得到控制。2017年,我国经济保持平稳增长,信用风险已得到一定程度释放,整体信用环境稳定。二是受到利率市场化推进、资本市场挤压、货币投放路径改变等因素的影响,票据业务资金成本不断抬高,市场风险管理进一步加强。尽管市场风险影响因素叠加,但银行机构和经纪公司错配和杠杆力度一定程度得到控制,利率风险得到相应防范。三是合规风险有所缓释。2016年风险事件频发,监管政策频出,票据市场经历了内外部集中性、反复性、深入性检查风潮,随着监管政策的陆续出台和落地,票据业务逐渐回归本源,合规风险矛盾有所缓和。四是操作风险和道德风险得到控制。2017年电票交易占比进一步加大,票据交易所促进纸票电子化,交易周转保持平稳,对操作风险总体及道德风险有所防范。

二、2018年国际、国内经济金融形势分析

(一)国际经济金融形势

2018年,尽管存在着美国财政货币政策进一步转向带来的潜在风险和冲击,国际经济环境有一定的不确定性,但从目前主要国际组织的普遍预期来看,2019年全球经济有望继续保持温和复苏的势头,经济增长有望高于或不低于2017年,全球贸易增长动能增强,全球外商直接投资恢复增长,全球制造业回暖,全球通货膨胀水平继续回升,有助于我国对外贸易保持平稳增长。2018年预测,美国的货币政策及各大新兴市场国家的金融市场,都会有一些新的变化,需要我们保持高度关注。

(二)国内经济金融形势

目前,我国经济处于探底的过程中,正是压力大、风险高的时期,同时转型成功的曙光也已开始显现。按照中央经济工作会议精神,2018年稳中求进仍是主基调,还需坚持。高质量发展是根本要求。未来我国将继续实施稳健中性的货币政策,管住货币供给总闸门,保持货币信贷和社会融资规模合理增长,维护流动性合理稳定,提升金融运行效率和服务实体经济能力,有效控制宏观杠杆率。按照深化供给侧结构性改革的要求,优化融资结构和信贷结构,提高直接融资比重。金融体制改革将继续深化,货币政策和宏观审慎政策双支柱调控框架不断健全,利率和汇率市场化改革加深,仍需加强和完善风险管理,守住不发生系统性金融风险的底线。

2018年供给侧结构性改革将进一步深化,票据市场和票据发展在保持与经济发展适度的同时,会在票据结构上有一个新的变化,例如,以央企为主导的军工票的发展、财务公司发展商业承兑票据、上市企业发展商业承兑票据、中小企业电子票据的发展、商业承兑汇票将持续回暖等,都会在结构调整和发展方面更好地发挥支持实体经济的重要作用,使得各类市场主体的活力将得到进一步激发,有利于各非银金融机构、企业等参与票据市场,进一步增强票据市场活力。

三、2018年票据市场展望

(一)市场总量企稳回升,电票比重继续增长

2018年票据承兑余额和累计签发量预计在上半年会持续下滑,下半年可能企稳并略有增加,票据贴现量会有一个止跌企稳和回升的过程。累计买入量和贴现余额比2017年略有好转。直贴量上半年可能持续微降,转贴量预计企稳并增加。电票交易量将持续上升并占绝对比重。在票交所交易中大中型银行更具优势,交易总量在下半年会有快速增长过程,中小银行有个逐步适应过程,会先在自身系统内集中票源,再依据收益水平和流动性的管理要求,逐步增强在票交所的交易能力。

从供给端看,票据签发量与GDP正相关程度很高,2018年国内经济增速仍将保持平稳增长,签发量仍将保持一定的发展态势。从需求端看,整体信用环境持续有所

影响,银行不良资产仍然不能掉以轻心,贷款意愿下降,票据业务代替流动性贷款趋势明显。2018年票据承兑余额和贴现余额预计在上半年会持续下滑或企稳,下半年随着经济企稳回暖料会有所增加。同时,银行受实体信贷需求不旺及自身放贷意愿影响,将通过增加票据贴现余额来适当地撑规模,直贴量会有所企稳,转贴量预计企稳并增加,交易量预计增长较快。

从纸电票介质的交易方式看,电票将占到绝对比重,按照《关于规范和促进电子商业汇票业务发展的通知》(银发〔2016〕224号)要求,2018年1月1日起,单张出票金额在100万元以上的商业汇票必须全部通过电票系统办理,纸票占比持续减少。电纸票单张票面持续减少,笔数持续增加。随着票交所电票系统改造上线,交易量会有一个后续快速增长进程。特别是质押式回购和买入返售资金业务的交易后续更具有后发势力的作用,包括创新产品发展等。当然,纸票占比减少,并不否定纸票,尤其是小额纸票的流转,融资仍有服务的大量需求,应有发展业务的空间。

从参与主体看,《票据交易管理办法》(中国人民银行公告〔2016〕第29号)显示,直贴行将承担更为显著的背书责任,中小银行为提高票据流动性需要进行增信,说明参与主体将按照规模、信用等指标进行市场分层,大中型银行更具优势,以往相当部分直贴市场被中介机构所影响的局面会有所改善,直贴量止跌企稳,市场活跃程度会趋于理性,后续发展可期,交易中电票交易逐渐活跃。尤其当上海票交所将来发布票据收益率曲线,会对票据估值、定价产生积极影响,对交易主体及票据市场产生较大改变。

(二)市场利率持续微涨,阶段波动常态显现

当前市场流动性情况成为制约票据利率的主要因素。2018年市场资金面料将微上扬且持续,阶段性波动影响票据利率,利率将持续变化且具有抬高可能。

票据利率主要取决于银行信贷规模和市场资金两方面因素。随着我国经济进入高质量发展时代,经济结构优化调整加速,经济增速有所放缓,实体信贷需求偏弱,信贷规模对票据利率的影响已有所下降,市场流动性情况成为制约票据利率的主要因素。2018年中国经济仍将处于筑底徘徊阶段,货币政策要保持稳健中性,适时可能采取降准政策,但同时肩负"人民币汇率在合理均衡水平上的基本稳定"目标,降息可能性不大,料将稳中偏紧。央行可能通过公开市场操作投放流动性,货币投放模式由长期资金转为短期资金,市场不稳定性有所提升。银行资金来源减少以及理财价格竞争,银行资金成本不断上升。因此,2018年市场资金面料将趋紧,资金价格微涨而持续,阶段性会有升有降,票据利率易上难下,利率的起伏在不同阶段不同时点将显著加大,这既受国内外政策窗口的影响,也受国内资金投放总量、投向、投放时间以及受国际资金博弈的影响。

(三)市场主体多元发展,票据平台料有新变化

2018年票据市场的业务创新趋势将进一步加强。供应链、产业链、贸易链等综

合性金融业务产品将得到大力推广,央企、上市企业、地方国企参与票据市场更加活跃,地方中小银行进一步合作,非银行金融业机构将加速融入票据交易所体系。

票交所对票据市场参与者实行会员管理制度,金融机构法人可申请成为会员。会员下设系统参与者,银行业金融机构总行及其授权分支机构、非银行金融机构总部和非法人投资产品皆可作为系统参与者加入票据交易平台系统。在此基础上,多主体发展票据平台料有新变化。一是企业推动供应链票据融资有新需求,央企推动票据发展有新动作。从服务产业出发,通过做大商票的方式形成完整服务某一产业上下游的专项票据产品,例如军工票、钢铁票等。由此形成军工票等行业平台、规范且有影响的票据经纪平台以及互联网票据平台等,真正成为一个混合所有制的、统一的票据平台。二是地方中小银行走合作发展之路。在与大型商业银行竞争中,中小银行对利益诉求渠道要求更加迫切,并逐渐探索出具有特色的发展之路。伴随2017年"江西财经大学九银票据研究院——中国中小银行票据协同发展论坛"的成立,中小银行合作发展的趋势将进一步加强。三是非银行金融业机构逐步走进票据交易所体系。票据市场发展推动了金融创新,市场参与主体更趋多元化,非银行金融机构对票据创新业务和产品的参与力度和深度不断加大,跨界、跨市场、跨区域的发展趋势愈发显著,信托、基金、证券公司、资管公司等均已或多或少地参与到了票据市场。四是部分地方票据平台以及地方国有企业及中小企业越来越感觉到票据的功能和作用及所需服务的空间,会在合法合规前提下,加快发展票据业务。

(四)创新驱动进程加快,运作模式日渐成熟

票据业务在跨市场合作和业务创新中的运作模式日益多样,适时引进信托、证券、基金、保险、资产管理公司等,以合适的方式进入票据市场,丰富市场经营主体,会加快跨市场合作创新,会促进票据市场不断涌现更多的跨专业和跨产品的组合产品以及资产业务与中间业务相融合的综合服务产品。

票据资产证券化虽已迈出第一步,但仍处在摸索尝试阶段,离市场化、规模化还有很大距离。票据资产管理虽发展较为迅猛,但模式单一、流动性差,为摆脱信贷规模和资本占用的约束,提高收益,银行将会在现有产品基础上加快创新步伐,探索更多类型票据产品模式,提升运作效率,减少中间环节,增加票据业务综合收益。随着金融脱媒化和利率市场化改革进程的不断加快,票据市场竞争日益激烈,经营主体在票据业务经营中规避利率风险和信贷规模调节风险的需求增加,为票据衍生产品推出提供良机,特别是上海票交所成立后,随着电票系统完善总体到位,票据市场具有成为参与主体投资、交易及流动性管理的功能将再度被发现。票据衍生产品包括掉期、远期、期权等产品创新预计将加快进程。

随着票交所上线,票据再贴现系统为央行进一步发挥货币传导功能加强了动力,再贴现流程减少,办理速度加快。如果能将再贴现规模发展到票据融资规模的1/3左右,加上区块链技术能融入再贴现,将对精准扶贫、服务中小企业和三农,发挥不可

估量的作用。

(五)完善票据市场体系建设步伐将进一步加快

票据市场体系可以分为票据承兑市场、票据贴现市场、票据转贴现市场、票据再贴现市场、票据交易市场、票据创新市场、票据经纪市场、票据评级市场八个子市场,既互相联系又相对独立,票据评级和承兑市场是基础市场,票据经纪和票据创新市场是新型市场,票据贴现、转贴现和票据交易、再贴现市场是流通市场,随着基础设施的不断健全,票据市场体系建设步伐将进一步加快。

逐步加快建立统一的信用评级、资信评估、增信保险制度,推行信用评价制度;成立统一、规范、权威的信用评级评估机构,建立健全适合票据业务的评级评估指标体系,实行信用定期考评制度;推行票据担保支付机制和保险制度,并积极推进社会信用生态环境建设。这些已经成为发展票据业务服务实体经济的关键任务。引入票据做市商制,借鉴发达国家和地区经验,进一步深化经营主体建设,建立股份制票据等各类金融公司和平台,整合当前所有市场主体的资源和自身优势,以市场化方式运作,改变现在银行内部票据经营机构行政性分配资源的局限性,自主经营、自负盈亏、自求发展,适应市场发展需要,提升经营管理效率,走专业化、集约化、规范化发展之路,实行集约经营和集控管理,应是票据市场深化改革与发展的新途径。规范我国票据经纪行为,建立票据经纪机构合法合规经营,推出准入退出机制,明确票据经纪从业人员准入退出标准,规范票据经纪的会计、税收制度,制定票据经纪监管制度,为票据市场发展创造良好的发展环境,应该也将是下一步票据市场可持续发展的重要条件之一。

(六)规范票据经营管理,切实防范票据风险

按照全国经济工作会议要求,防范系统性金融风险,仍然是2018年金融工作的主要任务。在票据市场的发展中,票据业务既有存量防范风险的要求,又有增量防范风险的要求。随着经济步入高质量发展新时代,需要保持对转换时期票据信用风险的高度重视;随着票交所交易量的逐步快速发展,需要参与主体对操作风险及道德风险的特别关注;随着利率变化及流动性管理的新要求,需要对市场风险的严格把控;随着创新驱动及MPA考核的推进,要认真地做好合规风险的防范。同时,参与主体经营模式及管理方式的变化对制度、办法、系统、流程等均将会有变化,如何与时俱进进一步提高风险管理水平将是面临的新考验。

总之,2018年的票据市场是转型发展至为关键的一年,也是为未来发展奠定基础的关键一年。

2018年票据市场恢复增长 中国票据发展指数达到13 699点
——中国票据市场发展指数的构建与应用分析

肖小和　王　亮

一、票据市场的概述

商业汇票(简称票据)是指由付款人签发,由承兑人承兑,并于到期日向收款人或被背书人支付款项的一种票据。21世纪以来,票据市场发展迅速,2015年全国金融机构票据累计承兑量和累计贴现量分别为22.4万亿元和102.1万亿元,比2001年分别增长17.5倍和55.8倍,年均增速分别达到22.7%和33.3%;2016年和2017年受票据风险事件频发、监管趋严以及金融去杠杆等因素影响,票据市场回归理性发展,累计承兑量分别为18.1万亿元和14.63万亿元,同比分别回落19.2%和19.17%;累计贴现量分别为84.5万亿元和59.34万亿元,同比分别回落17.2%和29.78%;2018年票据业务进入恢复性增长阶段,累计承兑和贴现分别为18.27万亿元和9.94万亿元,同比分别增长24.84%和38.83%。票据作为一种重要的支付结算和投融资工具,其快速发展对我国经济金融的发展有极大的推动作用:

一是票据作为经济贸易往来的一种主要支付结算工具,特别是银行承兑汇票兼具信用增级、延期支付和背书转让三大优点,为加快商品流通和资金周转提供了极大便利和支持。2018年票据承兑余额为11.96万亿元,比2001年增长了13.3倍,企业签发的银行承兑汇票主要集中在制造业、批发和零售业。

二是票据业务可以为实体经济特别是中小企业提供便捷融资渠道和低成本资金,降低企业融资成本,有效扶持企业发展壮大。票据贴现与普通贷款相比其融资成本往往较低,且流程简单、获得资金周期短,特别是对于信用等级相对较低的中小企业,银行承兑汇票所具有的信用度高、放款速度快等特点,对解决我国中小企业融资难问题具有得天独厚的优势和作用。2018年末票据融资余额为5.78万亿元,比2001年增长了16倍,其中由中小企业申请的贴现业务量约占2/3,票据业务已成为中小企业获得金融支持的重要渠道。

三是票据业务是银行业优化资产负债结构、加强流动性管理、提高收益的一个重要手段。票据资产兼具资金和信贷属性,且具有较好流动性,成为银行信贷规模调节和流动性管理的主要工具之一。票据承兑业务和贴现业务可以为银行带来承兑保证金存款和贴现资金留存,为银行主动增加存款提供抓手。票据业务还可以给银行带来承兑手续费中间业务收入、贴现利息收入、转贴现利差收入、回购利率收入以及再贴现低成本资金,为银行扩盈增效、调整收入结构开辟新路径。

四是票据资产逐渐成为投资和交易的重要标的。由于票据资产风险相对较低、收益可观,逐渐成为理财产品和资管产品重要的基础资产,从而使银行、信托、基金、证券公司、财务公司以及企业、个人直接或间接的参与到了票据资产投资链条。随着票据市场的深化发展和多元化主体的参与,票据资产的交易功能不断增强,票据经营模式也从持有生息为主向交易获利转变,市场流动性进一步提高,票据交易也逐渐成为货币市场重要的交易类型。2018年票据交易量达到41.75万亿元,证券、资管产品等非银金融机构已直接参与票据交易。

五是票据的调控功能进一步深化。票据再贴现业务是央行传统的三大货币政策工具之一,兼具数量型和价格型双重优势,可以调控市场资金面、调节信贷投向、引导市场预期,也是定向支持民营、小微、绿色、创新等国家鼓励性领域,促进实体经济发展最直接、最有效的途径。2018年,央行三次增加再贴现、再贷款额度累计4 000亿元,年末再贴现余额为8 332亿元,同比大幅增长56.5%。随着我国经济从高速增长向高质量增长转变,货币政策对精准有效的要求不断提高,票据再贴现的调控功能将进一步深化。

因此,我们有理由相信,随着票据市场稳健规范发展,未来对我国调整经济结构,服务实体经济,解决民营、小微企业融资难、融资贵问题,提高金融效率,深化金融改革,必将发挥更为独特的作用。

二、中国票据发展指数的概念及意义

中国票据发展指数是通过对系列指标体系进行数量处理构建出一个旨在反映我国票据市场发展状况与结构变化情况的指数。它还至少包括了中国票据生态指数、中国票据金融指数、中国票据价格指数、中国票据创新指数和中国票据风险指数等二级指数。

构建中国票据发展指数的主要意义在于:一是可以量化我国票据市场的发展水平,科学合理地划分发展阶段,研究和评价历史的发展轨迹,进而规划市场未来发展方向并制定相应政策。二是票据业务对经济增长特别是中小企业融资具有重要作用,票据生态指数可以准确判断全国以及各个地区票据发展对经济的影响程度,以制定适合经济发展要求和区域发展特点的票据发展战略。三是票据市场作为市场化时间最早、程度最高的金融子市场之一,其活跃程度和参与度都已经成为货币市场乃至金融市场重要的组成部分,票据金融指数能够衡量票据市场化程度,以此判断金融市场化进程,从而为进一步推进票据市场化和金融体制改革提供理论依据。四是票据价格指数能够衡量票据市场利率的总体走势,既可以成为市场参与者判断当前市场价位以及未来走向,也能为政策制定者或研究者提供市场资金、规模紧缺与否的参考。五是票据市场的活跃度高,新产品、新业务层出不穷,同时监管政策也频频出台,创新与监管的博弈较为激烈,票据创新指数既可以测量票据市场的创新程度和创新冲动,又能使监管机构清楚了解市场发展和创新情况,从而可以制定科学合理的监管政策引导票据创新走向健康可持续发展之路。六是票据的流动性较强,市场的参与主体多样,涵盖了企业、银行、财务公司、信托等,票据风险指数通过测度票据市场的风险因素,综合反映市场的信用风险、欺诈风险等状况,并能前瞻性地预判部分系统性风险。

三、中国票据发展指数的构建及实证分析

(一)中国票据生态指数

该指数用来衡量我国实体经济增长情况以及票据对实体经济的支持作用,因此选择了国内生产总值(GDP)、社会融资总量(SHR)指标、承兑余额(CY)、票据累计承兑量(LC)、贴现余额(TY)、累计贴现量(LT)这 6 个变量。

本文采用主成分分析方法构建中国票据生态指数模型,并进行实证分析。主成分分析是利用降维的思想,将众多指标转化为一个或几个综合指标的多元统计分析方法。综合指标不仅保留了原始变量的主要信息,而且去除彼此之间的相关部分,可以去粗取精,非常适合用于指数的构建。具体步骤如下。

1. 数据选取

考虑到数据的可得性和统一性,我们选择自 2002—2018 年的 GDP 和票据年度数据,共有 17 期。同时进行主成分分析必须进行标准化处理,$i=1,2,\cdots,17;j=1,2,\cdots,6$。其表示第 i 期第 j 个指标的标准化值和第 j 个指标的平均值和标准差。进行标准化处理后每个变量的平均值为零,方差为 1,以消除量纲的不同而带来的一些不合理的影响。

2. 数据检验

对变量进行相关性观察及 KMO 和 Bartlett 的检验(见表 4-8),可以看出票据市场交易情况与 GDP 之间存在很高的相关性,且 KMO 和 Bartlett 的检验值均符合主成分分析的标准。

表 4-8　　　　　　　　票据市场与实体经济相关性矩阵

	CY	LC	TY	LT	GDP	SHR
CY	1	0.997 6	0.643 0	0.970 3	0.987 1	0.944 8
LC	0.997 6	1	0.674 6	0.978 4	0.989 9	0.955 1
TY	0.643 0	0.674 6	1	0.694 1	0.697 4	0.731 2

续表

	CY	LC	TY	LT	GDP	SHR
LT	0.970 3	0.978 4	0.694 1	1	0.965 3	0.964 3
GDP	0.987 1	0.989 9	0.697 4	0.965 3	1	0.953 9
SHR	0.944 8	0.955 1	0.731 2	0.964 3	0.953 9	1

KMO 和 Bartlett 的检验		
取样足够度的 Kaiser-Meyer-Olkin 度量		0.854 2
Bartlett 的球形度检验	近似卡方	135.755 8
	df	15
	Sig.	0.000 0

3. 主成分分析

通过 SPSS 软件对承兑余额(CY)、票据累计承兑量(LC)、累计贴现量(LT)和 GDP、社会融资总量(SHR)进行主成分分析,结果显示第一主成分的方差提取率(即累计贡献率)达到 90.31%,根据因子载荷矩阵计算出各标准变量的权重系数,由此计算出标准化的中国票据生态指数:

(标准化)=0.421+0.424 5+0.328 8+0.422 4+0.424+0.419 9

根据变量的平均值和标准差进行还原得出:

(标准化)=-4.108 8+0.148 8+0.068 1+0.613 6+0.031 4+0.027 5+0.072 8

鉴于常规指数均为正数,因此假设将中国票据生态指数(BEI)基期定为 2002 年,并将基值定为 1 000 点,从而得出公式为:

$$BEI_j = \frac{BEI_j^* + 4.108\ 8}{BEI_1^* + 4.108\ 8} \times 1\ 000$$

$$= \frac{0.148\ 8 \times CY_j + 0.068\ 1 \times LC_j + 0.613\ 6 \times TY_j + 0.031\ 4 \times LT_j + 0.027\ 5 \times GDP_j + 0.072\ 8 \times SHR_j}{0.148\ 8 \times CY_1 + 0.068\ 1 \times LC_1 + 0.613\ 6 \times TY_1 + 0.031\ 4 \times LT_1 + 0.027\ 5 \times GDP_1 + 0.072\ 8 \times SHR_1} \times 1\ 000$$

从图 4-9 可以看出:(1)我国票据生态指数和国内生产总值、社会融资规模走势保持较高一致性,他们的相关性都在 0.98 左右,说明中国票据生态指数能够代表票据市场经济环境的变化。(2)我国票据生态指数和 GDP 的相关系数略高于社会融资规模(0.987>0.977),表明指数反映 GDP 更多一些,因为 GDP 代表我国总体经济情况,是票据业务的本源,而社会融资规模则代表了金融对实体经济资金支持的总量,涵盖的票据业务主要是新增票据余额和未贴现银行承兑汇票,但二者数据往往较小且不稳定。(3)从 2002—2015 年我国票据生态指数和国内生产总值、社会融资规模都在不断走高,表示随着 2002 年以来我国经济的快速增长以及金融支持实体经济力度的加大,票据市场的经济环境不断改善,2015 年达到 11 133 点;2016—2017 年由于我国经济增速转轨,金融去杠杆,票据市场理性回归,中国票据生态指数回落至9 788点;2018年为应对经济下行压力,政策环境趋于宽松,中国票据生态指数回升至10 259点。

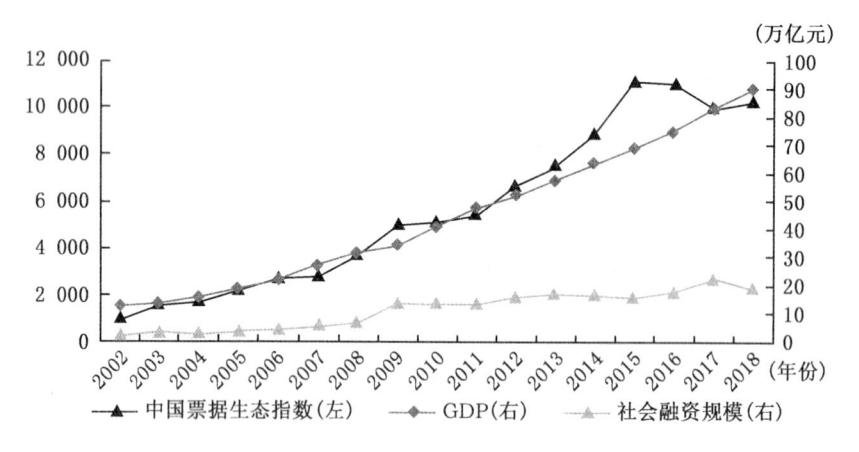

图 4-9 2002—2018年中国票据生态指数走势

(二)中国票据金融指数

该指数用来衡量我国票据市场与金融市场发展的契合度,选择了代表信贷市场的贷款余额(DY)和代表货币市场的交易量(LHB),以及票据市场的承兑余额(CY)、票据累计承兑量(LC)、贴现余额(TY)、累计贴现量(LT)6个变量。仍采用主成分分析方法构建中国票据生态指数模型,数据选取了2002—2018年的金融市场和票据年度数据,共有17期。通过下表可以看出,各个变量之间的相关程度都比较高,检验指标也非常适合进行主成分分析和指数的构建。数据处理过程与票据生态指数一致,在此不再赘述。通过SPSS软件对上述指标进行主成分分析,结果显示第一主成分的方差提取率(即累计贡献率)达到90.87%,根据因子载荷矩阵计算出各标准变量的权重系数(见表4-9),最终得出票据金融指数(BFI):

$$BFI = \frac{0.149\,5 \times CY_j + 0.068\,3 \times LC_j + 0.593\,3 \times TY_j + 0.031\,4 \times LT_j + 0.021\,3 \times DY_j + 0.005\,3 \times LHB_j}{0.149\,5 \times CY_1 + 0.068\,3 \times LC_1 + 0.593\,3 \times TY_1 + 0.031\,4 \times LT_1 + 0.021\,3 \times DY_1 + 0.005\,3 \times LHB_1} \times 1\,000$$

表4-9　　票据市场与金融市场相关性矩阵

	CY	LC	TY	LT	DY	LHB
CY	1	0.997 6	0.643 3	0.970 3	0.996 6	0.991 2
LC	0.997 6	1	0.674 8	0.978 4	0.998 5	0.990 8
TY	0.643 3	0.674 8	1	0.694 2	0.662 2	0.666 5
LT	0.970 3	0.978 4	0.694 2	1	0.982 4	0.976 7

第四章 票据指数与预测

续表

	CY	LC	TY	LT	DY	LHB
DY	0.996 6	0.998 5	0.662 2	0.982 4	1	0.993 8
LHB	0.991 2	0.990 8	0.666 5	0.976 7	0.993 8	1
KMO 和 Bartlett 的检验					
取样足够度的 Kaiser-Meyer-Olkin 度量						0.767 6
Bartlett 的球形度检验				近似卡方	170.034 7	
^				df	15	
^				Sig.	0.000 0	

同理，鉴于常规指数均为正数，假设将中国票据金融指数（BFI）基期定为2002年，并将基值定为1 000点，得到2002—2018年我国票据金融指数走势图。从图4-10可以看出：(1)我国票据金融指数与贷款余额、货币市场交易量的走势非常温和，相关系数都超过了0.99，说明票据金融指数可以代表我国金融市场的整体情况。(2)我国票据金融指数与货币市场交易量的相关系数略高于与贷款余额的相关系数（0.993＞0.990），表明票据资产虽然兼具信贷和资金双重属性，但偏向于资金属性，特别随着近年来票据资金化趋势越来越明显，票据业务的货币属性和交易属性进一步增强；而贷款余额总体受央行管理，票据的信贷调节作用有所下降。(3)从2002—2018年我国票据金融指数和贷款余额、货币市场交易量都在不断走高，票据市场的金融环境不断提升，2016年中国票据金融指数达到15 624点；随着金融去杠杆和监管强化，2017年成为金融市场的转折点，货币市场和票据市场交易量均出现下滑，中国票据金融指数相应回落至14 084点；2018年货币政策转向，资金面宽松，金融市场交易活跃，中国票据金融指数回升至15 537点。

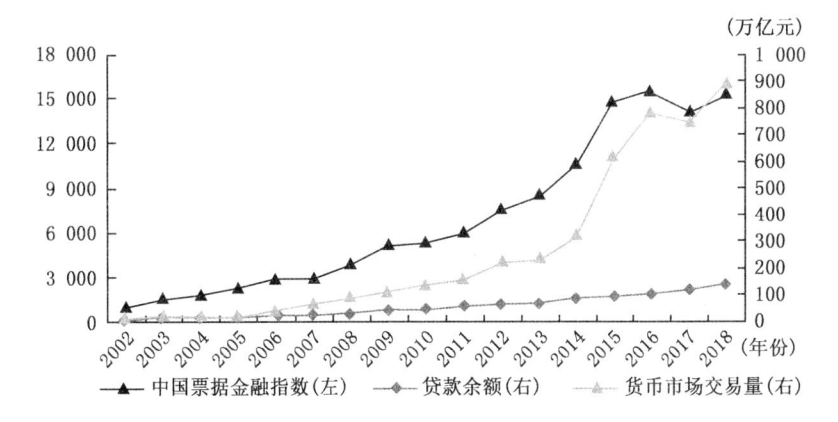

图4-10 2002—2018年中国票据金融指数走势

(三) 中国票据价格指数

该指数用来衡量我国票据价格走势情况和趋势,由于没有官方发表的权威数据,因此选择了中国票据网的利率报价加权平均值,分别是转贴买入利率(MR)、转贴卖出利率(MC)、正回购利率(ZHG)和逆回购利率(NHG)4个变量。数据选取时间段为相对较全且具有可比性的 2010—2018 年,由于时间短,因此使用了季度数,共有 32 期。仍采用主成分分析方法构建中国票据生态指数模型,通过下表可以看出,各个变量之间的相关程度都较高,检验指标(KMO 和球形度检验)也非常适合进行主成分分析和指数的构建。数据处理过程与上述一致。通过 SPSS 软件对上述指标进行主成分分析,结果显示第一主成分的方差提取率(即累计贡献率)达到 92.332 5%,根据因子载荷矩阵计算出各标准变量的权重系数(见表 4-10),可以得出标准化的中国票据价格指数:

(标准化) = 0.499 3 + 0.507 6 + 0.479 7 + 0.512 8

根据变量的平均值和标准差进行还原得出:

(标准化) = −6.908 7 + 27.200 8 + 29.465 6 + 42.158 3 + 41.079 1

鉴于常规指数均为正数,因此假设将中国票据价格指数(BPI)基期定为 2010 年第一季度,并将基值定为 1000 点,从而得出公式为:

$$BPI_j = \frac{BPI_j^* + 6.908\ 7}{BPI_1^* + 6.908\ 7} \times 1\ 000$$

$$= \frac{27.200\ 8 \times MR_j + 29.465\ 6 \times MC_j + 42.158\ 3 \times ZHG_j + 41.079\ 1 \times NHG_j}{27.200\ 8 \times MR_1 + 29.465\ 6 \times MC_1 + 42.158\ 3 \times ZHG_1 + 41.079\ 1 \times NHG_1} \times 1\ 000$$

表 4-10　　　　　　　　　　票据价格相关性矩阵

	MR	MC	ZHG	NHG
MR	1	0.990 9	0.781 5	0.910 3
MC	0.990 9	1	0.822 0	0.932 6
ZHG	0.781 5	0.822 0	1	0.944 8
NHG	0.910 3	0.932 6	0.944 8	1

KMO 和 Bartlett 的检验		
取样足够度的 Kaiser-Meyer-Olkin 度量		0.723 7
Bartlett 的球形度检验	近似卡方	113.057 0
	df	6
	Sig.	0.000 0

从图4-11中可以看出:(1)2010—2018年我国票据价格指数与票据市场利率走势基本保持一致,相关性均在0.92以上,说明中国票据价格指数能够代表票据价格的整体走势。(2)中国票据价格指数与转贴卖出利率契合程度最高,二者相关性达到0.976,这与转贴卖出利率实质是目前货币市场基准利率相一致,表明中国票据价格指数也能一定程度反映货币市场利率的走势情况,可以作为资金紧缺与否以及紧缺程度的"晴雨表"进行参考。(3)2015—2016年在全球量化宽松和我国保增长政策背景下,中国票据价格指数不断走低;随着宏观政策逐渐收紧,票据利率有所回升,2017年中国票据价格指数达到1 585点;2018年政策环境趋于宽松,票据利率快速下行,2018年中国票据价格指数回落至1 252点。

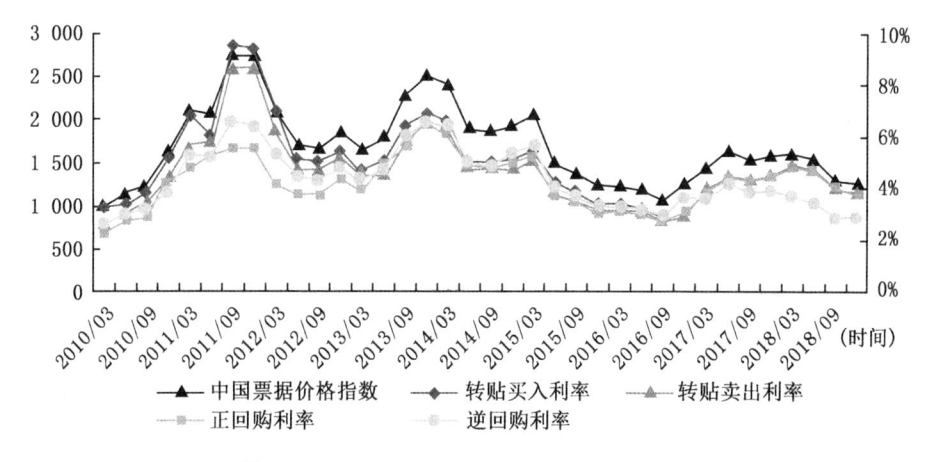

图 4-11　2010—2018年中国票据价格指数走势

(四)中国票据创新指数

该指数用来衡量我国票据业务和产品的创新情况,这可以从票据业务和产品的创新数量、交易量、总收入以及在票据传统业务中的占比等维度进行测评,通过中国票据创新指数的构建来反映不同时期票据市场的活力以及未来的发展趋势和持久力,同时也可以成为监管机构出台政策的依据和效果反映指标。但由于目前这三个指标均没有公开的官方统计数据以及其他权威性较强的替代数据,因此仅提出相关想法供探讨和完善,当然通过监管机构建立票据创新统计制度体系及系统之后也可以取得。

(五)中国票据风险指标

该指数从票据承兑垫款率、票据贴现逾期率、票据案件发生率、票据资金损失率等维度进行评估,用来衡量我国票据市场的综合风险状况,可以成为票据经营机构把控风险、制定经营策略的重要参考指标。但是,目前这些指标难以搜集到适合的数据,票据承兑垫款率只有2007—2009年的季度数,缺少最新数据,据典型调查约在

0.15%~0.25%之间,但不够准确,因此此处仅提出相关想法供探讨和完善,当然如果监管机构能建立票据风险统计制度和相关系统即可公开发布。

(六)中国票据发展指数

该指数用来衡量我国票据市场发展的总体情况,选择了代表票据市场的承兑余额(CY)、票据累计承兑量(LC)、贴现余额(TY)、累计贴现量(LT)、转贴买入利率(MR)、转贴卖出利率(MC)、正回购利率(ZHG)、逆回购利率(NHG)和未贴现银行承兑汇票(WYC),代表实体经济方面的GDP、社会融资总量(SHR),代表金融方面的贷款余额(DY)和代表货币市场的交易量(LHB),代表创新方面的票据理财产品占比(PLC),代表风险方面的票据承兑垫款率(PCD),共15个指标,虽然票据理财产品占比和票据承兑垫款率不能完全代表票据创新和风险情况,但限于公开可得数据考虑将其纳入指标体系。数据选择2003—2018年的季度数,共64期数据,但由于票据理财产品占比和票据承兑垫款率数据限制,实际自由度只有17个。对上述数据运用主成分分析方法进行计算,结果显示存在三个主成分,累计贡献率达到89.11%。通过合并转化计算综合主成分,即中国票据发展指数(BDI)。鉴于常规指数均为正数,假设将中国票据发展指数基期定为2003年第一季度,并将基值定为1 000点,得到2003—2018年各季度我国票据发展指数走势图(见图4-12)。

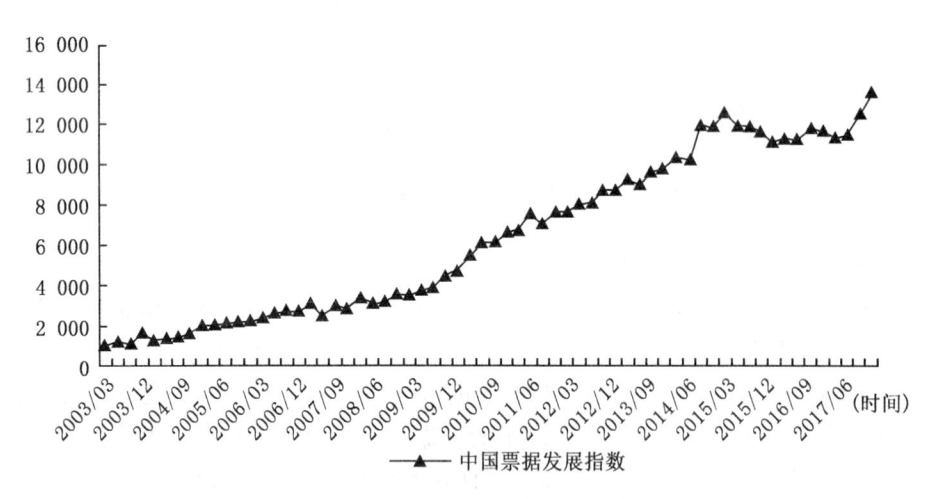

图 4-12 2003—2018 年中国票据发展指数走势

通过分析可知:(1)随着近年来我国经济金融环境的不断改善,票据市场得到了迅猛发展,中国票据发展指数在2018年末达到了13 699点,比基期增长了近13倍,年均增长率超过20.5%。(2)图中显示中国票据发展指数存在明显的周期性波动,即年末迅速升高、年初回落的特点,这与GDP等经济金融指标存在周期性变化是相一致的。(3)构建的指标中与中国票据发展指数相关性较高的有票据承兑余额、累计承兑量、贴现量、GDP、贷款余额、货币市场的交易量、票据理财产品占比和票据承兑垫款率,而票据利率与发展指数相关程度相对较低,这主要因为票据利率多跟市场资金、信贷规模等资源有关,跟票据市场发展阶段和发展程度的关系相对较小。(4)与中国票据发展指数呈负相关的指标只有票据承兑垫款率和贴现余额,前者因为票据市场的发展与风险的发生比例呈反比,后者主要是票据贴现余额作为信贷调节工具受宏观政策影响巨大。

四、中国票据发展指数的应用

(一)区域票据发展指数的构建

中国票据发展指数除了可以用来衡量我国票据市场总体发展状况以外,也能够借鉴用来编制全国各个省市的区域票据发展指数,从而比较各地区票据市场的发展情况,进而有利于地方监管机构出台适合区域特色的票据发展政策,也方便各类型、各地区的市场参与主体制定相适应的经营策略、设计适销对路的票据产品。由于区域性数据比全国性更少,因此本文选择了承兑余额、承兑发生额、贴现余额、贴现发生额、GDP和贷款余额6个指标,并假设2006年全国平均水平为基值,同样运用主成分分析法得出2006—2017年全国31个省、自治区和直辖市(香港、澳门、台湾地区除外)票据发展指数如表4-11。

表4-11　　　　　　　　　　2006—2017年中国各区域票据发展指数

地区	2006年	2007年	2008年	2009年	2010年	2011年	2012年	2013年	2014年	2015年	2016年	2017年
全国平均	1 000	1 795	1 822	1 925	1 902	1 969	2 064	2 010	1 985	1 882	1 907	2 046
广东	3 478	5 539	5 319	5 760	5 349	5 853	6 085	6 207	6 437	5 276	5 604	7 285
江苏	3 272	5 607	5 734	5 356	6 132	6 420	7 088	7 252	7 167	6 695	6 515	6 675
浙江	2 561	5 753	5 868	5 873	5 590	5 470	5 464	4 981	4 999	5 309	4 873	5 022
山东	2 808	4 804	4 687	4 958	4 677	4 885	5 269	5 220	5 108	4 820	5 077	4 893
河南	1 235	2 328	1 522	3 291	3 568	3 132	2 258	2 224	2 212	2 181	1 902	3 123
上海	2 504	4 261	4 795	4 439	3 362	3 478	3 396	3 557	3 666	2 779	2 129	3 009
北京	1 701	2 738	2 871	2 886	2 802	2 744	2 764	2 615	2 615	2 614	2 732	2 991
辽宁	1 451	2 587	2 614	2 928	2 600	2 554	2 707	2 720	2 540	2 583	3 019	2 851
河北	1 205	1 914	1 781	1 996	2 040	2 142	2 227	2 414	2 390	2 420	3 684	2 635
湖北	857	1 631	1 104	1 381	1 268	1 519	1 617	1 997	1 950	2 036	2 137	2 158
四川	1 044	1 815	1 687	1 912	2 041	2 018	2 240	2 162	2 031	1 923	2 448	2 023
福建	770	1 546	1 544	1 707	1 777	2 056	2 155	2 192	2 179	1 769	1 957	1 925
重庆	772	1 387	1 402	1 770	1 543	1 635	1 905	1 981	1 976	1 858	1 678	1 755
安徽	632	1 155	2 773	1 802	1 746	1 741	1 916	1 701	1 675	1 568	1 590	1 704

续表

地区	2006年	2007年	2008年	2009年	2010年	2011年	2012年	2013年	2014年	2015年	2016年	2017年
陕西	507	1 066	1 092	1 148	1 109	1 156	1 159	1 171	1 172	1 327	1 268	1 615
山西	701	1 088	941	930	1 080	1 304	1 357	1 645	1 273	1 127	1 249	1 530
内蒙古	376	795	790	819	930	1 034	1 019	1 087	1 057	984	1 121	1 511
天津	635	1 182	1 266	1 491	1 660	1 791	2 015	2 026	1 864	1 741	1 469	1 468
湖南	562	1 095	153	714	920	847	960	1 423	1 470	1 199	1 367	1 397
江西	405	767	766	877	968	1 090	1 114	1 122	1 185	1 438	1 037	1 267
云南	427	857	814	882	864	909	1 018	1 135	1 022	913	926	1 145
广西	312	617	1 044	193	174	203	218	867	982	970	713	856
新疆	282	515	480	536	734	591	682	763	707	731	893	813
吉林	334	665	772	766	751	936	1 267	1 072	961	1 157	845	801
黑龙江	529	898	911	934	875	912	1 055	909	716	884	962	736
贵州	196	397	370	403	456	481	517	628	707	631	510	658
甘肃	223	370	662	451	404	468	541	534	642	583	487	558
宁夏	94	186	178	206	228	283	292	285	298	267	317	418
青海	45	120	107	119	153	179	186	203	221	216	270	369
海南	82	156	623	1 223	1 256	1 243	1 437	192	258	304	291	153
西藏	—	—	—	—	—	—	—	38	68	39	32	73

1. 全国各地区历年的票据发展指数

对于全国各地区历年的票据发展指数，如表4-11所示，我国的票据发展水平总体上呈现提高的趋势，特别是广东、江苏、浙江、山东、河北、辽宁等地上升幅度较大。从供给方看，随着近几年我国经济的飞速发展，企业通过票据的结算需求和融资需求都有了大幅提升；从需求方看，伴随我国金融改革的推进和利率市场化的提速，票据市场越来越受金融机构的青睐，参与主体和票据业务、产品不断丰富，市场活跃程度和条线收入占比都在快速提高。

2. 全国各地区票据发展指数的分析

2006—2017年全国各地区票据发展指数的差距情况如表4-12所示，从中可以看出，全国各地区全距与标准差正在逐步增大，极差由2006年的3 433点增加到2017年的7 212点，标准差由2006年的974增加到2017年的1 791。票据发展状况在不同维度上并不均衡，地区之间的差距正在逐步加大，东部经济发达地区的票据发展指数明显高于西部欠发达地区，形成东西部之间较为明显的区域差异，即一个地区票据市场的发展情况基本与该地区的经济总量和贷款总规模是相一致的。同时，我们也发现近几年中部地区票据市场的增长速度较快，经济发达的东部地区增长速度反而较慢,这与我国整体经济结构调整、中西部经济金融发展速度加快是相辅相成的。

表 4-12　　　　　　　　2006—2017 年全国各地区票据发展指数差距表

年份	地区数	极小值	极大值	全距	均值	标准差
2006	30	45	3 478	3 433	1 000	974
2007	30	120	5 753	5 633	1 795	1 700
2008	30	107	5 868	5 761	1 822	1 731
2009	30	119	5 873	5 754	1 925	1 731
2010	30	153	6 132	5 979	1 902	1 666
2011	30	179	6 420	6 241	1 969	1 702
2012	30	186	7 088	6 902	2 064	1 768
2013	31	38	7 252	7 214	2 010	1 769
2014	31	68	7 167	7 099	1 985	1 776
2015	31	39	6 695	6 656	1 882	1 622
2016	31	32	6 515	6 483	1 907	1 661
2017	31	73	7 285	7 212	2 046	1 791

(二)区域票据发展指数的聚类分析

本文采用聚类分析方法对我国各地区历年的票据发展指数进行归类,通过对输出结果的分析,按照地区来确定票据发展指数的类别,并研究票据发展指数对各个地区的影响。

在聚类方法上,选择组间连接法,即当两类合并为一类后,使所有的两两项之间的平均距离最小。同时,运用标准差标准化方法(Z-Scores),把数值标准化到 Z 分布,标准化后变量均值为 0,标准差为 1。最后,输出结果的树状聚类图如图 4-13 所示。由树状聚类图可以得出,当把距离设定为 7 时,全国各地区可以明显分为 4 大类。

第一类:广东、江苏、浙江、山东。这 4 个省份在 GDP 和贷款规模上均是全国前四名,他们的共同特点主要是东部沿海地区经济发达,企业贸易结算和融资需求旺盛,票据资源和金融资源丰富,市场交易活跃,创新能力强,因此该地区从票据承兑、银行直贴到金融机构的转贴现都很活跃,因此票据发展指数在全国遥遥领先。

第二类:河南、上海、北京、辽宁、河北。这些地区属于经济金融发展第二梯队,经济基础相对较好,金融活跃度相对较高,票据在企业间的支付结算需求和金融机构间的周转融资需求均较为旺盛,因此这些地区各类票据业务均处在全国的中上游。

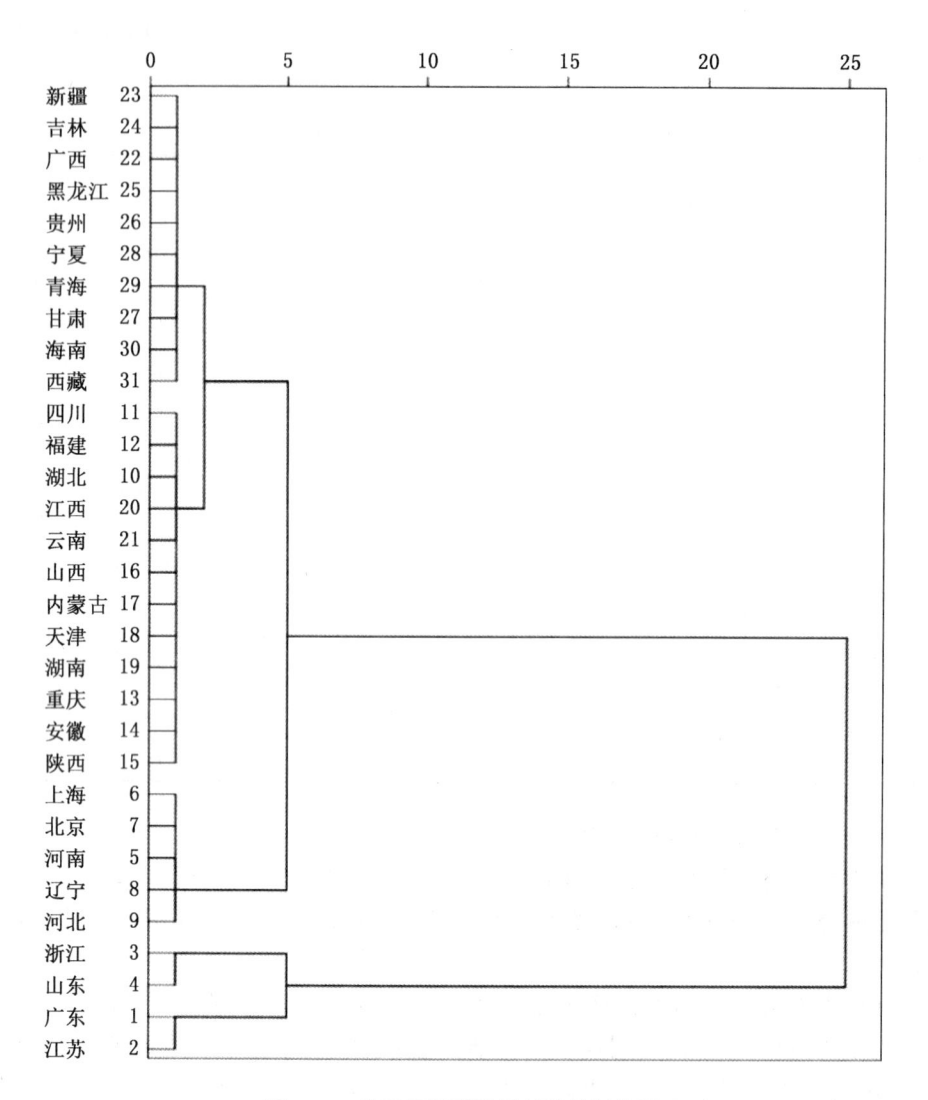

图 4-13 使用平均联接(组间)的树状图

第三类:湖北、四川、福建、重庆、安徽、陕西、山西、内蒙古、天津、湖南、江西、云南。这些省份(直辖市)大多位于中部地区,经济总量和金融资源存量处于全国中等水平,随着我国经济结构调整加快,中部经济增速逐渐超过东部沿海地区,因此这些地区的票据一级市场(承兑业务)相对活跃,二级市场正在迅速成长,该类型的特点就是票据市场发展迅速且潜力巨大。

第四类:广西、新疆、吉林、黑龙江、贵州、甘肃、宁夏、青海、海南、西藏。这些省份多位于中西部和东北部地区,综合经济和金融资源相对较为落后,票源较为稀缺,参与主体相对较少,投入票据市场的金融资源也不足,票据市场发展相对落后。

参考文献:

[1]中国人民银行货币政策分析小组. 历年中国区域金融运行报告[R].

[2]上海票据交易所. 2018年票据市场运行情况[R].

[3]雷宏. 金融发展指数构建与中国金融市场化进程评价[J]. 中北大学学报:自然科学版,2007(6):28-32.

[4]曹颢、尤建新、卢锐、陈海洋. 我国科技金融发展指数实证研究[J]. 中国管理科学,2011,19(3):134-140.

票据市场 2018 年回顾与 2019 年展望

肖小和等

2018年,在金融去杠杆、经济结构调整、中美贸易摩擦、资管新规正式出台等多重因素叠加下,票据市场总体运行仍然较为平稳。2019年,世界经济增长将放缓,贸易保护主义和单边主义抬头,在国际金融市场充满不确定性、国内步入深化改革、金融回归服务实体经济和防范金融风险的背景下,以及票交所"纸电融合"工程完工、各种票据新政开始实施后,各票据经营机构面临新形势、新机遇、新挑战,是票据市场转型发展的关键一年。

一、2018 年票据市场回顾

(一)票据业务量回升,承兑、贴限量增加

央行统计显示,截至11月末,企业票据融资余额比年初增加1.5万多亿元,由年初3.9万亿元增长至11月末的5.4万亿元,占人民币贷款比例由年初的3.25%增加至4.1%。上海票交所数据显示:2018年全年票据承兑签发和直贴发生额分别为18.12万亿元和9.9万亿元。截至12月28日,票据承兑余额11.89万亿元,票据贴现余额6.67万亿元。

(二)票据创新快速发展,参与主体积极开展票据创新

上海票交所于12月成立两周年之际推出"票付通"产品,基于B2B电商、供应链场景提供的线上票据支付服务,通过支持票据签发、企业背书环节的线上处理,填补了当前线上票据支付的空白。它拥有票据见证支付功能,可以确保票据支付成功和B2B平台交易最终完成互为前提条件,可以有效解决票据支付的道德风险和操作风险问题。同时,上海票交所发布国股银票转贴现收益率曲线,为票据市场提供了定价和估值基准,有利于提升市场透明度,激发市场活力。

招商银行、广发银行、中信银行、工商银行等为解决企业向银行申请票据直贴的效率问题,开发出了新的直贴模式,如工商银行的"工银e贴"、中信银行的"信秒贴"、招商银行"票据大管家"、广发银行的"e秒贴"等,这些快速贴现工具的落地应用有助于激活企业账户里的未贴现票据,可以解决融资难、融资贵的问题。

山东临沂等地推出了服务中小企业发展的电子商业承兑汇票新举措,如临沂通

过区域商票的推广,直接将大型企业的商业信用和信贷额度共享到小微企业。小微企业持有大型出票企业的商票后,可以直接利用大型出票企业的商业信用,到授信的商业银行进行贴现;商业银行通过人民银行办理再贴现,从而达到发挥央行货币政策的传导作用,实现金融回归实体经济的本源,避免了货币在金融机构之间空转。

继央行上半年增加1 500亿元用于中小微企业的再贷款和再贴现后,又分别于10月末和12月末宣布增加相应再贷款1 500亿元、再贴现额度1 000亿元。央行的北京营业部,深圳、山东、上海、江西等不少央行分支机构积极落实总行要求,推出了服务中小微企业及民营企业的再贴现措施,包括单列再贴额度、增加再贴频度、提高再贴效率、优化再贴流程等,全国11月末再贴余额比年初增加1/3左右。

某些民间票据经纪公司发挥金融科技作用,搭建了一些具有全新科技元素便利企业票据支付流转的票据平台,盘活了部分"沉睡"在企业电票系统里的未贴现票据,进一步激活了票据的支付和信用功能,推动了市场发展,服务了实体经济。

(三)票据市场利率先升后降再稳中有降有升

2018年上半年,票据直贴加权平均利率为5.3%,同比提高50个基点。转贴现加权平均利率为4.85%,同比提高70个基点。从走势上看,一季度利率不断走高,3月末成为上半年利率高点;进入二季度,尤其在6月中旬以后,票据利率开始出现下行;三季度开始,市场整体资金面趋于宽松,票据利率继续逐步下行;进入四季度,受到超市场预期的年内第三次降低存款准备金率1个百分点的影响,票据利率一直在低位运行,至年末利率稍有回升。上海票据交易所国股转贴现收益率曲线显示,截至12月21日,半年期国股银票转贴现利率3.177 8%,一年期国股银票转贴现利率3.266 2%。

(四)推出防范票据风险措施,整体风险得到有效控制

银保监会先后下达了一系列防范风险的文件和通知,包括《关于规范银行业金融机构跨省票据业务的通知》(银保监办发〔2018〕21号),进一步规范了银行业金融机构跨省开展票据业务,鼓励银行业金融机构尽快接入人民银行电子商业汇票系统和上海票据交易所中国票据交易系统,不断提高电子票据在转贴现、买入返售(卖出回购)等票据交易业务中的占比。同时,各地银保监会分局也对辖内金融机构违规开展票据业务的情况进行了检查和处罚。2018年4月,央行联合几大部委出台了《关于规范金融机构资产管理业务的指导意见》,7月央行又发布《关于进一步明确规范金融机构资产管理业务指导意见有关事项的通知》并进行说明,银保监会发布《商业银行理财业务监督管理办法(征求意见稿)》并公开征求意见,加上各参与主体也积极强化票据业务的内控和风险管理,进一步规范了票据市场,积极防范监管套利。

(五)票据市场基础设施进一步完善

上海票交所完成了"纸电融合工程"并于10月顺利投产,进一步完善了全国统一票据交易市场的建立,同时各市场参与主体也都适时完善了自身的票据IT系统并

适应了上海票据交易所的变化。一些大型企业集团的财务公司包括军工票据平台加快了票据平台的建设,取得了积极的进展,且方便了供应链上下游各企业对票据的管理和票据支付、融资功能的发挥。民间规范的票据信息撮合平台也有新的积极发展,一定程度解决了票据流转信息不对称、支付功能不完整、交易安全缺乏保障、交易成本高等企业用票的痛点。

(六)票据应用研究有了新的变化

改革开放40年来票据市场发生了翻天覆地的变化,自1979年央行逐步放开对商业信用的管控以来。为推动票据业务的持续健康发展,票据市场各参与主体积极开展票据的应用理论研究,取得了新的进展。2018年,票据研究机构及票据专业委员会相继开展了"40年中国票据市场回顾与展望的研究"、举办了中国票据论坛,对票据制度、票据信用、票据风险管理等方面进行了总结及思考,对票据IT系统、票据现有介质、票据业务金融属性、票据价格形成机制、票据产品链、参与主体经营模式、票据评级、票据经纪、票据业务法律事务处置、票据服务实体经济等十多个问题进行了认真的梳理和归类。同时还对如何打造高质量票据市场、票据创新发展、票据资产的标准化、融资性票据、修改票据法等问题的研究有了新进展,为转化为应用和决策咨询作了充分论证和准备。

二、2019年经济金融形势

预计2019年世界经济增长放缓,贸易保护主义和单边主义抬头,国际金融市场充满不确定性,进出口总额不可排除出现负增长。货币政策仍为中性宽松,财政政策重点在于减税降费,降低中小微企业成本负担,激活经济活力。

(一)国际形势

2019年,全球经济分化加剧,整体增速或将趋缓;金融市场资金面延续趋紧,但总体有所缓解。一是美国经济强劲增长态势将有所放缓,美元加息和缩表步伐仍将持续,但收缩程度趋于缓和。二是欧洲国家内部政局不稳,债务负担过重,经济增长动能不足,货币政策退出量化宽松(QE)逐步推进正常化。三是新兴经济体经济增长不确定性增大,货币贬值和出口受阻将对新兴经济体造成严重负面影响。世界经济和货币政策分化,金融市场波动加大。

(二)国内经济金融

2019年我国经济增长压力较大,增速将有所放缓。中央经济工作会议要求"进一步稳就业、稳金融、稳外贸、稳外资、稳投资、稳预期",强调必须坚持以供给侧结构性改革为主线不动摇,更多运用市场化、法治化手段,在"巩固、增强、提升、畅通"八个字上下功夫,表明对经济的态度是稳,同时仍要坚持高质量增长。会议提出积极的财政政策要加力提效,实施更大规模的减税降费,稳健的货币政策要松紧适度,保持流动性合理充裕,解决好民营企业和小微企业融资难、融资贵的问题,表明财政政策将进一步发力,货币政策继续维持稳健偏松。

三、2019年票据市场展望

总体而言,预计2019年票据市场形势向好,发展空间扩大,风险可控,创新步伐加快,基础设施继续推进,服务实体经济能力进一步增强。

(一)总量预计明显增长,电子票据增长速度将快于票据市场整体增长速度

票据承兑和贴现与经济增长的正相关关系已经被论证,经济增长在客观上带来了使用票据的需求,票据承兑签发和贴现自带的扩张信用的功能反过来也会促进商品、服务的流通和经济的增长。加上国家在2019年会继续支持实体经济发展,尤其会加大对中小微、民营企业及三农、先进制造业、先进服务业的支持力度,票据在这些领域的发展和增长是必然的,预计会比2018年有10%以上的签发承兑增长速度。商业电子承兑与贴现预计较2018年会增长更快。随着票交所"纸电融合工程"的完工,相当比例的商业银行和财务公司都已接入ECDS系统和票交所票据交易系统,ECDS系统主要负责电票贴现和贴现前业务,而票据交易系统负责处理电票交易和其他贴现后业务,电票的发展速度将快于票据整体增长速度;电子票据的普及推广极大地便利了票据的流转,票据发挥支付的功能会继续扩大,对解决企业背书转让,满足企业支付清算等方面将有明显的促进作用。伴随着各大商业银行2018年许多新的直贴技术创新的落地,企业申请票据贴现流程得到简化,可以足不出户完成质押放款,以往企业有意融资但难以融资的票据会进入贴现市场,预计票据直贴总量会比2018年有一定比例的增长,特别是央行增加了对中小微、民营、三农企业票据再贴现的支持力度,这些领域的票据融资总量将会有较大幅度的增长。另外,随着金融科技发展及应用于产业链、供应链融资,围绕核心企业的供应链、产业链金融的发展普及,大型优质核心企业签发的电子商业承兑汇票在其产业链上下游的流通转让会变得频繁,辅以商业银行给予核心企业的授信、保贴额度,电子商业承兑汇票增长的确定性明显增强。同时带动承兑签发和直贴量明显增长。预计2019年国有股份银行直贴会有较快增长,中小银行服务中小微及民营企业的承兑会有一定幅度增长,财务公司及商业承兑汇票发展会比2018年有更好看点。

(二)利率总体企稳,不排除某些时段时点有起伏变化

面对经济下行的压力,预计2019年资金面总体较为宽松,央行可能会通过降准向市场释放流动性,也可能通过一揽子定向工具来做到"精准滴灌",已经市场化的票据贴现利率预计在2019年总体保持平稳;但由于票据资产仍具有很强的信贷属性,受信贷规模管控的影响,预计在季末、月末等一些特殊时点仍不排除票据利率有一定的起伏变化,市场参与主体尤其是高杠杆经营、期限错配严重的机构参与转贴现、回购交易时需认真研判利率走势,防止市场风险。

(三)票据业务创新会有较大变化

位于票据市场前沿创新业务领域的一些政策有望逐渐明朗。关于票据资管问题,《资管新规》明确规定金融机构不得将资产管理产品的资金直接投资于商业银行的信贷资产。目前无论是"1104制度"还是原有金融统计制度,均将已贴现票据资产纳入"各项贷款"来统计,但票据资产(贴现后票据)到底是否属于《资管新规》中商业银行信贷资产,监管机构至今仍然没有给出明确答复,预计2019年监管部门会给这个议题定调。从目前央行下发的银发〔2018〕299号文来看,已将票据列入债务证券,尽管统计口径和政策支持不完全是一回事,但不排除具有相关性和预期性。关于票据交易所票据资产标准化问题,预计2019年会利用资产证券化技术打破信息壁垒,消除市场割裂,同时加快研究"票据等分化"的可能性。

非银行金融机构有可能在更高层面认可投资票据资产,业内已有证券公司固定收益部成立专门小组研究票据市场和票据利率走势,一是为了承接商业银行委外资金和做商业银行票据投资的投资顾问。二是希望条件成熟时可以用券商自营资金参与票据交易。

在票据承兑、贴现一级市场,以核心企业牵头发行的供应链、产业链票据创新会有进一步发展;在银行承兑融资性票据研究和流动资金贷款的票据化领域可能会有所突破;各方推动修改票据法的力度会有所加强,以期解决电子票据的上位法问题和融资性票据的合法性问题。为服务中小微企业持有的中小银行承兑的小金额和短久期的票据融资及电子商业承兑汇票融资有望参与主体积极创造条件。

(四)风险管理有难度,防范化解风险会有新措施

信用风险暴露程度随着经济下行的压力而加大,不可避免的传染至票据市场,前期过度、粗放发展票据承兑业务的金融机构到期垫款率和商业承兑业务的企业到期违约率会有所上升;交易所内票据市场流动性变化、利率变化的频率和幅度增加了市场风险;创新业务中生成的合规风险,电子票据加速发展带来的操作风险需引起重视。一些金融机构从业人员面临考核压力的加大会酿成道德风险,给各市场参与主体带来挑战,同时,也提醒各参与主体需提高防范票据业务风险的意识。要进一步端正风险观、业绩观、发展观,"重盈利、轻风险""重指标、轻管理"的问题需要在2019年的变革中进一步根除。更需要进一步坚持审慎经营的理念,坚持业务发展与风险管理控制机制相适应,持续推进票据业务全流程精细化管理。

(五)票据应用理论研究有望进一步繁荣

票据研究机构和票据市场参与主体,面对市场的变化和业务发展的实践,将会对票据应用理论研究加大力度,以便为市场可持续发展提供思路和决策依据;且会加快加紧对票据市场宏观、中观、微观层面的关注,进一步研究票据制度、票据信用、票据风险、票据生态环境、票据框架体系、票据标准化、票据税收制度、供应链票据融资、票据资产证券化、票据公允价值及等分化、票据评估评级、票据经纪、票据信息统计、票

据收益率曲线、票据服务中小微及民营企业实证分析、电子商业承兑汇票、科技金融在票据领域的应用、纸电融合后票据市场参与主体的经营变化等,力争为中国票据市场高质量发展提供决策的理论依据和有力支撑。

(六)基础设施将会进一步加强

票据基础设施应包括制度法规、业务系统、公共服务、支付清算、平台建设等方面,基础设施的完备是票据市场高质量发展的关键所在。2019年,相信我国票据市场的管理、监督及参与主体会就完备基础设施的方方面面进一步与时俱进的进行建设和推进,同时会完善企企票据支付流转和企银票据融资平台的搭建,以更好更快地为票据市场发展创造条件,特别是为票据业务支持实体经济尤其是服务中小微及民营企业发挥应有贡献!

第五章 发言与采访

上海票交所已经发挥关键、基础和引领作用

肖小和

在上海票交所成立一周年之际,江西财经大学九银票据研究院执行院长兼首席研究员肖小和接受《上海证券报》记者采访时表示:

2016年12月8日,是上海票交所成立之日。一年来,上海票交所积极努力为中国票据市场发展,做了大量富有成效的工作。上海票交所已经发挥并将继续发挥在中国票据市场发展中的关键、基础和引领方向的作用。

上海票交所成立之时,建设了全国统一的电子票据交易平台,实现了全国统一、信息透明、以电子化交易进行业务处理的现代票据市场交易系统。一年来,系统功能不断完善,包括直连接口顺利完成、纸电融合成功上线、电票系统移交切换成功等。票据交易系统和电子商业汇票(ECDS)已经成为中国票据市场的核心系统,并发挥着关键作用。为构建以ECDS系统为核心,覆盖承兑、直贴、转贴、回顾、再贴、创新、衍生、经纪、评级等全生命周期的中国票据市场体系奠定扎实基础。

上海票交所成立一年来,制度建设不断推进和完善。《票据交易管理办法》《交易主协议》《票据交易规则》《纸质商业汇票业务操作规程》等十几项配套规则推出并实施,成为票据法律、法规体系的有力补充。为中国票据市场规范、可持续发展发挥着引领作用。

一年来,上海票据交易所的平台品牌影响力不断提升。通过不断地进行票市场调研、分析以及国内外票据市场发展研究,制定了上海票交所的发展规划;不定期召开票据市场发展座谈会,引导专家为票交所发展献言献策;组织专家撰写《中国票据市场:历史回顾和未来展望》;筹备召开中国票据市场发展高峰论坛会;等等。不断提升平台的品牌影响力、聚集力,发挥着中国票据市场发展研究的智库功能和作用。

一年来,上海票交所的基础设施功能进一步夯实。在交易功能、登记托管功能、清算功能、信息功能及会员管理能力上不断地完善和提升。应用推广进展可喜,已接入2 000多家会员,超过6万系统参与者。市场主体逐步扩大。在构建中国票据市场交易体系方面发挥着重要的作用。

一年来,上海票交所积极推动了电子票据快速发展,并使其成为新时代票据业务发展主流趋势。前9个月随着纸电融合,电票发展提速,全国电子票据签发量占商业

汇票签发量的70%左右,加上银监会的"三三四十"检查作用,票据市场风险得到了相当程度的控制,市场面貌大有改观,票据环境不断净化。

一年来,上海票交所积极研究落实票据服务实体经济的任务。通过再贴现系统的开发和应用,为票据业务精准落实货币政策,更好地服务实体经济,提供了一条有效途径。多年来,由于种种原因,再贴现办理效率难以提升,政策传导有一定时滞。开发再贴现系统,实现在票交所平台操作,大大提升了办理效率。对推动票据市场发展,带动承兑、直贴业务发展及服务实体经济以及构建中国票据市场信用生态环境体系将发挥着重要的作用。

(2017年12月接受记者采访)

业界期待上海票交所在产品创新等方面再创佳绩

肖小和

在上海票据交易所即将成立两周年之际,江西财经大学九银票据研究院执行院长兼学术委员会主任肖小和对记者表示,中国票据业界期待上海票据交易所未来在票据市场顶层设计、市场体系建设、服务市场参与者、信用体系建设,特别是票据产品创新、推动一级市场发展等方面取得更大进步,更好、更高效地服务实体经济,再创辉煌。

肖小和指出,两年来,上海票据交易所按照人民银行的要求,做了大量基础性和创新性工作,为中国票据市场更好地服务实体经济创造了良好的基础和条件,为传导央行货币信贷政策、服务中小微企业和民营经济、推动票据市场规范有序发展做出了积极贡献。

具体来看,一是进一步推动了票据市场基础设施建设。两年来,上海票据交易所励精图治,以中国票据交易系统为基础不断整合完善票据市场系统资源,成功上线了中国票据交易系统直连接口、纸电票交易融合等大型系统项目,为票据市场全介质、一体化交易及票据全生命周期信息化管理等奠定了坚实的基础,为票据市场交易主体多元化、交易产品多样化、交易配置市场化及交易创新数字化创造了条件。

二是进一步丰富完善了票据市场规章制度。制度是业务发展的基础和保障。两年来,上海票据交易所积极推动制度建设工作,建立起全新的票据市场业务规则,涵盖票据登记、托管、交易、清算等业务全流程,形成了一整套票据市场制度体系;并针对票据市场原有制度、办法中有些已时滞的情况,及时做出了补充、修订和完善,为票据市场规范化发展做出积极贡献。

三是进一步协助推进了货币政策的实施。两年来,上海票据交易所充分发挥在央行和商业银行间的纽带作用,积极传导央行货币政策,鼓励并引导商业银行调整信贷投放结构,借助再贴现渠道向中小微企业及民营企业发放票据融资,并进一步完善了再贴现相关系统功能。最新的央行货币政策报告显示,截至2018年三季度再贴现余额已达2 162亿元,较2016年三季度净增1 024亿元,两年累计增幅达到89.98%,为实体经济持续发展做出了贡献。

四是进一步加大了专业队伍培训力度。票据市场具有参与主体众多、人员素质参差不齐、业务发展差距大等特点。两年来，上海票据交易所针对不同类别市场参与者，有的放矢开展了一系列针对性较强的业务培训工作，现已基本覆盖全市场大部分参与主体，通过业务培训统一了市场认识，提升了参与者整体水平，打造了一大批票据专业化人才队伍，为票据市场良性发展做出了贡献。

五是进一步加强了票据市场理论及应用研究。两年来，上海票据交易所充分发挥市场基础设施的优势，加大对票据市场理论的研究工作，参考国内外票据市场发展状况，发布了大量具有较高参考价值的票据市场研究论文，组织编写《中国票据市场：历史回顾与未来展望》，组织召开票据市场高峰论坛，与上海财经大学合作成立中国票据研究中心，激发了市场参与者研究票据应用理论的主动性与积极性，推动了票据理论体系的研究和发展；上海票据交易所同步推进了票据实践应用研究工作，编写了《票据市场100问》，定期组织召开交易员沙龙等论坛活动。相关理论及应用研究工作的开展，为完善票据市场理论体系、指导票据业务实践做出了贡献。

六是进一步完善了票据市场信息支撑。两年来，上海票据交易所全面梳理了市场公开发布数据口径，定期发布全市场交易及非交易业务数据、市场分析等，改变了票据市场数据来源分散、统计口径不一致等现象，为票据市场发展提供了参考决策依据；上海票据交易所对票据收益率曲线的研究工作成果丰硕，现已在多家商业银行进入试运行阶段，为票据市场实现公允定价，进一步完善票据市场价格发现职能做出了贡献。

七是进一步推动了票据市场参与主体多元化。两年来，在上海票据交易所的不断努力下，票据市场参与主体结构已逐步发生变化，从原有的银行类金融机构参与主体转变为银行、券商、其他金融机构、非法人产品等多元化市场参与主体，为票据市场注入了新鲜血液、新的活力，丰富了参与主体。目前市场会员已超过2 000家，市场参与者近10万家，为票据市场长期稳定发展做出了贡献。

(2018年12月接受记者采访)

在中国票据论坛成立大会上的发言

肖小和

一、为什么要成立中国票据论坛

——是市场发展的必然。今年是改革开放四十周年,也是票据市场发展的四十周年,市场规模得到迅猛发展,2015年票据累计贴现量达到102.1万亿元,比1995年增长了722倍,相当于当年货币市场交易规模的19%。票据市场快速发展为我国经济、金融发展做出了巨大贡献,已成为实体经济特别是中小企业融资的重要途径和银行优化资产负债结构、加强流动性管理的重要手段。2015年全国累计票据贴现量占GDP比重已达到148.2%,比1995年2.3%提高了63倍,年均提高7个百分点。根据市场数据测算,2015年票据产品线创造的利润达2700亿元以上,约占当年银行业整体利润的10%以上。随着2016年票据风险事件集中爆发,市场规模不断萎缩,至2017年票据累计贴现量和承兑量分别为40.3万亿元和17万亿元,比2015年分别下降了60.5%和24.1%。票据市场发展进入转型期,此时需要集市场之智慧、众家之所长推动票据市场健康可持续发展。

——是时代发展的必然。2016年12月8日,全国性票据市场基础设施——上海票据交易所正式成立,标志着票据市场迈入全国统一、信息透明、标准化资产的新时代。新时代下的制度建设逐步完善,电子化进程大幅提速,业务办理流程简化,产品创新日新月异,市场参与者更趋多元,证券、基金、保险、信托、期货等非银行金融机构以及非法人产品引入到票据市场;票据业务功能不断丰富,逐步发展为集支付、结算、信用、融资、投资、交易、调控等于一体;商业银行传统经营模式、管理流程、交易模式、盈利模式以及风险管理都将随之发生改变。这都需要理论与实践相结合、研究与应用相碰撞,才能紧跟时代步伐、引领时代发展、推动时代进步。

——是应用理论研究的必然。票据市场研究涉及票据法律、票据政策、票据监管及协调、票据经营、票据风险、票据创新、科技金融等方方面面,一家之言、一人之力难以全面反映票据市场发展的新实践、新规律和新趋势,需要集思广益、开拓创新,实现智慧的集结与碰撞、思想的启迪与迸发,充分发挥业界与学界相结合优势,以实践为基础带动理论研究,通过理论研究推动实践发展。

二、设立论坛的宗旨

联合各界力量与智慧,建立一种更广泛的合作交流机制,积极开展研究与讨论,为推动票据市场创新转型聚集高端人才,为推动票据市场高质量发展贡献智慧,为推动票据市场更好地服务实体经济贡献力量。

三、论坛定位

打造中国最具影响力的非官方、非营利性票据专业智库平台,专注于票据应用理论研究与交流。依托江西财经大学九银票据研究院的平台,积极开展票据政策、监管制度、法律法规、经营管理、风险防控、市场发展等方面的应用研究,服务票据市场。

四、论坛的功能

"中国票据论坛"平台的搭建主要是凝聚人才、发现人才,充分发挥人才的主动性和创造性,成为票据市场的智库,更好地服务票据市场的可持续发展。

(1)"中国票据论坛"平台在遵守相关法律法规和经济金融方针政策的前提下开展工作,立足于搭建推动票据稳健发展的战略智库,集聚来自政府机构、研究机构和商业机构的金融研究中坚力量,整合并发挥战略研究、学术交流及市场研究的功能作用,发挥国内票据研究的应有水平,不断形成良好的口碑和广泛的影响力。

(2)"中国票据论坛"平台立足于进行票据市场前沿学术研究,在着眼于当前票据市场现状、时下热点及业务痛点基础上,从以前瞻性眼光分析票据市场发展,转化为推动票据产品创新的应用理论指导,致力于打造具有战略远见、国内一流的学术智库和多边交流平台。

(3)"中国票据论坛"平台立足于发挥江西财经大学九银票据研究院和社会各界,包括政策、监管、业界、法律、创新、风控及科技金融人才的作用,不断形成高质量的研究成果。将研究的理论成果转化为实践成果,理论研究将推动票据业界实践的发展,业界又通过实践的深入来推动理论的发展。

五、论坛参加对象及活动方式

全面覆盖票据研究领域的专家人才,政策层面、监管层面、法律层面、理论层面、票据业务、金融科技等专业人士。以闭门会议为主进行充分研讨,附以开放式会议等多种形式相结合。

我们相信,中国票据论坛一定会取得成功!一定会为服务票据市场发展贡献力量!票据市场明天会更好!

(2018年7月　江西财经大学九银票据研究院)

在金融硕士（票据经营与管理方向）首届研究生开班暨"九江银行杯"奖学金颁发仪式上的发言

肖小和

尊敬的校长、院长、同仁们、同学们、江西财经大学首届票据专业方向的金融硕士们：

下午好！

首先要恭喜在座的各位研究生们，在中国共产党第十九届全国代表大会圆满结束之际，你们不仅有幸成为江西财经大学金融学院、江西财经大学九银票据研究院的首届票据专业研究生，你们也是中国票据发展史上的首届票据专业方向的金融硕士！今天的这一时刻势必为中国的票据研究发展史抒写下浓重的一笔色彩！而且在在座各位的共同努力下也让我们改写了中国票据研究行业的发展历程！

从唐朝的"贴钱""飞钱"，到宋朝的便钱和交子，到名扬天下的晋商票号，到民国时期与西方票据的逐步接轨，再到改革开放后票据市场的再度繁荣昌盛，我国票据业务历经这么多年的风风雨雨，始终与经济金融的发展同步，并发挥着重要的作用：一是票据市场的发展为经济金融业态的发展始终提供了积极的作用，通过我们的研究表明，票据承兑量、贴现量与实体经济指标始终存在显著的正相关关系，相关系数达62%~92%，且葛兰杰因果检验显示他们之间存在显著的相互引起与被引起关系。二是上海票交所的成立为票据市场的进一步扩展提供了完备的基础设施、统一的组织管理和标准的顶层设计，有利于规范票据市场、防范业务风险，有利于服务货币政策和宏观调控，有利于完善票据市场制度建设，让我们对票据市场的未来发展充满信心和美好憧憬。三是票据市场的创新发展有助于商业信用，尤其是企业信用的培育，虽然2008年后我国的商票占比一直维持在6%的较低水平，但近两年已出现上升势头，借助票据评级、大数据分析等手段将进一步完善企业的经营管理机制，广泛使用商业承兑汇票进而推动企业信用的发展。

既然票据有这么多的优点，票据市场前景又如此广阔，那么投身票据市场建设、推动票据市场发展就离不开更多优秀的专业人才，更离不开专业人才的理论研究和前沿思考，俗话说"人是唯一不可复制的资源"。因此，高素质专业人才的培养迫在眉睫。我认为，高素质票据专业人才的培养需要社会、高校以及金融机构的共同努力，在这个方面江西财经大学和九江银行走在了前面，成立了国内首家非盈利的票据研究院，成就自我，回馈社会。同时各位的入学也是机会难得，江西财经大学金融学院提供了先进的教学平台,九银票据研究院拥有国内理论和实践顶尖的师资力量,我们研究生导师和授课老师在国内具有相当的知名度,李明昌教授是招商银行总行票据部的副总经理,是知名的票据经营专家;赵慈拉老师是中信银行上海分行聘请的顾问,在电子票据领域具有一定造诣,是知名的电票专家。在国内的论坛、讲课,我们三个同时到场的机会很少,在江西财经大学九银票据研究院举办的深圳研讨会上,我们第一次相聚,今天是我们第二次相聚。对于专业导师方面,我们在全国范围内做了认真的挑选。校外导师聘请了工商银行江西省分行副行长张毅先生,他从事商业银行计划资金条线的工作已三十余年,经验十分丰富;聘请民生银行对总行票据业务十分熟悉且具思考能力的杨栋;聘请了工商银行江西省分行信贷部总经理、财大博士张雯老师,在信贷管理领域经验亦十分丰富;在票据法方面,我们聘请华东政法大学的教授作为校外导师;同时也有财大金融学院的几位教授兼导师,不论是从团队还是阵容确保票据经营与管理方向研究生的质量。九江银行拥有先进理念的票据实践基地,可谓强强联合,为各位学术水平的提高、专业能力的提升奠定良好基础。另外票据专业的理论体系严密且复杂,包含票据基础理论、票据法、业务经营、风险防范、市场体系、产品创新等多个方面,希望各位研究生都能够树立"成为票据行业专业精英"的理想信念,充分把握在校的学习机会,在以全日制要求完成规定课程的基础上,积极参与票据研究院的各类征文、论坛和调研等活动,并积极投身社会实践,对此,票据研究院也将尽最大可能提供机会和平台。当今的票据市场,票据的支付、结算、信用、融资、投资、交易、调控等功能和作用的发挥,还有许许多多的课题需要大家共同去研究。中国票据市场的体系,包括交易体系以及它的发展前景,亟待有志之士积聚力量,共同探索和描绘。

  大风起兮云飞扬,风已来,云已扬,万事俱备,只等各位以更加饱满的热情投入到未来的学习生涯中!票据市场在中国只有三十余年的发展历程,其真正高速发展也只是近十年的时间。其未来前景广阔,大有可为,但"路漫漫其修远兮,吾将上下而求索",我们在座的每一个人,都将是未来票据发展史上重要的"求索者"。毛泽东曾说过,"数风流人物,还看今朝",那今朝就看在座的各位,相信通过江西财经大学金融学院、江西财经大学九银票据研究院的培养和九江银行的大力支持,在座各位在票据行业中都将"乘风破浪会有时,直挂云帆济沧海"!

  最后,祝各位在校期间学习好,生活好,身体好!"一万年太久,只争朝夕"!

2017 年 10 月 25 日

中国中小银行票据协同发展联盟成立大会发言

肖小和

尊敬的各位嘉宾：

下午好！

当前，中小企业在确保国民经济适度增长、缓解就业压力、优化经济结构等方面，发挥着越来越重要的作用。中小企业又称中小型企业或中小企，它是与所处行业的大企业相比在人员规模、资产规模与经营规模上都比较小的经济单位。按照《关于印发中小企业划型标准规定的通知》的划分，企业从业人员300人以下或资产总额12 000万元以下的为中小微型企业。中小银行主要是指城市商业银行、农村商业银行、信用社及村镇银行等银行业金融机构。

中小银行与中小企业是天生的合作伙伴。一方面，中小银行是支持中小企业的发展的强劲力量，通过其灵活的市场灵敏度和较高的金融服务效率，具有为中小企业提供服务的信息优势，有利于支持大量中小企业和民营经济的发展；另一方面，中小企业对促进中小银行的发展具有重要作用，一是中小银行凭借其在信息成本、代理成本和地域上的优势，与地方中小企业形成长期互动的合作关系。二是为适应中小企业灵活的经营模式，中小银行需通过不断进行变革与创新，从而提高自身经营水平，进而推进了我国金融业的市场化进程。

广大的中小银行是实施大众创业、万众创新的重要载体，在增加就业、促进经济增长、科技创新与社会和谐稳定等方面具有不可替代的作用，尤其对推动实体经济、国民经济和社会发展具有重要的战略意义。相对于大型的商业银行，中小银行对市场变化的适应性强、机制灵活，能发挥"小而专""小而活"的优势，是市场中成长最快的力量。他们的短板在于抵御经营风险的能力较低；规模受限，筹资能力有限；经营成本较高，提高经济效益的任务艰巨。因此，中小银行的崛起需要更多的发展机会和力量支持。

2017年三季度末，我国银行业金融机构资产总额为240.4万亿元，同比增长10.6%。其中，城市商业银行资产总额30.54万亿元，占比12.7%，资产总额同比增长12.6%；农村金融机构资产总额32.37万亿元，占比13.5%，资产总额同比增长11.3%。两者的资产总额同比增长速度皆高于银行业金融机构资产总额的整体增速。以城市商业银行和农村金融机构为主的中小银行资产总额占比高达 26.2%,是金融市场不可忽视的重要力量。

截至 2016 年末,25 家上市商业银行贷款余额 69.90 万亿元,同比增长 12.13%;票据承兑余额 5.50 万亿元,同比减少 15.73%;票据承兑余额占贷款余额比重由上年的 10.47% 回落至 7.87%,呈下降态势。其中,国有银行承兑余额 1.44 万亿元,同比下降 16.49%;股份制银行承兑余额 3.47 万亿元,同比下降 16.42%;城市商业银行承兑余额 5 513 亿元,同比下降 10.04%;而农村商业银行承兑余额 365 亿元,同比增加 18 亿元,同比增长 5.18%。在票据承兑方面,我们可以看到城市商业银行承兑余额的下降幅度小于国有银行和股份制银行;在票据承兑余额整体呈下降态势的情况下,农村商业银行的票据承兑余额却呈现增长态势。因此,以城市商业银行、农村商业银行为主的中小银行在票据承兑方面具有一定的基础和竞争力,其发展前景值得期待。

截至 2016 年末,25 家上市商业银行票据贴现余额 3.10 万亿元,同比增长 23.49%。其中,国有银行贴现余额 2.21 万亿元,同比增长 30.49%;股份制银行贴现余额 6 131 亿元,同比增长 20.22%;城市商业银行贴现余额 2 387 亿元,同比下降 11.90%;而农村商业银行贴现余额 337 亿元,同比增加 17 亿元,同比增长 5.22%。国有银行贴现余额增幅明显高于金融机构整体增幅,而农村商业银行贴现余额明显小于金融机构整体增幅,城市商业银行贴现余额甚至出现下降的情况,这反映出在票据资产运作和资金方面,大型银行和中小银行操作方式和思路的不同,也反映出中小银行,尤其是农村商业银行的潜力有待进一步挖掘。

中小银行由于受限于规模、信息不对称等困境,其业务发展进入瓶颈期,尤其是同业业务,受到了极大的影响。2016 年 12 月 8 日,央行筹建的上海票据交易所正式运行,标志着中国票据业务进入了统一规范、透明高效的全面电子交易时代,这给票据业务发展带来新机遇。但是,中小金融机构面临严峻的票据业务经营考验,票据从业人员不专业、资产规模受限、市场信息量少、投研能力缺失、风险控制不到位等问题难以靠自身解决。因此银行机构尤其是处于探索转型阶段的中小银行,其票据业务如何适应和尽快融入票据市场的新格局成为大家亟待解决的问题。

今天江西财经大学九银票据研究院——中国中小银行票据协同发展联盟的成立,正是迎合了广大中小银行的呼声,是恰逢其时的大喜事。江西财经大学九银票据研究院在成立一周年时间中,多次举办票据研讨会与论坛,围绕上海票据交易所成立与中国票据市场发展等议题展开分享交流,市场反响极其热烈,形成了一定的社会影响力。其研究成果得到媒体和业界的重点报道和转载,也得到监管机构和上海票据交易所的极大关注。

此次联盟的成立,是通过搭建有效的交流互助平台,依托江西财经大学九银票据研究院的智库平台,促进中小银行对票据市场的发展趋势、创新模式及业务操作进行积极探讨；集中反映中小银行的呼声，聚合零散力量，拓宽利益诉求渠道；帮助中小银行更快实现转型，适应后票交时代的发展，最终实现推动票据市场创新探索走上健康、持续、共赢的发展轨道。

十分荣幸今天与在座各位携手共建江西财经大学九银票据研究院——中国中小银行票据协同发展联盟，让我们凝聚中小银行的坚实力量，联合你我，互利共赢，共创票据市场的辉煌！

2017 年 11 月 17 日

在金融机构票据业务经营与管理首届高级票据研修班上的发言

肖小和

大家上午好!

首先祝贺高级票据研修班今天开班了!祝贺各位成为首届学员!下面我讲三点想法:

一、票据服务实体经济作用越来越显著

(1)再贴现成为传导货币政策意图的重要工具。近期央行以及各省市央行都按照总行要求,在对中小微企业和民营企业票据再贴现开辟绿色通道,给予政策倾斜和调整审核相关规定,并连续两次增加再贴现额度。

(2)票据成为金融机构支持实体经济特别是中小微企业最便捷的途径之一。票据业务直连实体经济,银行通过贴现票据相当于对实体经济进行融资。同时,票据也是商业银行和财务公司调剂规模和流动性的重要手段。

(3)票据业务具有信用、背书流转和贴现融资的高流动性属性,对实体经济特别是中小微及民营企业而言,通过票据特别是电子商业票据来解决融资难、融资贵问题确是一种理想的操作。

(4)票据业务为提高商业信用的社会认可度、接受度和改善社会信用生态环境创造条件。

(5)票据对经济支持力度不断提高。票据承兑业务与GDP高度正相关,两者相关系数达到0.96。2017年票据承兑量占GDP比重为20.55%,自21世纪以来年均提高5.82个百分点。2017年末票据发展指数达到12 207点,年均增长率18.15%。

(6)得益于四十年改革开放的政策红利,经济快速的发展,金融体系和票据信用体系的不断完善,我国票据市场从无到有、从小到大,已经发展到每年近20万亿元承兑量、60万亿元贴现量的规模。同时,不可否认,中国票据市场四十年的应用理论探索以及研究成果的不断应用和转化实践,包括票据的介质、属性、功能、作用及相关法规制度、创新、业务方向、风险防范、基础设施、科技、信息系统、主体模式、服务实体、框架体系、价格机制、信用主体等研究应用也为票据市场发展和实践做出了重要贡献。

二、国内首家票据研究院的成立,为积极推进中国票据市场发展添砖加瓦

2016年11月6日,在江西财经大学、九江银行和国内一批有专业、有素质、有情怀、有担当、愿奉献的票据专业人士的共同努力下,国内首家票据研究院——江西财经大学九银票据研究院正式成立。研究院作为一家非盈利机构,致力于开展票据理论与实践、票据风险与防范、票据发展与创新等方面的应用理论研究,坚持以"立足江西、面向全国,立足当下、面向未来,立足实际、面向发展"为根本。两年来,举行了多次全国性的研讨会,就中国票据市场的热点、难点、重点积极推进应用理论研究;举办了两次大型征文活动,收集140多篇稿件;参加上海票据交易所和中国银行业协会的征文分别荣获一等奖;去年与江西财经大学合作招收国内首批金融学硕士票据专业研究生;今年出版了国内首本票据专业研究生票据课教材;成立了中国票据论坛、中国中小银行票据协同发展联盟,通过了中小银行票据服务宣言和服务中小微企业及民营企业宣言,在政策决策层面、业务经营管理层面以及大专院校研究层面都产生了积极的影响,引起了国内媒体的广泛关注、报道和宣传。同时,也感谢社会各界的大力支持。

三、积极做好培训和咨询工作,努力办好研修班

票据研究院至少有三大任务:(1)票据应用理论研究工作。(2)票据人才队伍培养培训工作。(3)票据业务的咨询服务工作。研究工作已有规矩;咨询工作目标已做安排,成立了几个小组;票据人才培养工作已有第一届研究生的起步,而对金融机构高中级票据业务正规的专业培训工作来说,这次是首次。举办高级研修班,并在今后将其逐步纳入正轨。能否起好步开好头,对本次研修班格外重要。所以本次研修班我们定位于金融机构,定位于中高级管理人员,定位于高质量师资队伍,定位于高标准办班。我们的目标是想逐步把学员培养成部门、单位、系统的票据领头人,培养成为行业、集团、区域的票据带头人,培养成为票据业界的有专业、有素质、有担当、有情怀、有奉献精神的票据人。我们的课程设计主要考虑经济金融的宏观和中观层面,考虑票据的发展创新、经营管理、电票和供应链、保理融资、票交所时代参与主体经营模式转型和纸电融合后参与主体应该注意的问题等。整个班的课程安排都是系统的、整体的、较为全面的。为此,财大、研究院、九银做了大量富有成效的工作。今天顺利开班了!希望各位学员,按学校要求,不迟到不早退,特殊情况向班主任请假;上课认真听讲,手机静音,不接听电话,确有需要请到教室外接听;做到对老师的教学、观点、建议等认真思考和消化并能结合单位票据工作加以运用。课程结束时,每位学员要对此次课程学习做出评价。包括课程设计、老师讲解、学习体会、建议以及每人要就票据业务思考至少出一个题目。最后,我们期待国内金融机构首期票据业务高级研修班正规高校票据专业结业证的颁发!祝大家学习开心,生活开心,一切开心!

2018年11月

就上海票交所票据交易系统项目接受记者采访

肖小和

记者：您应该见证了整个中国票据交易系统从无到有，从一开始可能相对来说比较混乱，慢慢变得更加规范更加有序，所以您这个感受应该是比较强烈的。那我们就特别想知道中国票据交易系统的建立、上海票据交易所的成立，这对人民银行来说是具有里程碑意义的。那这个系统对于您来说，您觉得最大的一个感受是什么？带来最大的改变是什么？

肖小和：我认为中国票据交易系统，它是上海票据交易所的一个核心系统。它的改变具有积极的影响，它的影响实际上远远超出了这个票据交易系统自身设计的功能和作用，至少在三个方面进行了丰富：第一，丰富了票据参与主体。比如说允许和引入非银行业金融机构在票据交易所的系统上进行交易，提高了票据业务的投资及交易的属性，大大提高了票据的流动性。第二，如果说票据的签发承兑属于一级市场，票据的融资属于二级市场的话，那么票据交易系统可以定位为三级市场，它对票据的投资与交易属性的发展进行了发现和挖掘，对票据市场的创新具有积极的作用，这是一个方面。第二个方面，我认为它丰富了这个参与的接入方式。比如说他开头有客户端，后来也推出了直连端的这个接口，这个使得金融机构的票据业务一体化的接入方式有了更多的选择。另外，他推出了第三方集中接入的代理接入方式，这样对中小金融机构来说，在系统能力还有待完善的过程中，通过引入第三方的集中接入，能大大降低投入和成本。第三，丰富了发展的内容。中国票据交易系统，它实现了科技与金融票据的有机融合。在这个系统里面，它具有业务、客户、信息、数据、利率等模块，而且与电子商业汇票系统（ECDS）、支付系统、商业银行及其他参与主体都有对接。更为重要的是这个系统它对服务实体经济，对防范票据风险，对更好地落实货币政策具有积极的功能和作用。比如说它通过再贴现子系统可以精准服务中小微和民营企业及三农，传导货币政策。又比如说这个系统的推出，使得我们的票据交易由场外到场内、由不规范到规范、由线下到线上，大大防范了票据业务的风险。

记者：那像这种全国性的票据交易系统，应该说您也是这个领域的学者专家，那其实在全世界范围之内是不是很多国家都建立了，还是说比较领先的才会建立全国性的票据交易系统？

肖小和：上海票据交易所的成立，它属于国内第一家，在国际上也是第一家。所以去年12月8日的时候，我在上海证券报发表了一篇文章，我认为上海票据交易所的建立是中国票据业界具有里程碑意义的事件，在国际上也是首家建立这个系统。欧洲、美洲、日本等虽有票据市场和票据业务，但像我们建立这样的上海票据交易所，我认为在国际上是第一家，因此它的系统自然在国际上也是首创。

记者：其实是我们自上而下的，对市场的一个反应、一个呼之欲出，且由中国人民银行发起。那对于市场主体而言，它到底会带来怎么样的一个经济效益？

肖小和：我认为从它的经济效益角度考虑，至少表现在这几个方面。其一，它实现了纸质票据电子化的交易，大大提高了票据业务办理效率，通过这个纸质票据电子化，我们票据业务的办理流程，大大提速。据统计测算，现在线下的票据交易，只需要一个月的时间，如果以一张半年期的票据来计算的话，它的办理效率提高了83%。其二，大大提高了票据自动化交易的管理模式，也有利于降低票据交易过程中的各项成本。在票据整体办理的过程中，由于它实现了自动化管理和双边清算的手工自动划款，通过票据的自动化交易，资金清算、办理的整体速度大大提高，特别是对于金融机构资金效率的提高，产生了积极的作用。其三，我认为提高了票据交易方式的创新，有利于更好地发现票据价格，特别是通过标准化的信用主体，替代了商业银行原来的授予授信对象来管理的信用，使得标准化的信用主体对建立风险的定价、风险的监控、风险的释放等制度和模式，起到推动作用。标准化的这种信用主体，它的推出，对于供应链的票据融资、产业链的票据融资、贸易链的票据融资，包括商业承兑汇票的发展，都具有积极的作用。它对于丰富企业更多低成本，甚至是无成本的融资服务产品，打开了空间。从另外一个方面来讲，票据这个交易系统的经济效益还体现在了对金融机构及其参与主体的成本降低方面所发挥的作用。这个系统能够实现意向询价、电话报价、点击成交，且很好地实现了票据流、信息流、资金流的三流统一，大大提高了它的交易效率。

记者：那么作为我们一个全国性的票据交易系统，它建立的背后有没有一个形象的比喻？它的建立可能在某些方面带来怎么样的一个降低？有没有一个预估或者是一个数字和一个概念？比较形象一点。

肖小和：刚才我讲的是纸质票据电子化，从它的这个效率和速度上来讲，会大大减少线下交易的速度，用这个比例来衡量的话，一张6个月票面金额的票据，在周转速度上减少了83%，这就相当于提高了5/6或者4/5的效率。

记者：这个比率是在整个一个线下的一个交易和线上的一个交易系统，纸质和电子之间的区别的一个比例吗？

肖小和：对。

记者：就是现在可能还没有形成数字，比如说我们预计全中国减税多少，有没有类似这样的一个预测？

肖小和:这个我们还没有做更多的研究和分析。因为交易系统现在的数据是从去年12月8号推出开始统计,和原有的比较,速度肯定加快了。但是对外的一些数据还没有予以公布。

记者:那么像中国票据交易系统,这样一个全国性的票据交易系统的建立,您认为最大的受惠方应该是谁,是哪一个群体?

肖小和:他最大的受惠方是参与主体,第一,能够防范风险。纸质票据的流转一是速度慢,二是容易产生风险。对参与主体来讲,这个集中票据交易所的交易,特别是在这个系统里面交易,由场外到场内、由分散到集中、由不规范到规范,无论从哪些方面,包括效率的问题、风险防范的问题、更好服务实体经济的问题,都有积极的作用。这是一个方面。第二,对于商业银行来讲,以前是点对点的在场外交易,现在商业银行包括非金融机构之间的交易,全部在票据交易所的交易系统里面进行交易,这样节省了很多的人力成本,又提高了它的交易效率。第三,从人民银行再贴现的情况来看,现在全国大概只有1 500亿元左右的余额,由全国人民银行系统下的县级行和二级行来办这个再贴现。它点多、面宽。但是人民银行作为国务院的组成单位,他们的人员也不能太多,在这个票据交易系统中搭建了再贴现的子系统以后,再在这个系统里面操作再贴现业务,一是集中,二是速度快。对人民银行来讲节约了很多人力成本,特别是对再贴现更好地服务于三农和中小微企业具有积极的作用。

记者:就是您刚刚提出这个全球的概念也挺好,因为我们以前不太知道,对于这个市场和全球的环境来说,为什么国际上其他国家不建立这个系统?

肖小和:这个是由国家的金融发展情况所决定的。第一,这些国家融资性的票据比较多,我们票据基本上是以真实交易。第二,我们以前是纸质票据,风险比较大,所以说中国票据交易所的成立,也是为了防范和化解票据风险,而提出的一个重要举措。所以从票据交易所成立的这一年多的时间来看,中国票据市场的票据风险,一定程度上得到了有效遏制。至少这一年多来,重大的票据风险,目前还没有发生和披露。

记者:好!今天的采访就到这里。谢谢您!

(2017年12月接受记者采访)

发展商业汇票可解决中小微企业融资难题

肖小和

如何解决中小微企业融资难题？江西财经大学九银票据研究院执行院长肖小和2018年11月21日接受记者采访时表示，银行在防范风险的基础上为中小企业商业承兑汇票开展贴现业务，其贴现的利率市场化程度高，当央行降准降息时，贴现的利率会低于企业贷款利率，可有效降低企业融资成本。

在肖小和看来，应收账款是中小微企业重要的流动资产，有调查显示中小微企业应收账款约占总资产比重的30%。中小微企业应收账款融资有着巨大的市场需求，大力促进中小微企业应收账款票据融资，可解决其融资难题。

具体来说，商业银行一方面可以用电子商业汇票置换部分中小微企业应收账款融资；另一方面商业银行可以自主选择部分发展有前景、产品有市场、经营有利润的中小微企业，签发以应收账款质押的电子商业汇票，帮助中小微企业盘活应收账款，缓解生产经营中的资金压力。

此外，肖小和建议，在大中型企业集团或重点行业中，供应链核心企业可以对上下游的中小微企业使用商业承兑汇票。一方面商业承兑汇票结算更便捷、接受度高，可以加速资金流转，促进贸易往来，减少客户现金支付压力，节约财务成本；另一方面在需要现金时，中小微企业也可将具有高等级信用的商业承兑汇票在银行处获得贴现，以实现货款现金的快速回笼。

肖小和还指出，缓解中小微企业融资难、融资贵问题，需要政府牵头，各方努力。第一，央行鼓励企业使用商业承兑汇票，从准备金、再贴现、利率等货币政策工具方面来支持中小微企业使用商业承兑汇票，特别是要加大再贴现支持力度和操作效率，对于符合条件的商业银行给予较低资金成本的再贴现支持，可进一步盘活中小微企业资产。第二，银行保险监管部门可根据中小微企业现实情况，给予差别化监管和差别考核。第三，财政部门发挥好财税优惠的外部激励作用，给予中小微企业办理商业承兑汇票贴现等业务更优惠的税收政策。第四，2018年7月成立的国家担保基金，可以支持中小微企业发展商业承兑汇票。具体可由商业银行参与尽调，国家担保基金给予一定比例担保，央行划出一定比例再贴现额度，共同发展商业承兑汇票。第五，票据交易所加强票据交易平台建设，使票据市场信息更加公开化、透明化，利率报价更加公开，业务处理更加方便快捷安全。

专家建议建立中小银行票据平台服务中小企业

肖小和

《中国证券报》记者2018年11月19日获悉,江西财经大学九银票据研究院——中国中小银行票据协同发展论坛"纸电融合后中小银行票据业务的机遇与挑战"会议日前在厦门举行。各参会单位就增大体量、团队专营、定价优惠、降低门槛、扩宽渠道、优化流程等方面进行讨论,并一致达成《中小银行票据服务小微企业宣言》。

当前我国中小企业在促进技术进步、扩大就业、增加税收、推动城市化进程等方面具有突出作用。江西财经大学九银票据研究院执行院长肖小和表示,中小银行和中小企业具有天然紧密的关系,同时中小企业由于自身缺陷存在一定融资困境,应探索建立中小银行票据平台服务中小企业,有利于落实国家方针政策、缓解中小企业融资问题,也有利于控制风险及培育商业信用体系、推进中小商业银行转型和稳健发展。

肖小和建议,转变观念,提升信用服务中小企业的理念,应从以下几方面发展电子承兑:选择重点突破,大力推广电子商业承兑汇票应用;多方共推,提高中小企业电子商业承兑汇票签发量;扩大中小企业电子商业承兑汇票贴现量;开辟中小企业电子商业汇票再贴现绿色通道;加快研究中小企业票据信用评级;发挥外部监督职能,提高信用违约社会成本。

在《票据基础理论与业务创新》新书发布会上的发言

肖小和

2018年10月17日下午,由江西财经大学九银票据研究院编著、中国金融出版社出版的《票据基础理论与业务创新》新书发布会在江西财经大学举行。我院执行院长、新书主编肖小和先生在发布会上发言。以下为肖小和先生讲话内容。

各位嘉宾、各位老师、同学们、同仁们:

下午好!

今天在江西财经大学举办《票据基础理论与业务创新》新书首发式。这是国内第一本金融学票据经营与管理方向硕士研究生专业课程的教材。在此对嘉宾、老师、同学们、同仁们光临今天的发布会表示热烈的欢迎和衷心的感谢!

今年是改革开放四十周年,改革开放以来我国票据市场经历了恢复、起步至快速发展的阶段。在此期间,票据市场体系不断完善,制度建设和基础设施逐步健全,市场参与者更趋多元,产品创新日新月异,利率市场化程度不断提高,风险管理持续改进,市场规模迅速扩大。2017年,我国票据累计承兑量和累计贴现量分别为17万亿元和40.3万亿元,分别比1995年增长了69倍和284倍,年均增长率分别达到21.3%和29.3%。票据具有信用保证、支付结算、投资融资、交易调控等多重功能,为我国经济、金融发展做出了巨大贡献,已成为中小企业融资的重要途径及中小企业融资难和融资贵最有效的解决法宝之一,同时,也是银行优化资产负债结构、加强流动性管理、提高利润的重要手段。2017年全国票据累计承兑量和累计贴现量占GDP的比重分别为21.6%和51.3%,比1995年分别提高了2倍和11倍;货币政策报告显示,企业签发的银行承兑汇票余额主要集中在制造业、批发和零售业,由中小型企业签发的银行承兑汇票约占2/3,票据业务的持续稳定增长为实体经济特别是中小企业提供了便捷的支付功能、融资渠道和低成本资金,对解决我国中小企业应收应付款及融资难、融资贵问题发挥了不可替代的作用。

票据市场的可持续发展和创新转型需要加强应用理论研究和人才队伍的培养。2016年11月6日,国内首家票据专业研究机构——江西财经大学九银票据研究院成立,旨在引导票据市场规范、有序发展,推进票据与实体经济的融合,打造高端票据领域智库和面向全国交流的产学研一体化合作平台。研究院成立近两年以来,已陆续聘请国内科研单位、知名金融界学者、知名高校专家教授、各大银行总行级票据管理和业务经营骨干参与到票据研究院的日常研究工作中,围绕"票交所成立与中国票据市场发展""新变化、新趋势、新思考""新时代票据业务发展与创新""票据市场高质量发展与转型"等市场发展热点共举办了五次研讨会、两次中小银行票据协同发展论坛以及两期主题征文活动,并在《金融时报》《上海证券报》《中国证券报》《金融与经济》《货币市场》《证券时报》、中国经济网等报刊媒体发表数十篇研究成果,引起了社会各界的热烈反响和共鸣,对推动中国票据市场的理论研究和应用发展发挥了积极作用。2017年11月,研究院又与江西财经大学深度合作,在国内招收了第一批金融学票据经营与管理方向硕士研究生,致力于票据领域专业化人才的培养,为票据市场发展和创新提供源源不断的新生力量。在第一批票据经营与管理方向研究生开班仪式上,江西财经大学袁雄副校长提出要有自己的教材。

为了满足票据市场人才培养和从业人员系统性、专业性学习的需要,江西财经大学九银票据研究院充分发挥业界与学界相结合的优势,组织诸多业内专家、从业人员以及知名高校教授、专业研究人员等,历时一年多编写完成《票据基础理论与业务创新》一书。本书着眼于提高读者的票据理论素养、知识水平、业务本领、经营管理和创新能力,系统介绍了票据基础理论、票据基本知识、票据法规、票据行为、票据业务、票据利率、票据经营、票据风险、票据创新、票据交易平台及票据发展前景等多方面内容,反映了票据市场发展的新实践、新规律和新趋势,具有较强的理论性、应用性和创新性。

《票据基础理论与业务创新》一书内容全面而丰富,全书共分为三篇。第一篇"票据概论",系统介绍票据的起源与发展历程以及票据功能的演变,细致讲述票据的概念、要素、种类及特征等基础知识,全面分析票据出票、背书、承兑、保证等票据行为,概括了票据权利、抗辩、责任、代理、丧失与补救、纠纷的法律诉讼等票据基本法律规定,深入解析票据的付款与追索,分析归纳美国、英国、日本、中国台湾等票据市场的特点及启示。第二篇"票据业务",系统介绍票据承兑、贴现、转贴现、再贴现等业务的含义、作用、业务要求、特点及流程,深入分析票据利率的形成机制、运行特点与发展规律,尝试构建票据价格指数和中国票据发展指数体系,剖析商业银行票据业务经营,探讨票据业务风险管理方法及措施。第三篇"票据市场创新与展望",归纳总结了票据创新的概念,系统剖释票据创新种类、意义及原则,深入探讨票据创新发展新思路,全面阐述上海票据交易所以及央企、地方票据交易平台的总体情况与作用,在深入剖析新常态下票据市场新变化与新趋势的基础上提出了对市场发展前景的新思考。

本书适用对象包括大学学生、教师、金融业务人士、企业财务人士等,也可供其他读者学习使用。

本书在编著过程中,参考了相关书籍和文章,同时,江西财经大学金融学院、九江银行及中国金融出版社也给予了大力支持,在此一并表示感谢!

票据市场的发展,需要专业的经营人才、管理人才,包括研究人才,本书的出版和发行,希望能给票据市场专业化人才提供一些借鉴和帮助。这也是我们研究院为改革开放的中国票据市场发展四十年之际的献礼!

再次感谢各位的光临!

在上海市金融学会票据专业委员会成立大会上的发言

肖小和

各位嘉宾:

大家上午好!

在人民银行上海总部、上海市金融学会的正确领导下,在工商银行票据营业部、中国城市金融学会票据专业委员会的大力支持下,在上海地区票据业界各位同仁的共同努力下,上海市金融学会票据专业委员会今天正式宣告成立了! 首先,请允许我代表全体成员单位向今天参加会议的各位领导和嘉宾在百忙之中参加本次大会表示衷心感谢! 同时,感谢上海市金融学会和各位理事对工商银行票据营业部以及我本人的信任,选举工商银行票据营业部担任上海市金融学会票据专业委员会第一届会长单位并聘任我担任会长。今天,让我们共同见证这一重要时刻!

票据业务作为直接对接实体经济和金融市场的重要支付结算和投融资工具,当前对解决企业融资难、促进我国实体经济发展、服务银行业务经营和金融体系创新以及构建社会信用体系,发挥了至关重要的推动作用。在上海各主要金融机构的积极参与下,上海票据市场发展良好,市场规模不断扩大,票据交易量持续增长,跨地区交易日益频繁,市场专业化程度明显增强,逐渐成为上海企业短期融通资金的重要渠道,对上海经济金融协调发展发挥的作用不断增强,已经成为全国最大的区域性票据市场中心。在21世纪第一个10年即2010年之后,上海地区金融机构累计承兑商业汇票规模年均增速仍然超过10%,累计票据承兑量占GDP的比重年均提高约1个百分点,已超过1/3。票据业务对制造业和贸易企业,尤其是中小企业的发展起到重要推动作用。截至2014年三季度末,上海地区票据贴现余额2 200亿元,比2010年同期增幅超过40%;在各项贷款中占比超过5%,在票据融资余额超过2 000亿元的地区中占比最高。

上海票据市场积聚和创新发展效应的增强,提升了上海作为全国货币交易中心的地位,推进了上海金融中心功能的深化发展,进一步增进了金融服务上海经济社会发展的能级。截至2014年末,上海已聚集了数十家总行级和分行级的票据经营机构,上海地区票据累计贴现量在全国占比稳定在前五位。设立于上海的中国票据网的报价笔数和金额在2014年分别达到了32 447笔和18.18万亿元,分别比2010年增长了97.28%和62.15%，截至2014年三季度末，中国票据网报价金额占全国成交金额的比重已达33.82%。

在上海地区票据市场快速发展的同时，也遇到了一些需要引起管理部门和市场参与主体高度关注的新问题和新情况：如票据的应用理论研讨仍然不够活跃，学术氛围还不够浓厚；票据法规完善修改"话语权"有待提升；票据市场发展滞后于金融市场发展整体水平；票据市场电子化水平整体仍然偏低；票据产品和经营主体仍然单一；借助自贸区建设契机发展票据业务不够充分；游离在监管之外的票据掮客和中介机构对市场秩序的冲击不容忽视；互联网金融快速发展下P2P平台票据业务有待规范等。这些新问题和新情况给票据市场的稳定、健康、可持续发展带来了挑战，迫切需要进一步加强研究和探讨，加强推动和创新，加强自律和规范，为行业发展创造良好环境。

上海市金融学会票据专业委员会的成立，顺应了上海地区票据市场和成员单位票据业务发展的内在需求，标志着上海地区票据业务发展迈上创新型规范化合作交流的新台阶。票据专业委员会是在上海市金融学会领导下的专业工作组织，依照学会章程和《票据专业委员会工作规划》开展工作，将在加强理论与实践研究、促进业务经验交流、推动行业创新、规范票据行为、防范业务风险、支持实体经济发展等方面发挥重要的作用。为不负众望，做好票据专业委员会的工作，我们将主要在以下几个方面开展工作。

一是要加强理论与实践研究。在利率市场化和金融脱媒不断加快的背景下，票据市场也面临着大资管时代综合金融服务业态的来临。作为货币市场中表现最活跃、市场化程度最高的子市场，票据市场在金融市场变革中面临着广阔的发展空间，也需要我们票据业界进行运作模式、发展方式、交易方式等方面的研究和探讨。票据专业委员会要通过票据业务理论与实践研究，对票据业务经营、业务发展提供指导和帮助。

二是要助推票据市场发展。票据专业委员会要通过对上海票据市场的了解、调研、收集和反映各会员单位作为票据市场参与主体的思考和建议，并积极与相关部门做好沟通和协调，进一步增进管理部门对票据业务的理解支持。根据票据业务发展的实际和诉求，对完善票据市场法律法规和制度规范提供有益的建议，做出积极的贡献。

三是要促进业务经验交流。票据专业委员会工作的顺利开展，离不开各位会员单位和金融同业的支持与配合。票据专业委员会要发动和积聚会员单位的力量与智慧，适时建立维新平台，以多种形式促进会员单位间的沟通交流与信息资源共享，组织对外学习与交流，将会员单位票据业务经营中和对外学习交流中的宝贵经验、风险管理方法向上海票据业界进行传导，促进票据经营机构不断完善经营机制，提升票据业务经营管理和防控风险水平。

四是要推动票据业务创新。随着金融市场的不断完善发展,各经营机构对于票据业务的创新需求更为迫切,市场对于票据业务模式与票据产品创新也提出了更高要求。票据专业委员会要借助上海自由贸易试验区推进金融改革创新的契机,支持和鼓励对经济和金融发展有益的票据业务创新,并汇聚会员单位的合力,适时推出上海地区票据业务产品手册,使票据业务创新推广扎实有效。

五是要提升规范经营水平。票据专业委员会要依据相关法律法规,组织推动并贯彻落实票据业务制度规范,推进票据业务的制度化建设,并与管理部门和监管部门配合,做好各项规章制度的传播与推广工作,组织开展票据业务法规的培训,加深票据经营机构对于各项政策的理解和掌握。

六是要服务地区经济发展。随着经济发展"新常态"不断深入,未来一段时期票据业务将迎来新一轮发展机遇。票据专业委员会要把握票据市场发展方向,充分发挥票据业务在支持实体经济,特别是中小企业发展方面的积极作用,服务地区经济,促进上海地区票据业务健康可持续发展。

票据专业委员会工作的开展,离不开上海市金融学会的指导和成员单位的支持,借此机会,我谨代表上海市金融学会第一届票据专业委员会的全体成员郑重承诺:我们将按照学会章程和委员会职能要求,紧密团结并依靠各会员单位,坚守职责、努力开拓,为推进上海地区票据市场的发展以及上海国际金融中心建设做出应有的贡献!

谢谢大家!

2015 年 1 月 15 日

专家建议推动金融机构通过票据融资加大服务民企力度

肖小和

江西财经大学九银票据研究院执行院长兼学术委员会主任肖小和近日在接受《中国证券报》记者采访时表示,建议监管部门在有效防范风险的前提下,积极推动金融机构通过票据融资支持加大服务民营企业的力度,按照尽职免责要求,引导金融机构规范可持续发展票据融资业务,为金融机构发展票据融资,服务实体经济尤其是民营企业创新发展提供更好的环境。

肖小和分析称,票据融资是服务民营企业经济发展可供选择的一种理想融资工具。票据融资相对于贷款和其他融资方式,具有流动性好、期限短、便利性强、成本较低等特点,对民营企业而言,是一种性价比较高的融资工具;更是解决民营企业融资难、融资贵以及解决企业之间相互拖欠的理想金融产品。

他表示,就民营企业自身而言,需要根据自身经营管理实际,签发票据、使用票据、办理票据以及充分利用核心供应链上下游获得的票据资源融资,发挥票据融资的功能作用;需要按照电子票据规定完善系统、完备条件,建立健全发展票据融资及防范风险等相关机制。

与此同时,商业银行等金融机构需要在防范风险前提下,以把握实质风险为主,尽可能简化流程,减少不必要的审查审批环节,提高办理速度和效率,增加受理网点,有针对性地适当下放审批权限,增加票据融资额度。发挥科技作用,以及完善相关规定办法,建立尽职免责及考核机制,更好发挥票据融资服务民营企业的作用。

另外,肖小和建议央行增加对民营企业的再贴现融资额度并列出单项服务民营企业的比例,且可以扩大受理再贴现窗口,增加再贴现办理频度和时间,充分发挥上海票交所再贴现交易平台作用,努力提高办理效率。同时,根据金融及票据市场的变化,积极推动修改《商业汇票承兑、贴现与再贴现管理暂行办法》的通知(银发〔1997〕216号),按照市场化、规范化的要求,完善和细化相关条款。

(2019年2月19日接受记者采访)

在国内首家票链发布会上的发言

肖小和

票据市场是我国货币市场非常重要的组成部分。对我国金融发展必将继续发挥积极的作用。据央行报告显示,由中小企业签发的银行承兑汇票占商业汇票的2/3。2016年全国商业汇票签发量18万亿元,累计贴现量为84万亿元,分别占GDP的24.3%和113.6%。据银行业数据分析,票据产业链年实现利润超过2 000亿以上,占商业银行利润的12%以上。

2016年票据市场有问题、有亮点。12月8日上海票据交易所正式开业,标志着票据市场进入新纪元。

2017年后票交所时代的到来,票据市场发展有期待、有梦想。总体来看,我们认为将有以下一些变化。

(1)2017年票据市场业务总量预计延续适当减少趋势,结构有所调整,交易活跃度进一步下降。

(2)2017年票据利率易上难下,波动幅度将加大。

(3)2017年票据风险形势不容乐观,风险管理难度加大;信用风险总体可控,合规风险有所缓释,市场风险管理难度增加,利率风险应高度重视。

(4)票据创新更具活力,跨界融合进一步加快。

(5)票交所时代各参与主体积极调整,相得益彰。

(6)票交所建设加快推进,发展空间无限。

(7)票据市场框架体系加快建立健全,市场功能更为完备。

(8)纸票、电票、区块链票据介质并存发展,区块链票据成亮点。

近几年来,区块链技术的发展,特别是区块链作为一种去中心化的分布式技术,是比特币的底层技术。它具有去中心化、不可篡改、透明可追溯、开源匿名性、分布式交易性质的特点,为在票据领域的应用奠定了基础。

首先可实现票据价值传递的去中介化,其次,能有效防范票据市场风险,再次可改变现有的电子商业汇票典型的中心模式,能提升运作票据效率,有利于规范市场秩序、降低监管成本。因此,对于区块链技术应用到金融领域,特别是票据业务上更具有明显的场景及优势。2016年国内首家区块链金融资产交易的成功,使得区块链票据有先例可循。

今天,深圳区块链金融服务有限公司召开的票链产品发布会,无疑为区块链票据推出树立典范。我们有理由相信,在票交所时代区块链票据、电票、纸票一定会并存发展。同时,对于目前票据市场上存在的小额票据,商业承兑汇票发展的诸多问题,在引入了区块链票据的新理念、新模式后,一定会为小额票据、商业承兑汇票带来无限商机,必定会为银行承兑汇票发展增添新的活力,更会为票据业务更好地服务中小微企业,服务实体经济创造辉煌!

祝发布会成功!

2017 年 3 月 15 日